高等学校应用型经济管理专业"十三五"规划精品教材

U0783679

管理心理学

潘清泉　主编

华中科技大学出版社
http://www.hustp.com
中国·武汉

内 容 简 介

本书在充分吸收国内外管理心理学研究最新成果的基础上,融入了作者二十多年的教学心得。全书比较系统地介绍了管理心理学的理论和实践问题,系统梳理了管理心理学的产生、发展过程及相关理论,构建了比较完整的框架体系。本书既保持了传统管理心理学教材对需要、动机与激励、管理的关系的探讨,以及从个体、群体和组织等角度研究管理心理学的特色,同时也系统探讨了认知、态度和情绪对人的影响作用及其对管理过程的影响;增加了人际关系、沟通和冲突等方面的内容,在相应的章节安排了拓展阅读和管理的案例,以便于读者进行更好的阅读和理解,提高教材的可阅读性。该书体系完整,不管是从横向还是纵向来说都较好地体现了管理心理学的基本体例,内容丰富,紧扣当前的社会实际和企业实践,适用于管理类专业的必修课和选修课,也可以作为企业培训的教材和参考书使用。

图书在版编目(CIP)数据

管理心理学/潘清泉主编.—武汉:华中科技大学出版社,2020.1(2024.1重印)
ISBN 978-7-5680-5948-0

Ⅰ.①管…　Ⅱ.①潘…　Ⅲ.①管理心理学-高等学校-教材　Ⅳ.①C93-051

中国版本图书馆 CIP 数据核字(2019)第 301070 号

管理心理学　　　　　　　　　　　　　　　　　　　　　　　　潘清泉　主编
Guanli XinliXue

策划编辑:陈培斌
责任编辑:封力煊
封面设计:刘　婷
责任校对:刘　竣
责任监印:周治超
出版发行:华中科技大学出版社(中国·武汉)　　电话:(027)81321913
　　　　　武汉市东湖新技术开发区华工科技园　　邮编:430223
录　　排:武汉楚海文化传播有限公司
印　　刷:武汉邮科印务有限公司
开　　本:787mm×1092mm　1/16
印　　张:18　插页:1
字　　数:441 千字
印　　次:2024 年 1 月第 1 版第 5 次印刷
定　　价:48.00 元

前　言

　　管理心理学的诞生是以心理学、管理学、伦理学等学科为基础的,其体系涉及上述几门学科的理论和知识,内容包罗万象、博大精深,同时涵盖了社会科学和自然科学领域的各种研究成果,既有政治、经济方面问题的陈述,也有军事、哲学、伦理等诸多领域的研究。从纵向来说包括四个层次的内容或模块——个体、群体、领导和组织,从横向来说又涉及各个模块的内容,可以说,管理心理学既有东方管理思想的体现,又有西方管理理论的概括。我国作为一个文明古国,很早就对管理进行过系统的研究和实践,形成了一系列比较成熟的体系。比如,在《管子》一书中就有对人性论、激励机制、态度管理、信息管理、领导心理、群体和人际管理等内容的系统论述。这些观点直到今天对管理实践都有巨大的影响。

　　管理心理学的研究任务在于揭示其内在规律和联系及其发展的过程。对于中国管理心理学思想史的研究,不仅应在整理、挖掘我国管理心理学思想内涵等基础研究方面继续付出努力,而且还应把传统与现实联结起来,增强其"经世致用"的时代感与使命感。当代经济发展的总体思路离不开对中华传统文化的提炼、继承与发展。创新是人类进步的不竭动力,但任何创新都离不开文明的继承。

　　本书基于这样的认识和理念,在编写过程中既关注传统的中西方管理思想和理论在管理实践中的作用,也积极吸收当代管理研究中的各种积极因素,构建了较为丰富的管理心理学的知识体系,涵盖了传统管理心理学所探讨的中西方传统管理心理学的历史及其发展,以及个体、群体、组织和领导四个层面,也比较系统地介绍了认知、情感、态度、个性、需要、动机、人际关系、沟通及冲突等方面的理论。本书共 13 章:第一章概论,主要介绍了管理心理学的研究对象、内容、性质、意义和方法;第二章系统梳理了管理心理学的产生和发展过程;第三章介绍了知觉和管理,包括知觉的概述、社会知觉、自我知觉以及组织情境中的认知;第四章探讨的是个性与管理,包括个性的概述、能力与管理、气质与管理、性格与管理;第五章是态度与管理,包括态度的概述、态度的形成与改变、态度与管理;第六章是情绪与管理,包括情绪的概述、情绪与健康、工作场所中的情绪与管理;第七章是需要、动机与激励管理,包括需要和动机的概述、激励管理;第八章是群体、团队与管理,包括群体的概述、群体心理与行为、团队建设;第九章是人际关系与管理,包括人际关系的概述、群体人际关系、人际关系的测量;第十章是沟通、冲突与管理,包括沟通和冲突的概述、组织中的有效沟通与冲突管理;第十一章是领导心理与管理,包括领导的概述、领导理论、领导者的影响力;第十二章是组织文化,包括组织文化的概述、组织文化的构建和完善、跨文化管理;第十三章是组织变革与组织发展,包括组织变革的概述、组织变革的阻力、组织变革的实施、组织发展。

当然,管理心理学是一门实践性很强的学科,仅仅有系统的理论是不够的,必须要密切理论和实际的关系,不管是在课堂教学中还是课后的学习上,都要有意识地加强学生的实践环节,同时不断探讨管理的前沿研究理论和管理热点,以保证管理心理学具有较好的时代性和前沿性。

本书的编写由潘清泉主要负责,负责编写教材大纲和部分章节内容、统稿、修改及审阅。参与本书编写的人员有于芳、湛正祥、李浩、王敏、游绍仁、赵青、程韶懿、江梦菲、王茜。后来有部分同学以团队的方式参与了一些内容的讨论和编写,他们有刘庆玲、蔡淑婷、温丽芳、惠家亮、张松、朱肖昱、马力、王颖等人。此外,作者要对书中所引文献的作者表示衷心感谢,对为本书的编写与出版提供帮助的单位和个人表示衷心感谢。

虽然我们倾注了全力投入到本教材的编写,但书中的疏漏之处在所难免,恳请广大同行和读者批评指正。

作　者

2019 年 8 月

目　　录

 第一章 概论

　　人类的劳动与动物的活动有着本质的差异。人类的劳动是一种区别于其他动物的高级活动形式,大大促进了人类自身的生存和发展的空间。与动物的活动相比,由于人类进化过程的群居性特点,人类的劳动在进化的开始就表现出十足的集体性。凡是集体活动或者是集体劳动就需要对此进行管理。因此,管理就是一种因集体生活而出现的人类行为。而管理的对象是人,管理必须了解人的心理规律和行为规律才能提高管理的实效,管理心理学由此应运而生。管理心理学产生于20世纪50年代,是一门新兴的应用型边缘学科,它建立在众多学科基础上,普通心理学、社会心理学、管理学、工程心理学等都是这门学科的支撑。这些学科的发展为管理心理学的诞生奠定了坚实的基础。管理心理学和现代生产生活以及社会化大生产的需要是分不开的。由于生产力的快速发展和生产关系中劳资冲突的不断加剧,社会需要一种新的管理理论与方法以解决现实问题,管理心理学这一新的学科理论正是为了解决这一问题而产生的。

　　本章系统研究了管理心理学的研究对象、研究内容、学科性质、学科特点、学科任务、研究意义和研究方法,帮助大家更好地了解管理心理学。近年来,随着理论的不断完善与应用范围的逐步扩大,管理心理学已经发展成为一门重要的管理学科。

第一节　管理心理学的研究对象和内容

一、什么是管理

　　研究管理心理学,首先要了解管理。管理的首要因素是人,无论是从管理对象来讲,还是从管理者来说,所涉及的都是人这一因素。因此,正如现代管理之父德鲁克所说,管理是人物,管理是纪律,但管理首先是人。如果没有人这一核心,管理就失去了依托和主体。所以说,管理是一种普遍的社会现象,也是重要的社会活动,管理工作集常规与创造为一体。管理活动众多,如行政管理、经济管理、城市管理等。任何一个组织都要管理事物、人员、资源。当然,还有个体管理,俗话说,人即管理者。人首先要做好自我管理,包

括学习、生活、家庭等,规划自己的时间,协调自己和环境的关系,从而提高自己的工作和学习的效率,提升生活的幸福感。

管理活动具有悠久的历史,始于人类共同劳动。但是,管理是什么?至今还是仁者见仁,智者见智。大家从各自的角度进行理解,没有一个统一的表述。概括起来主要有下面一些表述。

管理是指在特定的环境条件下,以人为中心通过计划、组织、指挥、协调、控制及创新等手段,对组织所拥有的人力、物力、财力、信息等资源进行有效的决策、计划、组织、领导、控制,以期高效地达到既定组织目标的过程。

管理是组织的活动过程,它包括计划、组织、指挥、协调及控制等要素。

管理既有疏通、引导、促进、肯定、打开的含义,同时也包含限制、规避、约束、否定、闭合的意思。管理犹如大禹治水,必须疏堵结合、顺应规律。

"科学管理之父"弗雷德里克·泰罗认为,管理事实上就是明确地发出指令,让别人知道你要他干什么,怎么干才能够干得好。在泰罗眼中,管理即让工作者用高效、合适的方法完成其工作。诺贝尔奖获得者赫伯特·西蒙对管理的定义是:"管理就是制定决策。"

彼得·德鲁克认为:管理是一种工作,它有自己的技巧、工具和方法;管理是一种器官,是赋予组织以生命的、能动的、动态的器官;管理是一门科学,一种系统化的并到处适用的知识;同时管理也是一种文化。

亨利·法约尔认为,管理是人类产生以后所产生的一种计划、组织、指挥、协调和控制等五项要素组成的活动。法约尔的管理思想广受大家的推崇,他的管理理论逐渐形成了管理过程学派。

斯蒂芬·罗宾斯认为,管理是指大家一起共同活动,或通过别人使活动完成得更有效的过程。

朱永新指出,管理是个人或组织为了实现目标、提高自身的效率所进行的活动。

对于管理的认识和见解,管理学大师德鲁克有比较独特的看法,他对管理做了比较全面的阐述。

1. 管理是关于人类的管理

在进行管理时,管理的对象都是具有情感的、有生命的人,执行具体任务的人就是管理工作的对象。德鲁克认为,管理的任务是使人与人之间能够协调配合、扬长避短,发挥最大的团队效益。管理是为实现组织效益最大化而使用的工具,通过协调人际关系,解决人际交往中的冲突与障碍来实现。因此,管理就是"在工作中使大家能够协调配合,取长补短",管理不是单纯意义上的上下级领导关系,亦不是给组织带来更复杂关系,而是使组织更高效地运行而进行的一项工作。

2. 管理是对人力资源的整合,它扎根于文化深处

管理在不同情境下具有差异性。不同情境下适用的管理方式不同,因此,在进行管理时,可以参考别人的管理方式,但绝不可生搬硬套。尽管是成功的案例,也要看是否适用于当下所要解决问题的具体情境。

3. 企业需要制定突出重点、清晰明确、独具特色的宗旨

完善的管理首先要有清晰明确的目标，即首要任务是制定以及说明管理的宗旨和目标。企业在制定宗旨和目标时，要突出重点，使每一位员工清晰、明确地了解其内涵，以便于进行下一步工作。同时，企业在制定宗旨时，要有其独特之处，以体现企业特色。很长一段时间，部分企业在农业文化的熏陶下，推崇以经验为主导的管理，并没有向科学管理这一方向推进。

管理不是一成不变的，要因时制宜，因地制宜；要根据时代的变化，条件、机会的变化随之变化；要不断适应变化而调整管理的方式。所以，管理必须是与时俱进的。

4. 企业的建立要以交流及个人责任为前提

企业是许多人相互协作的结果，每个人都要认真考虑自己的目标定位，同时人与人之间要相互沟通和交流，在完成任务的过程中认真履行自己的职责。管理是使任务相关人员清晰、明确地了解自己的工作职责，以及与别人合作的版块，明确自己能为对方做什么，以及对方能为自己做什么。

评价一个企业的状况和业绩是多维度的，没有唯一的标准和答案，要多方位、多角度进行评估才能做到科学、合理。

二、什么是管理心理学

管理心理学是一门研究人的心理和行为活动规律的科学。对于管理心理学的理解，我们首先认识到它是一门在了解和研究人的心理的基础上对人进行管理的一门学科，因此，我们可以这么理解管理心理学这门学科，它是一门"管理心理"学，当然这绝不是简单的"管理＋心理"的简单组合，而是融合两门学科的精髓，把管理学和心理学以及相关学科有机地结合起来，以心理学理论知识为支撑，帮助学习者了解和把握人性的特点，在此基础上因人制宜，最大限度地发挥人的特点和潜力，提高个人和组织的绩效。管理心理学是研究管理过程中人们的心理现象、心理过程及其发展规律的科学。我们可以从管理的角度进行观察，利用心理学、管理学、社会学、伦理学等知识，分析当处于不同情境时人的心理与行为的表现。

管理心理学不仅从属于心理学，而且体现了现代管理的原理。管理心理学也被称为组织行为学，我国的学者普遍认为，两者内容趋同，多数时候可以通用。事实上，研究心理活动与行为是不可分割的，当研究心理活动规律时，必然涉及对行为的研究；当研究行为规律时，对心理的探索也贯穿始终。管理心理学主张在管理时运用心理学的原理或原则，目的是探寻行为深层的心理活动规律，以便采取相应的管理对策及措施。

从学科属性上讲，管理心理学从属于心理学。学界也往往将管理心理学置于应用心理学的学科范畴之中。从研究视角上看，应用心理学的科研成果中也有大量的管理心理学的论文和报告。这更全面地体现了管理心理学是一门理论与实践相结合的学科。

长期以来,我国的管理心理学的理论体系都是以学习西方为主。例如,美国、西欧等国家的管理心理学理论体系主要讨论的问题涉及三个层面——个体、群体和组织,主要内容包括人性假设、激励、需要、沟通、挫折、知觉、归因、态度、群体动力学、群体决策、冲突、权力、组织结构和组织设计、变革、组织文化等。随着科学技术的不断发展,我们对学科的认识也进一步完善。目前,管理心理学又扩大并发展了其范畴,如信息管理、时间管理、情绪管理、环境管理以及心理健康等新的领域。

不同的学者从不同的角度对管理心理学做出定义,描述的内容虽略有差别,但从本质上讲都是一样的。通常来讲,管理心理学主要是研究人们在组织管理活动中的内心活动与行为规律,采用科学的方法指引管理工作,在不断完善中提升管理的效率,从而实现个人目标与组织目标的学科。此定义主要有以下含义:

首先,管理心理学的主要研究对象是人的行为规律与内心的潜在变化。换句话说,管理心理学在探究人们行为规律的同时,深入挖掘了人们内心的潜在机制。由于人的行为规律与心理变化是相辅相成的,因此,在进行研究时通常把二者结合起来。

其次,管理心理学是对组织管理活动中人的行为规律和内心活动的研究,是把范围界定在组织管理活动下的研究,而不是普遍情景下的研究。这里所说的"组织"代表经济、政治、军事、企业、教育等。

最后,管理心理学是在掌握组织管理活动中人的行为规律及其潜在心理机智的基础上,采用科学的方法指引管理工作,在不断完善中提升管理的效率,提升人的主观能动性,实现组织与个人的共同发展。

三、管理心理学的研究对象和内容

(一)管理心理学的研究对象

在管理中,人占据主导地位,不论是管理者抑或是被管理者,其主体都是人。首先,从管理者来说,人是组织各种活动的执行者、决策者和实现者。管理者的素质、风格特点、个人经历、受教育的程度、原生家庭的状况、社会阶层等因素都会影响其管理的过程和结果。而作为管理对象,其年龄、成熟度、所处时代、教育背景、文化程度、个性特点、家庭环境等因素也会影响被管理者在组织中的表现。因此,不论是管理者抑或是被管理者,解决的都是人的问题。在进行组织管理时如果不能有效地解决人的问题,组织目标就无法实现,个人的期望也无法达成,甚至组织会陷入混乱和瘫痪状态,产生生存和发展的问题。管理心理学即对人的心理活动以及行为规律进行研究,进而解决好有关人的问题,分析处在不同情境下人的心理以及行为的变化,分析如何使人积极主动地为组织服务,以及通过何种方式来激发人的潜能,使其更好地为组织服务,这十分有利于组织的管理。

组织最重要的资源就是人。企业员工如果能够充分发挥自己的自觉性和创造力,积极投身于组织的发展之中,组织的目标就能达成,就能实现个体和组织的双赢。当然,员工的积极性和创造性的发挥,有赖于个体需要的满足,而不同阶段的人有着不同的需求,有些人会追求当下生理需要的满足,有些人会追求更高的心理需要——自我实现。这些物质利益、社会地位、收获尊重以及对自我价值实现的需要都可以作为员工积极努力工作的动力。管理者要把握好员工的内心渴望以及员工想要得到的发展,这也是管理心理学所要做的研究。管理者正确把握员工的内在需要,是为提高员工积极性、激发其潜能做铺垫,从而提高组织管理效能。简言之,管理心理学就是对人进行深入研究,通过把握人的内在需要,使人积极主动地为组织提供更好的服务。在不同情境下个体、群体、组织以及领导的表现和在进行组织管理时出现的不同心理以及社会现象是研究的重点。管理心理学根据心理学的一般规律,将其运用于管理实践中,解决人的心理问题。其最终目的是通过培养管理者,以便准确地洞察人的内在需要,引导并控制人的心理及行为,使人更高效地为组织服务,实现组织目标。

（二）管理心理学的研究内容

对管理心理学的认知帮助我们理解管理心理学的研究内容。传统的管理心理学主要对个体、群体、组织和领导这四大方面进行研究,形成了管理心理学的主要体系。随着社会的不断发展,以及人们对管理心理学更加深刻的认知,一些学者在此前提下,为管理心理学的研究内容增添了更加前沿的信息,如时间、环境、信息、情绪以及幸福等的管理。本书涉及的研究内容有以下几个方面。

1. 个体心理和行为

管理心理学中最基础的内容为个体心理和行为。管理的本质是人,因此在管理时要注重人的心理和行为,将其作为特别关注的问题。因此,在进行管理时,要从个体的角度出发研究人的心理及行为在组织环境中的表现规律,分析这些心理及行为规律对组织管理的影响,考虑作为管理者应采取何种措施来解决这些问题,从而使组织高效管理。

个体的心理现象是人的各种心理活动的表征。它包括心理过程和个性心理。心理过程是动态的、短暂的;个性心理特征则与之不同,是稳固的。心理状态介于心理过程与个性心理之间,既具有短暂性又具有稳固性,是二者的统一。心理过程是以某一特定的心理状态为背景进行的,表现出某一特定的心理状态。我们可以把心理过程分为认知过程、情感过程以及意志过程,也就是通常说的知、情、意。

（1）认知过程。认知过程是指人获取知识、运用知识、对信息进行加工的过程。这是人基本的心理现象,囊括感觉、知觉、记忆、思维、想象等,是存在于心理过程中的一种心理特征。

（2）情感过程。情感过程是指一个人在认识客观事物时所表现出的态度感受。例如,开心、幸福、难过、生气等,往往和行为挂钩。在对客观世界的认识中,人不只是被动的接受者,同时也是事物的改造者,这是作为一个人与动物的本质区别。

（3）意志过程。意志过程是指人在认识外界事物时所产生的心理体验。为了对客观事物进行改造,出于对预期结果的实现,有目的地提出目标、制订计划、确定方法、突破障碍,这一内在心理活动过程就是意志过程。心理状态是在一定阶段表现出的相对稳定的心理活动,在个体的认知过程中有多种不同的心理状态。在不同的心理过程和环境下个

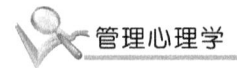

体的心理状态是不一样的,如认知过程中有时可能是文思泉涌,而有时可能会是毫无头绪,情绪过程的喜、怒、哀、乐,意志过程的顽强斗志或颓废不前等。心理特征是进行内心活动时,稳定的、时常存在的特点。

2. 个性心理

在遗传因素和后天环境的影响下,人的心理活动过程中的心理和行为会不一致,其通常携带个人特征,进而形成不一样的个性。个性心理结构主要包括个性倾向性和个性心理特征。个性倾向性是指人的意识指向,是对客观事物存在的稳定态度。个性倾向性对人行动的方向起着决定性作用,是个体进行活动时的基本动力。例如,需要、动机、兴趣、爱好、人生观、价值观、世界观、理想、信念等。个性心理特征是人通常携带的稳定与本质的心理特点,包括能力、气质和性格等。

3. 群体心理和行为

在组织管理中,大多数时候个体并不是单独存在的,特别是在当前的社会中,每个个体都或多或少地与其他人产生各种联系,这就构成了工作中的群体关系。在共同活动时,群体会出现其本身特有的心理现象,即群体心理现象。例如,竞争行为、侵犯行为、群体凝聚力等。因为群体生活是普遍、基本的生活形式,所以,群体心理占管理心理学研究的主要部分。群体成员间相互协调、相互影响产生的心理活动即群体心理。组织是一个整体,复杂活动完成的背后,都是群体成员共同努力的结果。群体心理具有三个显著特征:界限性、共有性、动态性。工作群体的重要性仅次于家庭。工作群体的特殊性质,决定了它不同于其他群体的心理特点。

(1)工作群体以群体目标为支撑,成员与群体目标一致。缺乏群体目标的工作群体是不存在的。尽管情感、人与人之间的沟通在工作群体中不占主要地位,但它却深深地影响着群体成员间工作时的态度,密切的人际关系使成员更愉悦地工作,工作效率也就越高;不和谐的人际关系会成为成员在沟通或协作时的障碍,使得工作效率降低,从而影响目标的实现。

(2)工作群体中的层级体系和权力通常由组织规定而非自然形成。通常领导地位越高,其能力及威信也越高。但是工作群体中的层级体系和权力是可以改变的。

(3)工作群体从一定角度来说是由个人意愿组成的,不是特意规定的。因此,群体成员在工作群体中如果能获得良好的人际关系、愉悦的心情,得到富有挑战性的工作,个人需求得到满足,并且得到满意的薪资,成员就愿意继续留在这个群体中。反之,成员会离开此群体,寻找适合自己的群体。工作群体的组成与家庭不同,它没有家庭的强归属感与吸引力,主要受利益的驱使而加入。因此,它带有强烈的动机性。

(4)工作群体的沟通或协作与家庭成员间深刻的互动远不能比。工作群体中成员间的互动往往在工作时产生,内心世界往往不会向他人吐露,因此,这是一种浅层的互动,成员间的了解往往是不充分的。综上所述,由于情感交流的缺乏,成员间的互动一般都是浅层的。

4. 组织心理与行为

组织心理是指在不断变化的环境中组织整体显现出的心理现象。组织是由若干为实现组织目标的不同层次、不同职能的群体结合而成的社会技术系统。因此,管理心理学在进行研究时,要从个体的角度出发,同时要从组织整体出发研究个体行为。组织心理研究包含一般概念、组织文化、组织结构、组织设计、组织发展与变革等。组织作为一个庞大的系统,是实现个体和群体特定目标的工具,个体和群体的工作效率与组织状况密切相关。重点对组织的机构、环境、变革和领导者的选择与训练等进行研究,其目的是更好地保证组织自身与组织任务及使命的协调,使组织目标更好地达成,保证组织能在复杂的环境中屹立不倒并不断发展。

5. 领导心理与行为

领导心理研究是对管理者在进行管理时内心活动及行为表现进行的研究。领导者引领组织成员实现既定目标,在组织中具有重要作用。管理心理学中有关领导的研究包括领导对个体、群体、组织的影响,领导方式对效果的影响等问题。组织中很多因素都会影响员工积极性,领导是其中一个重要因素。不同的领导心理和行为对员工的工作态度、工作效率、归属感、幸福感等有很大的影响。常言说,一个好的厂长就是一个好的工厂,好的领导有助于激发员工工作热情。可以说,一个组织的成败关键在于领导。研究领导心理和行为可以很好地帮助管理者在实践中表现出恰当的心理和行为,更好地带领员工实现组织目标。

第二节　管理心理学的学科性质、特点及任务

一、管理心理学的学科性质

管理心理学这一学科的产生得益于 20 世纪经济的快速发展,有效的管理可以推动组织的不断进步与发展。管理心理学诞生后,学者对其学科属性曾一度进行过激烈的讨论。目前,大家已经形成了共识,管理心理学从属于应用心理学,是心理学的分支,是一门集自然科学与社会科学属性的交叉边缘学科。

(一)管理心理学是心理学的一个分支

心理学很早就存在,但却有较短的历史。长期以来,心理学被划分为哲学研究范畴,发展进程也较慢。1879 年,冯特在德国莱比锡大学建立心理学实验室并宣布心理学的诞生,使心理学进入了发展的快车道,并且与其他学科一道相互融合,相互影响,基于此发展了各种科学分支,管理心理学就是在这样一个背景下孕育而生的。管理心理学刚一产生便受到极大的重视并得到了快速的发展。

(二)管理心理学是现代管理理论的重要组成部分

管理心理学研究的问题都是现代管理理论领域重要研究课题,所研究的内容既包括

对人的管理研究,又包括对各种资源的管理研究。管理心理学把人作为组织中的特定研究对象,并着重研究为完成管理目标而共同工作的人。在把控成本的前提下,充分调动人的积极性和创造性,高效完成目标。在当下社会,管理心理学都是从人的角度出发,充分考虑人的因素,帮助提高人的主动性,改进组织结构,提高领导绩效水平,改善生活及工作质量,构建和谐的人际关系,改进管理水平并促进组织发展。特别是进入现代管理时期以后,员工的需要越来越多样化,对自身的利益诉求越来越重视,因此,对人的心理和行为的研究得到空前的重视,这些为管理心理学的进一步发展提供机遇,更加体现了在现代管理体系中管理心理学的重要作用。可以说,管理心理学在管理科学中占据重要地位,而且会随着社会的发展以及组织不确定性的提高,在现代管理理论体系占据着越来越重要的位置。

(三)管理心理学是一门应用性学科

管理心理学是从现代管理科学和行为科学中衍生出的一门新兴独立学科,对组织管理实践中遇到的问题提供具体的解决方案是管理心理学中一项重要的目标。管理心理学通常是根据对人的心理活动及行为表现的研究为管理者更好把控、引导员工做辅助。管理心理学重视人的心理活动规律,并以此作为研究的主要原因有以下几个方面。

首先,企业要靠人来实现企业的目标。不论是目前社会的管理,还是未来社会的管理,其都是对人进行的管理,为提高人的积极主动性,对人的心理及行为的研究都是管理心理学不可或缺的。

其次,人是企业的首要资源。企业管理的资源有人力、物力、财力等,显而易见,人是其中最重要的资源,随着时代的不断进步,把人作为关注的首要对象,充分调动人的主动性,发掘人的潜能尤为重要。

最后,人是企业管理的主体。现代企业主张把人作为管理的中心,科学技术的进步引导着现代企业对人这一因素的更加重视,构建更加健全的以人为主的管理体系。

所以,管理心理学对人的心理活动规律的进一步研究,将有助于科学地分析人的心理活动规律,在管理中运用科学的方法,使企业取得更好的绩效。

(四)管理心理学是一门综合性的学科

管理心理学作为一门综合性学科集聚了管理学、心理学、伦理学、社会学、领导科学、信息学、社会心理学等学科的基础理论知识,综合范围较广。具体研究了组织管理活动中的决策、计划、领导、协调、控制及激励等环节。

二、管理心理学的特点

1. 人本性

人本性即以人为本,"以人为本"的管理指把人作为生产经营管理进程的起点和焦点,环绕激发和带动人的积极性、创造性来展开工作。人是管理中最重要的因素,组织管理中强调"以人为本"的管理理念,强调对人性的理解,体现了对人的尊重和重视,这既是现代管理的必然要求,也是现代管理发展的必然趋势。管理心理学探讨的就是以实现人的全面发展为目标,研究作为管理者如何更好地理解人、尊重人、解放人、依靠人、关心人、爱护人、培养人、教育人。"管理行为是对人性的选择性适应,而不是让人性来配合我们的需要。"人具有尊重、自我实现等高级需要。管理者的任务是创造适宜的环境,以解决员工在自我实现过程中所遇到的一切问题,并使他们在为组织目标贡献力量的同时,也能实现个人目标。

2. 适应性

我们正处在一个瞬息万变的时代,生活节奏加快,压力增大,各种挑战令人应接不暇。处于这种环境下,组织的管理更要适应时代的改变。组织在发展进程中,经常面临不断流动的专业人才,现阶段的专业人才更加注重自身的成长与进步,已经不再局限于一生只在一家公司工作。作为组织的管理者,需要考虑如何根据"向外求援"来解决企业缺少的部分人力问题。数据管理逐步成为组织存在与发展的优势来源。企业过去通常把数据用来分析产品及市场情况,而现在企业逐步开始运用数据来进行管理工作,即数据导向的管理。例如,谷歌以数据来衡量员工的专业基础知识及能力,在数据结果的基础上,向员工推荐更适合员工能力的岗位,并为员工提供相应的课程或派专人对其进行指导与协助。管理心理学正是秉承与时俱进的理念和精神,探讨组织管理中的理论和实践问题,为组织管理提供符合时代要求的管理对策。

3. 综合性

管理心理学的发展建立在多种学科结合的基础上,是一门新兴学科,是建立在普通心理学、社会心理学、工程心理学、管理学、伦理学、信息学等学科基础上而形成的兼具自然科学和社会科学属性的交叉的边缘综合学科。管理心理学研究范围广泛,既包括理论问题,也包括实践问题;既对员工个人特质进行分析,又对领导者风格进行探索,同时研究个体、群体及组织问题,从多个学科出发,研究多个层次,从众多视角中应运而生,具有很强的综合性。

4. 应用型

管理心理学在实践中诞生又反作用于实践。管理心理学与人类的生产活动和管理实践问题都有着千丝万缕的联系。二战后,世界经济进入发展的快速期,管理心理学正是为经济高速发展的管理实践服务的。管理心理学的诞生及其发展都体现了社会化大生产的需求,在一定程度上促进了社会进步,使管理工作高效运行,使决策更加科学。

三、管理心理学的任务

管理心理学的任务,即运用领先的以人为本的管理理念,实现人性化的管理,探究怎样利用心理学理念及方法解决社会管理时人与人之间的矛盾,从而获得在管理中占据首位的激励因素:公平与正义。协助管理者以最优的激励、决策、领导方式来提高组织效能,实现经营目标。

（一）协助组织管理者提高管理水平

长期以来,组织管理一直崇尚领导者的权威,注重管理经验,强调服从,在这种管理理念的影响下,管理者往往更多地一言堂,缺乏良好的沟通和交流,较少关注员工的个人感受和建议意见,只重结果、不重过程,以至于最后结果也得不到保障。管理心理学致力于为个人和组织提高自身的效率,关注员工个体的心理过程和个性特征,能够为管理者了解员工的个性特征、兴趣爱好、需要及动机水平提供有效的方法。管理者只有深刻了解和把握员工的特点,才能更好地做出科学决策,提出有针对性的管理制度和方法,不断提高自己的管理水平。

（二）提升组织劳动生产率及绩效水平

提升企业的劳动生产率及绩效水平为组织的核心目标。对绩效产生影响的方面众多,人是其中最主要方面。在群体中,不同的员工组合、领导方式、工作作风、激励水平及其组织文化,所产生的劳动生产率和组织绩效是不一样的。管理心理学全面组织管理中的人的因素和环境因素对组织发展的影响,从个体、群体、组织和领导等方面进行了深入的探讨,为管理者提供了科学管理的依据,便于管理者制定组织管理的科学方法,采取有效的手段,促进管理者不断提高领导的水平和领导的艺术,这也是促进组织劳动生产率和绩效提升的重要基础。

（三）不断提高员工的职业素质

在管理心理学研究内容体系中,有大量的内容从员工的角度进行研究,如个性的心理过程和个性特征、认知与管理、人岗匹配、人性的特点、招聘、人际交往、激励、情绪管理等,通过学习这些方面的内容可以极大地促进员工去认识自我、了解自我、发现自己的不足以及在职场上要努力和改进的方向,不断地提高自己的职业素养,进而可以为自己找到更合适的工作岗位,以实现个人和组织的双赢。

第三节　管理心理学的研究意义和研究方法

一、管理心理学的研究意义

管理心理学随着社会经济的不断发展而诞生,属于应用型学科,它的诞生对企业管理及组织生产都具有重要的价值和意义。其促进管理水平、管理艺术、领导实效性、领导能力的提高,对运用何种方式激励员工、调动员工主动性、激发员工潜能,协调领导成员关系,进一步提高组织活力和生产力都意义非凡。

（一）促进管理与时俱进,顺应时代发展潮流

管理的对象是人,而人是活在一定的社会环境之中,人的思想和行为是时代的产物,

是与周围环境互相作用的结果。人是管理的主体,人的工作积极性、主动性和创造性都与人的态度、价值观和心理需求有十分密切的关系,不同时代的人价值观和心理需求都存在较大的差异。管理心理学研究的就是新时代下人的个性特点、时代发展和最新的理论前沿,这些研究从理论层面和管理实践上都有助于组织管理与时俱进,跟上时代发展的潮流,能够促使组织管理者更好地了解新时代员工的需要和动态发展趋势,并合理地满足员工的需要。特别是现代社会,新生代员工有着千差万别的特点和需求,管理工作必须学会适应他们的特点,才能符合时代发展的主旋律。

(二)促使管理者更好地识别人才,做到量才使用和人尽其才

管理的关键一步是识别人才及恰当地使用人才。把人才放到最合适的岗位上,最大限度地发挥他的能力和水平是管理发挥作用的基础。每个人的知识、能力、个性特点和倾向性具有很大的差异性。企业的目标就是追求效益,只有把一个人的知识技能和聪明才智发挥出来才能创造最大的价值。管理心理学的一个重要任务即探究人的个性及心理特征,为企业提供有效的人才需求方案,使管理绩效得到提升。

(三)构建和谐人际关系,打造专业团队

人是社会的人,人不可能独立于其他人而单独存在。在企业管理中,人和人之间会组成各种关系,人际关系是人的需要中基本的心理需求。工作群体中成员彼此间的合作伴随着人际关系,从管理学的角度考虑,和谐的人际关系由彼此间的信任及尊重构成;良好的企业文化是形成和谐人际关系的基础,在管理中领导者要树立人际交往是员工的社会性需要的观念,和谐的人际关系,可以使人心情愉悦,专心工作,高效达成目标。

(四)帮助领导者提高管理水平,提高领导效能

有一个好的领导者就会有一个好的企业。组织领导者在企业生产经营及管理中起到重要的作用。社会时刻处在变化及不断发展的过程中,世界上唯一永恒不变的就是变化。领导者面对的员工也不是一成不变的,在不确定性和复杂性日益提高的背景下,领导者必须不断地提高自己的管理水平,跟上时代潮流,让自己的领导能力与时代相匹配。俗话说,三十年河东三十年河西,三十年就是一个环境变化的周期。而现在,社会日新月异,世界的变化已经变成十年河东十年河西,甚至是两年河东两年河西。管理心理学就是探讨在不断变化的环境下,领导者如何不断学习来提高自己的管理水平和领导效能。

(五)促进组织的变革和发展

企业如果要想生存并且不断发展、壮大,就必须依据外部环境及内部条件的变化及时调整自己的目标与组织结构。当代的组织要积极去应对内外部的变化,才能获得发展,否则就会与社会脱节,快速地老化、衰退和破产。因此,企业为适应内外环境及条件的变化,必须不断地修正组织的目标、结构及组成要素,这就是组织变革与发展。它是根据组织内外环境的变化,为了达到组织的目标,改进组织效能,运用管理科学和行为科学的知识,有计划地改善和更新企业组织的过程。组织变革和发展是一种系统地、完整地、有计划地提高企业经营绩效的措施。由于组织内外部环境的不断变化,组织的变革与发展成为管理心理学着重研究的对象。管理心理学认为企业的发展过程就是长期的变革

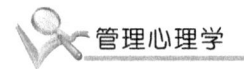

伴随着短暂的稳定。管理者必须随时关注市场的变化和社会的发展,与时俱进,不断地推进企业的变革和发展才能适应现代社会的发展趋势。

二、管理心理学的研究方法

管理心理学是一门建立在普通心理学、社会心理学、社会学、管理学等学科基础之上的交叉应用型学科。因此,在学科的研究方法上主要也是以借鉴学科的方法为主,尤其是心理学和社会学研究的一些方面;管理心理学具有多种研究方法,但都是具体问题具体分析,没有一个普适性的方法来进行研究。根据情况选择一种或多种方法来进行研究,主要的研究方法有如下几种。

（一）观察法

观察法是通过直接观察,从他人的表达方式、身体动作、情绪变化等外在变量,通过记录、分析、推测来获知他人心理活动的研究方法。技术的进步为改进并完善观察法打下了坚实基础,如摄像机、录音设备、手机、电脑等,可以帮助我们提高观察的精度与广度。

观察法又可以细分为以下几种方法。

根据观察环境的不同,我们将其划分为两种:自然观察和控制观察。自然观察是观察者在完全自然的条件下对观察对象进行观察,这时候被观察者并不知道自己是观察对象,这种方法可以确保被观察者表现出自然的行为。控制观察是指在某种控制变量下进行的观察,通常被观察者知道自己为观察的对象。自然观察的优点是所观察到对象的各种信息比较真实可靠,具有更好的信度,所获得的结果更具有典型性和代表性,更加符合实际情景,适合在实际中应用。同时也存在自身的缺陷,由于没有对场景进行特意设定,很难分析观察者想要得到的结果,不易判断结果的产生是否由某一自变量造成。控制观察在这一方面具有优势,它给定被观察者一个特定场景,能更加明确地研究所要观察的变量,但控制观察的被观察者表现出来的言行有可能是社会期许的,并不一定真实可靠。

依照自身是否参与到被观察活动中,将观察方式分为两种:参与式观察和非参与式观察。参与式观察是观察者自身参与到被观察活动中,在共同活动的过程中进行观察。非参与式观察是观察者以旁观者的角度,对参加活动的被观察者进行观察。参与式观察因为观察者自身融入活动的原因,使得被观察者更好地释放自身天性,减少刻意行为,使研究者所观察到的信息比较可靠和有效。其不足是研究者本人参与活动,有可能在评价时不能很好地从旁观者的角色进行评价,对研究的客观性以及被观察者的正常心态和行为表现产生一定影响,使其感到不自然。

（二）个案法

个案法通过对某一特定群体或个体进行研究,根据调查、收集、分析来获得其详细的资料,以此明确其发展进程。个案研究的对象是个别的,虽然是独立但不是完全孤立的,它与其他对象有着一定的关系,是属于某一类整体中的个别。因此,可以说通过这一个体能够反映其整体的特点,因为这些个别对象在一定程度上反映其他个体和整体的某些特性和规律。个案研究是为了揭示某类人和事物的一般特点和规律,对整体有时没有办法或没有必要进行全面研究,可以通过个案来推断,把握了某个个体的具体情况,就可以揭示同类性质其他个体的情况。开展个案研究既可以对个案的现状进行研究,也可以对个案的过往发展历史进行研究,当然还可以对个案的未来趋势和走向开展研究。从另外一个角度来看,个案研究既可以是静态的探讨也可以做动态的追踪。一般来说,静态研究主要是根据个体现状进行分析诊断,找出问题,而动态研究则要进行全面调查或长期的追踪。个案研究的数量相对来说比较少,便于对其进行深入透彻的调查、访谈和系统分析。研究个案的方式包括追因法、临床法、追踪法及产品分析法等。但是,总体而言个案研究又不是一个独立的研究方法。仅仅从有限的个案很难全面系统地反映问题的全貌,因此需要从多角度把握研究对象的发展趋势,结合教育观察、教育调查、教育实验、教育测量等多种研究方法,综合各种研究手段,尽可能得到有质、有量的个案资料。个案法对深入理解问题起到重要作用,充分展现理论与实践相结合,知识与能力相融合,过去与当代、改革与阻抗、科学与艺术的和谐统一;个案研究因为要详细地记录个案的历史信息和现实表现,可以揭示许多在实验中可能被忽略或专门被排除的变量,因此,它可以发现可能会引起某些特定结果的潜在变量,从而为进一步的研究提示假设。但它有一个显著的劣势:外部效度较低,无法做到普遍适用,其中关键障碍是其研究的个别性与典型性。

(三)调查法

调查法是从多方面收集与被调查者相关的资料,以间接形式体会其心理活动的方法。调查法分为问卷法及访谈法。

1. 问卷法

问卷法是指研究者设计清晰明确的问题,以纸质问卷形式发放给被调查者,让被调查者以实际情况进行填写,从而了解其心理活动的方法,问卷法是通过由一系列问题构成的调查表收集资料以测量人的行为和态度的心理学基本研究方法之一。常见的问卷法包括选择法、是非法、等级量表法、等级排列法。

问卷法具有标准化程度高的优势,是集标准化与结构化于一身的工具,可进行大范围的调查,省时、省力、省费用,收效快、效率高,在短时间内调查很多研究对象,获取所需资料,并对大量资料进行系统分析与处理。但也有其缺陷,得出的结论不能与被调查者的实际行为进行比较,因此对所得材料无法进行质的剖析。同时被调查者由于各种原因可能对问题做出不真实或错误的回答;在很多情况下对于调查对象这种回答,研究者又无法加以验证,其真实性难以得到保证。对于研究者个人素质和研究能力的要求比较高,这样才能比较周密地进行问卷设计并对取得的结果做出合理的解释。

2. 访谈法

访谈法是研究者与被调查者进行面对面的沟通,依据谈话时被调查者的表现来分析其内心活动的方法。访谈法实施起来较为简单,约束条件也较少,获取的信息量较大,更为真实、准确、直接。

访谈法也有其缺陷,在面谈时给对方造成一定压力,使对方很难敞开心扉,同时耗费双方时间,对调查者的谈话技能也有较高要求。

由于在访谈进程中存在不同的结构模式,我们将其分为两种:有组织谈话和无组织谈话。有组织谈话是提前就设计好提纲,访谈对象对提纲中的内容进行作答,就像是口语化的问卷;而无组织的谈话是没有特定形式,无规定的结构,层次间互相交叉,访谈对象根据自己所想,有意识地、以发散式思维来作答。

根据访谈个案对象的不同,个案法可以分为个别访谈法和集体访谈法;根据访谈方式的不同,可将访谈分为结构式、非结构式及半结构式访谈。

个别访谈法是指调查人员根据访谈目的逐一对访谈对象进行访谈以获取相关信息资料的一种访谈方式。个别访谈的对象通常具有典型性和特殊性的特点,这也是访谈对象选择时的依据。集体访谈法是访谈人员根据访谈的目的对多个被访谈对象同时进行访谈以获取相关信息的访谈方式。个别访谈的优点是访谈比较深入,容易获得比较有价值的信息资料;缺点是费时费力,效率比较低,无法在同一时间内开展大量的个别访谈,人力、物力、财力都花费比较大。集体访谈的优缺点与个别访谈刚好相反。

(四)实验法

实验法是在特定的环境及一定的控制下,有目的地引发某种心理变化,从而进行研究的方法。实验研究是一种受控的研究方法,通过一个或多个变量的变化来评估它对一个或多个变量产生的效应。实验的主要目的是建立变量间的因果关系,一般的做法是研究者预先提出一种因果关系的尝试性假设,然后通过实验操作来进行检验。因此,实验法是一种按照研究者的某种因果假设来设计的,在高度控制的情景下,通过人为操纵某些因素,以检定两现象之间是否存在着一定因果联系的研究方法。作为一种人为设定的特定的研究方式,实验法包含三对核心的要素:自变量与因变量,前测与后测,实验组与控制组。在具体的实验操作过程中,采用不同的实验操作模式,对于实验过程进行分析的角度就不同,多个视角对实验的分析对于实验的认识更全面和深入,可以避免许多问题的出现。

根据对变量控制程度以及设计实验严格度的差异,我们把实验分为两类:纯实验和准实验。纯实验是指实验研究人员能够随机地把实验对象分派到实验组或控制组,也可以对实验误差来源加以控制,使得实验结果能够完全归因于自变量改变的实验。准实验是指实验研究人员无法随机分派实验对象到实验组或控制组,也不能完全控制实验误差来源的实验。由于管理问题的复杂性和难控制性以及传统实验的局限性,准实验在管理研究中越来越受到重视。

根据实验选址的不同,将实验分为两类:实验室实验和实地实验。实验室实验是指在提供具体设备的场所进行,并对实验中的各种变量及实验的设计都进行严密控制与规定的实验。实地实验是在现实环境下开展的实验,也被称为现场实验。由于人们对管理研究结果的现实意义或外部效度越来越重视,因而管理研究中的实验越来越倾向于实地实验。被划分的实验室实验和实地实验与被划分的纯实验和准实验间有很大程度的一致性。

此外,还可以根据研究的深度把实验分为试探性实验与验证性实验,根据实验的深度或进程将实验划分为预实验与真实验,等等。

实验法具有主导研究进行的优点,其可以主动地干涉研究因素,使其在需要的时候凸显,基本解决了被动等待某一现象发生的情况。

(五)测验法

测验法通过以下两种形式,即标准化心理测量量表和精密测量仪器,对被试人员的心理现象及品质进行测量,从而推测被试人员心理特征。心理测验在管理心理学研究进程中经常被用作考核、选拔并对人员进行安置的工具。测验法的两个重要成分是信度和效果。信度,即测验可靠度;效度是指测验对所需心理品质的把握程度。

心理测验的方法很多。根据内容可将测验划分为能力、智力、性格、态度等的测验。根据方式可将测验划分为书面和操作性测验。根据用途可将测验划分为教育、职业等的测验。在研究管理心理学时,对员工的筛选及配置通常凭借测验法来进行。

在管理心理学的研究中,很多时候很难通过一种方法来实现研究目标,因为每一种方法都有一定的局限性,因此在实际操作过程中,研究人员通常采用多种方法,相互融合,以便精准、彻底地体现人内心的活动规律。除此之外,科学技术的发展会带动研究方法不断推进,促使管理心理学的快速发展与完善。

思考题

1.什么是管理心理学?

2.学习管理心理学有何意义?

3.管理心理学的研究对象和任务是什么?

4.如何才能学好管理心理学?

第二章 管理心理学的产生与发展

第一节 管理心理学的沿革

一、管理心理学产生的理论准备

随着时代的发展,在各国工业改革之后,其生产劳动与人员管理方式所产生的冲突日渐显著。为提高管理人员的实际业务能力并加强调解员工的心理与行为的素质,以此充分调动员工的积极性、主动性,实现组织的既定目标及提高整体的管理效率与效能,在管理形式的革新过程中,相关的心理学理论纷纷出台。

威廉·冯特是世界公认的"实验心理学之父"。1879 年,他于莱比锡大学创立了世界上第一个研究心理学的实验室,标志着心理学成为一门正式的独立学科。

在赫尔曼·冯·亥姆霍兹成为冯特的实验伙伴之后,冯特于 1862 年开设心理学(生理心理学)课程。在这个实验课程中,他开始尝试来源于自然科学的实验方法并研究神经生理学,对心理学的认知有了进一步的深化。

1874 年,冯特出版了《生理心理学原理》,该书成为心理学史上第一本专门以心理学为主题内容的教材。在这部书中,冯特将关于心理实验的结论整理成一个系统知识板块,研究人的以下心理活动:感觉、情感、意志、知觉和思维。

这部著作的内容丰富并且深入,是冯特早期十多年在海德堡大学从事生理心理学教学和研究工作的归纳与总结,也是冯特"实验心理学"思想成熟的突出表现。因此,这部著作的出版也让冯特被认为是由生理学家迈步为心理学家的重大壮举,也是心理学成为新的独立科学的创始里程碑。它把心理学牢固地确立为有自己的实验课题与实验方法的实验科学,该著作被心理学界认为是"科学心理学史上最伟大的著作",是"科学心理学"的独立宣言。

冯特终其一生研究心理,取得了巨大成就,花费了他 20 年时间完成的十卷巨著《民族心理学》最终全部出版。在冯特的心理学体系中,个体心理学的研究对象是个体的直接经验,而民族心理学的研究对象是人类的高级心理过程。他认为,实验心理学只能研究个体的直接经验,而人类的高级心理过程,如观念、情绪、意志等,则需要在民族心理学的体系中进行具体讨论。这套巨著是冯特用历史法研究人类高级心理过程的社会心理学专著,囊括了语言、艺术、神话、宗教、风俗、法律、道德等内容。

二、管理心理学萌芽的社会历史背景

为了更好地协调组织进行活动,人们从很早便摸索着开始了他们的管理实践,管理心理学的萌芽由此初露头角。

我国春秋战国时期,即我国古代管理思想产生和奠基的时期。

春秋战国是我国历史上政治社会大动荡、大变革的时期,诸子百家在政治、经济、军事、文化等方面提出了各自不同的管理主张,中国古代传统管理心理思想便产生于此时。

在诸子百家争鸣中,最有代表性的十家学派分别是儒、道、法、墨、兵、农、名、杂、阴阳家、纵横家。他们的管理心理学思想主要在《论语》《孟子》《荀子》《道德经》《庄子》《吕氏春秋》《韩非子》《墨子》《管子》《老子》《孙子兵法》等著作中得到充分体现。他们分别从人的本性、人的行为规律、人的思想、人群关系、治国安邦、领袖和将帅心理、士气的激励等个体心理、团体心理、领导心理、组织心理等方面作了详细的阐述,并提出了精辟的观点。各家学说在争鸣中互相吸取、借鉴、融合,让管理心理学内容在此期间不断丰富、繁荣和发展。

这个时期,管理心理学的发展在我国管理史上空前繁荣,是我国管理智慧的绽放。诸子百家学说在中国管理史上具有举足轻重的地位。

三、管理心理学产生的学科支撑

管理心理学的形成除了得益于19世纪末20世纪初整个社会经济的迅速发展外,还与该时期社会科学的发展有着不可脱节的关系。

（一）心理技术学

心理技术学,由德国心理学家斯腾于1903年首先提出,是劳动心理学、工业心理学最初发展时的名称。而后闵斯特伯格出版了《心理技术学原理》,使心理技术学成为一门能够研究实际问题的心理学技术学科。

心理技术学体系的主要特点有以下几点。

1. 中介性

心理技术学介于心理学原理研究与应用技术之间,在理论研究基础上支持应用技术。心理技术学这样的中介理论在心理科学发展中发挥着不可或缺的独特作用,任何理论科学都不能跳越中介环节的处理而直接应用于实际中。就如同学生需要经过学习、培训等步骤才能变为某个领域的专业人才,心理技术学是基础理论转化为应用技术的中介。

除此之外,中介性还具有双向转化的性质。我们知道,要实现科学且有成效的应用技术离不开基础理论的指导,基础理论的研究也需对应用技术进行借鉴并将它作为发展的驱动力。在这一过程中,心理技术学的中介性发挥着上传下达的作用,即我们在实践应用技术时发现问题,并在其中获取经验以及有价值的材料数据,在经过筛选、加工、精加工等环节之后得到能够作为基础理论的素材,同时也通过对材料进行反馈及纠正,经由中介性将其运用于实际进行检验,为人类心理的良好发展发挥功效。

2. 应用性

应用性主要强调应用现代科学研究成果与技术手段,构建心理技术原理与方法,加强心理学面向社会生活实践的广泛运用,它可以面向现代生活的各个领域。无论是国防还是执法活动,或是商业安全领域,都可普遍地应用心理技术。比如,心理技术学在教学中的应用。如何培养学生的学习兴趣、挖掘其潜能、激起其求知渴望性和思维活跃性等,十分重要的一点就是如何运用心理技术学的应用性。

3. 综合性

心理学是研究人的心理现象与行为规律的自然科学与社会科学交叉的科学,因此,心理技术学是一门综合性很强的学科,它以心理学为指导,为发展人的心理而广泛运用于实践。

4. 动力特征

心理技术学不断为心理科学研究提供新的、先进的、复杂的技术手段,增强了我们对心理本质的认识。心理学的研究成果通过心理技术学提高物化水平,满足了人们的生产、生活需要,为社会和国家的可持续发展提供服务,并且对心理技术服务在面向社会层面的认同感以及心理技术的发展起到进一步推动作用。

5. 原理与层次性特征

一切技术系统都必须有其工作原理,原理在运用时必须构建合理有效的技术方法。心理技术学体系便是在心理学基本原理的指导下,立足国民自身实际和人性规律,构建起了专门的技术原理与方法。社会需要是多层次的,构建心理技术体系也应该体现其丰富的层次性。建立我国心理技术的体系,应以我国人民的物质与文化生活需要为基础,体现中华民族特色。因此,将心理技术学层次化的呼声也纷纷得到肯定,即以马斯洛需求理论为基础,让心理技术学在社会生活中得到更人性化的发展。

由此我们可以相信,心理技术学将丰富发展我国的心理科学,为心理学扎根社会现实生活而助力,其自身的发展前景十分广阔。

(二)行为主义心理学

美国于19世纪后半期完成了工业革命,开始了城市化进程。面对大量农村人口进入城市的实际情况,政府需要对他们进行能力培训。这一需求促使心理学家从对意识的研究转向对适应性行为的研究。同时,为了提高工业生产的效率,政府还需要对工人的工作效能进行测试并且任用能够科学管理社会的人对社会进行管制。因而美国的心理学家华生开创了行为心理学,成为美国现代心理学极具影响力的学派之一。

华生在他的代表作《行为主义观点的心理学》中采用巴甫洛夫的条件反射的概念,系统地表述了他的行为主义心理学理论体系。他把不可直接观察和经历的意识排除在心理学研究之外,把人的行为活动简化为刺激-反应的行为模式,把有效地控制人的行为作为心理学的最终目的,形象展示了实用主义哲学在心理学中的具象概念。

（三）精神分析心理学

产生于 19 世纪末 20 世纪初的精神分析心理学是西方现代心理学思想中的一个主要流派,由精神病学家西格蒙德·弗洛伊德提出。它既是一种对精神病症的治疗方法,也是在医疗实践中逐渐形成的一套心理理论。

精神分析心理学是弗洛伊德企图解决资本主义国家的社会病态现象以及犹太人家长制和维多利亚时代性道德压抑所造成的社会病态现象的产物。

四、管理心理学的相关学科

（一）普通心理学

普通心理学是研究正常成年人心理的一般规律的学科。其研究范围包括心理学的理论原则和方法、心理过程、心理状态和个性心理特征的基本原理。它既概括了各个心理学分支的研究成果,还有其一般知识和理论基础。普通心理学是一门基础的、入门的心理学,也是心理学的主干内容。

在普通心理学中,心理现象一般规律的研究常分为几个领域:感觉与知觉,学习与记忆,思维与言语,情感与意志,人格与个别心理特征。

（二）工程心理学

工程心理学主要研究与技术设计有关的人体生理、心理特点,并为人-机-环境系统的设计提供与人相关的数据。其目的是使机器设备和工作环境的设计适合人体的各种条件要求,从而实现人、机、环境三者之间的合理配合,使处于不同条件下的人都能高效、安全、健康而舒适地工作和生活。

（三）社会心理学

1908 年,心理学家麦独孤和社会学家罗斯分别出版了社会心理学的相关专著,这标志着社会心理学已成为一门独立的学科。在侧重于社会学的定义中,具有代表性的是艾尔乌德的定义。他指出,社会心理学是关于社会互动的科学,是以群体生活的心理学为基础,以对人类反应、沟通以及本能和习惯行为的群体为出发点,研究个体社会行为的心理学,有利于对个体生活的历史与社会环境有进一步的理解。

1924 年,心理学家奥尔波特以实验为基础的《社会心理学》一书的问世,宣告了社会心理学作为一门科学正式开始进行实践。

社会心理学成为一门科学主要有以下几个方面的原因:

(1)开始运用实验。

(2)用数量分析补充对现象的质的分析。

(3)从描述现象转向揭示和利用规律。

(四)组织行为学

组织行为学是系统地研究人在组织中所表现的行为和态度的学科,是提高管理人员预测、引导和控制人的行为的能力,以实现组织既定目标的科学。

组织行为学是行为科学的一个分支,是一门以行为学为基础,与心理学、社会学、人类学、工程学、计算机科学等学科相交叉的边缘性学科。随着社会的发展,尤其是经济的发展促进了企业组织的下一步进展,组织行为学因此越来越受到人们的重视。

组织行为学与心理学、社会学和人类学等理论性科学不同,它属于应用性科学。它在应用理论科学原理的基础上,探索和揭示组织中人的心理与行为规律性。并在掌握这些规律性后还要进一步研究、评价和分析人的心理与行为的方法,保持积极行为并改变消极行为的具体技术和措施。它的直接目的是紧密联系组织管理者的工作实际,提高其工作能力与组织的工作绩效。

(五)教育心理学

教育心理学是研究在教育情境下,人类学习、教育干预的效果、教学心理,以及学校组织的社会心理学。教育心理学的重点是把心理学的理论或研究所得的有效结论应用在教育上。教育心理学可应用于设计课程、改良教学方法、加强学习动机以及帮助学生直面成长过程中的各项困难和挑战。

教育心理学的具体研究范畴是围绕学与教相互作用过程而展开的。学与教相互作用过程是一个系统过程,该系统包含学生、教师、教学内容、教学媒体和教学环境等五要素,由学习过程、教学过程和评价或反思过程这三种活动过程交织组成。

第二节　西方管理心理学的产生和发展

管理心理学是19世纪末20世纪初西方社会经济发展的产物,它的形成和当时的社会环境以及年代背景息息相关。19世纪末,西方社会为提高生产效率,获得最大利益,很多心理学家开始了对管理心理学的研究。管理心理学真正起源于20世纪初期的西方社会,其中以美国的管理心理学为主。1958年美国斯坦福大学教授利维特出版《管理心理学》,标志着管理心理学正式形成。随后其不断发展,终于在20世纪60年代初期逐渐成熟,成为一门独立的学科。

一、西方管理心理学的产生

管理心理学在一定程度上可以说是由工业心理学发展而来的。一般人们认为,冯特创建的心理学实验室是工业心理学的起源地,而他的学生闵斯特伯格则被誉为"工业心理学之父",是第一个对心理技术进行研究的学者。19世纪90年代,闵斯特伯格在哈佛大学建立了自己的实验室,主要对工业生产中的管理问题进行研究。自此,他通过实验心理学的方法研究了许多管理问题,并开始摸索如何将心理学直接和工业生产联系到一起,以及探索怎样从本质上让员工的心理得到改变,进而使工人的生产积极性得到提高,达到生产效率和利润最大化的目的。1912年,闵斯特伯格出版了《心理学与经济生活》一书。该书主要包含了以下几个内容。

(1)最适合的工人。工人适合做什么工作就将其放在什么岗位上,即按照每一个工人独特的心理特征以及与众不同的能力把他们放到最恰当的工作岗位上。

(2)最好的工作。最好的工作探讨在怎样的心理条件下工人能够全身心投入工作,从而使每一个工人都能人尽其才,让工厂得到最大利益。

(3)最佳的效果。最佳的效果探索工人处于不同情绪下的工作效果,并找出工作效率最高时工人的情绪状况。

闵斯特伯格的理论成果极大地推动了当时工业心理学的发展,对后来管理心理学理论有着指导性作用。但是,他的研究成果也存在一些缺陷,如研究方向太过单一,没有涉及关于社会与人类学方面的理论,在解决很多问题时都存在一定的局限性。直到有了霍桑实验,才将其研究成果和其他学科联系起来。

闵斯特伯格率先将心理学和管理实践相联系后,许多有关研究管理实践方面的人员也开始展开对社会心理学以及工业心理学的研究,他们打算通过实现工人的大部分需要,进而提高工人的工作热情。这部分需求主要是针对工人社会方面以及个人内心的需求。人际关系学说也就此应运而生,而霍桑实验正式为这一学说的诞生拉开了序幕。

二、西方管理心理学的发展

管理心理学产生的源头主要是西方管理学的形成和工业心理学的应用。虽然关于心理学在管理上的应用由来已久,但其在西方真正成为系统的管理理论,则被大多数学者公认为是在19世纪末20世纪初形成的。从西方管理心理学的产生历史和发展进程来看,大多数学者把其发展分为三个阶段:科学管理理论阶段、X-Y理论以及人际关系理论阶段、权变的现代管理理论阶段。

(一)科学管理理论阶段

科学管理理论阶段主要是以泰勒为代表的。泰勒认为早期的管理,往往没有一个明确的理论指导,而是基于经验之上的探索,管理者和工人很难对劳动效率有一个比较准确的数据,这常常导致工人和资本家之间产生矛盾和冲突:资本家因为不知道工人一天的工作量,总感觉工人干活少、拿钱多,就会想方设法延长工人的劳动时间、增加劳动强度来加重对工人的剥削;工人也无法了解自己一天能完成多少工作量,他们则认为自己干活多、拿钱少。双方就会出现冲突,当资本家采取措施加重工人的劳动量时,工人就消极怠工,从而降低了企业的劳动生产率。泰勒认为管理的中心问题是效率问题,应提高劳动生产率。为了提升工人工作效率,他总结出以下几点。

1. 制定工作定额

企业要成立一个研究工人劳动问题的机构,制定出工人的劳动定额,这在管理上是必要的,可以减少管理的盲目性、提高产出。企业必须通过大量试验、观察和调查,开展工人劳动相关数据研究,根据工人的具体情况制定出合理的日工作量。具体步骤如下:选择合适且技术熟练的工人;研究这些人在工作中使用的基本操作或动作的精确序列,以及每个人所使用的工具;用秒表记录每一基本动作所需时间,加上必要的休息时间和延误时间,找出做每一步工作的最快方法;消除所有错误动作、缓慢动作和无效动作;将最快、最好的动作和最佳工具组合在一起,成为一个序列,从而确定工人合理的日工作量,即劳动定额。确定了工人的劳动定额,企业可以根据定额完成情况,实行差别计件工资制,使工人的贡献大小与工资高低紧密挂钩。

在制定工作定额时,泰勒是以"第一流的工人在不损害其健康的情况下,维护较长年限的速度"为标准,这种速度不是以突击活动或持续紧张为基础,而是以工人能长期维持的正常速度为基础。通过对个人作业的详细检查,在确定做某件事的每一步操作和行动之后,泰勒能够确定出完成某项工作的最佳时间。有了这种信息,管理者就可以判断出工人是否干得很出色。

2. 挑选头等工人

为了提高劳动生产率,必须为工作挑选头等工人,这既是泰勒在《科学管理原理》中提出的一个重要思想,也是他为企业的人事管理提出的一条重要原则。

泰勒指出,健全的人事管理的基本原则是使工人的能力同工作相适应,企业管理者的责任在于为雇员找到最合适的工作,培训他们成为第一流的工人,激励他们尽最大的力量来工作。为了挖掘人的最大潜力,还必须做到人尽其才。因为每个人都具有不同的才能,不是每个人都适合做任何一项工作的,这和人的性格特点、个人特长有着密切的关系。为了最大限度地提高劳动生产率,对某一项工作,必须找出最适宜干这项工作的人,同时还要最大限度地挖掘最适宜于这项工作的人的最大潜力,才有可能达到最高效率。因此,对任何一项工作必须要挑选出"第一流的工人",即头等工人。然后再对第一流的人利用作业原理和时间原理进行动作优化,以使其达到最高效率。

泰勒所说的第一流的工人,就是指那些最适合又最愿意干某种工作的人。所谓挑选第一流的工人,就是指在企业人事管理中,要把合适的人安排到合适的岗位上。只有做到这一点,才能充分发挥人的潜能,才能促进劳动生产率的提高。比方说,重活、体力活,让力气大的人干,而精细的活只有找细心的人来做。对于如何使工人成为第一流的工人,泰勒不同意传统的由工人挑选工作并根据自己的情况选择性地自我培训以适应所选工作的方法,而是提出管理人员要主动承担这一责任,科学选择并不断地培训工人。

3. 标准化原理

泰勒认为,科学管理是过去曾存在的多种要素的结合。他把老的知识收集起来加以分析组合并归类成规律和条例,于是构成了一种科学。工人提高劳动生产率的潜力是非常大的,人的潜力不会自动跑出来,怎样才能最大限度地挖掘这种潜力呢?方法就是把工人多年积累的经验知识和传统的技巧归纳整理并结合起来,然后进行分析比较,从中找出具有共性和规律性的东西,然后利用上述原理将其标准化,这样就形成了科学的方法。用这一方法对工人的操作方法、使用的工具、劳动和休息的时间进行合理搭配,同时对机器安排、环境因素等进行改进,消除种种不合理的因素,把最好的因素结合起来,这就形成一种最好的方法。

在经验管理的情况下,对工人在劳动中使用什么样的工具、怎样操作机器,缺乏科学研究,没有统一标准,只是凭师傅教徒弟的传授或个人在实际中摸索。泰勒却指出,管理人员的首要责任就是把过去工人自己通过长期实践积累的大量的传统知识、技能和诀窍收集起来,并主动把这些传统的经验记录下来、编成表格,将它们概括为规律和守则,有些甚至概括为数学公式,然后将这些规律、守则、公式在全厂实行。

泰勒不仅提出了实行标准化的主张,而且也为标准化的制定进行了积极的试验。在搬运生铁的试验中,泰勒得出一个适合做搬运工作的工人,在正常情况下,一天至少可搬47.5吨铁块的结论;在长达26年的金属切削试验中,他得出影响切割速度的12个变数及其反映它们之间相关关系的数学公式等。这些都为工作标准化、工具标准化和操作标准化的制定提供了科学的依据。

所以,泰勒认为,标准化对劳资双方都是有利的。标准化不仅使每个工人的产量大大增加、工作质量大为提高、劳动报酬明显增加,而且工人运用科学的工作方法后,公司也能获得更多的利润。

4.差别计件工资制

在差别计件工资制提出之前,泰勒详细研究了当时资本主义企业中推行的工资制度,例如日工资制和一般计件工资制等。经过分析,泰勒对这些工资方案的管理方式都不满意。泰勒认为,现行工资制度存在的共同缺陷,就是不能充分调动工人的积极性,不能满足效率最高的原则。例如,实行日工资制,工资实际是按职务或岗位发放,这样在同一职务和岗位上的人不免产生平均主义。在这种情况下,"就算最有进取心的工人,不久也会发现努力工作对他没有好处,最好的办法是尽量减少做工而仍能保持他的地位"。这就不可避免地将大家的工作拖到中等以下的水平。又如,在传统的计件工资制中,虽然工人在一定范围内可以多干多得,但超过一定范围,资本家为了分享迅速生产带来的利益,就要降低工资率。在这种情况下,尽管工人努力工作,也只能获得比原来计件工资略多一点的收入。这就容易导致这种情况:尽管管理者想千方百计地使工人增加产量,而工人则会控制工作速度,使他们的收入不超过某一个工资率。因为工人知道,一旦他们的工作速度超过了这个数量,计件工资率迟早会降低。

于是,泰勒在1895年提出了一种具有很大刺激性的报酬制度——差别计件工资制。泰勒为他所提出的差别计件工资制,总结了许多优点,其中最主要有以下几点。

第一,有利于充分发挥个人积极性,有利于提高劳动生产率,能够真正实现高工资和低劳动成本。

第二,由于制定计件工资制与日工资率是经过正确观察和科学测定的,又能真正做到多劳多得,因此,这种制度就能更加公平地对待工人。

第三,能够迅速地清除所有低能的工人,吸收适合的工人来工作。因为只有真正好的工人,才能做到又快又准确,可以取得高工资率。泰勒认为,这是实行差别计件工资制最大的优点。

另外,泰勒进一步指出,科学管理在实质上包含着要求在任何一个具体机构或工业

中工作的工人进行一场全面心理革命——要求他们在对待工作、同伴和雇主的义务上进行一种全面的心理革命。此外,科学管理也要求管理部门的人、工长、监工、企业所有人、董事会进行一场全面的心理革命,要求他们在对待管理部门的同事、工人以及面对所有日常问题的责任时进行一场全面的心理革命。没有双方的这种全面的心理革命,科学管理就不可能存在。在科学管理中,劳资双方在思想上要进行的大革命就是双方不再把注意力放在盈余分配上,不再把盈余分配看作最重要的事情,而是要将注意力转向增加盈余的数量上,使盈余增加到使如何分配盈余的争论成为不必要。他们将会明白,当他们停止互相对抗,转为向一个方面并肩前进时,他们共同努力所创造出来的盈利会大得惊人。他们会懂得,当他们用友谊合作、互相帮助来代替敌对情绪时,通过共同努力,就能创造出比过去大得多的盈余。

（二）X-Y 理论以及人际关系理论阶段

1. 麦格雷戈的 X-Y 理论

随着美国心理学家麦格雷戈出版《企业中人的方面》一书,X 理论和 Y 理论也随之诞生。但是,这两种理论所描述的内容截然相反。

X 理论认为,人的行为就像机器,只有在外力介入的条件下才会运转,其有以下几个特征。

（1）不信任人。

（2）认为人本来就是懒惰的。

（3）人们总是不愿意主动去工作。

（4）工人只有在受到压迫的条件下才会去工作。

根据以上特征,X 理论则更加倾向于实现工人在日常生活中的基本需求,如生理需求和安全需求。此外,这一理论也认为惩罚措施在管理中必不可少。这一理论还认为,工人在生理和安全方面的需求得到有效的满足,而且工厂也给予令工人满意的薪酬时,就能够取得更好的生产效果。

与 X 理论相对立,Y 理论的主要观点是:人们不仅始终对工作抱喜爱的积极态度,而且希望在工作中展现自己的独特之处;要想达到企业制定的目标,不仅仅依靠严厉的惩罚措施和企业的规章制度;激励措施不是仅仅对基本需求有影响,而是影响需求的各个层级;大多数人都具备丰富的想象能力和创新能力。

因此,Y 理论中激励工人努力生产的办法是:最大限度地为员工提供适当的客观条件,拓宽员工的工作领域,让员工能有更多的机会去选择自己想要从事的工作;充分发挥员工的个人才能,让员工的高层级需求得到更好的满足。

2. 人际关系理论阶段

霍桑实验因其实验地点在美国芝加哥西部电器公司所属的霍桑工厂而得名,这一个实验真正意义上打响了众多学者对工厂中的人的行为研究的第一枪。该试验最开始是为了探究生产效率是否与外界条件存在关系,并探索在怎样的工作条件以及有效管理措施下才能使劳动生产率得到显著提高。

管理学家埃尔顿·梅奥应邀参与了后期的霍桑实验,结果发现人的社会性对劳动生产率的提高影响最大。在霍桑实验的基础上,梅奥于1933年出版了《工业文明的人类问题》一书,形成了著名的人际关系学说,首次探讨了影响员工社会和心理因素对生产积极性的影响,研究了人际关系在生产与管理中所产生的影响。

霍桑实验的早期开展了照明实验。照明实验的目的是探究不同的照明条件会对应怎样的生产效率。研究者先设定一个实验假设:较好的照明度不易让员工产生疲劳,进而能使生产效率得到提高。他们挑选了一部分人,把他们分成测试组和对照组,然后对这两组采用控制变量法的测试方法来研究照明强度对生产效率的影响,即研究人员只让照明强度发生变化,其他所有的条件都保证相同。结果表明:提高测试组照明强度能够使测试组和对照组的产量都得到提高;降低测试组照明强度同样能够让测试组和对照组的产量得到提高,当测试组的照明强度降到非常低时,测试组的生产数量依然没有太大变化;光照强度降低到工人无法看清时,产量才会大幅度地下降。这一结果让研究小组感到困惑。之后,开展了福利实验。实验主要是为了探究公司福利待遇的变换与工人劳动生产效率之间的关系。长达两年多的研究表明,福利待遇的改变不影响产量的持续上升,工人们对这种现象产生的原因自己也不明确。在紧接着的群体实验中,研究团队为了保证实验的有效性、完整性以及更好地研究工人和工人之间的相互作用,研究团队首先就在众多工人之中找出了十几名男性工人,这部分工人中包括近10名专门从事绕线工作的娴熟工人,即负责焊接工作和负责检验产品合格率的检验工。其次,研究团队给这部分员工安排一个独立的工作室。最后,研究团队再把这些员工的工作能力和他们自己的工资相联系,不再实行和其他员工一样的工资制度。研究者仍然事先假设:如果一直给挑选出来的这部分工人按照他们自己的工作能力来发放薪酬的话(按照生产数量来给定工资),那么员工就会发挥出自己最大的能力去工作,产量一定会相比从前有所提高。然而,实验结果却是出乎意料的。工人的产量并没有像实验人员想象中的提升,甚至其中一些工人产量反而不如从前。这部分工人就如同约定好一般每天都只会去完成少于正常工作量的工作。即使其中有的工人工作能力比较出众,但他们也不会用心去工作。当完成大家所约定好的工作量后,他们就会停止工作。

从1928年开始,梅奥带领的团队在不到两年的时间内对工厂中的数万名员工进行了大规模访谈。实验要求研究人员不能以领导者的身份同员工进行交流,必须以平等的身份与工人进行交流,而且不能够对工人的不满情绪训斥。这批研究人员一边深入地去了解工人的真实情况,一边又让记录人员把工人在交谈中的怨言都记录下来,随后运用科学的分析方法进行系统的分析。最后,参与访谈的工作人员得出结论:工人在生活中遇到的困难以及不开心的事都会让工人不能专心致志地工作,从而就会降低工人在工作中的效率。这次实验通过工人们的种种建议,极大地改善了工厂的一些不当的管理措施和规章制度,极大地增加了工人对工厂的认同感。同时也使许多工人对工厂长时间以来积累的消极情绪得到有效释放,极大地提高了工人的生产积极性,从而使工厂生产水平大幅度提高。

霍桑实验最后得出以下几点结论。

(1)外部环境以及个人的独特能力或者性格会对工厂的生产能力造成一定的影响,但这些都不是影响工人生产的主要因素。

（2）要让工人能够拥有十足的干劲,则要求组织内部人们之间的关系比较融洽,即工厂的生产能力在一定程度上取决于人际关系。

（3）在组织中不仅存在正式群体,同时非正式群体也不少见。

（4）新型领导对企业的生产能力和生产水平的提高都能产生比较积极的效果。

人群关系学说之所以能够产生,离不开梅奥团队所进行的霍桑实验。非正式团体在工厂中占有很大一部分比重,领导者必须加以重视并把这种团体往利于工厂发展的方向引导。

人际关系学说主要观点如下。

（1）工人不是经济人而是社会人。

（2）梅奥认为,金钱和物质诱惑并不是调动人积极性的唯一条件,社会以及心理方面的需要也能调动员工生产积极性,而后者更为重要。所以,想要提高工人积极性,不能仅仅从生产环境和物质待遇方面出发,更应优先考虑工人在社会中的地位、家庭状况以及心理特征等方面。

（3）在企业中存在着一定数量的非正式群体。

（4）企业中每一个工厂都会有自己明确的规章制度,这些制度的主要作用是引导以及规范工人的行为举动,以实现工厂盈利的目的。而在工厂制度之外还会产生一些新的规范制度,这些制度往往没有明文规定,而且不一定有利于工厂的发展。在这些制度下的群体非常容易受个人情绪的影响。这些制度存在的主要目的是争取或者维护这种非正式群体中各成员之间的利益,并不是立身于工厂的发展和利益。

（5）领导者可以采取一些措施以达到让工人满意度上升以及让企业内部人员之间的关系更融洽的目的。

（6）外界的条件对工人的生产积极性并不会产生太大的影响,对工人的生产热情起决定性作用的还是工人内心的满足感。工人往往在自身需求都实现时满足感会达到一个新的高度,从而极大地刺激他们的工作热情。

（7）领导者和员工之间的有效交流往往在管理过程中产生积极影响。

（8）早在访谈试验中,研究团队就已发现友好的交流方式,总是让员工能推心置腹地和领导者交流,能够让领导者看到员工真正的需求,也能够让员工感受到领导者平易近人的一面,从而形成一种更为融洽的层级关系。而在和工人交流的过程中,一个好的领导者往往喜欢倾听工人的心声,以达到有效沟通的效果。有效的沟通可以使工人逐渐去信任领导者,也让领导者看清局面,进而更好地去开展工作。

（三）权变的现代管理理论阶段

权变管理理论是 20 世纪 70 年代在美国形成的一种管理理论。这一理论的核心是研究组织与环境的关系,确定各种变量的关系类型和结构类型,同时强调管理应适应组织的环境,并根据不同的环境寻求相应的管理模式。权变管理理论关注环境变量和各种管理方法之间的关系。一般来说,环境是解释变量,管理是被解释变量。也就是说,组织所处的环境决定了哪种管理风格更适合组织。

权变管理理论的思想主要包括以下几个方面。

（1）组织仅仅是社会这个大系统中的一个小小的组成部分，是一个开放的子系统，它受社会这个大环境的影响。因此，组织必须根据自己所处的大系统的环境和状态来调整自己相应的管理方法和措施，从而不断适应社会这个大系统。

（2）组织不论在做什么活动，都是一边变动条件不断适应大社会系统，一边向自己组织目标靠近的过程。所以，组织必须根据社会系统条件和自身的远近目标规划，选择相合适的管理方法。

（3）管理的有效性反映在管理活动和组织各种要素之间的互动中。因此，有必要根据组织各要素的关系类型以及各要素与管理活动之间的某种函数关系来确定不同的管理模式。

总的来说，在 20 世纪 40 年代，由于工业生产的机械化、自动化水平不断提高以及电子计算机进入工业领域，在工业生产集中化、大型化、标准化的基础上，也出现了工业生产多样化、小型化、精密化的趋势。另外，工业生产的专业化、联合化不断发展，工业生产对连续性、均衡性的要求提高，市场竞争日趋激烈、变化莫测，社会化大生产要求管理改变孤立的、单因素的、片面的研究方式，而形成全过程、全因素、全方位、全员式的系统化管理。

第二次世界大战期间，交战双方提出了许多亟待解决的问题，如运输问题、机场和港口的调度问题、如何对大量的军火进行迅速检查的问题，都涉及管理的方法。科学技术发展迅猛，现代科学技术的新成果层出不穷。资本主义生产关系出现了一些新变化，由于工人运动的发展，赤裸裸的剥削方式逐渐被新的、更隐蔽、更巧妙的剥削方式所掩盖。新的剥削方式着重从人的心理需要、感情等方面着手，形成处理人际关系和人的行为问题的管理。

从 20 世纪末到 21 世纪初，科学技术的飞速发展深化了经济全球化的范围和深度。管理心理学的研究也面临着新的机遇和挑战。面对全球竞争，社会经济结构的调整、技术创新和跨国公司的快速发展给新世纪初的管理心理学带来了新的课题。在新的社会经济条件下，物质资本的作用不再突出，人的因素的作用日益显著，人逐渐成为一种特殊的资源。人力资源的最大限度开发已成为全球化框架下各国提高经济竞争力的重要途径。可见，在新的社会经济环境下，管理心理学需要不断向人们提供如何适应科技进步和社会发展的新知识，不断对新管理问题中的心理问题进行深入研究，在更好地应用于实践的同时进一步完善和发展自身。管理理论的发展也越来越借助于多学科交叉作用，经济学、数学、统计学、社会学、人类学、心理学、法学、计算机科学等各学科的研究成果越来越多地应用于企业管理。

第三节　我国管理心理学思想的产生与特征

中华民族历经了五千余年的发展才走到今天，可谓是历史悠久，源远流长。而在这发展的过程中，有许多经典的学说直到今天依然被人们认可和使用。我国古代的管理思

想,由于受当时生产力发展水平的限制,导致这些思想零星分散,至今未能形成独立的科学体系,但许多管理思想的精华对今天的管理实践仍然具有借鉴的价值,而这些管理思想也在漫长的发展中不断被改进和完善。

一、我国管理心理学思想的产生

(一)萌芽时期

夏朝是我国历史上第一个具有国家形态的朝代,夏朝建立以后,统治者修建城池、组建军队、编制法律,使得国家的各项制度更加完备。商朝时期,统治者在夏朝的基础上又增加了许多新的制度,如在土地问题上实行公田制,就类似于现在的土地公有制。后来由于纣王的骄奢淫逸和残酷统治,在公元前 1046 年遭到武王姬发的讨伐,最终商朝被灭,西周建立。西周建立以后,武王实行宗法分封制,使得统治秩序得到进一步完善,后来周朝在原有习惯法的基础上,通过"制礼作乐",创造了一套典章礼仪制度和宗法等级秩序,使得国家的规章又得到了进一步完善,为巩固政权打下了坚实的基础。此时期出现的古书如《周易》《尚书》等,在其中都能找到很多基本的管理原则和管理概念,这也为中国传统管理心理思想的发展确立了方向。

(二)初创时期

春秋战国是我国历史上一个非常混乱和动荡的年代,各地诸侯称雄。而秦国凭借着强大的军事实力和商鞅的一系列变法改革,最终灭掉了其他六国,完成了统一。在这长年群雄逐鹿的竞争中,各诸侯国为了谋求生存和发展,各种管理思想不断出现,各家各派的代表人物也相继登上历史舞台,形成了百家争鸣的新局面。而传统的管理心理思想也就由此产生。

在百家争鸣中,最具有影响力的就是儒家思想。其主张"仁爱",并且十分重视人在管理过程中的地位。"天地之性,人为贵。"所以,重视人是儒家的一个根本观念。在儒家看来,世间万物只有人是最宝贵的,是天地之灵,一切的管理活动都是围绕着人来进行的。与儒家重视人的主张不同的是,法家则认为应该用法和术结合的方式来治理国家,法是指健全法制,也就是建设完备的制度,而术指的是推行法令、驾驭群臣的策略和手段。在实际管理中,要重视"法"的存在并严格遵守,构建一个完善的管理制度体系,但所有的制度都是不完善的,所以单纯地靠"法"是不可能实现好的管理,这就需要把"法"和"术"结合起来,在执行"法"的过程中注意策略的使用,刚柔并济,达到优质管理。而兵家则注重战略以及人才的管理。一场战役,事前对于战略如果能有一个很好的规划和掌控,那么打赢的概率就占了一半。如果再加上有一个指挥出色的指挥官,那么成功的概率就又增加了三成。道家则主张无为而治,所谓无为,并非不为,而是顺其自然,按照事物本身的发展规律去运行,而所有的人为的改造自然的活动都是"有为"。为了达到这样一种境界,要求统治者要带头过一种质朴的生活,使得臣民效仿,并强调要"政减刑轻",反对以残酷的法律手段治理国家。不仅这样,还要求领导永远谦恭、温和,要做到人尽其才。

在这个时期中,各家学派都有其自身的出发点,某一学派会和另一学派的观点经常发生分歧,这也是社会和文化发展的必然趋势。只有不断进行论证和实践,才能得到最终正确的答案,从而为后世管理思想的发展做一个好的铺垫。

（三）发展时期

这一时期主要是从汉魏到五代十国时期,在这个阶段,我国又经历了一次浩大的民族变迁,这一时期也为封建王朝的鼎盛时期的到来创造了条件。随着我国疆域的不断扩大,各个地区的经济文化也都快速发展。人们在前人的基础上,对各种管理心理思想又进行了新的研究,得出了更为系统的观点,提出了人员甄选理论并不断趋于成熟化。从汉代开始,由于董仲舒的大力推崇,儒家思想成为社会的主流,得到了飞速发展。在这一时期出现的如《淮南子》、《齐民要术》等著作中,也蕴藏着许多管理心理思想。

（四）完善时期

随着历史的不断发展,我国封建王朝的鼎盛时期也到来了。在唐朝和宋朝这两个对后世具有深远影响力的朝代之中,包括管理在内的各个学科领域都取得了巨大的进步。唐太宗在位期间,精简了行政机构,并且削弱了宰相的职能,有效加强了中央集权;在经济上,实行均田制并减轻了农民的赋税,提高了农民的生产积极性;在教育上大兴科举,培养和选拔人才,从而大大增强了国家的经济和文化实力,这才有了后来的"贞观之治"。

赵匡胤建立宋朝以后,通过削弱宰相权力以及改革禁军等措施来加强中央集权,并且还大力发展经济,使得宋朝的实力显著提高;宋神宗即位以后,出现了王安石变法,通过发展生产达到富国强兵的目的。这是继商鞅变法之后又一规模巨大的社会改革运动,变法也取得了一定的效果。

这一时期的思想主要有程颢、程颐和朱熹三人对北宋周敦颐等人的理学所做的进一步总结和阐述,理学也属于儒家思想的范畴。他们认为,天理是世间万物的起源,而且天理是善良的,把善良赐予人便成为人的本性,把善良赋予社会便形成了社会的礼仪;由于天理是所有物种的起源,所以我们通过探究事物的道理,就能达到认识真理的目的。这一时期的管理思想主要是对前人思想的总结和提炼,所以没有太多创新的内容。即便如此,这也为后人的研究做出了贡献。

（五）衰退时期

传统的管理心理思想从元初开始直到清末,就进入了衰退阶段。这一阶段中,政治上依然延续的是封建统治,所流行的当然也是儒家的一些思想,再加上闭关锁国,导致没有能和外面的世界形成良好的信息沟通,总是盲目地认为我们的东西就是最好的。在这种思想下,统治阶级没能对社会有一个很好的掌控,管理思想在这个时期基本上没有什么大的发展。不过在明清时期还是出现了一位大思想家王夫之,他综合各家各派的思想,提出了反对禁欲和反对人生而知之等思想,这些思想在当时都是比较先进的,也比较符合社会客观事实。在这一时期出现的四大名著之中,也都能找到很多关于管理心理的影子。

二、我国管理心理学思想的特征

（一）以人为本

"以人为本"思想在我国最早是由管仲提出的，其本意是只有解决好人的问题，才能达到治国兴邦的目的。无论是过去还是现在都证明：人才是一切之根本，一个不懂得珍惜人才的统治者和组织是不会有长远的发展的。在《论语·乡党》中，有这样一个故事：有一天，孔子家的马厩着火了，等到孔子知道这件事的时候，他第一句话问的是有没有人受伤，而并不是问马有没有受伤。在当时，一个奴隶是不值钱的，而马是很有价值的，孔子问人不问马，由此可以看出孔子关注人的生死远远超越了对马的关注，也能体现出孔子以人为本的思想。其实在儒家思想中，很重要的一点就是以人为本，孔子一生教了三千多名弟子，较为优秀的有七十二人，他从来不会因为谁交不起学费而把他赶出学校，相反地，他还经常关照那些贫困但又想读书的人。孔子认为，人生来就是平等的，只是由于后天的努力程度不同，才慢慢有了差别。而在孔子那个年代，穷人的孩子之所以和贵族孩子有差别，就是因为没有受教育的机会，只要有了学习的机会，就能具备君子应有的品格，成为一个正直的君子。在现代的企业管理过程中，如果能将儒家文化的人本主义及重人际关系的伦理观念注入其中，使社会伦常关系融合在企业的管理模式之中，就能在企业外部创造相对稳定的经营环境，在企业内部形成较为和谐的人际关系，促进生产力的发展。以员工为根本，时时刻刻关心重视他们的生活和工作，为他们着想，这样员工才能更加努力工作，才能更好地实现管理。孔子在几千年前就已经明白了这个道理，这也使古代的管理重视了人的存在。

（二）以德为先

《论语·为政》中写道："为政以德，譬如北辰，居其所而众星共之。"意思是指用道德原则治理国家，就像北极星一样处在一个固定的位置，而其他所有的星星都会围绕着它。这句话也代表了孔子的为政思想，强调了道德品质对政治生活的决定作用，也表明了儒家治国的基本原则是德治，而不是严峻的刑罚。康熙选拔人才的标准是：以立品为主，学问次之。由此可见，品德对于一个人来说是多么重要，学问可以通过后天的努力和付出获得，而品德要靠自身对事物的理解和认知来形成。也就是说，从一开始，我们就要端正自己的态度，形成良好的品德。现代企业选拔人才时，同样也是把品德作为一个很重要的考虑因素。

（三）中庸之道

《论语·雍也》中有这样一句话："中庸之为德也，其至矣乎！"意思是说，人的道德品质如果能达到中庸的境界，就是最高的道德。千百年来，人们一直在追求中庸，可是因为它没有一个具体的衡量标准，所以显得很难实现。中庸之道也包含了以下几层意思。第一，中不偏，庸不易。这是指人生的道路不要轻易偏离，不要走极端，更不要轻易改变自己的目标，因为这是一个不断坚持的成功之道。第二，中正、平和。如果失去了这些，一定是某些情绪或者处理某些事情的方式出现了极端,治怒唯有乐,只要保证一颗敬重或者敬畏的心,中正、和平和就得以长存。在现代企业管理当中,中庸之道就是要灵活地掌握一个事物发展过程中的度,讲究的是不偏不倚和适量守度,通过一种中庸的手段,来使各个方面都能达到一个相对的平衡,以保证管理秩序的稳定和避免出现管理冲突。

(四)无为而治

"无为而治"是道家所推崇的治国思想。无为而治并非无所作为,而是按照自然的规律行事,不去过多地人为干预和控制,使得充分发挥老百姓的自我能动性,从而做到自我实现。反之,如果人们行事不顺应自然,仅仅凭自己的主观意愿违背自然规律,那就只会干扰事物的正常发展,导致最终的失败。

在现代企业管理中,无为而治则要求企业的高层管理者从一些琐事中走出来,主要把握好企业发展战略和发掘人才等方面,至于具体的研发、销售、广告等方面,主要靠基层管理人员去具体实施管理。作为高层管理者,更多地要在全局上有一个很好的认识。要做到在大事上有所作为,在小事上有所不为,这样企业才能有好的发展。

无为而治在教育管理领域同样适用,它要求家长和老师要充分尊重孩子的天性,更要信任孩子的能力,不去过多干涉,让孩子自己去探索、去学习。在这个过程中,即使孩子失败也不要紧,因为孩子也会在失败中学到很多新事物。家长和老师所要做的,就是给孩子创造必要的条件,以及帮助孩子解决一些难以解决的问题。

在道家思想中,有一个叫杨朱的人,他主张个人本位论,但他并不是一个无政府主义者。他提出了"人人不损一毫,人人不利天下,天下治矣",而有这样的一个小故事就很好地论证了他的这个观点。一天,杨朱求见梁王,说治理天下就像运行在自己手里一样简单。梁王说:"你连一个妻子、一个侍妾的关系都不能处理好,为何这么说?"杨朱答道:"你见过放羊的人吗?放一百只羊,让五尺高的小孩子拿着赶羊鞭去赶,想让他们去东边就去东边,想去西边就去西边。而让尧去赶羊,就不能使羊前进了。"要处理大问题的人不理会细节,就是这个道理了。

老子的无为论是中国古代自由主义的基本形式,汉文帝、汉景帝也以道家思想治国。无为思想教人顺应自然和社会规律,以淡然的态度去对待世间的万事万物,保持宽容和谐的人生态度。由此可见,老子的无为思想对中华民族的性格行为和人生观产生了很大的影响。

(五)以和为贵

"以和为贵"的思想在诸多流派中均有体现,其中以儒家最为突出。孔子认为,社会应以"和"为本质,人与人之间和睦相处、互帮互助,创造和谐的社会环境。自孔子以来,我们的民族就形成了"以和为贵,亲仁善仁"的文化传统,"君子和而不同,小人同而不和",这里的"和"并不是盲目追求一致、同一、没有自我,而是要综合各方面的因素的差异互补来寻求整体的最佳结合,这是我们的祖先在处理问题和矛盾时所采取的积极方法。这种传统已经延续了三千年,可见"和"在人类的发展中是非常重要的。而在其他流派的思想中,也处处可见"和"的影子。例如,佛教反对杀生,提倡与世无争的人生态度;道家

倡导"不争",以"慈悲,节俭,不敢为天下先"为"三宝";墨家主张"兼相爱,交相利",尤为反对战争。由此可以看出,"和"作为其中的共同点,始终是贯穿于中国文化的精髓之中的。

在当今时代中,"以和为贵"的思想主要体现在个人、企业和国家三个大的方面。从个人来说,管理好自己,并处理好生活中的各种人际关系,与他人能够和谐相处,这是为人处世的基本。对于一个企业来说,以和谐为最高原则来处理与员工之间的关系,才能为企业的生存和发展创造一个良好的内外部环境,提升员工对组织的认同感、责任感和忠诚感,也可以使管理组织具有很强的自组织功能,从而保证企业稳步发展。而对于国家来说,面对着经济全球化的趋势,国与国之间都应该重视"以和为贵,以和为本"的思想,化解分歧,找到共同的出发点,加强合作,使国家能够有一个更好的未来。

中国古代管理思想的成果,对当今社会中任何一个组织的对外竞争都具有指导意义,对于现代企业与组织内部的成绩和人员管理起着重要作用,其思想文化的管理为现代人的进步提供了非常重要的理论指导。西方的管理心理思想在 20 世纪 80 年代才传入我国,相较于我国古代的管理心理思想而言,二者皆有特点。因为是在不同的文明中产生和发展起来的,所以,也就具有了东西方不同文化的差异性。总而言之,二者皆属于人类智慧的产物,都为人类的发展做出了一定的贡献。

第四节　我国管理心理学研究的现状、发展趋势及面临的挑战

管理心理学一方面研究领导行为、组织变革与发展、管理决策、团队建设、沟通、激励和跨文化管理理论问题;另一方面,从个体差异的角度,研究职位分析、组织培训、人员选拔、薪资设置分配和绩效评价等理论和方法。其当前研究的重点是工作环境中的个体、组织和群体等层面的人的行为及其影响因素,其中主要强调人的因素所起的作用。

一、我国管理心理学研究的现状

我国在管理心理学的研究方面起步较晚,从 1979 年中国心理学会筹建"工业心理学专业委员会"算起,至今也不过几十年。但在这短短的时间里,我国系统地引入了国外管理心理学的理论成果和研究方法,在工作态度与价值取向、工作动机与激励理论、领导心理与行为、管理决策与组织变革、人员选拔与员工培训方面,进行了深入且系统的研究,使我国的管理心理学的研究有了长足的进步。然而总的来说,我国管理心理学的研究目前还处于学习和探索阶段,不可避免地还存在以下一些问题。

(一)西方化

有一点是不可否认的,我国管理心理学学科的体系源头是西方的管理心理学,同时,

其理论概念和研究内容也基本上沿用了西方的概念体系。这有其客观的原因：其一，我国管理心理学研究的历史短，基础弱；其二，我国在管理实践方面相对落后。但管理心理学的理论、概念和方法具有明显的文化相对性和地域性，适用于西方的理论和概念未必适合我国。所以，从我国国情出发，建立起具有中国社会主义特色的管理心理学理论和概念体系就显得格外重要。

（二）理论化

实践与理论的相辅相成、紧密结合是管理心理学发展完善的根本保证。一个很好的例子就是霍桑实验，在长期研究的基础上，梅奥提出了人际关系理论，发展了人性观，极大地推动了管理心理学的发展。但我国的现实状况是：一方面，从事理论研究的人员主要集中在高等院校和科研院所，导致与管理实践的分离和脱节，或者建立的理论所要求的企业环境远远高于我国大多数企业的发展水平，从而使得大部分的理论都无法在我们的管理实践中应用；另一方面，企业组织中从事管理工作的人又常常由于理论素养不足，只能凭借经验开展常规事务性的工作，知其然而不知其所以然，一旦情况超出经验范围，就会手足无措，不知该如何应对。

（三）滞后化

第一，由于国内的理论研究模仿多于创新，所以，在对西方理论进行介绍时，语言转换和文献检索的时滞使得一些理论在西方风潮已过，而在我国却被冠以"新思想"或是"新理论"而津津乐道。这种不恰当的演进模式就使得我国管理心理学发展落后于西方数十年。

第二，在研究内容上，总是喜欢对那些已经发生过的、相当久远的问题进行回顾性探讨，前瞻性和预测性的研究却相对匮乏。

（四）抽象化

第一，现阶段很多本土心理学研究成果只停留在对中国人表层行为的分析之上，抽象地沿用个体心理学、群体心理学、领导和组织心理学三部曲的模式，将心理过程和管理过程分离开来，并没有真正地触及中国人的深层心理。由于现阶段本土心理学仍处于探索阶段，绝大多数研究者都没有建构起较为成熟的理论模式，导致许多实证研究在概念分析做好、理论架构成立之前，就在匆忙之间提出一些琐碎或没有意义的假设，最终使研究变得抽象化，流于表面。

第二，抽象化地将政府管理和企业管理统称为管理，而实际上二者有巨大的差异，却未被清晰地划分，导致管理不够细致，进而引起了很多管理问题。如何可以真正做到政企分开、分门别类地探讨不同类型的问题，尚未引起足够的注意。

二、我国管理心理学研究的发展趋势

在新的社会经济条件下，物质资本的作用不再突出，而人的因素的作用日益显著，人已逐渐成为一种特殊的资源，最大限度地开发人力相关资源，早就已经成为世界各国在

全球化的框架下增强经济竞争力的重要途径。管理心理学在新的社会经济环境下需要不断地提供人是如何适应科技进步和社会发展的新知识,不断深入研究新的管理问题中的心理问题以便更好地应用于实践,同时自身也得到进一步的完善与发展。

(一)组织变革研究

20世纪90年代以来,全球化经济竞争中管理心理学研究的首要问题早就是组织变革了。一般来说,组织变革的因素有很多,不过主要的原因就是科学技术的不断发展进步、劳动力素质的变化、社会心理的演变与管理理论和实践的发展。组织只有在不断变革的过程中才能达到一种动态的平衡,以保持其足够的稳定性、持续性、适应性和革新性,这些对组织的生存和发展都是必不可少的,因此,组织要想保持生存以及具有活力都必须进行变革。21世纪初期,随着经济全球化的潮流和经济机构调整,对企业重组、战略管理、跨国公司或国际合资企业管理的研究已呈现强势劲头,管理心理学研究也由最初对个体的理论研究全面转至对组织层面的研究上。

(二)领导行为研究

领导行为理论,即研究领导者在领导过程中所采取的行为以及不同行为对员工的影响,以便找到最佳领导行为的理论。20世纪70年代,由于权变理论的影响,在领导行为的研究领域曾出现了豪斯的通路-目标模型理论、弗鲁姆的领导-参与模型理论以及卡曼的生命周期理论。目前,最有代表性的是费德勒提出的认知资源利用理论,它强调:决定领导成效的关键与其说是领导个人的智力和才能,不如说是使认知资源得到利用的条件。在组织变革中,管理决策因素显得特别重要,因为组织结构调整总是在一定的风险情境下进行的。从个体研究水平上来看,管理者比较注重决策和判断中所采取的认知策略和判断决策问题;在组织水平上的决策研究主要分析不同背景下的决策模式、权力结构和参与体制,又特别重视决策技能的开发和利用。

(三)激励问题

管理心理学诞生的基础就是激励问题,激励问题也是研究最多的领域,仍是研究的核心问题。管理心理学认为,激励就是激发人的动机的心理过程,使人在某种内部或外部的刺激下,始终保持在兴奋的工作状态中,获得最佳的工作成绩和效率。也就是说,激励是通过激励手段调动人的工作积极性。过去,曾产生过内容学派、过程学派和强化学派等有关的激励理论,但近年来,人们在激励理论的研究中很少提出新的理论。由于亚当斯的公平理论对工资报酬制度设计有很大的实际意义,目前仍颇受重视。公平理论侧重于研究工资报酬分配的合理性和公平感,以及对员工工作积极性的影响。亚当斯认为,员工的工作动机不仅受到他所得到的绝对报酬的影响,即工作的实际收入的绝对值的影响,而且还要受到相对报酬的影响,也就是受到他人收入与自己收入相对比例关系的影响。

(四)组织文化研究

以《Z理论》的出版为标志,开始了组织文化的研究。威廉·大内从文化和民族性的宏观角度深入组织内部去探讨组织成员的社会化对组织的价值观的认同以及组织效率问题。几乎与此同时，Peters 和 Waterman 出版了《追求卓越》，Deal 和 Kennedy 出版了《公司文化》，从而掀起了组织文化研究的浪潮。夏因将组织文化定义为特定群体所发明、发现和发展的，用于学习和应付外部环境及内部整合问题的基本假设形式，以及教育员工用以认知、思考和感受组织问题的实际方式。1986 年，夏因又把组织文化划分为三种水平：

（1）表面层。表面层是指组织的明显品质和物理特征（如建筑、文件、标语等肉眼可见的特质）。

（2）应然层。应然层位于表层之下，主要指价值观。

（3）突然层。突然层位于最内部，是组织用以应付环境的实际方式。

夏因认为，知识是组织文化的核心和本质。有关研究表明，组织文化有三方面的特点：

（1）决策、信息沟通和人际关系等符合组织的要求。

（2）组织内部有明确的行为规范和作业要求。

（3）能够运用有效的人力资源开发方案去实现和保持已形成的组织文化。

（五）学习型组织理论

学习型组织是现代管理的重要贡献，其产生具有深刻的历史背景。20 世纪末，随着知识经济的迅猛发展，信息与知识在组织发展中变得越来越重要，逐渐成为企业重要的战略资源，相应诞生了学习型组织理论。学习型组织理论是彼得·圣吉在其著作《第五项修炼》中提出来的。

学习型组织的基本思想是未来真正出色的企业，将是能够设法使各阶层人员全心投入，并有能力不断学习的组织。在学习组织中，有五项新的技能正在逐渐汇集起来，这五项技能就被称为"五项修炼"。

总而言之，组织文化具有多层次的特质而且在不停地更新发展，组织的效力受到组织文化的影响，改善组织文化是组织发展的重要措施。管理心理学的发展需要跟上经济发展的脚步，特别对于我国来说，还需要将理论和实践进一步融合，才能更好地推动企业和其他组织的发展。

三、我国管理心理学研究面临的挑战

从 20 世纪后期开始，科技的日新月异加深了世界多元化和一体化的范围和深度，管理心理学的研究也面临着新的机遇和挑战。综合各个领域的情况，管理心理学目前面临的挑战主要来自以下几个方面。

（一）经济全球化

随着生产力的发展，经济全球化的浪潮逐步席卷全球，企业和其他组织面对的各种环境发生了根本性变化。企业和组织的开放程度大大提高，竞争范围被扩大到全世界，必然会面临诸多新问题。信息变得不再对等,即过去旧的管理心理学研究理论不能适应新形势的要求,这就为管理心理学的研究提出了挑战。进入 21 世纪以来,就我国而言,自从加入 WTO 后,我国加快了融入经济全球化的步伐,企业将会在相当长一段时间内面对组织结构调整和发展带来的一系列管理心理学问题,如企业转制和重组、企业战略调整、管理决策、技术和管理创新等,急需管理心理学理论予以解决。

(二)雇佣关系的革新

由于经济的飞速发展,组织和员工之间的雇佣关系也随之发生改变。一方面,在职业的抉择上,工作的稳定性、安全性已经不再是许多人做出选择的第一要素,职业提供的发展空间和机会被放在了首要地位——当一种工作不能满足自己的发展需求时,就会选择离开,因此,员工流动性增强,临时性工作增多,有人甚至不加入任何组织,成为自由职业者。另一方面,科技的进步使现代社会出现了网络办公、虚拟团队和家庭办公等新的工作形式,人们的工作方式多样化后,相应的管理措施也要做出适当的调整,这些也对管理心理学提出了新的挑战。

(三)团队化

现代组织的发展重心转变为团队建设与合作,因而团队管理成为现代管理的主要内容。由于现代企业的规模越来越大,跨国公司应运而生并不断发展,组织结构变得复杂,团队优势逐步凸显,它能够比个人更加有效地解决复杂问题,可以减少组织层次,简化组织结构,还能够增强和培养团队成员的责任感和合作精神。但是,团队化带来的一系列问题也就成为管理心理学需要面对和解决的新问题。

1. 管理心理学的起源有哪些理论上的准备?

2. 霍桑实验有哪些主要内容?给我们什么启示?

3. 人际关系学说的主要观点有哪些?

4. 在管理心理学发展历程中,主要经历了哪几个阶段?每个阶段的突出特点是什么?

5. 我国古代管理思想的主要特征是什么?

150 多年来,马丁公司被认为是世界著名的乐器公司之一,其生产的吉他每把的售价都超过了 10000 美元。如此高昂的价格,销售量却依旧年年增高。这就使得人们很困惑:究竟是这个企业中的什么东西能有如此的魔力,支撑着一个企业稳步发展呢?马丁公司是一家家族企业,已经延续了六代,目前的 CEO 是克里斯。克里斯秉承了马丁吉他的精良制作工艺,还考察了其公司所有的经销商,并为他们举办培训讲座,十分注重与基层之间的关系。

自从公司创办以来,马丁公司做任何事情都非常重视质量。虽然这些年在产品设计和营销方法等方面都有了很大的创新,但公司仍保持着对质量的严格把关,也坚持把优质的音乐标准和顾客的需要传递给每一位员工。因为制作吉他需要天然的木材,所以公司非常慎重地选择和使用这些木材,并一直致力于研究开发可再生的替代的木材品种。基于对顾客需求的研究,马丁公司向市场推出了采用表面有缺陷的天然木材制作的高级吉他。这在其他厂家看来,是根本不能接受的。而马丁公司使新老传统有机结合在一起,虽然设备和工具逐年更新,但员工始终坚守着至高的标准和要求。马丁家族的一位成员说:"制作具有如此绝妙声音的吉他并不是一个秘密,它需要细心和耐心。细心是指要仔细选择材料,巧妙安排各种部件,关注使每一个演奏者感到惬意的细节。耐心是指做任何一件事情不要怕花时间,优质的吉他不能用劣质产品的价格制造出来,但是谁会为买了一把价值不菲的吉他而后悔呢?"

虽然公司的发展一直建立在过去的传统之上,但克里斯毫不犹豫地推动公司朝向新的方向发展。例如,20 世纪 90 年代末,他做出了一个大胆的决定:开始在低端市场上销售低于 800 美元的产品,而低端市场在整个吉他市场中占有 65% 的销售量。该公司的DXM 型吉他是 1998 年引入市场的,顾客认为它比其他同价格水平产品的音色更好。克里斯这样说:"如果马丁公司只是崇拜它的过去而不尝试任何新鲜事物的话,那恐怕就不会有值得崇拜的马丁公司了。"虽然马丁公司的业务面越来越广,但由于其一直对质量的严格要求,所以其公司的发展前景也是相当可观的。

(资料来源:改编自《管理学》案例集,参见 https://max.book118.com/html/2017/0418/100885787.shtm。)

问题:

1.马丁公司的发展理念是什么?

2.你认为在 21 世纪的经济环境下,马丁公司又该如何调整管理理念呢?

第三章　知觉与管理

第一节　知觉的概述

一、知觉的概念及内涵

关于知觉的概念,海德格尔最初立足于物被呈现出来的状态,将知觉定义为某物的被知觉状态。后来的研究者们从认识主体的人出发,梅洛·庞蒂指出,知觉是对零散、孤立的感觉材料进行整合、汇聚及加工的活动中形成的可付诸实践验证的经验性的"真实的"知识,是人的心灵对意念产生和谐与矛盾的认知活动。学术界普遍接受和认同的心理学定义为,知觉是外界刺激直接作用在感觉器官上时,人脑对外界所有事物整体的反映,是对外界的感觉信息施以组织、解释的过程。其具体内涵有以下几点。

(1)知觉是外界事物直接刺激作用于感官来产生的。

(2)知觉是建立在感觉之上的,但并不是众多感觉进行简单相加而得到。

(3)知觉是一个过程,包含了觉察、识别、辨析、确认等。

在英语中,"知觉"和"感觉"分别被翻译为 perception 和 sense。在希腊语中,"知觉"与"感觉"是同一个词。这也在一定程度上说明,"知觉"和"感觉"是同一类词,两者之间可能具有同源性。如果我们假设两者具有同源性,那么知觉也是较为特殊的感觉或者较为高阶的感觉。为了能够准确地表达"知觉"与"感觉"两者之间的联系和差异,还是应将他们分别指代不同的心理机制。

第一,知觉与感觉两者之间具有一定的共同点和联系。二者都是人脑对外界接刺激物直接作用于感官的一种反映,都被归纳于感性认识阶段。知觉与感觉两者之间具有连续性,知觉的产生必须建立在各种形式的感觉之上,是感觉的深入和发展,感觉是知觉的基础,是知觉产生的必要条件。通常,两者相融于一体,同步同时进行,被学者们合称为感知觉。

第二,知觉与感觉又存在一定的差异性。从定义上来看,知觉是外界刺激直接作用在感觉器官上时,人脑对外界所有事物整体的反映。感觉是外界刺激直接作用在感觉器官上时,人脑对外界事物的个别属性或个别部分的反映。知觉侧重于对客观事物整体的反映,是对客观事物各部分及其间相互关系的整合反映过程。感觉则是侧重于对客观事物部分的反映。从经验角度上来看,离开了经验将不能产生知觉,但无论有无经验都可能产生感觉。知觉是单纯的一种心理活动,而感觉则是生理与心理的综合活动。

二、知觉的分类

人的知觉具有多样性,通常来说,知觉从主体和客体两个方面去分类。

从知觉的主体来看,人体的感觉器官在受到外界信息刺激时,在有些情况下是以某一种知觉作为主导,其他知觉予以辅助,但也存在一些情况是多种知觉共同发挥主导作用。依据前一种知觉模式,即一种知觉作为主导作用的模式,可以将知觉划分为触觉、听觉、嗅觉、味觉和视觉五种模式,如图 3-1 所示。

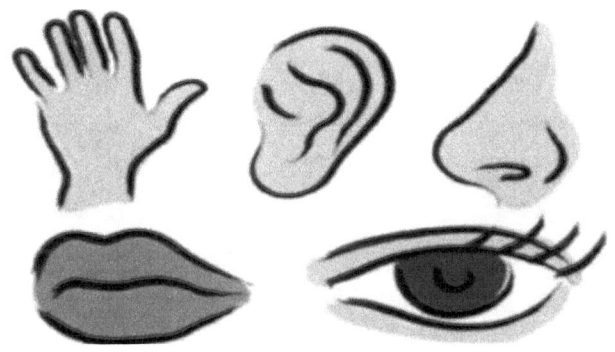

图 3-1　知觉的五种模式

从知觉的客体角度来看,根据人脑对外界事物反映的特征和属性可将知觉分为时间知觉、空间知觉、运动知觉、错觉和幻觉等。

（一）时间知觉

时间知觉又称时间感,是指在没有借助任何计时工具的前提下,个体对时间快慢或者长短的感受与判断。时间感知具有一定的特殊性,体现在它不由固定刺激来产生,也不存在提供感知时间的感觉器官。在这种不借助任何计时工具的条件下,获得时间感知的线索主要来源于以下两个方面:一是内在线索,如跳动的脉搏次数、呼吸次数、饥饿感等;二是外在线索,如日出日落、昼夜交替、四季变化等。这些都可以作为感知和判断时间的依据。

时间知觉是在人类的不断实践中渐渐积累和发展起来的,人类发明和研制了众多计时的方法和计算时间的工具。借助大自然界的客观规律计算时间,如花开花落、树木年轮等。从年龄角度看,儿童、青少年相对于中老年来说,估算时间的精确度较差。从情绪状态看,心情越舒服,时间感知过得越快,心情越不好,时间过得越慢。

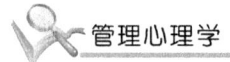

(二)空间知觉

空间知觉是对客观物体的形状、大小等空间属性的知觉。在日常生活中,空间知觉是个体活动必不可少的一种能力。世界处于三维结构中,个体的一切活动,都要依据对物体的大小、远近、高低等做出适当的判断,否则很有可能会遭遇困难和危险。例如,人们在过马路及上下楼梯时、猴子在攀登树木和岩石时、鸟儿在飞回巢穴时等等,都需要及时对空间知觉予以精确判断。空间知觉是集触觉、听觉、嗅觉、味觉、视觉、运动觉等多种感觉器官相互协调、相互联系的产物。空间知觉的产生并不是与生俱来的,而是伴随后天的实践慢慢积累、发展、完善、形成的。空间知觉包括方位知觉、距离知觉、形状知觉、大小知觉、深度知觉等,具体表现在以下几种现象。

直线透视是指平面上刺激物各自在面积的大小、线条的长短以及线条之间距离远近等特征上,所显示出的能引起深度知觉的线索。如图 3-2 所示,铁路轨道是平行的,但在某一定点向远处张望时,映射到视网膜上的铁路轨道却是无限延伸至远处,且两条轨道在远处似乎交叉于一点。在绘画中,经常利用直线透视原理来展现图画的立体感。

图 3-2 直线透视图

重叠是指两种或者更多种物体同时处在同一平面上,若其中某一物体或者某一物体的部分被另一物体遮挡住时就会产生重叠现象。由多种物体产生的重叠画面往往易让人产生深度知觉,被遮挡住的物体在视觉上给人距离较远的感觉,而完全展现映入视线内的物体则给人距离较近的感觉。如图 3-3 所示,树与房屋在同一平面上重叠,房屋的部分被一棵大树遮挡住,在视觉上,大树给人距离较近而房屋较远的感觉。

明暗是指在一平面图上通过对颜色的亮度进行调配来形成明暗对比,这也就形成了深度知觉的线索。如图 3-4 所示,由黑与白两种颜色的不同亮度构成对比,借助直线透视原理给人以十足的立体感。

(三)运动知觉

运动知觉是人对空间中的物体产生位移特性的知觉。它取决于运动物体距离的远近、运行的速度以及个体观察事物的状态。例如,某一物体始终以相同的速度运行,相较于远距离的物体,距离近运动物体更给人以行驶速度较快的感觉。物体运行得过快或者过慢都不能引发运动知觉,在一个有时针、分针、秒针的时钟上,我们能看到秒针的运动,

图 3-3 树与房屋的重叠现象

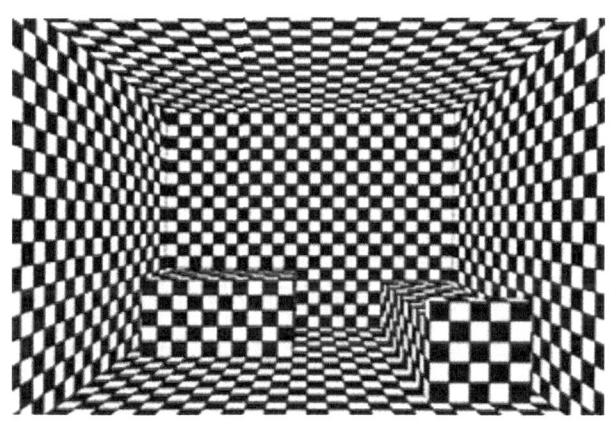

图 3-4 明暗对比立体图

却看不到时针的运转。光的传播速度是极快的,但眼球却看不见光是如何运动的。也有些物体在宇宙空间中并没有产生运动却被人们知觉为运动,我们将这种现象称为似动现象,也有学者将其称为动景现象或者 φ 现象,是指外界并没有发生任何运动的刺激物映射到观察者的瞳孔中,使其在主观意念上坚定地认为觉知到的刺激物是运动的。如图3-5所示,每一个图形和颜色都是固定不变的,但随着眼球的转动,图形给我们的感觉是确实正在运动的。在日常生活中,似动现象是非常容易见到的,我们常说月亮躲到了云朵的后面,其实我们知道实际上是云彩在运动,但视觉上我们却觉得是月亮在运动,这种现象也被称为诱导运动。当我们一直盯着屏幕上的一个亮点时,时间久了似乎觉得它在运动,这是由于亮点相对于屏幕来说比较小,而它的周围没有任何参照物,很容易给人以自主运动的感觉。似动现象、诱导运动、自主运动都是视觉上的一种运动错觉。实际上,世界上的一切物体都在运动,不同的是它们运动的速度快慢迥异。当我们选择的参考物不同时,运动知觉也会发生变化。例如,在骑自行车时,如果选择步行者作为参考物,那么运动感知较快;如果选择汽车作为参考物,则感知到的运动速度较慢。

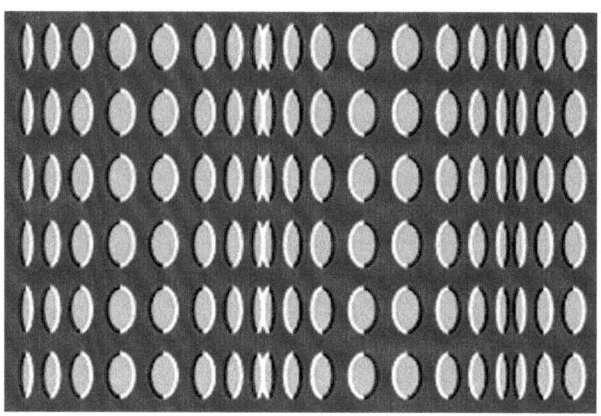

图 3-5　似动现象图

此外,相对移动是指锁定的参照物并未发生运动,而是由于观察者本身运动导致觉得是参照物在运动。如图 3-6 所示,坐在行驶的车里望向窗外,看到的树木、房屋、山河等景物是不断向后运动的,而且近处的景色运动速度相对较快,远处的景色运动速度相对较慢。

图 3-6　相对移动图

（四）错觉

错觉是指在特定环境下对外界客观事物产生的歪曲知觉,且一般带有固定倾向。每一种错觉的产生都是由某一特定原因所致,所以不存在普适性的原因可以解释错觉的产生。通过对比可以解释物体体积大小;通过实践经验与知识的影响可以解释现实中的形重错觉。实际上,对错觉的应用在现实生活中是频频可见的,霓虹灯的灯光交错效果、电视与电影屏幕上的特写镜头等都是利用人们的错觉来展现的。当然,错觉有时也会给人带来负面影响。例如,海军航空兵在飞行时会受离心力作用的影响,常常会把天空和大海看错,以致产生倒飞的错觉,进而面临危险。

产生错觉的原因直至今日仍无统一的答案。通常情况下认为:第一,错觉不是观点和意念问题,因为即便意识到产生错觉也不会发生任何程度的改变,因此错觉是知觉问题;第二,错觉的发生并不在眼球上,也不是由视觉器官引起。

　　横竖错觉、缪勒-莱尔错觉、奥尔比逊错觉、德勃夫错觉、海林错觉、楼梯错觉、松奈错觉、编索错觉、桑德错觉都属于视错觉现象。如图3-7所示,其中,图3-7(a)展现了横竖错觉,横线与竖线实际上等长,但在视觉上竖线似乎看起来比横线长。图3-7(b)呈现的是缪勒-莱尔错觉,实际上上下两条横线等长,只是横线两端箭头的方向不同,下方的横线在视觉上似乎显得更长。图3-7(c)是奥尔比逊错觉,受散射背景图的影响,图中的正方形和圆形似乎看起来都不是正方形或正圆形。

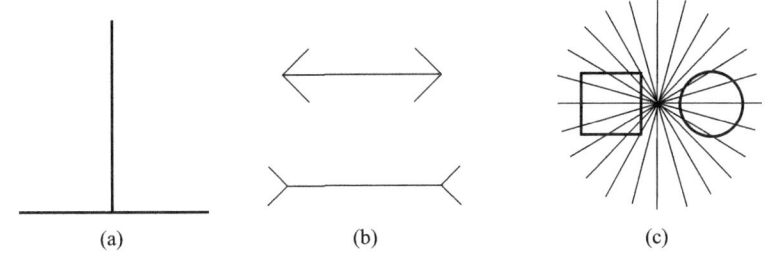

(a)　　　　　　　　(b)　　　　　　　　(c)

图 3-7　视错觉现象

　　如图3-8所示,图3-8(a)是德勃夫错觉,左边的小圆圈与右边的小圆圈是等大的,但在视觉上却让人觉得右边圆圈较大。图3-8(b)为海林错觉,上下两条线是平行的,但被不同方向的直线所截取时似乎失去了原有的平行感。图3-8(c)是楼梯错觉,盯着此图形看数秒钟之后,会发现此图中的楼梯存在两种形态,一种是正放的楼梯,另一种是倒放的楼梯。

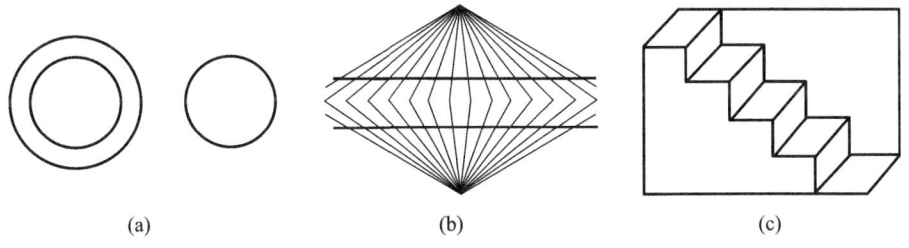

(a)　　　　　　　　(b)　　　　　　　　(c)

图 3-8　视错觉现象

　　如图3-9所示,图3-9(a)表达了松奈错觉,多条平行线在同一平面上被数条不同方向的直线截取时,会使人产生两种错觉,一种是多条线不再平行,另一种是不同方向的直线截取在颜色深度上看起来存在差异。图3-9(b)是绳索错觉,此图看起来像由远及近像外螺旋开来、是一条绳索展开的螺旋状,但实际却是由数个同心圆构成。图3-9(c)是桑德错觉,两条等长的直线分别放在左边大的平行四边形内和右边小的平行四边形内,让人感觉却是左边的直线更长。

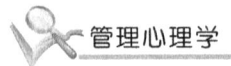

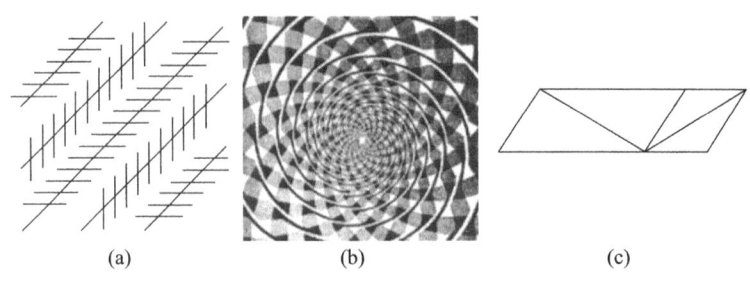

(a)　　　　　　　　(b)　　　　　　　　(c)

图 3-9　视错觉现象

（五）幻觉

幻觉是在没有外界客观事物刺激或影响的情况下产生的一种不真实的感知。幻觉是虚幻出来的,但与真实的知觉基本是相同的。个体在某些特殊的环境中,如极度紧张、过度忧伤、热切期待、催眠状态等都可能产生不同程度的幻觉。幻觉也是展现心理异常的衡量标准,如吸食毒品、酗酒过量、精神疾病、食物中毒等同样会使人产生幻觉。

三、知觉的基本特征及影响因素

知觉中的每一种感官在接收外界刺激与信号时都具有其独特的风格和方式,并在最终系统地进行统一和融合,在这整个过程中便产生了知觉的选择性、知觉的整体性、知觉的理解性、知觉的恒常性这四大基本特征。

1. 知觉的选择性

大千世界,芸芸众生,万物缤纷多彩,可能会存在大量客观事物同时刺激感觉器官,但一般情况下个体往往不能对所有的刺激物都作出较为清晰的反映,只能获取所有刺激物中的某些部分为知觉对象,即知觉的选择性(见图 3-10)。知觉的选择性同时受物体本身特点和个体主观因素的影响,被选定的部分物体是知觉的对象,未被选定的部分通常会成为知觉对象的背景,是种相对较弱的模糊的感知对象。知觉的选择性具有较大的应用价值,如斑马线、红绿灯、军事伪装等。

图 3-10　知觉的选择性

2. 知觉的整体性

客观事物由众多多种多样、功能各异的部分组成,当个体看到某一部分客观事物时,很多时候会不可避免地根据以往经验将其视作一个整体去感知,即知觉的整体性(见图 3-11)。在整个知觉运动中,整体与部分相互联系、相辅相成,密不可分。个体对客观事物整体知觉时往往来自局部,而对事物的局部予以判别时往往又联想到整体。整体与局部的特殊性提高了个体感知客观事物的洞察力与理解能力。例如,远远地看到一辆飞驰在公路上的汽车,先看到汽车的整体,然后才慢慢留意汽车局部的各种特征、属性等。

图 3-11　知觉的整体性

3. 知觉的理解性

生活中,个体对情不自禁地依据先前已有的各种知识、经验对外界刺激物进行识别、处理、转化并赋予刺激物特有的含义,即知觉的理解性(见图 3-12)。由于每个个体拥有的知识与经验不同,在面对同一刺激物时,产生的知觉可能存在较大差异。例如,画家与歌手在观赏同一幅画作时,知觉的理解性不可能相同。

图 3-12　知觉的理解性

4. 知觉的恒常性

知觉的恒常性可划分为大小恒常性、形状恒常性(见图 3-13)、颜色恒常性、明度恒常性。例如,在大小恒常性的体现上,远处一个人缓缓地向你走来,距离上不断接近你时,人的身影随之变大,但是我们感知到的人的高矮胖瘦(大小)没有变化。在形状恒常性的体现上,从不同的角度或者距离观看篮球筐的形状是不相同的,但不管映入眼球的篮球筐形状是椭圆还是正圆,我们都知道篮球筐的形状是圆的。在颜色恒常性的体现上,比如蓝色的物体,不管它在红色光、黄色光或者红色光等环境中发生的视觉上的颜色变化,但我们感知到物体的颜色始终是蓝色的。明度恒常性也称视亮度恒常性,在日常中常见的例子如,将一张白纸一半放在明亮的灯光下,一半放在微暗的自然光中,虽然视觉上纸张的两个部分明暗度不同,但是知觉的纸张的两部分明暗度是一样的。

图 3-13　知觉的形状恒常性

根据知觉的特征可以推断出知觉的形成受许多因素所影响,进而使得相同主体在不同时间段内面对相同的事物也可能产生不同的知觉。这些影响因素大致可以分为以下几个方面。

(1)知觉本身。当个体被外界事物刺激并试图对刺激物进行理解时,在很大程度上来说知觉个体本身的特征已经影响了对客观刺激物的解释。

(2)外界刺激物。外界刺激物的特征同样会影响个体的知觉,同时,外界刺激物的背景也会形象知觉个体。

(3)知觉情境。物体的明暗度、清晰度、色彩、观看时间等都会影响主体知觉的注意力。

第二节　社会知觉

一、社会知觉的概述

社会知觉这一术语,最初是在 1947 年由美国心理学家杰罗姆·西摩·布鲁纳提出,用此来表示知觉的社会决定性。因此,社会知觉在严格意义上来说是社会学与心理学的交叉概念。在某种程度上,社会知觉与社会认知、社会认识等概念有互相融合与交叉的部分,具有一定的关联性。在社会心理学的研究领域,将个体对社会中的客观事物的属性进行直接的整体的感知定义为社会感知。相对于一般意义上的知觉概念,社会知觉的加工过程以社会客观事物为基础,是社会认知过程的首要阶段。社会客观事物中的生物与物理属性、客观事物的社会属性、主体特征(如个体情感、价值观、人格、情绪、动机等因素)等是影响社会知觉的重要因素。学界普遍接受且认同的社会知觉的概念为个体在社会活动中对自身、他人甚至组织群体进行认知、识别的过程,受知觉者个体主观因素的影响,是人类专属的高级知觉形式。现实生活中,人们的社会知觉千差万别,存在较大差异,且具有一定的阈限。社会知觉具有一定的先天性,同时又可通过后天学习进一步加强与提升,是人类所特有的自然属性。因此,持久性与不易消失性是社会知觉的两大特点,从某种程度上来说,社会知觉是伴随人类一生的认知能力,是区别于一般动物的典型特征。

社会心理学研究指出,社会知觉包含对人的知觉、对社会中客观事物展现的因果关系的知觉、对社会中人际关系的知觉三方面的内容。

(1)对人的知觉包含对自我与他人两方面的知觉。其中,自我知觉是指个体对自身心理特征与行为表现的知觉,通常表达为自我评价或者自我感知。而对他人的知觉概念被界定为与他人沟通交流时通过观察他人的外在表现来判断他人的性格、需求、情感、动机等心理活动的过程。

(2)人际知觉是指社会中个体与个体相互之间关系的知觉,是知觉者与被知觉者之间进行情感交流的过程,也是社会知觉的重要部分。

(3)角色知觉是指个体在其所处的环境中对自身享有的地位或权力的知觉。角色即某一特定个体与他人相处并进行社会活动的过程中被社会施与或者期盼的一种行为模式,反映了某一特定个体在其所处的社会环境中的地位、责任、权利和义务等。

学者李宇在众学者研究的基础上进一步指出,社会知觉可分为四大知觉,即决策知觉、自我知觉、人际知觉与群际知觉,而且社会决策知觉始终贯穿于其他三大知觉中,是其他三大知觉的最终结果。早在1968年Rosenberg、Nelson和Vivekananthan通过聚类分析,将社会知觉的内容划分为社交需要和智力需要两个维度进行研究,主要观察被试者的人格特质对目标对象做出的评价。其中,社交需要维度包含热心的、诚实的、有责任的、乐于助人的、自私自利的等反映意图的特质。智力需要包含聪明伶俐的、坚持不懈的、勇于创新的、心灵手巧的、愚昧无知的、呆头呆脑的、轻虑浅谋的等反应能力的特质。Fiske等的研究选取大学生为被试对象,结果发现个体特质实际上是由两个特质群构成,据此进一步提出了刻板印象内容模型(Stereotype Content Model,SCM),即将个体特质划分为热情与能力两个维度。热情维度是指对他人意图的反映,能力维度是对他人能力的反映,通过这两个维度可以区分对不同组织或群体的刻板印象。热情维度是觉知到他人是否会伤害自己,能力维度是觉知到他人是否有能力去完成某种行为,热情与能力这两个维度构成了社会知觉的内容。

伴随着学者们对SCM研究的深入与拓展,Yzerbyt、Provost和Corneille的研究进一步指出社会知觉中热情与能力两个维度之间的关系可能是一种负向补偿关系。Judd、James-Hawkins、Yzerbyt和Kashima通过实证研究验证了热情与能力两个维度的补偿关系,而且这种补偿关系在群体知觉与个体知觉中均有发生。这一结论有悖于著名的晕轮效应中热情与能力之间存在正向关系的论断,为此,社会知觉中热情与能力关系的研究成为心理学界学者们广泛关注的话题。直到 Yzerbyt、Kervyn 和 Judd 根据设定的单一目标和比较目标两种情境实验,热情与能力的矛盾关系才得以解决。研究结果表明,只有在比较目标情境下,热情与能力才呈现负向的补偿关系。为此,Kervyn、Yzerbyt、Judd 和 Nunes 等提出补偿效应,用以指在比较目标情境下,人们能够利用热情与能力的补偿关系使社会目标产生对比和不同。

最新的研究表明,SCM 并不能完全涵盖社会知觉的内容和过程,主要原因在于 SCM 以下两个方面的缺陷:第一,任何个体或群体都可以定位在"热情-能力"的二维空间中,但并非热情与能力是评价个体或群体的重要核心因素;第二,SCM 的适用性与稳健性有待进一步补充和完善,某特定个体或群体除了热情与能力这两大特质外可能还具备其他特质。因此,Brambilla 和 Leach 在 SCM 理论研究基础上指出,依据社会认知将 SCM 结构划分为道德、社会交往、能力更具说服力。道德评价在社会知觉过程中占据核心主导地位,使 SCM 的三维结构更具合理性。

此外,也有研究表明,社会认知是研究个体对自己或他人的认识、理解过程,其内容包含共融性和动因性两个基本维度,涉及个体的自我效能感、个体自我评价、个体对他人的评价、个体对他人的印象、群体知觉、群体印象等多个有关社会认知的方面,以及涉及一些跨文化研究。社会认知的共融性与动因性最早被引入心理学,被用来表示人们的两种基本存在方式。具体可表示为,社会认知的共融性涵盖人际关系、社会功能方面,包括伦理道德、人文关怀、社会合意性等;动因性涵盖目标达成、任务功能方面,包括综合素质、能力、主动性、智力合意性等。与此同时,有关社会交往的研究又涉及观察者和行为者两种基本视角。研究的出发视角不同,探求的研究目的可能存在一定差异,观察者更注重行为者本身及其表现行为的利他性,行为者更注重个人本身行为的利己性。而社会认知内容包含的共融性与动因性在本质上也具有相应的利他性与自利性,因为观察者通过他人的忠诚、和蔼、慈善、助人等共融性特质直接获取利益,而行为者则通过自身的才能、创造力、决策力、意志力等动因性特质来直接获取利益。因此,社会认知包含的共融性和动因性两维度内容与社会交往研究中的观察者和行为者两种基本视角的研究之间可能存在某种程度的关系。据此,Abele 和 Wojciszke 将以上两种研究相结合,提出了社会认知的双视角模型,并指出双视角模型包含三个方面的内容假设:第一,社会认知的共融性内容在两个维度中具有一般优先性;第二,基于观察者视角,共融性内容在两个维度中起主导作用;第三,基于行为者视角,动因性内容在两个维度中起主导作用。双视角模型的三个假设得到后继众多学者们的支持与验证。

二、社会知觉的偏差

由于知觉者、被知觉者的个性特征千差万别,所知觉的情境环境较为复杂,导致个体的社会知觉出现一定程度的偏差与错觉,进而产生多种反应效果,即所谓的社会知觉偏见。正确认识、理解并处理这些偏见有助于管理实践中人与人、人与组织、人与社会事务之间的关系,具有一定的现实意义。社会知觉的偏差主要表现在以下几个方面。

（一）首因效应

首因效应也称第一印象,是指个体与他人第一次接触时留下的最初印象。个体在初次见面时,通过对他人的外部特征和行为表现的感知,进而尝试读取他人的意图、动机、能力、心理素质等,最终形成对他人的初步印象。初步印象的形成直接影响人们对其以后一系列行为举止的解释。

首因效应在管理实践中具有重要意义。实践经验表明,招聘过程中,应聘者前 5 分钟表现以及留给招聘者的印象很大程度上决定了其是否应聘成功。招聘者首次见到应聘者,会快速地通过应聘者的外部着装、言语谈吐、微表情、肢体动作等形成对他的第一印象。若留下的印象较好且较为深刻,则对这个人的好印象可能会一直延续下去,反之亦然。生活中,常听到的"新官上任三把火",其实强调的便是新任领导对第一印象的重视。新上任的管理者往往想要给员工们留下一个满意的好印象,为日后建立融洽的上下级关系、树立管理者权威、营造良好的沟通环境、开展高效的管理模式创造有利条件。同样,首因效应在管理实践中也具有消极效应。首先,首因效应的形成并非单纯地依据被观察者本身决定,很大程度上可能由外在环境或事物来决定。例如,在高档场所遇到一个人,与在一个破落的场地遇到同一个人,同样一个人在这两种不同的环境中给人形成的印象可能存在很大差别。其次,首因效应可能会由于被观察者的某个特有举动而留下不好的印象,导致观察者忽略了对被观察者其他优势的印象形成,所以首因效应给观察者形成的印象可能存在一定的片面性。最后,首因效应也可能会使得观察者形成对被观察者的固定看法,且在管理实践中造成先入为主的现象,即第一印象好,会产生其各方面都好的想法,若第一印象不好,则可能会产生其各方面都不好的想法。因此,作为一位优秀的管理者,既不能忽视首因效应的积极意义,又要努力克服首因效应带来的消极影响。

（二）晕轮效应

晕轮效应是指知觉者在知觉过程中认识到知觉对象的某一显著行为特征,并形成印象,进而将其扩大为知觉对象的整体行为特征的认知活动。晕轮效应是根据个体的某一或某部分特质作出对其全面的整体的评价,逻辑上与"以点概面"、"窥一斑见全豹"相似。

在管理实践中,晕轮效应常发生于上下级彼此的行为表现评价中。一方面,管理者可能擅长于标榜某一种品质作为评判下属各方面表现的基准,例如,若某员工全年无迟到、无旷工行为,可能会被领导者认为其工作踏实勤奋,工作质量自然较高,也更值得信任。另一方面,管理者对员工的行为表现进行评价时往往会联想到某些个人品质。例如,勤奋能干、进取心强的员工可能会被认为其心态端正,精力充沛,有追求有抱负,必能有所成就。

（三）近因效应

近因效应是指人们在对一系列事物进行识记的整个过程中,在末尾阶段的记忆最为深刻。最后深刻的印象不同程度地会冲淡人们对之前知觉对象的印象,这与首因效应的作用正好相反。一方面,若知觉者持续性地获取知觉对象的不同类社会信息时,总倾向

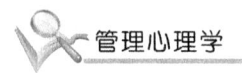

于相信第一印象;若知觉者间断性地获取知觉对象的不同类社会信息时,间断时间后获取的信息可能会成为最新信息,并给知觉者留下深刻印象。另一方面,若知觉熟悉的人、事、环境时,近因效应往往发挥更大作用;若知觉陌生的人、事、环境时,首因效应往往发挥更大作用。

在管理实践中,管理者应将首因效应与近因效应相结合,正确合理地对知觉对象做出评判。一是要注意预防两种效应的消极影响,既不能只注重第一印象,也不能只关注最近印象,而应以发展的眼光全面知觉人和事物。二是要在一定的环境条件下,充分运用两种效应发挥的积极作用,在招聘、指挥、管理等工作中做足准备,善始善终。

（四）刻板印象

刻板印象也叫定型化效应,是指个体受社会影响对某一类人或事物形成固定、笼统的看法,从而产生思维定势,对以后知觉到的该类人或物产生强烈影响。导致刻板印象形成的主要原因是个体在社会实践活动中,长期连续性地接触某一类人或事物,并慢慢对其产生固定化的印象。但现实生活中,个体不可能对每一个人或事物都进行深入感知,因此,个体知觉到的某类对象往往只是整体中的一部分,是"由部分推知全部",从而忽略个体差异。刻板印象一旦形成便不易改变。依据刻板印象可能会作出正确判断,但也极有可能会歪曲判断。所以,在管理实践中,既要注意发挥刻板印象有利的一面,也要努力克服其消极的一面。例如,程序性、日常事务性等工作需培养员工的固化思维模式以促进工作有条不紊地进行,但是员工对于工作认识上的偏见、与同事或上下级相处过程中产生的误解等造成的固定化思维模式则是不利的,需要正视问题,实事求是地进行纠正。

（五）投射效应

投射也叫以己度人,是指把自己的感知、感受、心思等投射到他人身上以此去衡量或揣度他人。例如,一位管理者面对市场风险与压力时感到恐慌,于是他可能认为其他管理者更加恐惧慌张;工作散漫、办事无条理、缺乏创新的员工很有可能认为其他员工与自己相比状态更加严重。

第三节　自　我　知　觉

一、自我知觉的概述

自我知觉这一概念最初由 Mead 提出,他指出自我知觉是社会知觉的一种形式,自我知觉的形成是通过个人与他人互动实现的,是一种社会现象。从 19 世纪中后期开始,越来越多的学者从不同的研究角度出发对自我知觉的概念进行界定。Bem 以自我知觉的效能作为研究视角,指出自我知觉不是发生在活动之前,也不是指引活动行为的工具,而是发生在活动之后,知觉活动事实与活动主体行为形成的。Qiken 和 Baldwin 的研究证实了 Bem 的观点,同时指出 Bem 的理论存在一定局限性,只有在个体对某事的态度事前没有明确的情况下,Bem 的自我知觉理论才成立。若个体事前对某事物的态度明确,自我知觉则不能发挥任何作用。Charles Horton Cooley 用"镜像自我"阐释了自我知觉的形成,即个体将臆想猜测他人对自己的评价以及想象自己留给他人的印象相结合产生自我知觉。也有中国学者对自我知觉进行概念界定,认为自我知觉是个体对其本身个性特征以及需求、期望、动机、情感、态度、愿景等心理状态的感知与判断。此外,有学者基于自我概念,将自我知觉定义为个体对自己的内在心理和外在行为的认知,且这些都源于自我评价。也有学者认为,自我知觉是个体对自己整体的认识和评价,其内容可分为自我概念和自尊两个部分。其中,自我概念是指个体对自己的外貌、性格、社交、态度、信念、心理等全方面的了解。自尊则是指个体对自己各个方面的评价,如能力高低、身材胖瘦、性格开朗内向、道德品质好坏等。目前,对自我知觉的概念尚没有明确且统一的界定,这可能与自我知觉的内容具有多维度相关。

而在现实生活中,客观地评价自己是一件相对较难的事情,所以常有"知人者智,自知者明"、"人贵有自知之明"等说法。个体获得自我评价的途径往往来源于以下几个方面。

第一,通过社会比较来实现自我评价,即个体为了更精确地评价自己,往往要同他人进行比较,特别是在环境多变繁杂的社会活动中,客观标准相对缺乏,以至于人们倾向于和同类人群作比较来实现自我认知。例如,员工将自己的薪酬、绩效、福利、工作付出等与同行业同等级甚至同岗位的其他员工进行比较,以此来判断自己是否表现优秀。

第二,根据他人对自己的评价与态度来实现自我评价,即个体经常会通过人际交往、活动参与等收集他人对自己的态度来判断自己。俗语"好言一句暖三冬"便是表达通过他人的表现来判断自己,并且对表扬、赞美式的教育大力提倡。可见,他人的积极正向的评价有利于个体构建正向阳光的自我评价。

第三,通过与自己的计划、目标、期望进行对比来完成自我评价。自我的期望值是影响个体对自我能力或现状进行评价的重要因素之一,且自我期望值越高越容易导致个体对自己的能力或现状评价低,或者说当个体最后的行为结果超出之前的预期目标时,更能提升其自信心,反之亦然。

二、自我知觉理论

1972 年,Bem 提出自我知觉理论,该理论主要阐释个体的行为是否对其态度产生影响,并认为个体看待过去某事物时的态度,通常的表现是先回忆自己与该事情相关的行为,再依据过去的一系列行为决定该事物的取舍。当面对某件事情的态度表现犹豫,难以做出决策时,自我知觉理论能够通过对过去行为的评判做出很好的预测。例如,某员工不知道以哪种方式或者表现行为与领导进行沟通相处时,往往倾向于从他以前与领导的接触等行为中形成自己对待领导的态度。个体对自己心理状态的感知与了解同知觉

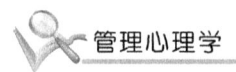

他人一样,是通过依据外部行为获得内心态度。态度发生在事实之后,是使已经发生的事情产生意义性的工具,而非发生于事实之前用以指导事情发展的工具。因此,运用自我知觉理论预测行为可以使已经发生的事实行为具有意义。

在自我知觉理论中涉及的一个重要概念是自我效能感。Bem 认为自我效能感是个体为获得组织活动结果而坚守的、对自己行为能力的信念。班杜拉将自我效能感定义为个体对自己是否能够利用拥有的资源实现活动的组织行为的信心程度。有研究表明,自我效能感影响个体行为、态度、满意度等。例如,自我效能感高的员工更善于向领导反馈,采取建言行为,相信通过自己的努力与真诚可以达到目标;而自我效能感水平低的员工更倾向于采取反馈规避行为,缺乏自信,躲避领导。自我效能感与能力自我知觉类似,都被用来指个体对自身行为能力的评判,与元认知密切相关,是自我意识的一种表现形式。

尽管能力是个体本身持有的一种相对稳定的特质,但由于受外部错综复杂的环境条件影响,使其具有一定的动态可塑性。例如,在组织环境中,部门主管与下属相处时往往会认为自己更有能力,而与总经理相处时却可能会觉得自己能力相对不足,对自己的能力自我概念会削弱。也有学者指出,个体能力自我知觉的发展的最后一个阶段的特征是个体从出生到成人,一直提升自己加工信息、权衡信息的能力,以实现自己对能力概念的理解能够更加贴近于实际表现。因此,个体的能力自我知觉可能在不同程度上受成败经验、组织环境、任务复杂性、等级关系等影响。

第四节　组织情境中的认知研究

20 世纪 80 年代以来,情境已经成为认知科学领域研究的重要组成部分。相比于认知主义,情境认知认为个体认知对情境具有一定的依赖性,主张认知活动仅发生在人的头脑内这一观点具有局限性,且认为仅用符号表征、计算等来表达个体的认知过程过于简单化。情境认知强调认知的主体-环境交互生成性、认知的文化-历史条件的境遇性,以及认知的在线即时性。随着对情境认知研究的深入,情境认知渐渐引起管理学领域学者们的关注,开始将个体认知上升到情境认知来研究,即从个体层面拓展到组织层面、公司文化层面、外部环境层面等。

一、组织情境认知的概述

情境认知是集现象学、生态心理学、人工智能、实用主义、理论生物学思想而产生的。情境认知理论存在以下几种假设:

(1)认知的目的是对个体行为施以适应性的控制,且个体的心理表征来源于其行为;

(2)认知具有具身性,个体的认知活动依赖于大脑、感觉、运动能力以及环境;

（3）个体认知与其行为是有机体与环境进行交互作用产生动态过程的结果；

（4）认知分布于大脑、有机体以及环境之间。

以上四种假设表明，认知活动是一个过程，它出现在有机体与外界环境交互作用的过程中；认知的功能是对个体行为进行适应性的控制，适应性的行为必须符合即时环境，由此认为认知是情境的、交互的、即时的、灵活的、无语境的条件下产生的。因此，情境认知理论被概括为具身认知、嵌入认知和延展认知这三种理论形态的认知观。

组织情境的认知观包括以下几个方面的内容。

（一）具身认知观

具身认知观强调主体自身的身体体验对心智的想象与塑造，是对第一代认知科学提升与改进的重要特征，也是对信息处理理论的拓展与补充。个体认知来源于身体与外界环境的交互作用中，其主要依赖于主体的特殊知觉、运动知觉与自身经验。莱可夫提倡人的心智理性来源于大脑和身体体验，只有理解身体的运动系统、视觉系统、一般的神经链接机制，才能理解理性。总的来说，认知的发生、发展需要身体体验作支撑，需要特殊知觉与运动知觉作为基础。

（二）嵌入认知观

嵌入认知观强调认知是一个动态过程，是大脑、身体、情境交互作用的过程中产生的。基尔希在其研究中指出，情境并不是独立于认知的对象，也不只是为认知的产生提供场所，而是参与认知过程、支撑认知，能够帮助个体减少大脑运算。也有学者指出，认知过程中，主体倾向于利用外部环境为个体认知减轻负担，以此来提高认知效率，扩大认知范畴。因此，认知过程实质上是嵌入情境之中的。

（三）延展认知观

延展认知观强调身体与情境并不是导致认知过程产生的前因条件，而是参与并实现认知发展的整个过程。若将具身认知与嵌入认知视为传统认知理论的继承与拓展，延展认知则完全决裂于传统认知观。因为延展认知否认认知过程只发生在个体的大脑中，而是坚持认知过程的发展是超越个体大脑、个体界限，参与物理环境与社会环境中的。

上述几种认知观实际上形成了一个连续的统一体，具身认知与延展认知占据连续体的两端，嵌入认知介于两者之间，强调个体的大脑、身体经验与外界情境之间是一种实时互动的状态，主要表现为认知过程在很大程度上依赖于其发生的情境。其中，具身认知高度依赖于其发生的局部情境，嵌入认知和延展认知在一定程度上更依赖于其发生的整体情境。也有学者指出，知识、能力是在不同的情境下与认知资源、工具进行持续的交互作用而形成和发展的。

情境认知不但强调认知活动的境遇性，即个体的认知是由其身体结构与其所处的外部环境相交互所决定的，而且强调认知始终寄于情境之中，即个体、心智、世界三者共同创建的环境是相生相应、相互作用的，同时，三者又在各自演化的过程中具有生成性。此外，情境认知接受嵌入认知，认为可以借助行为导向视角利用外部资源达成部分认知任务，以此来不同程度地取代抽象的内部特征，通过识别环境结构减少大脑运算。Walter将嵌入认知纳入情境认知的范畴中进行研究，主张嵌入认知的情境是"内入"到认知主

体,或者是主体镶嵌于情境之中,情境与主体是以内在映射的关系状态存在,这一观点区别于情境认知,因为情境认知强调情境对个体认知过程的外在影响。

二、情境认知的特征

情境认知与其他认知存在一种互补关系而非对立关系,情境认知具有境遇性、交互性、动态性和即时性特征。

(一)境遇性

情境即境遇,是在一定时空范围内各类因素凝集汇聚的情况。杜威的有机体环境思想以及海德格尔的"在世之在:时间与存在"都不同程度地阐述了情境的意义。境遇性作为情境认知的首要特征,与意向性有着密不可分的联系,因为意向性关涉个体之外的事物,外在情境通过意向性才能被投射进个体的意识之中。情境认知理论有四种假设,它们分别是:

(1)认知的目的是对个体行为作出适应的控制,个体行为决定其心理表征;

(2)认知具有具身性,认知的发生离不开个体的运动能力、大脑思维以及其所处的环境;

(3)认知与个体行为是机体与环境之间交互作用、共同促进的动态衍生结果;

(4)认知分布于个体的大脑、他人以及外界环境之间。

这些假设表明,认知是一个动态性的过程,出现在个体与他人或外在环境进行交互作用的过程中,其功能在于对适应性行为予以控制,而此过程中的适应性行为必须与即时环境相符合。因此,认知是在情境的、交互的、无语境的、非自主的方式中进行的。

(二)交互性

情境认知的交互性和认知主义的孤立性两者之间是一种相互对立的关系。认知主义认为个体的认识活动是对符号、规则进行独立计算的过程。而情境认知的交互性则是个体本身、社会中的个体、外界环境中的众多事物中存在至少两个及以上自主行动者之间有限的耦合,在一定条件范围内对这种耦合施以适应的控制,以此来构建自主结构。认知并不是独立于个体本身或社会情境活动进行的符号表征的逻辑操作,而是与环境进行交互作用的动态过程。认知主义强调情境在认识活动过程中的意义是次要的、非本质的,这一观点引发学者们众多的疑问和思考。例如,个体的大脑内部表征与外界环境是怎样达成统一的,抽象符号的表征如何才能获得一定的意义等。实际上,情境是在伴随着与个体交互影响认知行为的过程中发生、发展起来的,并非一个静态、被动、抽象的数据库。个体与情境不是对立的,而是共存的、相互联系的、共同发展的。

(三)动态性

情境认知的交互性蕴含了动态性。Van Gelder 指出,传统的认知模式忽略了主体与情境两者之间存在的动态交互性,个体的认知活动并不仅仅是简单符号的表征和计算,它可能是一种动力学过程。情境认知的动态性强调个体与情境的交涉是开放的外动态性,两者之间的交互作用是外延至大脑外部的。需要强调的是,此处的"外动态性"在一定条件下并不排除内动态性,在情境认知中外动态性与内动态性往往是相互统一的。个体需要通过身体与情境连接、作用,通常将身体与情境的这种外动态过程称为动态性。但大脑在个体认知活动中的核心作用不可否认,若没有大脑对个体感知到的事物进行整理与再加工,个体将无法对感知到的事物进行系统化、理论化处理。这里所指的情境不仅包含个体的身体、外部环境,还包含时间、空间等,因为个体是利用自己的感官进行认知活动,在这一过程中,身体由于受到外部环境的持续性刺激和影响而处于不断变化的状态,以此来保持动态平衡。正如海德格尔所说,个体与世界的关系不是外在的、静止的,而是统一的整体。

（四）即时性

情境认知强调个体的认知活动不仅依赖于主体自身,而且依赖于外界环境刺激,并且整个刺激过程是伴随情境的变化而变化的,是即时的、当下的。之所以称为情境认知的即时性,是因为以下两个原因。

（1）情境认知表明个体与情境两者之间是相互联系、相互发展的。个体直接受情境所影响,而其所处的环境也是影响其行为的重要因素之一,因此,处在复杂多变的情境中,个体必须随时随地、当机立断地处理发生的任何问题。例如,公司高层管理者对公司的战略发展做出了详细且可行的计划方案,但当市场环境与公司内部环境发生改变时,之前的公司战略规划将不再适用,这就要求公司高层管理人员结合公司内外部环境及时调整战略部署,以适应公司发展。

（2）情境认知暗示了个体与情境之间是即时耦合关系。个体实现认知活动是依据自身的感觉器官实时地获取外界信息,并及时通过大脑与神经中枢进行一系列的编码解码过程来产生最终的结果。此外,个体行为也会对其所处的情境产生实时的影响,并最终作用于人的认知行为。

总而言之,情境认知的四大特征相互依存、相辅相成,其中境遇性是最根本的,动态性与交互性是基于境遇性得以展开,即时性则是对境遇性的进一步阐释。

1. 知觉对于个体、对于管理者来说有什么意义?

2. 什么是情境认知? 它与传统的认知科学理论之间是什么关系? 其本质特征有哪些?

小陈是一位非常有能力且事业心很强的女性。2012 年加入 ZH 公司的销售部门,不到两年时间,便凭借其卓越的能力和优秀的业绩晋升为 ZH 公司市场部的品牌经理。新官上任三把火,拥有自己团队后的小陈更是干劲十足、兢兢业业,带领团队,一路披荆斩棘，屡获佳绩。正是如此，小陈靠着个人能力和魅力引起了公司营销副总裁李总的赏识和关注。

李总是一位具有远见卓识的领导，经过对小陈的一番了解后，决定培养小陈。为了让她能够获得更多的宝贵经验，拥有更多上升空间，经过深思熟虑，李总决定让小陈调岗去做市场研究协调员。因为李总成为 ZH 公司营销副总裁之前也曾做过市场研究协调员，他自己就是通过这份工作成长起来的，从某种程度上促成了他今天的成就。所以，李总坚定地认为市场研究协调员这份职业可以在以后的职业发展中给小陈带来更多积极影响。

一天，李总将小陈喊到办公室，非常高兴地告诉她："小陈，我打算把你升迁去做市场研究协调员，这是一个绝佳的机会，希望你能通过这份新工作得到更丰富的经验，在以后的职业生涯中取得成功。"小陈听到这个消息后，震惊不已，没有马上回应而是先陷入长时间的沉默：小陈的前公司领导有明显的性别歧视，觉得女性不可能胜任市场管理的工作并把她们安排在所谓的"技术部门"。由于受到过女性区别对待，被隔离在市场管理这类前线工作之外，小陈在性别问题上更为敏感。ZH 公司和小陈的前公司有一个相似的特点，即管理层男多女少。于是，小陈误认为自己作为公司市场管理者中为数不多的女性之一，难以被认可。一听到李总提出的新职位，马上得出一个结论：李总不喜欢女性成为公司管理者，甚至排斥她，所以才会借故让她改任市场研究协调员的工作，好让她离开品牌经理的位置。她觉得自己被公司上层领导边缘化，逐渐成了幕后工作者，所以非常不愿意接受这份工作，自信心受到极大打击。在小陈心里，这是对女性在管理领域的定型，她对自己辛勤工作的回报非常失望，感觉就像她被降职坐了"冷板凳"，而不是所谓的升迁。

沉默一会后，小陈发出了一声微弱的感谢。李总看到小陈的吃惊，觉得这是过于激动兴奋的表现，误以为她很愿意晋升这个职位。因为李总曾经也很高兴得到这个影响职业生涯的机会，并为自己以后的发展铺垫了道路，所以，李总拍了一下小陈的肩膀，以示鼓励，开心地陪着小陈一同离开了办公室。

（资料来源：改编自百优案例库 https://www.docin.com/p-905851940.html）

问题：

(1)案例中有哪些状况表明沟通出现了问题？

(2)导致这些状况的主要原因是什么？

(3)组织应采取什么举措来纠正这些问题？

拓展阅读

王阳明有言，"何谓心？身之灵明，主宰之谓也"。黄宗羲曾言，"先儒以灵明知觉为心，盖本之乾知"。所以，理解好"灵明"的含义就能够更好地从中国传统学说中对"知觉"和"社会知觉"进行理解和论述。心理学认为，人的心是不安分的，它能够不断地认识世界。而且，王阳明认为是因为人有"灵明"，所以人的心可以认识世界，因此，王阳明有言：

"盖天地万物与人原是一体,其发窍之最精处,是人心一点灵明。"也就是说,天地万物和人原本是一体,需要依靠心中的那一点灵明去知觉和感知,而且灵明是人们摆脱混沌无知状态的关键钥匙。同时,佛教也有关于"灵明觉知"的论述,所谓"灵明觉知"就是不迷。净空法师认为,"灵明觉知"的核心就是觉而不迷。曾国藩有言:"灵明无着,物来顺应,未来不迎,当时不杂,既过不恋。"意思是说,心中不得有先入为主的概念,要物来顺应,否则思考行事就有了滞绊,无法按照事物的本来面貌去关照事物,就难以一脉贯通地体物无遗。

知觉是西方心理学和社会心理学的重要概念。米德把行动看作由四个阶段组成的,即动机、感悟(知觉)、操作和完成,而且他进一步认为,知觉的过程使得个体对环境中的客体感到敏感,知觉就是对刺激的潜在反应的一种唤起。也就是说,当有机体察觉到关系客体,它会准备好以某种方式做出行动。这样,人类就以一系列假说或观点来处理客体,这些观点是关于对客体的某些反应是怎么消除他们的不平衡状态的。托马斯·内特纳认为,知觉是一个适应性过程,是从刺激世界中抽绎出信息的过程。而且,知觉应当包括视觉、听觉和触觉等精细的能力。而社会心理学定义的"知觉"包括对人的个性、行为和外部特征的判断与理解,而且它可以等同于"认识"。从沙莲香的《社会心理学》一书可知,社会知觉最早是由美国心理学家布鲁纳提出来的,用来指知觉的社会决定性。因此,社会知觉主要是对人、对己、对社会群体的知觉,是人类主体的一种特殊的社会意识。在某种程度上,社会知觉和社会认识、社会认知有交叉、融合的部分,是彼此相互联系的概念。

萧子扬和孙健认为,不仅知觉依赖于灵敏的嗅觉和触觉乃至感官,社会知觉也需要利用"听觉"、"视觉"等内容,即要了解"是什么"、"为什么"。为此,将社会知觉划分为:关于"我之所以为我"的知觉、关于"我与他者的联系与区别"的知觉、关于"何谓社会和社会何在"的知觉、关于"社会何以可能"的知觉。首先,关于"我之所以为我"的知觉是指能够了解自我、本我和超我状态的初期知觉和最为基础的步骤。其次,关于"我与他者的联系与区别"的知觉,主要是指了解他者和他人的外部形态和行为特征的知觉,以及了解他者的内心活动,并实现人与人之间良性互动的知觉。再次,关于"何谓社会和社会何在"的知觉,即指能够理解社会是什么的知觉。最后,关于"社会何以可能"的知觉,主要是指能够对社会事件因果关系、社会发展、社会问题、社会风险、社会建设、社会治理的知觉。顺应这种逻辑,萧子扬和孙健从社会治理困局中遇到的社会知觉偏差出发,建构了知觉社会和社会自理的理想社会模型。那么,在管理中,企业和组织作为社会中的小群体,学者们是否可以从企业或组织治理困境中遇到的社会知觉偏差出发,进行研究、分析,构建出社会知觉和企业的组织自治模型。

(引自《齐鲁学刊》2018 年第 6 期)

 **第四章**

个性与管理

第一节　个性的概述

一、个性的定义

个性是指在一个人身上经常地、稳定地表现出来的心理特点的总和。

个性，是认识人性的切入点，是对人的意识、思维活动和一般心理状态的内在剖析。究竟什么是个性？许多学科都对个性展开研究，并提出了众多定义。在心理学界一直没有一个统一且明确的定义，但多数研究者认为：个性是具有一定倾向性和稳定性的各种心理品质总和。

我们常听到另一个心理学名词——人格，读者习惯把个性与人格混为一谈，但其实人格与个性既有所不同，又有所相同。西方心理学界常用人格这个概念，他们把人格划分为气质与性格的统一体；而苏联心理学界常常使用个性这一概念，即性格、气质与能力的统一体。

作为管理者必须了解、掌握员工的个性，因为对个性的充分了解，就是对人的充分了解。企业要想管理好员工，提高员工的积极性，就必须充分地了解员工的个性。因此，管理者应该了解、掌握个性，运用所学知识，充分发挥人力资源的最大效用，对个性不同的员工进行合理的培训、选拔、使用，这样才能做到"人适其事，事得其人，人尽其才，事尽其功"。

二、个性的构成

（一）个性倾向性

个性倾向性包括需求、动机、兴趣、理想、信念及世界观等心理成分。世界观在心理倾向中位居高位,它决定着个体总的思想倾向与行为方式。例如:金钱能决定幸福吗?钱能不能决定你的幸福,主要取决于你的世界观是怎么样的。假如你认为没了钱万万不能,没钱就是不幸福,这就是你的世界观;假如你认为幸福取决于个体,与金钱无关,这又是另一个世界观。不同的人有不同的心理倾向,这必然会导致他们有不同的处世之道。如果一个人的性格非常开朗乐观,他面对困境、挫折的态度在很大程度上与性格消极的人有所不同。由此可知,个性倾向性是个性心理结构最活跃的成分。

(二)个性心理特征

个性的心理特征包括能力、气质、性格等心理因素,它是个性心理结构中最稳定的因素,毕竟心理特征的形成不是一朝一夕的事情,心理特征的表现也不是一时一事的简单事情。而且心理特征并不是颠扑不破的,它的变化将伴随一生。心理特征是个性差异的重要标识,人与人之间都普遍存在心理特征方面的差异。例如,不同的人学习能力有高低之分,有些人善于学习,有些人不善于学习。

三、个性的形成与发展

人的发展与变化,实质上就是个性的发展与变化,有人认为,个性是由生物遗传、先天素质决定的,每个人或多或少都带着遗传的"天命"。婴儿期活跃者,儿童期比较活泼;婴儿期不好动者,儿童期较为安静,这些都是客观存在的事实。巴甫洛夫的继承者对其高级神经方面的研究,也对先天素质影响个性的观点予以肯定。也有人认为,个性是受后天环境影响,在实验中观察被强迫与母猴分离的小猴比没有被分离过的小猴更加胆怯。著名心理学家约翰·华生说过这样一句话,"如果给我一打婴儿,我不论他们的遗传如何,我可以将他们变成医生、律师、小偷、强盗,因为人是可以被塑造的"。

其实,这两个观点都比较片面。生物遗传、先天素质只是个性塑造的先决条件,为个性的发展方向提供可能。而个体的个性倾向哪个方向发展以及发展水平如何,是受后天环境和个体生活实践所制约的,把可能性转变为现实,后天因素与环境必不可少。

个性的形成与发展受遗传与环境的协同作用,并且环境因素是最有力的影响因素,良好的环境会影响个体发展成良好的个体,而不良的环境容易对人产生负面影响。每一个人的个性发展、变化都将伴随着个体的整个生命期。为了适应社会的需求,改善人际关系,谋求更高的发展,每个人都应该接受个性的修养、个性的教育,才能逐步发展成为一个优秀的、受人欢迎的人才。

个体个性的形成与转变,大都要经过以下三个时期。

(一)儿童时期

儿童时期的心理发展尚不成熟,可塑性强,容易受到原生家庭潜移默化的影响。家庭结构的影响是最为恰当的例子,家庭的作用不仅在于承担了孩子的吃穿住行的责任,更重要的是它也对孩子的个性发展产生影响。

(1)传统的核心家庭的结构。处在这种家庭的孩子大多敢做敢当、活泼开朗,但也会养成以自我为中心的缺点。

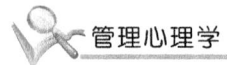

（2）主干家庭结构。由爷爷奶奶、父母与孩子组成的三代家庭，处在这样多元素家庭的孩子往往会互帮互助、懂得分享、尊老爱幼等，但也会产生因父母偏爱而产生不满的矛盾。

（3）特殊家庭结构。例如，单亲家庭和重组家庭等，在这样原生家庭生活的孩子更容易形成具有倾向性的性格，如缺乏自信、沉默寡言、逆反、冷漠等个性心理特征。

从这些例子可以看出，不同的家庭结构会导致孩子的个性差异。父母是孩子的第一任老师，家庭是孩子的第一所学校，俗话说"三岁看大，七岁看老"，在儿童个性发展最初、最关键的时期，营造一个有爱、健康的家庭环境的必要性不容小觑。

（二）学生时期

老师、同学以及学校环境都对孩子的个性产生影响，这是因为个体的发展取决或间接取决于进行交往的身边人的发展，学生已经开始形成属于个体的世界观、有自己对待客观事物的想法。创造一个良好的学习氛围也能在一定程度上影响个体的个性。

所以，培养和发展学生良好积极的个性是学校教育的重中之重，努力营造一个良好的学习氛围，针对不同个性的学生进行不同方式关怀、辅导，以达到教育的最佳效果。

（三）步入社会时期

步入社会时期是个性发展最复杂的阶段。个体步入社会，会受到政治经济、生活条件、生活方式以及工作环境的长期影响。例如，大学毕业前思想比较单纯，社会经验少，而大学毕业后，在艰苦的生活中得到了锻炼，思想上变得更加成熟稳重，办事更加周到。在纷繁复杂的社会中，个体会有意识或无意识地把这些影响在实践过程中转化为具有倾向性的个性。

四、个性差异及管理

（一）差异的测定

差异的测定主要包括以下几个方面。

1. 入职体检

入职体检能够有效地测定员工的生理差异。通过定向检查，了解个体的身体状况是否与职位相符。

2. 智力测试

智力测试是对个体智商的检测，依照心理学家制定的测验内容和标准，然后对雇员进行测试，再把结果与标准进行比对，得出结论。

3. 取向测试

取向测试需要专业人员设计并实施，能测定个体的性格取向是否与该职位匹配。如果个人从事的工作与性格取向符合，则他更容易取得成功，反之，将不易取得良好的成绩。

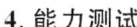

4. 能力测试

能力测试是通过培训与学习获得知识与技能并运用在现实生活中的效果,以认定培训、学习的成效,需要专门的技术人员进行项目设定与运用。

5. 性格测试

性格测试包括投射法、自陈法等,目的是测量典型行为表现,如一个人经常的行为举止、想法、做事态度等,因为目前还没有标准化的施测与计分条件,所以性格测试并不是十分科学,管理者只能把它作为了解性格的渠道,但不能完全依赖。

(二)差异的管理

1. 知识与技能方面的差异

一方面对不同类型的员工采取不同内容的培训。能力强者,应培养其创造能力,安排其具有挑战性的工作;能力中等者,多次进行职业训练,安排其从事普通或技术型的工作;能力平庸者,在进行岗位培训后应安排其从事非技术性工作。有必要让员工进行深造,可以使员工保持心态平衡,认清与事实存在哪些方面的差距,进而促进态度与行为的改善,缩短差异,提高能力。

2. 不是最好的,但是最合适的

员工之间,能力的差异具有普遍性。每个岗位都有岗位要求的能力水平,能力超过岗位需求水平的人,会发挥不出自己的才能,容易郁郁不得志,而能力低于岗位需求水平的人,容易挫败、情绪低落或者对心理造成巨大的压力。因此,不管是小材大用,还是大材小用都不是最佳方法。优秀的管理者对员工进行岗位的安排时,要做到"才要称其位"的工作原则。一个好的企业并不在于谋求公司能有百分之百的人才,而在于根据职业的特点,尽可能地为岗位找到合适的人,为人找到合适的岗位,这样才能发挥人才的最大效用。

3. 扬长避短

每个人都会有自己的短处,无所不知、无所不晓的人非常少有。现实生活中,专才比全才的数量多得多,优秀的管理者应该拥有一双慧眼去发现员工的长处,了解并善于利用员工的优势,这样既不会委屈人才,又不会让员工感到心有余而力不足。而且任何企业、单位、团队,都不会只有性格清一色的员工。只有尽可能地包含不同个性的人,这样员工之间才能个性互补、才干互补、特长互补,才不会因群体同化而导致事事无成。而拥有个性互补的集体,才能碰撞出创意的火花,最终达到 $1+1>2$ 的效果。

4. 一把钥匙开一把锁

个性差异性管理的基本理论是:具体问题,具体分析。每个人的个性有所不同,所以管理者应该因人而异,区别对待,采用不同的方式来进行管理。首先,采取因人而异的激励方式。管理者应了解员工的关键需要,对症下药,合理、适度地满足员工的需求。其次,对不同个性的员工采取不同的批评方法。例如,对自尊心强的员工,不要在公开场合直接批评,可以采取个别谈话,先礼后兵,略微赞扬员工之后再展开批评。最后,对不同个性的员工应采取不同的监督和控制方法。例如,对脑力劳动者,他们往往喜欢轻松的

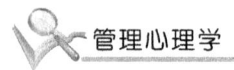

工作环境。他们有较强的自我约束、成就感,没人监督都能尽力做好工作。管理者了解其工作特点后应该知道,科学创造、艺术创作都有其内在规律,并不是强人所难就能成功。管理者应该多关心员工的身心健康,允许有大量的思考时间,并且为他们营造一个能够聚精会神、全神贯注的工作环境。

第二节　能力与管理

一、能力的概述

能力是指个体顺利完成某种活动所体现出来的心理特征,具有长期性和稳定性。能力与我们常说的知识、技能有区别又有联系。区别在于能力表示一个人完成任务的可能性与完成任务的效率的高低,而技能则是指对于某一项任务而具备的专业技术,知识则是对于以往各类经验、技术科学的归纳与综合。联系在于能力是掌握知识、技能的先决条件。例如,一个逻辑推理能力较强的人掌握数学知识的速度更快、质量较高,所要付出的代价较小。相对的,具备的知识、技能越多,能力提升的潜力越高。能力通过科学且高效的方法组合后即转化成我们所说的才能,再对才能加以磨炼和一步步完善,便是天才。天才之所以被人们称赞与羡慕,是因为它形成的条件十分苛刻,既需要优秀的先天遗传,又离不开后天的努力完善。

在管理实践中,能力是被使用频率很高的一个专业术语,管理职能中的计划、组织、指挥、协调、控制以及创新等,都离不开对员工的能力问题的研究。例如,学习一项新的技能或项目时,有些员工学得快,有些员工学得慢,这里学得的"快"和"慢",即是指每个员工学习掌握某种技能的能力不同。归因理论认为,能力影响个体达成任务和目标过程中的表现,是影响个体的一种相对稳定的内在因素。如果某个体可以快速学习理解一项新知识或者新技能,且在掌握和运用的熟练度比一般人优越,即认为某个体是具有能力的。一般来说,能力并不属于个体行为技能中所赋有的固定属性,而是为情绪、动机、目的等行为活动提供编排服务的一种生成能力。能力是个体达成活动目的所必需的心理特征和先决条件,而达成活动目的的过程也会促进个体能力的提高。

二、能力的分类

能力一般可分为以下几种:一般能力与特殊能力,优势能力与非优势能力,模仿能力与创造能力,实际能力与潜在能力等。

(一)一般能力

一般能力是指个体在参与的众多不同活动中所呈现出的共同能力。例如,协调能力、洞察能力、敏锐能力、判断能力、创新能力、写作能力、记忆能力、想象能力等。日常生活中,人们提到的智力便是个体识辨各种事物并通过自身经验或知识分析、解决现实问题的一般能力,其中一般能力的高低程度常用智商来表示。依据能力的重要程度,人们往往将语言能力视为一般能力的核心,将逻辑能力、数字能力视为第二核心能力,再就是空间认知能力。

（二）特殊能力

特殊能力是指在人的某种专业活动中表现出来并保证这种专业活动获得高效率的能力。例如,数学、音乐、绘画、戏剧、文学等方面的能力。某种一般能力的某一方面特别发展后,就可能成为某种特殊能力的组成部分,因此,特殊能力也可以看作是一般能力的特殊化和具体表现。

（三）创造能力

创造能力是指个体在遇到亟待解决的棘手问题或者新问题、新挑战时,展现出的具有独创性、新颖性的解决问题的能力。

能力是建立在个体心理素质之上的,通过后天的学习、实践逐步发展起来。个体的能力在各种活动中展现出来,并在活动中不断强化、提升。能力的高低主要表现在个体学习主客观事物的深度、全面、精准程度上,以及解决现实问题的效率上。从个体的职业生涯发展来看,个体在婴幼儿期、青少年期所接受的教育直接影响个体的智力发展水平。大学时期的社会实践是影响个体专业能力的关键,而大学毕业之后的各种教育与实践则直接影响个体创新创造能力的形成与发展。

在企业运行过程中,员工若要达成某项活动目标,通常需要将多种能力综合运用,即才能。只有具备工作任务所要求的多种能力结合应用的才能,才可以出色地完成岗位任务和工作。例如,企业管理层人员需要具备指挥协调能力、组织统筹能力、领导下属的能力、解决矛盾冲突的能力、识别机遇与挑战的能力、部署战略规划能力等结合应用的才能。企业实践活动中,不同员工展现出的能力存在一定差异,这些差异主要表现在以下几个方面。

（1）不同个体的一般辨识能力存在差异。例如,不同个体在面对同一项活动或者任务时,在洞察力、判断力、剖析问题、解决问题等方面的能力表现存在不同程度的差异。

（2）不同个体的特殊才能存在差异。例如,每个个体的谈判能力、阅读能力、营销能力、技术操作能力、管理能力等表现出了不同的个人特征。

（3）不同个体的创新能力存在差异。例如,某些员工打破常规、别出心裁地提出一些创造性的想法或者意见,而有些员工则循规蹈矩、遵循固有方式,这些差异常体现在思想观念、业务流程、规章制度、运作模式、管理风格等方面。

（4）不同个体还存在能力水平发展快慢、能力呈现早晚等差异。

三、影响能力发展的因素

能力水平的发展存在一定的个体差异,个体的能力水平受自身成长、遗传、外部环境

等影响,从而使得每个个体都展出自身独有的身心特征。能力水平的发展主要受四大因素影响,即先天素质、外部环境、社会实践、主观因素,这四大因素相互作用共同影响个体的能力发展水平。

（一）先天素质对能力形成与发展的影响

先天素质包括机体构造与形态、感觉与运动器官、大脑和神经系统等的解剖生理特点,是个体与生俱来的,也是个体综合能力水平发展的自然前提和基础。没有先天素质,就没有个体能力的产生,更没有后天的能力发展。若缺乏某种先天素质,后天无论多么努力,某种能力都难以形成和发展起来。例如,天生色盲色弱的儿童不可能成为知名画家,天生聋哑的儿童不可能发展成为优秀的歌唱家或者演说家。但是,先天素质并不能决定个体能力的强弱,只是为个体某种能力的发展提供可能性。个体的先天素质往往需要通过后天的教育与实践才能将能力发展的可能性转化成现实性。例如,天生运动能力强,可能会发展成体操运动员,也可能会发展成为跳水运动员或者杂技演员等。后天能力的发展方向取决于所受教育程度、社会实践活动、生活环境、社会需求等。先天素质是个体能力形成与发展的自然前提与物质基础,但并不属于能力本身。先天素质作为个体与生俱来的解剖生理结构,并不能直接决定后天能力的高低,还是要通过各种社会实践逐渐形成能力。

先天素质具有一定的遗传性,但是能力不受遗传影响。首先,先天素质只是受部分遗传所影响。例如,母体中的胎儿可能会被母体摄入的营养或药物、母体受到的外界撞击或辐射、母体带有的某些疾病等影响产生变异,受到不同程度的发展与危害,这些产生变异的影响因素都属于先天因素,并非遗传因素。其次,先天素质只是为个体后天能力的形成与发展提供相应的可能性。例如,手指的长短可能会受遗传影响,修长的手指为学习钢琴提供了优越的基础条件,但是拥有修长的手指并不能说明其将来一定是位钢琴家。成为一名优秀的钢琴家还需要很多其他条件和因素,如个人兴趣、家庭条件、社会需求等。最后,同一种先天素质可能会在后天的主客观环境影响下形成并发展为多种不同的能力。即便先天素质很优越,但是,如果缺乏后天的学习与实践,相应能力的形成与发展也可能受到阻碍。

（二）外部环境对能力形成与发展的影响

环境通常是指外部存在的客观现实,即人们出生后生活的各种条件。一般来说,大部分婴幼儿的自身素质大同小异,无太多差别,其后天能力的形成与发展之所以存在较大差别,主要是受外部生活环境、学习教育、活动实践影响。其中,教育在个体对知识、技能等的学习与掌握中起主导作用。教育不仅仅是提升婴幼儿和青少年智力水平的主要因素,也是提升个体能力水平的主要途径之一。此外,教育还能促进个体生理与心理能力的快速发展。例如,教师运用总结归纳的方法向学生传授知识,并进一步引导学生尝试应用总结归纳法解决现实生活中的各种问题,把外界客观存在的教学方法慢慢转化为个体自身的一种总结归纳思维。婴幼儿和青少年能够在校接受正规教育,对后天能力的培养相当重要。但在现实生活中,迈入职场后,在校学习和掌握的知识、技能并不能满足工作岗位的需求,这就要求在职人员接受职业教育,学习、掌握多种专业性的知识、技能及操作,并能够灵活地应用。因此,对于职场人员来说,职业教育至关重要。

社会生活条件对培养个人能力有着至关重要的作用,这些基本上都需要依靠教育来实现。通过教育可以很好地实现知识、技能与能力的提升。其中,知识是人类在历史实践活动中总结出的认识材料,技能是一个人把自己所掌握的知识运用到实践的操作技术。知识为个体的能力形成与发展提供理论基础,技能为个体的能力形成与发展提供实践基础,能力随着知识与技能的不断积累而提升,而个体在知识与技能中能够取得成就感很大程度上依赖于能力水平的高低。知识、技能、能力三者之间既相互联系,又彼此制约,但是,三者的发展并不一定完全一致。

（三）社会实践对能力形成与发展的影响

个体的社会实践经验也是能力提升的重要因素之一,人们在各种社会实践活动中积攒经验,锻炼心智,强化综合素质。有研究表明,社会实践是构成个体的直接经验的源泉,是个体能力形成与发展的必要条件,并且实践活动的特性、层次及广度也是锻造个体能力的重要因素。我国古代思想家王充倡导"施用累能",说明个体的能力是在参与的各类社会活动中不断地历练、积累、发展和提升的,故有"天道酬勤"、"勤能补拙"、"熟能生巧"、"有志者事竟成"等说法。现代科学家也认为,社会实践活动经验在促进个体能力发展与提高方面的作用是其他间接经验无法替代的。社会劳动实践的千差万别导致个体形成、发展和提升的能力具有一定的差异性,不同的行业,不同的职业,甚至不同的岗位都在制约着个体能力发展的趋向。例如,销售海尔空调、冰箱等的销售人员,在对产品的使用功能的介绍与推销方面比公司其他人员强。这些能力的差异与特定的实践要求密不可分,不同的劳动实践对个体有着不同的要求,个体应该在践行和实现劳动实践要求的过程中,不断地扬长补短,各方面提升自己的能力。

（四）主观因素对能力形成与发展的影响

个体的主观因素(如动机、激情、意愿强度、自我效能等)决定其能力发挥的程度,进而影响社会实践活动的结果。例如,若个体拥有较强的知识技能与社会实践经验,但在他不熟悉不感兴趣的情境中进行活动,其或许并不能很好地知觉自身知识经验并灵活运用它们。因此,在能力相当的条件下,个体的主观因素对现实表现和最终的活动结果发挥着至关重要作用。这些得到了越来越多的学者们的关注与证实,并因此引发出人类能力概念的新变化,即个体能力的提升与其主观努力密切相关。著名格言"天才＝99％汗水＋1％灵感"的意思就是个体的勤奋努力与主观能动性的充分发挥是个体发展为天才的必要条件。有心理学研究者指出,个体拥有的相对稳定的特殊兴趣爱好是促进其某方面能力提升与发展的核心要素。如果没有强烈的动机和意愿、没有强大的耐力与毅力、没有强大的刻苦奋斗精神,那么个体的能力是难以发展和提升的。因此,个体的主观因素在很大程度上推动着他们实践并坚持从事社会活动而带来的能力发展。不管是历史名人,还是某个行业中的成功者,促成他们成功的共同因素都包含坚强的意志力、辛勤的劳动力、对抗困难的勇气等众多主观因素。除此之外,个体自身的身体条件,如营养状况、健康情况等对个体能力的发展也有着重要影响。

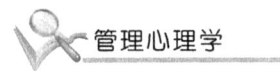

四、能力的差异

每个人的能力有强有弱,涉及的领域也不相同,所以,人的能力是有差异的,并且这种差异是普遍的,是客观存在的。个体之间的能力差异表现在多个方面,主要包括能力类型差异、能力发展水平差异、能力发展早晚的差异、能力在性别上的差异等。在发展一般能力时采用的方式不同,或者特殊能力所在领域不同,从而形成了能力类型差异,又称质的差异,它主要通过记忆差异、知觉差异、思维差异等几个方面来加以体现。

记忆差异是指人们在记忆方式上的不同,具体可分为听觉型、视觉型、动觉型和混合型几种类型。例如,视觉型的人记背东西倾向于看,听觉型的人则倾向于听,动觉型对动作刺激的印象十分深刻,混合型则是偏向于综合使用各种感知觉进行记忆。

知觉差异会根据知觉水平的不同,把人分成三种类型,即分析型、综合型和分析综合型。分析型擅长于观察细节,对细节较为敏感。综合型则擅长于从全局出发,对事物进行总体的感知,但在细节方面则不如分析型那么敏感;分析综合型则既有分析型的细节感知,又有综合型的整体把握。

思维差异主要是通过思维方式的不同加以体现的,有的人习惯于抽象思维,而有的人则是习惯于形象思维或者逻辑思维、逆向思维等。由于每个人的能力开发程度都不同,这就使能力发展水平存在差异。对于同一个工作,能力强的人能更快地掌握这项工作所需学习的技能,花更短的时间完成任务。能力低的人则在同一能力领域与之相反。由于性别的不同能力也是有差异的。例如,男性在常识、理解、算术、图形补充、图形设计等方面有优势,女性则在类同、词汇、物形配置等方面有优势。

此外,男女的特殊能力及职业选择上有明显差别。例如,选择纺织业的男性很少,也很少有女性选择与航海有关的工作等。这种差别往往是由传统观念与特殊能力不同形成的。

五、如何根据能力的差异进行管理

管理学始终研究的是对人的管理,对能力差异性的研究,对于一名管理者如何将管理利益达到最大化而言,有着至关重要的作用。人的能力是在长期的实践活动中发展而来的,最终也将被用于社会发展的实践中。然而,任何组织的生产活动都是复杂和多方面的,对人的能力的发展水平和能力类型都有着不同程度的需求。问题在于在现实生活中,我们几乎找不到一个完美的人能应付各种任务,这时对能力的管理就显得尤为重要。我们应该根据个体能力的差异对员工进行合理、有效的管理。

（一）岗位因材而置

管理者应当在鉴别下属能力的基础上为他安排最合适的工作,这样才能做到人尽其才,提高工作效率。不同的工作岗位,对员工的能力要求是不一样的。例如,管理者需要很好的领导组织能力,对其社交能力、语言能力的要求也很高;数学研究者则要有相当优秀的逻辑思维能力和数理推理能力等。如果将工作分给能力与其工作性质不符的人,即使他的能力很高,也无法高效地完成任务。例如,如果一个杰出的作家被安排去管理账目的话,他对工作的热情将迅速降低,自信心也会备受打击。这样不仅会使工作无法正常运行,而且会造成人力资源的浪费。所以,管理者在设置岗位时,应通过工作分析,明确各种岗位的能力要求,对人才的能力要进行考察,以便因材施用。

(二)在管理中应做到扬长优于避短

充分发挥员工的优势能力和避开他们的缺点,这两种方法都是提高员工工作效率,保证工作任务高品质完成的常用方法。但是,一个经验丰富且明智的管理者应该知道,在管理中扬长是优于避短的。一是因为让下属发挥他的优势能力,能够极大地增加他的自信心,使其感到被领导重用,刺激其能力表现欲望,增加对工作的热情,从而能很好地提高工作效率。二是因为能力是通过长期实践活动培养的,让一个员工弥补他的短板能力的成本将是巨大的。例如,一个员工的实际操作能力很强,但是语言能力和人际关系能力却不那么强。如果你想通过后期培训使他的弱势能力得到发展,那么最终的结果很可能不尽如人意。一个优秀的员工并不在于所有的能力同步发展,而是应当将其优势能力发挥到极致,起到对整体的推动作用。因此,管理者在进行员工选拔和工作安置时,应尽可能地考虑每个人的专长,做到用人之所长、容人之所短,以求利益价值最大化。

(三)兼重实际能力和潜在能力

管理者在选拔人才和安排工作时,普遍以实际能力为评判标准。实际能力体现为已掌握的理论知识和技术能力,考察起来也相对容易。对实际能力的考察需要花费的时间、精力、金钱成本都是可预算的且相对较低,但是也存在一定的弊端,如此简洁又快捷的考察方式很难准确地评估一个人的真实能力,更难以发掘其内在潜力。因此,如果管理者不能全面地考察员工能力,兼重实际能力与潜在能力,则可能错用人才或埋没人才,也会缩小企业可发展和进步的生存空间。

(四)高效团队的组建应体现能力互补

现实生活中的实践活动往往是复杂而烦琐的,很多时候单靠一个人的能力是远远不够的。企业的生产活动更是涉及众多资源、生产环节、管理部门,想靠个体能力去完成这样一个高难度的任务几乎是不能实现的。因此,我们需要考虑如何去组建一个高效的团队,以弥补个体能力和精力的不足。一般可以从能力互补、团队交流、团队愿景等方面来考虑组建团队。

能力互补包括类型差异互补、层次差异互补、思维差异互补等。类型差异互补就是要挑选能力类型不一样的人作为团队成员。例如,组织一场成功的晚会不可能只挑选一堆音乐才能出众的人,还应该包括组织能力好的组织者、舞蹈能力好的人等,这样的一场晚会才可能办得出彩、办得成功。层次差异互补是指同一能力领域应有不同层次水平的团队成员。每个企业的管理者都有高层管理、中层管理、基层管理之分,每个阶层都应该有与之对应的精英人才,这便是团队成员的层次差异互补。思维差异互补是指应让具有不同思维方法和思维倾向的人成为合作伙伴。

团队交流是决定团队生存时间的重要因素。在团队招募上一直存在一个误区,那就

是只要精英人才。虽说人才多多益善，但若一个团队里全是精英也不见得是最佳组合。一个团队里每个人都是优秀人才，倘若彼此互不相让，争夺领导权，那么这个团队必定以失败告终。因为一个无法沟通交流、团结互助、齐心协力的团队是不可能在社会市场中生存的。

团队愿景就是成员之间在目标上达成一致，各自发挥自己的最大能力，为企业或团队创造价值，推动共同愿景的实现。我们很难培养一个全能型的人才，但是我们却可以组建一个全能型的团队。

第三节 气质与管理

一、气质的概述

在日常生活中，有的人安静沉稳，有的人热情大方，有的人反应迟缓，有的人反应敏捷，这些都是气质特点的表现。其实，气质可以通俗地说成是脾气、秉性、性情等，这些说法可以帮助大家在日常生活中去体会气质的内涵。本书对气质的理解包含以下几个方面。

（一）气质的定义

人的个性心理特征有三，而气质就是其中之一。气质是指个人在心理过程中表现得最为典型的动力特征，它包括心理活动过程的强度、心理活动过程的速度、心理活动过程的稳定性以及心理活动的指向性等。这些动力特征又有许多具体表现：心理活动过程的强度，又表现为情绪的强弱、意志的努力程度等；心理活动过程的速度，又表现为知觉的速度、思维的灵活程度等；心理活动过程的稳定性，又表现为注意力集中时间的长短等；心理活动的指向性，具体表现为个人在获得自己的感受时，是侧重于从外界事物的印象出发，还是侧重于从自己的情绪体验出发。

（二）气质的特点

每个人在出生时就有着自己的气质，因此，气质一般是先天的，是可以遗传的。从生理学的角度来看，孩子的气质是会受到父母气质影响的。有研究表明，一般情况下，胎动明显的婴儿比较好动，喜欢热闹，不害怕与陌生人接触；而胎动不明显的婴儿比较安静，害怕与陌生人接触。当然，这些不同的特征会伴随着孩子成长，在其日常行为活动中表现出来。

气质是三种心理特征中最不易被改变的，它不以活动的具体内容、目的、动机为转移。"江山易改，本性难移"说的就是气质具有一定的稳定性。例如，一个焦虑急躁、情绪易于激动的人，在考试之前可能会因为紧张焦虑而失眠，在等待朋友时可能会坐立不安，在家里听到母亲的唠叨可能使其急躁，在学校与同学交谈可能使其失去耐心。由此可知,在不同的场合面对不同的人时,气质的具体表现形式会稍微有所不同,但内在的气质还是比较固定的、稳定的。

世界上的万事万物都是在不断变化的,气质也一样,它并不是一成不变的,它会在年龄和环境等因素的影响下发生缓慢的变化。由于社会阅历的不同,一个人在不同年龄阶段的气质特点是不同的。对于大多数人来说,少年时期往往表现为充满活力、勇敢,但轻浮鲁莽;壮年时期,随着社会阅历的丰富,往往表现为睿智成熟、踏实沉稳;老年时期,则往往表现出安详、稳重。不仅如此,生活环境的重大改变也会使一个人的气质发生改变。例如,一个在地震中失去双亲的孩子,可能由以前的活泼、热情、积极变得冷漠、孤僻。

二、气质类型学说

(一)体液说

《论人的本性》一书中最早提出了体液说,它的作者是希波克拉特。希波克拉特先是提出每个人的体内存在着血液、黏液、黄胆汁和黑胆汁四种体液,后又提出了著名的"体液优势论":根据人体中不同体液所占的比重,将人划分为多血质、黏液质、胆汁质、抑郁质四种不同的气质类型。后来在盖伦的继承和发展下,体液说正式成为气质学理论。体液说认为不同气质类型的人有以下几种不同的特点。

(1)多血质。多血质的人乐观活泼、感知性强、反应迅速、动作敏捷,适应新环境的能力强,在人际交往活动中往往处在主动地位。但不够专注,容易分散注意力,兴趣多变,容易形成"三分钟热度",做事缺乏毅力。

(2)黏液质。黏液质的人喜安静、不好动,沉着稳重,脚踏实地,有较强的耐心。但内敛、不善于表达,反应较慢,因此,较为固执,接受和适应新事物的能力较差。

(3)胆汁质。胆汁质的人生性热情、积极主动、坦白直率、精力充沛、雷厉风行,有担当、有责任心。但性情急躁,容易激动,自负且专横。

(4)抑郁质。抑郁质的人心思细腻、小心谨慎、想象力丰富、多愁善感、有异于常人的感知力。但孤僻冷漠、敏感多疑、心胸狭隘、犹豫不决、内心脆弱,经不起强烈的刺激和打击。

在日常生活中,基本没有哪一个人的气质类型是完全单一的,大多数人都属于两种或两种以上的混合型气质类型。

(二)体型说

《本格和性格》一书中最早提出了体型说,它的作者是精神病学家克瑞奇米尔。克瑞奇米尔根据自己对病人的观察,按照体型将这些人分成肥胖型、瘦长型和壮硕型三种。这三种类型的人的气质特点可以这样概括:肥胖型的人矮胖健壮,肩阔腰圆,善于交际,活泼,乐观,感情丰富;瘦长型的人身高体瘦,纤弱细长,较为被动,孤单沉默,不善于表达却又心思细腻;壮硕型的人骨肉均匀,身强体壮,固执,认真,理解能力较弱,情绪具有爆发性。

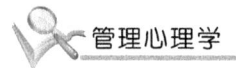

（三）高级神经活动类型说

高级神经活动类型是在动物实验研究的基础上得出来的，而归纳和提出这一学说的人是生理学家巴甫洛夫。这一结论也成为气质类型划分的科学理论基础。通过实验研究，巴甫洛夫把高级神经活动概括为兴奋和抑制两个过程，以及强度、平衡性和灵活性三个特点。根据这三个特点的不同组合，形成了高级神经活动的四个基本类型：兴奋型（兴奋占优势），其特点是强但不平衡；活泼型，其特点是强、平衡而又灵活；安静型，其特点是强、平衡但不灵活；抑制型（抑制占优势），其特点是弱且不平衡。其实高级神经活动的四种基本类型及其特点和四种气质类型及其特点有许多相似之处，具体如表 4-1 所示。

表 4-1　高级神经活动类型与气质类型

三个特点			基本类型	气质类型	感情变化特征
强度	平衡性	灵活性			
强	不平衡	—	兴奋型	胆汁质	感情反应强，变化快
强	平衡	灵活	活泼型	多血质	感情反应弱，变化快
强	平衡	不灵活	安静型	黏液质	感情反应强，变化慢
弱	不平衡	—	抑制型	抑郁质	感情反应弱，变化慢

对于气质类型的划分远不止以上几种说法，比较常见的还有古川竹二的血说、伯曼的激素说和巴斯的活动说等。体液说划分的气质类型是大多数人比较认同的说法，虽然它没有科学的理论依据，但它与巴甫洛夫的高级神经活动类型说有着许多相似的地方。为了更好地划分气质类型，我们通常选择将二者相结合。

三、对气质的认识

（一）气质类型本身无好坏之分

四种气质类型并没有好坏之分，它们也跟不同的人一样有着自己的优点和缺点。不同的气质类型只有优势互补，才能发挥更大的作用。一般而言，人们通常都认为胆汁质和多血质的人与其他气质类型相比更加好些，因为他们生性活泼、待人热情，并且具有较强的环境适应能力，能活跃气氛。但其实与黏液质和抑郁质相比，胆汁质的人存在着情绪容易激动、脾气暴躁、过分自信等不足，多血质的人又存在着做事缺乏持久力等不足。因此，我们不能通过一个人的气质来判断他的好坏。

（二）一个人的成就高低并不是由气质决定的

一个人成就的高低并不是由气质决定的，它受到许多内在和外在因素的影响。在同一个领域，成功人士并不会局限于某一种气质类型，每种气质类型的人都可能成为成功人士。气质并不能对人的成就高低起决定作用，但若是想要取得较高的成就，就要学会克制自身气质中的消极部分。

（三）气质可以影响工作效率

不同的职业对职工的气质类型是有不同的要求的,气质类型与工作性质的匹配度对工作效率有很大影响。一般情况下,二者的匹配度越高,工作效率也越高;反之亦然。例如,外交人员这一职业要求从业人员能对问题做出迅速反应,能良好地适应不断变化的环境,因此,多血质的人从事此职业就比较合适。黏液质或抑郁质的人由于反应比较慢、适应力比较弱,一般很难成为一名出色的外交人员。但是,对于教师这一职业而言,更多的是需要做事有条不紊、沉着稳重、对学生有耐心的黏液质类型的人。如果让一个胆汁质的人从事教师工作,在特定的情况下,他可能会因为难以控制自己的情绪而对学生大发脾气,这样不仅会使自己烦恼,也会影响学生的学习效率。由此可见,管理者应该参考职工的气质和工作性质的匹配度来安排工作,从而提高团队总体的工作效率。

（四）气质可以影响人际交往方式

在日常生活中,我们可以通过一个人的气质来观察他的人际交往方式。胆汁质的人热情活泼,在社交中通常处于主动状态,有活跃气氛的作用,但在自控力和应变能力方面还存在一定欠缺。多血质的人喜形于色,善于应酬,适应能力强,一般是社交圈的中心人物,但缺乏洞察力。黏液质的人性格内向,对社交活动的热情不高,对于交际活动的参与不够持久,但是自制力和洞察力比较强。抑郁质的人性格较为孤僻,对社交活动缺乏热情,谨小慎微,但善于观察,比较有主见。

四、如何根据气质特点进行管理

气质是可以影响人们的工作效率的。为了使企业取得良好的效益,在管理活动中必须注重管理者的气质。同时,管理者应根据员工的不同气质进行相应管理。

（一）管理者的气质类型及其特点

西方学者将管理者分成躁郁质型、分裂质型和黏着质型三大类型。

1. 躁郁质型

躁郁质型的管理者生性活泼,善于营造良好的工作氛围,适应新环境的能力和随机应变能力都比较强;勇于改革创新,是具有一定竞争力的人才。但是,他们较为冲动,做事计划性和条理性不足,常常不经仔细思考就草率行动;耐心不足且易怒。此类型的管理者是比较适应当下社会发展的创新型人才,并且他们通常可以接受领导坦率的批评指正。

2. 分裂质型

分裂质型的管理者注重思考,凡事喜欢先思考后行动;他们愿意向见解不同的人学习,将别人的思想与自己的思想进行融合,形成独到的见解。但是,他们太注重思考而忽视实践往往容易形成空想主义,就像战国时期的赵括一样,可以在纸上侃侃而谈,实际作战就溃不成军。此类型的管理者只擅长高谈阔论,缺乏实践精神,不符合现代社会发展的潮流。

3. 黏着质型

黏着质型的管理者稳重而朴素,有耐心,生活循规蹈矩。但是他们适应新环境的能力比较差,改革创新的思维也比较差,行动往往相对比较缓慢。此类型的管理者可以处理一些耐心细致的事务,他们很难接受正面批评,因此,可以采用讲道理和鼓励的方式帮助他们改正错误。

如果与四种经典气质类型相对应,那么躁郁质可以和胆汁质相对应比较,黏着质可以和黏液质相对应比较。就像现实生活中单纯属于一种类型人很少一样,单纯属于一种类型的管理人员也很少,大部分的管理者都是属于混合型的。

(二)针对气质进行管理应遵循的原则

1. 对于特殊工作,要求从业人员必须具备一些特定的气质

对于一些特殊工作,如宇航员、其他高空作业人员等职业,由于工作环境的特殊性,要求从业人员具备胆大心细、沉着冷静、反应迅速的特点。从业人员的气质中必须同时具备以上一些特点,才能胜任这些特殊的工作。这些从业人员的气质特点具有一定的绝对性,如果达不到要求,可能会造成严重的后果。因此,各国的这些特殊行业从业人员都必须具备极高的身体心理条件。

2. 对于一般性工作,要求从业人员的气质类型具有互补性

(1)在一般的工作中,同一项工作要求同一个员工具有几种互补的气质特征。例如,刨工这一工作,既需要工人胆子大,敢于操作机器,又需要工人耐心、细致,减少安全事故的发生。

(2)在进行工作分工时,对于一项工作活动需要同时安排几个气质类型互补的员工。例如,在一次营销活动中,既需要切实可行的策划,又需要果断的决策能力,同时还需要有迎难而上的勇气、良好的洞察能力以及小心谨慎的观望态度等。而某一个员工是很难同时具备以上所有气质特点的,因此,此次营销活动需要根据员工气质类型的互补性进行分工。

(3)在进行员工优化组合时,对同一个工作集体需要气质类型互补的员工。一个团队如果都是黏液质或抑郁质的人,那么集体的氛围就会显得沉闷,会影响到集体的工作效率。

3. 在进行员工培训的时候,要根据气质特点开展

一个人的气质对一项工作而言,既有适应的部分,也有不适应的部分。对于适应性较强的部分,管理者应该采取顺其自然的态度;对于适应性较弱的部分,管理者应该加以适当引导和改造,让其适应工作的需要。

4. 在对员工批评教育时,要根据其气质特点选择不同的教育方式

气质类型的划分,对员工的教育方式也有一定的借鉴意义。面对胆汁质的人,管理者应该采取有说服力的方式严厉批评;面对多血质的人,管理者应该多采用鼓励的方式帮助他们改正错误;面对黏液质的人,管理者应该在获得其信任之后与其深度交流,促进他们的自我反思;面对抑郁质的人,管理者应该采用婉转的方式对他们进行教育。

第四节　性格与管理

一、性格的定义

性格是指一个人表现在态度和行为方面的较稳定的心理特征。比如,刚强、懦弱、小气、大方等。

人物的性格不仅表现在他做什么,而且表现在他怎么做。"做什么"是指一个人会追求什么、拒绝什么,体现的是一种生活态度;"怎么做"是指一个人如何去追求、如何去拒绝,表现的是一种行为方式。如果一个人的一种生活态度得以保持,并使相应的行为方式在不断地重复中成为一种习惯,那么这种稳定的现实态度和习惯化的行为方式就是性格。因此,可以通过外在的行为表现了解一个人的性格,如通过一个人坐姿可以看出他的性格是安静还是豪爽。性格也可以反映一个人对现实生活的态度和行为动机,如一个品德高尚的人和一个虚伪的人,同样是做慈善,一个是心甘情愿地帮助他人,另一个却是为了宣传自己。不同的生活经历也决定了不同的性格特征。性格建立在一定的生理素质基础上,并在社会实践中逐渐形成、发展和变化,具有一定的复杂性、独特性、整体性和持续性。

(一)复杂性

性格不是单一的个体,而是多方面特征的综合体现。性格的组成就像汽车的组成一样,汽车由不同的零件组成,各零件之间既相互区别有着各自不同的功能,但又相互联系相互依存。在性格的特性中,有些特性是显而易见的,如热情、勇敢,有些特性则隐藏在潜意识里未被察觉。

(二)独特性

人在成长的过程中会受到遗传、成熟、环境、学习等因素的影响,个人在社会实践中也会形成不同的性格。即使是遗传基因完全相同的同卵双胞胎,也会因为成长过程中受到不同经历的影响而展现出不同的性格特征。

(三)整体性

构成个人性格的各种特性是相互联系的统一体。"牵一发而动全身",一个人的生理发生了变化,必然会影响一个人的心理特征和行为态度。同样,一个人为了适应周围的社会环境,也需要不断地调整自己的心态、观念和行为方式。

(四)持续性

一般情况下,个人的性格具有持续性,只有在发生巨大变故、受到重大打击的情况下,才有可能发生突变。因此,了解一个人不仅要观察他的行为方式,更要了解他的过去

和家庭,这样才能做到全面地了解一个人。

二、性格的特征

(一)性格的态度特征

性格的态度特征,是指个体在处理各方面社会关系的性格特征。它包括对现实的态度和对别人、对自己的态度两方面。比如,对待社会、集体和他人的态度,是积极热情,还是冷漠无情。

(二)性格的意志特征

性格的意志特征,是指个体对自己的行为的调节方式的性格特征。按照调节行为的依据、水平和客观表现,性格的意志特征可分为以下几个方面。

1. 意志的自觉性

意志的自觉性是指一个人在行动前具有明确的目标,在行动中能自觉按照目标严格控制和调整自己的行为,以达到既定目标。

2. 意志的坚定性

意志的坚定性是指在遇到紧急情况时沉着冷静,能理智地解决问题,在面对重大困难时不屈不挠,不达目的誓不罢休。

3. 意志的果断性

意志的果断性是指在复杂的情境中能辨别是非,并果断地做出正确选择。

4. 意志的自制力

意志的自制力是指善于克制自己的欲望和控制自己的不良情绪,排除干扰,迫使自己执行决定。

(三)性格的情绪特征

性格的情绪特征,是指个人的情绪对其全部活动和行为方式的影响。按其活动情况可分为以下几个方面。

1. 强度特征

强度特征表现为一个人的行为及态度受情绪影响的程度,以及个人意志对情绪控制的程度。

2. 稳定性特征

稳定性特征表现为一个人的情绪随外界因素或内部条件变化而产生波动的程度。

3. 持久性特征

持久性特征表现为一个人的情绪对其行为方式和现实态度的影响的持久程度。

4. 主导心境方面的特征

主导心境方面的特征表现为一个人在做决定时占主导地位的心境的稳定程度。

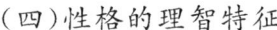

(四)性格的理智特征

性格的理智特征,是指个人在认识事物时的态度和方式上的差异,表现在感知、记忆、想象和思维等认知方面。

在感知方面有主动观察型与被动感知型;在记忆方面有主动记忆型与被动记忆型、形象记忆型与逻辑记忆型;在想象方面有主动想象型与被动想象型、狭窄想象型与广阔想象型;在思维方面有深刻型与肤浅型、独立型与依赖型。

三、性格形成的影响因素

性格不是与生俱来的,而是后天环境影响和教育培养共同作用的结果。一个人生下来并没有性格的差异,只是在成长过程中,在各方面的影响下,通过自己的实践活动逐渐形成了较为稳定的性格。其主要影响因素为以下几方面。

1. 生理性因素

(1)遗传。基因决定性状,而人的性格就是人的性状。个人内在遗传基因的不同,决定了外显性格的差异。人的性格最初源于遗传,但又不完全取决于遗传。

(2)体格与体型。个人不同的外貌形象和体型特征会有不同的生活习惯和行为方式,进而产生不同的性格特征。例如,体格健壮者大多具有外向、活泼、热情的性格,体格瘦弱者大多具有内向、沉静、温柔的性格。

(3)性别。因为生理与心理是相互影响的,所以男女之间的生理差异就决定了其性格特征也存在较大差异。男性具有较强的好胜心和自尊心,其创造力也比女性更胜一筹,但对艺术及美的欣赏则不如女性。男性能更好地领悟抽象理论及空间关系,对推理逻辑的运用也具有一定优势,女性则在语言及文字记忆上优于男性。男性较为理性,而女性则较为感性。

2. 环境因素

(1)家庭。父母是孩子的第一任老师,所以家庭是个人学习的启蒙之地,也是性格养成的起源。起初的语言、行为、知识、生活习惯,多是源于在家中耳濡目染。父母对子女宽容、鼓励,孩子便易形成自信、诚恳的性格;父母对子女苛刻、否定,孩子则易形成自卑、胆小的性格。

(2)学校。儿童一旦进入学校,便要面临新的学习环境,接受新的教育方式,将开始面临不断增大的学习压力。他们不但要学习许多新的知识技能,更要学习如何与同学相处,并听从老师的指导。因此,学校教育对儿童与青少年的身体、智力、知识和性格的发展具有重大的影响。如果学生受喜欢、尊重、鼓励,往往表现出自信、乐观、进取的性格品质;如果学生被冷落、排挤、嘲笑,往往容易产生自卑心理,表现出孤僻、消极的性格特征。

(3)社会文化。社会文化包括历史渊源、政治经济制度、宗教信仰、民族文化等,对人具有潜移默化的影响。社会文化对人的行为的激励和抑制都有着十分强烈的作用。如果某种行为受到当地文化的鼓励,那么个人便会加强这方面的行为表现。随着年龄的增加,接触的社会范围也不断拓宽,因而个人行为受到社会文化的影响也会随之加大,对个

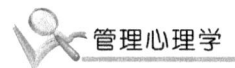

人性格影响也会相应增加。

（4）自我教育。自我教育是性格形成的基本条件之一，任何外来影响都是通过自我调节起作用的。例如，同样是存在生理缺陷，有的人深感自卑、自暴自弃，抱怨世界的不公，而有的人却积极面对，因此变得更加坚强和勇敢。每个人都可以塑造自己的性格，只要加强自我分析、自我控制、自我努力、自我鼓励和自我监督等，便能塑造出良好的性格。

总之，性格并非一成不变，它会随外界因素和自身条件的变化而改变。性格的发展是一个循序渐进的过程。了解性格发展的影响因素可以更深入地理解个体所形成的性格特点。

四、如何根据性格特点进行管理

（一）性格的类型及特点

人的性格也多种多样，按照不同的维度，性格可以分为以下几种类型。

第一种是根据知、情、意三者在性格中的不同地位，性格可以分为理智型、情绪型和意志型。理智型的人，通常具有很强的意志力，能很好地控制自己的情绪和支配自己的行动。情绪型的人，缺乏独立思考，做事较冲动，其言行举止较容易受情绪影响。意志型的人，行动目标明确且坚定，做事雷厉风行、积极主动。

第二种是根据人的心理活动是倾向于外部还是内部，性格可以分为外向型和内向型。外向型的人一般性格活泼开朗，善于与人交际，情绪外露，不拘小节，适应能力强，对外界事物感兴趣，进取心强。内向型的人一般性格沉静、孤僻、多愁善感，适应环境能力较差。他们喜欢沉浸在自己的幻想中，对外界事物很少关心，对人冷淡，做事畏畏缩缩。

第三种是根据个体独立性程度，性格可以分为独立型和顺从型。独立型的人具有较强的独立思考能力，其行为不易受到外界因素的干扰，能够理智地分析问题并独立地解决，但是这类人也喜欢表现自己的能力，喜欢把自己的思想强加于人。顺从型的人独立性较差，易受暗示，容易不加批判地接受他人意见，应变能力较差，在紧急情况下表现惊慌失措。

第四种是根据人的社会生活方式以及由此而形成的价值观，性格可以分为理论型、经济型、社会型、权力型和宗教型。理论型的人能客观冷静地观察事物的价值，并根据自己的知识体系对事物价值做出评价和判断。经济型的人习惯以经济思维看待一切事物，从实际效果来判断事物的价值。社会型的人重视友谊、乐于助人，以爱他人为最高价值。权力型的人重视权力，并努力获取权力，喜欢指挥、命令他人。宗教型的人相信宗教，多数有听天由命的观念。

第五种是根据人际关系，性格可以分为 A、B、C、D、E 型。

（1）A 型性格：雄心很大，有进取心；但是性情急躁，脾气暴躁，对周围环境适应性较差，人际关系不甚融洽。他们的行为常常引起别人的注意。A 型性格又被称为"行动型"或"注意人物型"。

（2）B型性格：情绪稳定，社会适应性较平衡；智能、精力、体力等各方面表现都不太突出；但是为人随和开朗，遇事放得下、想得开，不耿耿于怀。B型性格又称"平均型"。

（3）C型性格：情绪稳定，社会适应性良好，但各方面都表现得较为被动；性格内向、好生闷气、情绪焦虑，极小的生活事件便可引起焦虑不安。C型性格又称"安定消极型"。

（4）D型性格：性格稳定，情感外向，为人活跃开朗，善于交际，有组织能力，能独当一面。D型性格又称"管理者型"或"安定积极型"。

（5）E型性格：情绪不稳定，社会适应性较差或一般，不善于与人沟通交流，但善于独立思考，具有钻研精神。E型性格又称"反常型"或"逃避现实型"。

（二）性格在管理中的应用

一个人的成功不仅受到智力水平的影响，而且个人的性格品质也起着决定性作用。因此，要提高员工的工作效率，增强企业的凝聚力，就必须根据员工不同的性格，采用不同的管理方式。在管理工作中，管理者应注意以下几点。

1. 准确地把握员工的性格特点

对于管理者来说，了解职工的性格特点，不仅有利于解释和掌握他的行为表现，而且能预测他的行为趋势。可以根据不同的职工的性格优势，安排不同的任务，从而提高工作效率。

2. 实施有针对性的管理

根据员工的性格特点安排适宜的工作岗位，让每个员工都能充分发挥自身的价值，从而提高员工的积极性和归属感。当然，在对职工进行教育时，也应该根据员工不同的性格特点，选用不同的教育方式。

3. 坚持进行职业道德教育

所谓"无规矩不成方圆"，组织中成员的性格各异，想要组织成员统一行动，形成良好的工作作风，为同一个目标奋斗，管理者必须制定并严格执行组织统一的行为规范和政策制度。让每个员工在工作岗位上受到严格的品格锻炼，培养高尚的职业道德观念，使员工间相互影响相互改变，从而逐渐形成良好的职业作风和优秀的组织文化。

（三）性格与思想管理

德国哲学家黑格尔说："思想走在行为之前，就像闪电走在雷鸣之前一样。"任何行动都是靠思想决定的，所以在管理员工的行为工作的同时，更应该注重对员工的思想管理。针对个体的个性心理特征差异进行差异化思想管理是管理者的必修课之一。每个人都具有独一无二的性格，这就形成了各式各样的思维方式和生活态度，因此，关于思想的管理没有固定的方法，只能具体问题具体分析。表4-2是根据几种常见的性格，提供的相应的思想管理方法。

对开朗直爽的人，应该多加表扬，防微杜渐。对倔强刚毅的人，需要经常鼓励，耐心地多教方法。对粗暴急躁的人，首先要肯定其成绩，避开锋芒。对傲慢自负的人，要严格要求，谨慎表扬。对沉默寡言的人，尽量不要责骂，多给予鼓励会得到更好的效果。对心胸狭窄的人，要有开阔的胸怀，对其多加疏导。对自尊心强的人，要使其开阔视野，正确认识自己和他人。对于疲疲沓沓的人，要及时给予鼓励，要求严格且具体。

表4-2 不同性格类型的特点及其管理方式

性格类型	行为表现	思想管理方式
开朗直爽	坦白、直爽、兴趣广泛、爱发牢骚、不拘小节,其言行有时易被人误解	表扬为主 防微杜渐
倔强刚毅	能吃苦、办事有始有终,但缺乏灵活性,与领导意见不一致时,不冷静,容易产生抗衡、求胜心切	经常鼓励 多教方法
粗暴急躁	易冲动,心中容不得不公平之事,好提意见,不太注意方式方法,事后常后悔	肯定成绩 避开锋芒
傲慢自负	反应快、聪明能干、过分自信、好出风头、好发议论、听不进不同的意见、虚荣心强	严格要求 谨慎表扬
沉默寡言	少言寡语、优柔寡断、任劳任怨、踏实细致、有时工作效率不高	少有指责 多加鼓励
心胸狭窄	小心眼儿,遇到不顺心或涉及个人利益的事,往往患得患失,难以摆脱	开阔胸怀 多加疏导
自尊心强	上进心强、严于律己、争强好胜、听不进去批评、情绪忽高忽低	开阔视野,正确认识自己和他人
疲疲沓沓	大错不犯、小错不断、工作拈轻怕重、漠视规章制度、生活懒散	及时给予鼓励,要求严格且具体

1. 性格与气质、能力之间的关系如何?
2. 性格发展的特点及其影响因素有哪些?
3. 每种气质类型都有其优缺点,我们应该怎样针对自己的气质类型扬长避短呢?
4. 管理者应该怎样利用气质特点管理进行管理,提高员工的工作效率?
5. 气质与性格有什么联系和区别?
6. 如何培养自己的能力?
7. 结合自己的成长经历说说如何培养良好的个性?

从管理的角度看中兴

中兴通讯股份有限公司,简称中兴通讯(ZTE)。它是全球领先的综合通信解决方案提供商,中国大型通信设备上市公司之一。

中兴通讯主要产品包括:2G/3G/4G/5G无线基站与核心网、IMS、固网接入与承载、光网络、芯片、高端路由器、智能交换机、政企网、大数据、云计算、数据中心、手机及家庭终端、智慧城市、ICT 业务，以及航空、铁路与城市轨道交通信号传输设备。中兴通讯为全球 180 多个国家和地区的顶级运营商(如中国移动、美国沃达丰、德国电信、西班牙电信等)提供创新技术与产品解决方案，通过全系列的无线、有线、业务、终端产品和专业通信服务，满足全球不同运营商的差异化需求。

自中兴通讯创建以来，经过努力发展，享受了众多荣耀。2002 年，中兴通讯实现全年主营业务收入 110 亿元。2004 年，独家为雅典奥运会提供宽带互联网设备支持，港交所 H 股上市。2005 年，公司确定 MTO 战略，开始重点大力开拓国外运营商市场，与和黄英国公司签署 30 万部 WCDMA 终端合同，获评《商业周刊》"全球 IT 百强企业"。2007 年，入选"影响中国十佳上市公司"，国际化战略获突破，公司国际营收额占公司总收入额的六成左右，国际收入首次超过国内，MTO 战略获得重要进展，成为美国沃达丰、西班牙电信等一流运营商终端供应商，与美国 SprintNextel 在 Wimax 方面进行合作，获得中国移动 TD-SCDMA 首次设备采购 51% 份额，CDMA 出货量连续两年位居全球第一，成为 2007 年发展最快的 GSM 设备供应商，进入全球前四大设备供应商行列，GPON 获世界宽带论坛 InfoVision 创新奖。2008 年，入选全球 IT 企业百强，获美国"3GCDMA 行业成就奖"，进入全球 Top100 的 51 家运营商短名单，服务全球 140 多个国家和地区的 500 多家运营商，在中国移动 TD-SCDMA 的一、二期招标中，获得 36% 的市场份额；在中国电信 CDMA2000 的一期招标中，获得 26.9% 的累积市场份额；获得中国联通 UMTS 一期招标 21.5% 的市场份额，与美国沃达丰签署系统设备全球合作框架协议，覆盖公司包括 GSM/UMTS/光传输等在内的全线系统设备产品，获香港 CSL 的 UMTS 订单，为客户实现基于 SDR 的 HSPA＋网络交付，推出全制式九大品类 40 余款 3G 终端产品，销售突破 4500 万部，跻身全球第六，基站发货量占据全球新增市场的 18%。2009 年，获"全球最佳 CDMA 设备制造商奖"，获"最具竞争力分组传送网(PTN)方案"等三项大奖，连续五年当选"中国最受尊敬企业"。2010 年，中兴通讯入选《巴菲特杂志》"中国 25 家最受尊敬上市公司"大奖。2011 年，中兴通讯股份有限公司总裁史立荣先生获得第十二届中国经济年度人物奖。中兴通讯入选首批"国家技术创新示范企业"。荣获"2011 年度宽带创新大奖"。2012 年，中兴通讯携手中国移动香港，正式推出首款单芯片 4GLTE 智能手机——GrandXLTE(T82)，中兴通讯也因此成为国内第一家正式推出 4GLTE 智能手机的手机生产商。2013 年，中兴通讯荣获 2013 年度中国品牌 500 强。

但是，就是这样一个在通讯方面享誉全球的龙头企业，随着 2018 年 4 月以来越演越烈的中兴事件的发酵，几乎面临灭顶之灾。

2018 年 4 月 16 日晚，美国商务部发布公告称，美国政府在未来 7 年内禁止中兴通讯向美国企业购买敏感产品。2018 年 4 月 19 日，针对中兴通讯被美国"封杀"的问题，商务部表示，中方密切关注进展，随时准备采取必要措施，维护中国企业合法权益。

2018 年 4 月 20 日，中兴通讯发布关于美国商务部激活拒绝令的声明，称在相关调查尚未结束之前，美国商务部工业与安全局执意对中兴通讯施以最严厉的制裁，对中兴通讯极不公平。5 月，中兴通讯公告称，受拒绝令影响，中兴通讯主要经营活动已无法进行。

(资料来源：https://wenku.baidu.com/view/2a7adfb3f46527d3250ce058.html)

中兴通讯留给我们的除了教训,更多的是对管理方面的不足的思考。

1. 缺乏创新能力是关键,没有掌握核心技术是致命伤。

为什么中兴通讯会遭受如此重创,是因为美国禁止中兴通讯向其购买敏锐产品。简而言之,就是控制了中兴通讯的生产技术核心。核心技术是一个企业生产的生命线,一旦被控制,自然无法进行正常的生产活动。这就是为什么像中兴通讯这样的大厦几乎在一瞬之间坍塌,因为中兴通讯太依赖于向美国进口技术。在企业初期,向其他先进国家或企业购买技术是可以理解的,因为各种研发核心技术的条件与环境都不成熟,但是像中兴通讯这样已经发展到一定程度的大企业,仍然被他人扼住了咽喉,无疑犯了很低级的错误,并要为之付出惨痛的代价。没有自己的企业竞争的核心优势,就不能说一个企业是成功的;没有对创新的投入,就无法真正打造属于自己的技术核心,无法领跑于世界前沿。企业的未来发展也随时可能面临着巨大的威胁。

2. 管理制度需改善,解决问题需由内而外。

作为一个连锁全球的龙头企业,如果说中兴通讯缺乏人才,那自然是无法令人信服的。但是,这样的一个大问题,为什么迟迟没有人提出?导致无法及时从内部解决问题,只有当问题在外部爆发,威胁迫近,所有人才如临大敌?既然有人才,却没有解决问题,那只有一种可能,企业没有运用他们的才能,或者有识之士没有及时上报建议或者意见的渠道。管理层对于下属的意见没有正确鉴别,并给予重视,这才导致问题一直存续,得不到有效解决。如果管理者能够因人而用,制定便于采纳良言的制度,及时发现问题并解决问题,就能够大大降低损失,化解危机。

商界老顽童——理查德·布兰森

近年兴起的色彩性格心理学较少人认识,但它却非常实用。该理论运用简单的方法对人的性格进行评估,极易掌握,非常适合普通大众应用于实际工作和生活上,实用价值非常广泛。如果运用得当,它可以帮助人们了解自我的个性,包括能力、气质以及性格等。"红色"性格,主要特征为性格热情奔放,充满活力,思维敏捷,敢于冒险,有创意等。

理查德·布兰森是典型的"红+黄"性格的人,而且把"红色"性格发挥到极致。他创办了维珍品牌,其品牌旗下拥有两百家私有公司,其商业帝国跨越空运、服装、软性饮料、计算机游戏、电信运营、金融服务、唱片等各行各业。维珍品牌在欧洲像空气一样,无处不在。孩子们可以喝着维珍可乐长大,然后到维珍超级大卖场买维珍电台上介绍的唱片,去维珍院线看电影,长大后通过 virgin. net 交上一个女朋友,和她坐维珍航空去度假,享受维珍假日的服务,然后由维珍新娘安排一场盛大的婚礼,直到最后拿着维珍养老保险进坟墓。一句话,从唱片到可乐、航空、铁路、电信、超级卖场、婚纱、影院、金融服务、可乐,这一切统统以"维珍"命名,每一个地方都能见到 virgin 的印记。

布兰森在许多行业方面都取得了成功,但他并不是带着赚钱的目的而赚钱,反而要让赚钱变得有意思。

布兰森取消了飞机上的头等舱,商务舱的价格却提供头等舱的服务,并按这个价格建立所有其他附加的服务,甚至首次推出商务舱的双人床服务,能让顾客在高空美美地睡上一觉。维珍航空负责用豪华房车接送商务舱的客人,在飞机上,他们可以享受桑拿、修指甲服务,而经济舱的乘客也能在飞机上享受看电影,打电动游戏,吃冰激凌的乐趣。

在公关活动方面,布兰森时常有出人意料的创意,他亲自开坦克碾过放在时代广场上的可口可乐,宣示维珍集团正式进军饮料界,受到媒体高度的注目;为了取悦媒体,他曾男扮女装地出现在"维珍婚纱"公司的开业典礼上。他还曾经驾驶坦克去纽约的时代广场,象征他的超大型维珍唱片连锁店即将征服美国。维珍还开了全球第一家同性恋用品专卖店。以至于人们对他的感觉是:真不知道他下一步要干什么?

在广告方面,布兰森曾多次以刁钻古怪的宣传手法,取得促销奇效。镜头一:理查德·布兰森在英吉利海峡某处浅滩裸跑,然后双手遮着下体跑回岸上,悠然自得。这是在英国首播的电视广告短片中,他为自己的维珍集团做宣传的一个镜头。镜头二:他曾只穿三角短裤跟美国电视连续剧《海滩救生》女主角帕梅拉·安德森合拍维珍健力饮料的广告片;同一群身材惹火的模特儿,拍摄维珍手机服务的促销广告。

在生活方面,爱冒险的他在1987年7月,坐在维珍大西洋飞鸟下面的吊篮里,爱尔兰出现在海平面上,在他以为会平静地结束横渡大西洋旅行时,热气球在风的作用下没能接近海岸。而是上升到翻滚的云层当中,布兰森开始用冻僵的手给妻子和孩子们写遗嘱。然后,他背上降落伞包,从吊篮里跳了出去。要知道,他1个月前才开始学跳伞!当降落伞打开后,布兰森发现英国海军正在自己下方的海面上演习。而数十架武装直升机就在他周围盘旋!他用单车、热气球、飞机、潜水艇,承载自己的梦想和冒险精神,踏遍全世界。

布兰森这些啼笑皆非的故事让人不得不认为他是个爱玩的小孩,他玩出了他想要的生活与事业。他的成功来源于快乐的动机,因为他的目的是找乐。同时,他尝试新领域并非因为想挑战,更大程度上是因为有趣、好玩的心态,这正是红色性格的真实写照。

布兰森特别重视员工有创意的想法,"维珍新娘"就是一位来自普通岗位女员工的想法。在一次接受采访时,当被问到维珍成功的要素是什么时,他回答:"问题在于你拥有什么样的员工,如果你的员工很快乐,每天面带微笑,以工作为乐,他们就会有出色的表现。顾客自然也会喜欢和你的企业打交道。我花了很大力气去激励员工,每个月我都会亲自写信给他们。我们没有正式的董事会议,谁有什么想法都可以直接打电话或写信告诉我。"在布兰森有了内克尔岛后,他没有忘记员工们,他花200万美元买下了澳大利亚美克皮斯岛,作为维珍集团所有员工的生态旅游园,任何员工都可以免费前往度假。

创新者首先必须注重和强调创新,红色不仅关注自己的创新,同时对于他人的创新给予极高的评价和认可,从而刺激了组织内部更多的创意涌现。红色乐于激励并善于激励,在布兰森身上得到了很好的体现。对比那些只会拿金钱作为唯一激励方式的黄色来讲,亲笔写信给普通员工,这是重视等级制度的黄色很难做出来的。

(资料来源:https://wenku.baidu.com/view/0bf34df8770bf78a652954df.html)

第五章 态度与管理

第一节　态度的概述

一、态度的概念

（一）态度的含义

"态度"一词在不同的生活场景中有着不同的内涵。比如，教师对学生说："你的学习态度有问题。"父母对子女说："这是你对长辈该有的说话态度吗？"领导会因为对员工的工作态度不满而训斥员工。由于态度的内部结构非常复杂，人们对"态度"一词尚无统一定义。但是，从上述关于态度的生活用语中可以看出，它的关键特征就是评价，而且该评价的依据就是人们在社会生活中对某一事物形成的观念体系。此外，态度往往是在主体内部进行的，是一种内部心理倾向。因此，态度是主体对特定的客体基于自身的观念体系而持有的具有一定结构和相对稳定的心理倾向。

（二）态度的成分

态度的内在心理结构包括认知、情感和行为倾向这三种成分。

认知成分是具有评价意义的描述，即它不只是主体对特定客体的认识和理解，同时也表示主体的赞成和反对，这是形成态度的基础。比如，"学习管理心理学，有助于提高管理者综合管理能力"是主体对管理心理学这一特定客体的认知，表明主体对该学科的肯定和赞成。

情感成分是指主体对某一特定客体的情绪体验，如较差的工作满意度、较低的安全感等，它是在认知过程中产生的，并维持态度的相对稳定性。需要注意的是，情绪和情感是相互联系又相互区别的。它们之间的区别在于情绪和情感产生的来源不同：前者是与人的生理需要相关而产生的体验，后者则是与人的社会需要相关而产生的体验。它们之间的联系在于情绪是情感的外在具体表现，情感的本质性则影响着情绪的变化。

行为倾向成分即行为的准备状态,准备对某一客体作出反应,因此它在态度表达中起到准备作用。比如,"我准备去上管理心理学的课",这只是一种行为倾向而不是行为本身。

一般来说,认知、情感和行为倾向三者之间是同步进行的。例如,某领导觉得员工的工作能力强,积极进取,工作上一直表现很好(认知);因而对该员工很是青睐(情感);并愿意委以重任(行为倾向)。但是,这三者之间有时并不是协调一致的。例如,尽管领导觉得该员工工作上积极认真(认知),但是该员工的某种人格特质并不受领导个人喜欢(情感),因而在工作中可能会表现出不信任该员工,更不会委以重任(行为意向)。所以,主体对特定客体的认知必然产生一定的情绪体验,在此基础上产生表达态度的行为倾向。

(三)态度的特征

1. 主体性和客体性

主体性是指态度的主体既可以是单一个体,表现为个体态度,也可以是群体,表现为群体态度。比如,群体离职倾向。客体性是指态度的产生总有针对的对象。态度的对象既可以是人,也可以是某个事件、物体,还可以是某种现象、观念等。总之,没有对象的态度是不存在的。

2. 内隐性

态度是一种内在的心理结构,尽管它包括行为倾向维度,但并不等同于行为本身,而是主体对某一特定对象产生的一种内在心理体验。正因为态度在个体内部具有内隐性,所以他人很难直接观察到,不过可以通过态度的外显形式如主张、意见等来感知人们的态度。

3. 稳定性

态度评价的依据是人们自身的观念体系,这种观念体系是在社会生活实践中逐渐形成的,并与人的世界观、价值观紧密联系。所以,态度形成之后相对稳定,并在行为上表现出一定的重复性。

4. 社会性

态度是通过后天习得的,是个体在后天的社会实践中通过与他人的交往,受到周围生活环境和社会文化的影响而逐渐形成的。尽管它和本能行为都有倾向性特征,但本能行为是与生俱来的,不用通过学习获得。态度的这种社会性表明它一旦形成,对人的心理和行为都会带来较大的影响。

二、态度的类型

(一)具体态度与抽象态度

从态度对象的角度来分类,态度分为具体态度和抽象态度。具体态度是指对某一具体事物的态度,如对某种观点的态度。抽象态度是指对某一概括性对象的态度,如工作

态度、学习态度、生活态度等。

(二)个体态度与群体态度

从态度主体的角度来看,包括个体态度和群体态度两种。由于态度的主体既可以是个体,也可以是群体,因而我们把个体对某一对象的态度叫个体态度,群体对某一对象的态度叫群体态度,亦称社会态度。在组织尤其在非正式组织中,有时群体态度会对个体态度产生心理压力,因此,群体态度对个体态度具有改造作用。

(三)外显态度与内隐态度

从主体对同一对象的评价来看,态度则包括外显态度和内隐态度两种。外显态度是指主体能够意识到的态度。内隐态度是指主体对态度对象的自动反应,其评价机制是:①主体不清楚评价的依据是什么;②评价是自动激活的;③评价具有不可控制性,即主体没有认识到自己的评价是自己态度的表现。例如,对于工作场所中的攻击行为,你在意识中可能认为这种行为应该制止,当用问卷调查你对该行为的态度时,你的反应没有什么区别,但是,你的潜意识中却认为这是自尊受到侮辱的合理性表现,而你自己并不知道这是怎么回事。

三、态度的作用

研究表明,态度能从多方面去影响一个人的心理和行为,这说明它具有多种作用。

(一)态度影响学习效率

有主动性行为的人们容易对学习产生强烈的求知欲,并激发其浓厚的学习兴趣,甚至是持续的学习动力,从而更好地理解所学内容;否则就会得到相反的效果。当然,仅有良好的学习态度也不能保证一定会取得好的学习成绩,因为整个学习过程还会受到方法、悟性等因素的影响。此外,有研究表明,一个人的学习态度会正向影响他的学习效率,尤其是该学习者的某些学习态度会影响其对所学内容的筛选和认可。比如,如果学习者认为管理心理学的知识有助于自己内在素质的提升,那么这些知识更容易被其吸收和记忆;反之,则容易被遗忘甚至是忽视。所以,我们认为态度在整个学习过程中起到过滤作用。

(二)态度影响工作效率

一般来说,人们如果对所从事工作的满意感较高,就会表现出较高的工作热情,那就容易调动其工作积极性。不过,有学者通过实验表明,态度和工作效率之间未必表现出显著的相关关系。比如,国内学者蒋才芳和潘甜发现管理人员的情绪管理会影响到员工态度和工作效率之间的关系。当管理人员能够较好地控制自己的情绪并采用适当的策略表达出来时,员工更容易表现出较好的工作热情,有利于提高其工作效率。反之,如果管理人员面对巨大的压力时不能采取合适的方式控制自己的情绪表达,则会降低员工的工作满意感,从而抑制工作效率的提高。所以,态度和工作效率之间的关系要比想象的复杂得多。

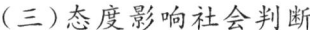

（三）态度影响社会判断

态度具有稳定性的特征，因此其一旦形成，人们对事物就会产生一种相对稳定的认知、情感和行为倾向，这就影响了后续他们对周遭世事的判断。于是，人们往往会根据形成的态度去判断特定对象。积极向上的态度能够帮助人们对社会事物做出正确的判断。而消极负面的态度则会让人对事物产生机械的认识、刻板的看法，从而妨碍判断社会环境的准确性，甚至出现失误。

（四）态度影响人的忍耐力

忍耐力是指个人遭受挫折时能承受精神上的打击而免于心理或行为失常的能力。态度会在很大程度上提高耐受力，比如，无端受到客户指责时不动怒，几年甚至几十年如一日微笑待客、热情服务，他们能够克制情绪、忍受伤痛，因为他们知道服务无小事。可见，个体在困难挫折面前的忍耐力是同其对事物的认识与态度分不开的。

（五）提高个体的自我防御能力

自我防御是保护我们免于焦虑或对自尊产生的威胁。弗洛伊德的心理分析论认为，我们可以借由投射、否认、转移或合理化等方法，保护我们个人的想法。比如，一个企业的员工如果看到同岗位的同事的薪资高于自己，为了恢复被打击的自尊心，他常会表现出"视金钱如粪土"的态度，以保持心理平衡。

（六）提高个体的社会适应能力

人的态度都是在环境的适应中形成的，形成后的态度能够帮助个体更好地适应环境。比如，我们会因为拥有较好的学习态度，而得到老师的认可，并建立良好的关系。所以，适当的态度将有助于我们同那些重要的人或集体打成一片或获得其认同与赞美，对于不同的对象，我们应该学会表现出不同的态度，从而更好地适应社会生活。

第二节 态度的形成与改变

人们的态度是在后天的生活中所习得的。对于一个新生婴儿来说，他只是一个生物个体，在父母的照料下、在社会环境的教育中，他逐渐掌握了一定的价值观念并形成了自己对周遭事物的态度。比如，学生热爱学习的态度，员工热爱集体的态度，我们热爱祖国的态度等，都是在后天的社会环境中形成的。

态度形成的过程是指某种态度的逐渐出现过程，态度的复杂多样性过程以及态度的相对稳定性过程。该过程与人的社会化过程是同时进行的。开始，父母对子女往往会采取某一固定的教育模式如融入集体等，这就约束了儿童早期态度的形成。一般而言，在儿童7岁之前，是态度最易形成也是最易改变的阶段，即不稳定阶段。但是，随着个人社会化的发展，特别是各种教育的影响，学生态度的模式也逐渐多样化。最后在社会化实践中，人们的态度逐渐和世界观相联系，趋于稳定。

一、态度形成的理论

（一）三阶段理论

西方社会心理学家凯尔曼从认知的角度提出了态度形成的三阶段理论。他从简单到复杂、由动摇到稳定、由表面到深化的角度把态度形成的过程分为三个阶段：服从阶段、同化阶段和内化阶段。

1. 服从阶段

服从阶段又称为顺从阶段，是指个人为了得到奖励或避免惩罚，遵守社会的规章制度，符合群体的规范或听取他人意见而采取的表面服从行为。这一阶段人的态度和行为的特点是：态度常受外部压力的影响或外力的胁迫压制或外力的诱惑；表面顺从，但内心并不相信；服从行为往往是一时性的，有人监督就守规矩，无人监督就违纪。例如，有的毕业生刚进企业，对企业规章制度的态度只是表面服从，而非自愿遵守，有的甚至是受"遵守受奖，违反受罚"的约束而遵守的。

2. 同化阶段

同化也称为认同，不是个体被迫胁从社会要求，而是主体自愿接受社会规范，并最终和该规范趋于一致的过程。比如，新员工看到其他员工都遵章守纪，看到遵章守纪给个人或群体带来好处后，觉得有规矩才有方圆，于是开始接受规章制度并自愿遵守。可见，这一阶段态度形成的动机不再是为了受到奖励或者免于惩罚，而是希望自己成为规章制度所要求的人，其行为动力由外在转为内在。

3. 内化阶段

这一阶段，人们真正从内心深处相信并接受他人的观点，从而彻底转变自己的态度。这就意味着把外部的新思想、新观点归于自己的观念体系中，成为自己态度体系的有机组成部分。内化阶段是人们的态度真正形成或彻底转化的阶段，也是人的态度和行为最稳定、最持久并较有规律的阶段。

凯尔曼的三阶段理论是一个线性模式，有它不足的地方。第一，态度形成过程是一个螺旋上升的过程。比如，有些态度可能只停留在服从或同化阶段，有些态度则可能由服从到同化、同化到内化不断反复。第二，态度形成三阶段的界限有时很难分清。比如，对于同样完成工作任务的三个人，有的人是出于被迫，有的则是看作分内之事，对于这样态度的差异，我们是很难分清的。

（二）经典条件反射理论

经典条件反射理论即巴甫洛夫条件反射理论，指的是一个刺激和另一个带有奖赏或惩罚的无条件刺激多次联结，可使个体学会在单独呈现该一刺激时，也能引发类似无条件反应的条件反应。巴甫洛夫通过狗的唾液分泌实验，区分出生理反射和心理反射。生理反射是一种内在的、任何动物的所有成员都会表现出来的反射，它们是神经系统固有组织的一部分。比如，新生儿哭啼，后来被称为无条件反射。心理反射则是特定动物作为特定经验的结果而产生的,也叫作条件反射。例如,学生听到上课铃声走进教室。

我们也可以利用经典条件反射的机制来解释和说明态度的获得过程。首先,人们知道一些客观事实(对象),也了解与客观事实相联系的情绪、情感,即形成了一定的认知;其次,当外界环境多次刺激人们产生某种情绪反应时,情感成分会逐步形成;最后,主体将情感与事实结合起来,表现出特定的行为倾向,从而引起了态度的形成与发展。

当然,并非所有的态度都是由个人的经验即学习而形成的。一种态度的形成,也可能间接地来自同其他态度的情感联系,因为对于个体而言,实际上存在的不是孤立的、具体的态度,而是一个完整的态度体系。

二、态度改变的相关理论

(一)认知失调理论

认知失调理论自从利昂·费斯廷格首创以来,一直被认为是社会心理学研究领域中十分令人感兴趣的理论之一。认知失调就是一个人在做出决定、采取行动或者接触到一些有违原先信念、情感或价值的信念后所体验到的冲突状态。费斯廷格提出了有关认知失调理论的两大基本假设。

第一,作为一种心理上的不适,不协调的存在感将推动人们去努力减少不协调,并力求达到认知和情感协调一致的目的。具体说来,减少不协调的途径有三:一是改变行为,使主体对行为的认知符合态度的认知;二是改变态度,使主体的态度符合其行为,从而达到协调;三是引进新的认知元素来消除原有的不协调感。

第二,当不协调出现时,除设法减少它以外,人们还可以主动避开那些很可能使不协调增加的情境内外因素和信息因素。

例如,个体的两个认知,"我喜欢吃甜食"与"吃甜食不利于健康",这两种态度相互矛盾,处于不协调(失调)的状态。当个体发觉自己所持有的两种或两种以上认知元素相互矛盾时,便出现认知不协调,内心就有不愉快或紧张的感觉,因而产生一种驱使个体解除这种不协调状态的动机。按照费斯廷格的观点,有如下三种方法解除或减轻失调状态的办法。

(1)改变认知元素,使其与其他元素间不协调的关系趋于协调。例如,要么少吃甜食,要么怀疑"吃甜食不利于健康"的科学性。

(2)增加新的认知元素,加强协调关系的认知系统。例如,"我的身体很好,吃点甜食影响不大"、"爱吃甜食又长寿的,大有人在",等等。

(3)强调某一认知元素的重要性。例如,"我喜欢甜食,吃甜食可以使我快乐才是最重要的,不要为将来可能患病而牺牲我目前的乐趣",或者"为了自己的健康和家庭的幸福,我虽然喜欢吃甜食,但应该尽量克制"。

此外,费斯廷格还提出了认知不协调的基本条件。他认为,认知不协调的基本单位是认知,它是个体对环境、他人及自身行为的看法、信念、知识和态度。它可以分为两类:第一类是有关行为的,如"我今天去郊游";第二类是有关环境的,如"外面在下雪"。而认知结构是由诸多基本的认知元素构成,认知结构的状态也就自然取决于这些基本的认知元素相互间的关系。费斯廷格将认知元素间的关系划分为以下几种。

(1)不相干。此时两种认知元素间没有联系,例如"我每天早上 6 点起床"和"我对骑车不感兴趣"。

(2)协调。此时两种元素的含义一致,彼此不矛盾,如"我是一个勤奋努力的人"与"我在管理心理学课程取得了好的成绩"。

(3)不协调。此时"如果考虑到这两个认知元素单独存在的情况,那么一个认知元素将由其反面而产生出它的正面……假如从 Y 产出非 X,那么 X 和 Y 就是不协调的"。例如,"我是一个勤奋努力的人"与"我在管理心理学课程取得了糟糕的成绩",这两者就是不协调的。在费斯廷格看来,认知不协调理论研究只是认知元素间的后两类关系,并且把注意力重点放在不协调关系上。

认知失调理论的意义在于,它不仅指出认知是改变态度的来源,而且指明了态度改变的路径。

(二)参与改变理论

纽科姆提出的对称模式又称纽科姆 A-B-X 模式,是一种关于认知过程中人际互动与认知系统的变化及态度变化之间的相互关系的假说。

纽科姆 A-B-X 模式由 3 种要素、4 种关系构成。3 种要素是:认知者 A,对方 B,认知对象 X。4 种关系是:A-B 感情关系,A-X 认知关系,B-A 感情反馈(B 对 A-B 感情关系的认知),B-X 认知反馈(B 对 A-X 认知关系的认知)。4 种关系构成认知主体 A 的认知系统;当把反馈包括在认知系统中时,A 和 B 的地位是互换的,A 是认知主体,又是认知对方;B 亦然。于是,B 作为认知主体出现时,也形成一个认知系统。A 的认知系统和 B 的认知系统组成一个复合系统,呈集合状态,是一种群体式认知系统,如图 5-1 所示。

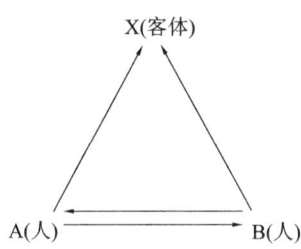

图 5-1　纽科姆的 A-B-X 模式

在这个模型中,A、B、X 三者都是相互独立又相互联系的,便组成了一个包含 4 个方面的系统:第一,A 对 X 的倾向,包括 A 把 X 作为一个对象接近或回避的态度以及对 X 的认知态度;第二,A 对 B 的倾向,也是完全一样的情况(为了避免用词的混淆,纽科姆把对人倾向说成是正面或反面的吸引,把对 X 的倾向说成是喜欢和不喜欢的态度);第三,B 对 X 的倾向;第四,B 对 A 的倾向。

图 5-1 中,A、B 代表相关的两个人,X 则表示沟通的客体(如人、事、物或观念)。从中可以看出:A 与 B 和 X 之间构成了三角形的三个角。如果 A 与 B 和 X 之间的倾向越强,即双方都希望能够全面了解 X,并且有关 X 的信息对于 A 和 B 都是公开的、流通的,

那么 A 和 B 与 X 的关系像 A-B-X 模型一样形成一个稳固的等腰三角形。A 与 B 之间的吸引力越小，A 与 B 之间的距离就越大，但是，他们为了保证这个模型对称，必须维持 A-X 和 B-X 这两条边对等的关系，这种对等关系是建立联系所必需的。但是，如果 A 和 B 对 X 产生了不同的认识，A 会不顾 B-X，或者 B 会不顾 A-X，那么 A-X 和 B-X 之间的影响就会不同，A-B-X 模型就会失去对称和平衡，则 A-B 之间的失衡关系更加速了 A 和 B 关于 X 的不一致观点。

A 与 B 这两个个体相互有意向，并对 X 也各有意向，传播被设想为支撑这个意向结构的过程，传播就在这个相互意向中产生。也就是说，通过传递关于任何变动的信息并且允许对发生的变动作出相应的调整，来维持或改进三者之间的这种对称性关系。该模式的基本设想是，如果条件许可，要求态度和关系一致的压力将刺激传播。若 A 与 B 对双方所关切的事物 X 有不一致的态度或认知，则 A 与 B 双方都会产生趋向调和的压力。面对趋向调和的压力增加，要达成一个调和状态，A 与 B 之间对 X 的意向上的差异将刺激传播的发生；而这种传播的效果将趋向于恢复平衡，这种平衡将被假定是一个关系系统的"正常状态"。随后，纽科姆又对他早年的命题加上了一些限定条件。他提出，传播只有在某些条件下才可能活跃：人与人之间要存在强烈的吸引力；事物 X 至少要对参与者中的一方具有重要性；事物 X 对传播双方来说都是关注的。

从认知均衡这种思考方式看，纽科姆的模型与海德的海德平衡理论十分接近。但是，海德的模型是关于认知主体自身的认知平衡，纽科姆的模型则是把认知平衡扩大到人际互动过程和群体关系。纽科姆对人认知理论的基本观点是，人们相互之间的感情、态度、信念有一定的联系和相互作用，因此，人们的认知系统有趋向于某种一致性的倾向。纽科姆研究了美国总统杜鲁门解除麦克阿瑟的职务这一事件的调查资料，结果证明，对杜鲁门怀好感的学生的亲戚也对杜鲁门怀有好感；而在反对杜鲁门的学生的亲戚中，绝大部分也是反杜鲁门派。纽科姆认为，认知不平衡是由这种趋于一致性的倾向在人们心理上形成的压力所造成的。他把这种压力叫作"趋对称压力"，在这种压力下产生的认知不平衡，沿着趋对称压力的方向变化，人际关系中的认知变化并不取决于任何认知主体自身的心理压力，而是人际互动中的合力。

纽科姆 A-B-X 的模式主要蕴含着以下几个方面的意义。

1. 纽科姆 A-B-X 的模式解释了人际关系

彼此间态度是否相似或接近也影响着友谊的可能与否。1961 年，纽科姆在密歇根大学把学生的集体宿舍进行了人为安排，他们先以测验和问卷把学生分为对人对事态度相似和相异的，然后把态度相似的学生安排在同一房间住读，再把态度相异的也安排在同一房间住读，然后就不再干扰他们的生活和学习。过了一段时间再对这些学生进行调查，发现态度相似的同屋人一般都成了朋友，而那些态度相异的则未能成为朋友。可见，人们都强烈地倾向喜欢那些和自己相似的人，而且社会一般也认为这是对的。这也许是因为共同的态度与价值观，不仅容易获得对方的支持与共鸣，同时也容易预测对方的情感与反应倾向，因此在交互作用过程中，彼此容易适应并建立起积极的人际关系，正所谓"物以类聚，人以群分"。A-B-X 模式不仅向我们说明了这样一种现象，还解释了我们应该如何去建立和谐的人际关系。当 A 向 B 讲述 X 时，A 与 B 好，对 X 的看法相同，均衡；

A 与 B 不好,对 X 的看法不同,均衡;A 与 B 好,对 X 的看法不同,不均衡;A 与 B 不好,对 X 的看法相同,不均衡。当 A 与 B 处于不均衡状态时,X 为 A 与 B 所关注,并对于一方有意义时,强烈倾向 X 的一方会促使另一方改变态度,双方趋于一致。由此可知,人际传播过程是双方关系逐步协调的过程,伴随而来的是和谐现实的人际关系的建立。

2.纽科姆 A-B-X 的模式道出了平衡的意义

纽科姆的模型意味着,任何一个特定系统都有力量平衡的特征,系统中任何部分的任何改变都会导致倾向平衡或对称的张力,因为不平衡或缺乏对称会造成心理上的不舒服并产生内在的压力以恢复平衡。施皮格尔博士分析认为,认知不和谐是个人的一种心理机制,当某人发现他的行为不是必然地符合其思想或心理信念时,他就会找出某种办法,使这两者之间产生联系,或是使它们归于和谐。如果某人花了大量金钱在电脑上,那么他必须捍卫购买电脑的正确性。因此,我们需要这种平衡对称来支撑我们的选择,强化现存的观点。对称的好处是从一个人(A)可以估量出另一个人(B)的行为。同时,对称也能确认一个人对 X 的倾向。这是我们所持态度需要社会和心理支持的一种说法。当我们与自己尊敬的 B 对 X 的评价一致时,我们会对自己的倾向更有信心。接下来,我们会与自己尊敬的 B 交流对我们认为很重要的 X(对象、事件、人物、思想)的评价,试图达到某种共识或是共同的倾向,或用纽科姆的术语说,是对称。

（三）自我知觉理论

社会心理学家比姆提出自我知觉理论。他指出,个人通过观察自己的外显行为以及行为产生的情境因素,来推论自己的内在动机、情绪及态度。内在的线索越是微弱、模糊难以解释,个体越是依赖从外在线索推论内部状态,所以行为者变成观察者,只不过是观察的对象从外人变成自己。

自我知觉理论可用以说明浅涉的"层级效果":在尚未形成强有力的态度时就先有了"行为",行为之后才有了态度的"认知"与"情感"成分。在不经大脑思索、也谈不上好恶的情况下,有了某种行为(与某人约会)或消费(到某餐厅用餐),事后,我们会对自己的行为作态度归因——我必然是不讨厌他吧,不然为何会与他约会。

推销员常用单脚入门的技巧,这是挨家挨户推销的时代留下来的用语,只要一只脚踩进客户的大门,另一只脚就有机会进入,就有成交的机会。广而言之,一只脚跨进门槛、另一只脚随后进来的"得寸进尺"策略,也就是先提出较小的要求,获得对方的同意后,再提出更大的要求。这种策略不但可以用在销售行业,也适用于电话民意调查等情境,告诉受访者只耽误 5 分钟就好,但很少有受访者在 5 分钟后挂电话。网购或邮购销售让顾客在某段时间里,不满意可以退货,从营销者的角度思考,就是先让顾客买了再说。先提出小小的、多数人可以接受不会被拒绝的要求,随后的要求就比较容易被接受了。对方接受第一步的请求后,会产生以下的自我知觉归因历程:我大概是不讨厌他的产品!不然为何同意他的请求。

（四）沟通改变态度的理论

沟通在态度的形成与改变过程中起到了不可忽视的作用。沟通的载体如广播、影视、书刊等,都直接或间接地影响人们的态度,这是众人皆知的。心理学家墨菲用实验研究的方法证明了沟通对于态度形成与改变的影响。

墨菲对白人对黑人的态度进行了研究。他选择了白人作为被试者,并随机将这些白人分为实验组、控制组两个组。实验开始前,他使用瑟斯顿量表对两组白人进行态度测量,发现两组白人对种族歧视的态度大体是一致的。然后,墨菲让实验组的白人观看一些宣传黑人精神的材料,控制组被试者则不进行这些活动。实验发现,实验组的被试者对黑人的态度发生了显著的转变,他们通过对黑人的深入了解改变了自己的态度,而控制组被试者的态度则没有发生改变。

可见,人与人之间的有效沟通的确可以改变人的态度。墨菲提出了沟通改变态度的影响因素,即沟通者、沟通过程和沟通对象。

1. 沟通者

沟通者是信息的来源。实践表明,令人信服的说服者、专家优于普通人群。这也就是为什么厂家喜欢用较为著名的影视明星、主持人或体育健将作形象代言人的原因。

2. 沟通过程

(1)沟通者以及沟通信息要有吸引力。如说话者的声音、仪容要能引起沟通对象的兴趣。例如,厂家寻找的产品代言人往往是形象较好的男女青年。

(2)信息传递的内容要用对象习惯的语言来表达。不少广告为了增加亲和力,用老百姓的语言来表达,如"吃嘛嘛香"、"越洗越漂亮"等都是大众语言,容易被人接纳。

(3)沟通者要洞察到对象的内在需要和潜在动机,才有可能让自己传递出的信息被其认可并接受。如果沟通者对该对象一无所知,那就犹如脱靶的箭,无法击中沟通对象的内心,更不可能改变他的态度了。

3. 沟通对象

实践证明,具有主观能动性的说服对象比较易于接受别人的建议而改变自己的态度。

(五)社会判断理论

社会判断理论是由谢里夫和霍兰德首次提出的。他们根据研究概括出这样的原则,即在人们对他物进行判断时,如果该事物与个人自身已经持有的标准或帮助判断的参照物相似的话,人们会判断其更加相似(同化);如果与参照物相差较远的话,则人们会判断其相差甚远(对比)。

谢里夫以此来说明态度的改变。他认为,个体所持有的态度区域分为三个部分:接受区域、态度不明区域和拒绝区域。当个体接触到一个新信息的时候,他会根据自己的态度区域对该信息进行判断。如果一个新的观点与个体原有态度相差甚远,则会遭到个体的拒绝。因此,只有当新态度位于不明朗区域的时候,劝说的作用才比较大,态度改变才是比较明显的。态度区域的大小和态度改变之间也存在紧密联系。接受区域狭窄的个体,其态度的改变较为困难;而接受区域较为宽广的个体,其态度的改变较为容易。

除了上述五种主要理论以外,还有一些态度改变的理论。例如,预言实现态度改变的理论。该理论认为他人的预见以及由此而采取的对待方式会影响个体的心理。在企业管理中,预言的实现理论可以表示为如下公式:

职工的行为＝ƒ(管理者的期望×对待方式)

因此,管理人员对下属应多从鼓励、帮助和积极引导的角度出发,促使下属不断向好的方向健康发展,而尽量避免对下属的粗暴指责和惩罚。

三、影响态度形成与改变的因素

影响态度形成和改变的因素有很多,归结起来无外乎三个方面:遗传因素、社会环境因素和主体自身因素。

(一)遗传因素

Waller 等人研究发现,同卵双生子间态度的相关程度比异卵双生子之间态度的相关程度要高。这表明,遗传也会影响到态度的形成和改变。但是,由于遗传对态度形成和改变的机制尚不清楚,因此人们普遍认同的观点是,影响态度形成和改变的主要因素是社会环境因素和主体自身因素。

(二)社会环境因素

1. 家庭的影响

众所周知,家庭作为孩子的第一所学校,其对与个体态度的形成起到至关重要的作用。早期形成的态度不会轻易改变,甚至会持续一生。例如,美国曾有研究表明,80％的小学生对政党的态度都与自己的父亲相同,83％的中学生对总统候选人的选择都跟自己的父母相同。

2. 同辈群体的影响

随着年龄的增长,父母及家庭成员的影响作用会逐渐减小,同辈群体的影响作用会逐渐增大,对个人的态度产生重要影响。这是因为个体为了满足自身的社交需要,逐渐地开始把自己的看法与同伴的看法进行平行比较,并常常把他们的建议作为调整自己原有态度的依据,从而使得自己与同伴们站在同一条线上。

3. 群体的影响

个人所属的正式群体或非正式群体对其态度的形成和改变具有重要的影响。每个群体都有一定的行为规范和准则,个体加入某一群体的前提就是其必须要遵守群体规则,并在日常表现中与群体一致。实验研究与社会生活实践表明,同一群体中的不同个体态度可能不同也可能类似。态度类似的主要表现是群体认同、群体价值观内化于心以及集体主义精神等。假如一个人打破了群体规范,他就会受到来自群体成员带来的一种无形压力。可见,群体通过对个体的这种影响和约束作用就可以促成个体态度的形成和改变。

4. 宣传者的影响

宣传无疑是影响个体态度形成和改变的最直接因素。宣传是对员工解释自己的见解并使之相信自己的看法,从而跟随自己。就是说,宣传的目的是要巩固或改变员工对某种事物的态度。宣传者个人的特点决定了宣传是否能起到实质性作用。

（1）宣传者的威信。企业中有威信的人之所以会改变人们的态度是因为员工不仅会认为他提供的信息可靠，而且会从积极方面去理解、评价他的宣传目的，从而有利于员工态度的改变，这就是"威信效应"。

对此，美国社会心理学家特纳和卡尔·史密斯进行过实验。他们列举了几种不同的现代诗人的一首诗的样本向被试者征求意见，在这些被试者对其中的一些样本作出了否定性评价以后，实验者告诉他们说有人认为这首诗相当好。他们对其中的一些被试者说，作出这一肯定性评价的是著名诗人艾略特，而对另一些被试者说作出这一评价的是一位女大学生，然后让所有的被试者重新评价这首诗。

结果，其中的一些被试者改变了他们对这首诗的原有态度，而且在改变最初态度的那些人当中，听过艾略特意见的被试者要比听过女大学生评价的人更多。由此可见，威信高的人与威信低的人相比，其意见更能引起人们态度的转变。

（2）宣传者的个人魅力。宣传者铿锵有力、自信满满、义正词严的讲话远比那些讲话时模棱两可的人更加可靠。讲话时眼神飘忽不定的人更容易让人觉得此人心不在焉，无法使人信服，甚至让人感到反感。对他的宣传就会充耳不闻，态度的改变更无从谈起。

（3）宣传者的品行。一个重视伦理道德的领导者，其宣传能够改变员工的态度，收到良好的效果。我们没法相信一个任人唯亲的领导在员工面前大讲特讲人才的重要性，只会让员工对他形成更加厌恶的态度。

（三）主体自身因素

1. 需要

每个人都具有不同的需要和动机，在不同的发展阶段，总有某种需要占主导地位从而影响着人们的动机。人们对那些可以实现自己所需要的对象持有积极的情绪体验，进而表现出肯定的态度。反之，对那些没有利益可求或阻碍自己实现目标的对象持有消极的情感体验，从而产生否定的态度。例如，你如果急需买某种保险，就不会计较一个保险业务员的拙嘴笨舌；相反，你没有认识到买某种保险的必要性，尽管一个能说会道的保险业务员追你后面也会令你感到厌恶。

2. 知识

知识是态度形成中的一个重要因素。社会实践表明，一个人拥有知识的广度和深度都会对其态度的形成带来重要的影响。例如，一个人通过大量阅读某一主题的期刊文献，了解该主题的研究进展，就会对该主题的某方面重要性产生一种态度。也就是说，知识会影响态度的形成。

3. 价值观

一个事物价值的大与小会直接影响个体对该事物持有何种态度。不同人对同一事物的态度之所以不同，根本原因是因为人们的价值观不同。另外，人们之所以对某事物喜欢或讨厌、赞成或反对，是因为态度有过滤器的作用。与价值观一致的事物，人们就乐于接受它，并给予其肯定的评价；否则就排斥、不屑，做出厌恶的评价。总之，价值观是态度形成和改变不可忽视的一个因素。

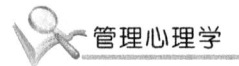

4.个性特征

一般地说,具有独立人格的人往往对待事物有自己独立的见解,不会人云亦云,从而形成较稳固的态度;而具有顺从性格的人对事物的态度则会受到他人的左右。多血质、胆汁质的人比较外向,喜欢交际,对外界事物常抱热情的态度;而黏液质、抑郁质的人则行为相对孤僻,反应迟钝,对外界事物常持冷漠的态度。

第三节 态度与管理

一、员工的心理契约、满意度和组织承诺

(一)员工的心理契约

心理契约是存在于组织和成员之间的一系列无形、内隐、不能书面化的期望,是在组织中各层级间、各成员间任何时候都广泛存在的没有正式书面规定的心理期望,它们同样是决定员工态度和行为的重要因素。在人力资源管理实践中,可以通过以下手段来引导和管理员工的心理契约。

(1)通过招聘传递企业真实的信息,即真实工作预览,这是建立心理契约的基础。企业在招聘过程中,应该给求职者(尤其是潜在的员工)以真实的、准确的、完整的有关企业和职位的信息,包括积极和消极两个方面。这些真实的信息可以通过小册子、电影、录像带、面谈、上司和其他员工的介绍等多种方式来提供。才能产生一个比较好的匹配效果,增加员工的满足感并使员工对企业更忠诚,从而会产生比较低的员工流失率。

(2)建立良好的企业规范。一方面,企业规范能起到约束和期望员工行为的目的,另一方面,可以使员工在对企业做出贡献后能够有章可循,从而为员工提供了制度保证,让他们觉得只要在企业里努力奋斗就会得到相应的回报。因此,良好的企业规范有助于保证员工和组织之间心理契约的实现。

(3)建立公平的薪酬体系。当员工认为薪酬体系的建构符合公平、公正的原则,他们在实际工作中才会有足够的热情,并表现出较高的满足感。同时,他们也更加期待企业的成功,与组织之间形成牢固的心理契约。

(4)通过及时沟通来调整心理契约。企业与员工双方的心理契约会随着环境变化而变化,轻则影响员工的情绪,重则造成心理契约破裂,导致一系列的反生产行为,如工作抽身行为、报复行为等。因此,必须时刻关注双方心理契约的动态调整过程。首先要及时沟通,向员工传达管理人员的想法,争取得到他们的理解和认同;其次要尽可能采取补救措施,防止心理契约违背后破坏效应的进一步扩大。

(二)员工满意度

员工满意度是指员工对自己工作或工作经历的评价,以及由此而产生的一种愉快

的、正向的情绪状态。员工满意度的影响因素主要包括工作本身、薪水、晋升机会、同事等。在实际工作中,企业可以通过下列方法增强员工满意度。

1. 设置富有中度挑战性的工作

从提高员工技术水平和工作水平的角度来看,如果该员工愿意思考和努力,则可以完成中度挑战性的工作,从而提升工作能力。与此相反,如果工作难度过高,员工刚接到任务时,尽管会进行几次尝试,但是若一直没有结果就会出现灰心丧气的情绪,不愿再进行尝试。实际上,设置中度挑战性的工作也正是应了"跳一跳,摘桃子"这一句话。

2. 良好的工作环境

工作场所的舒适度有助于提升员工的工作满意感。例如,适宜的温度、良好的照明条件、不太遥远的工作特点都是工作满意度的助长因素。

3. 注重人格与工作的匹配

员工的人格与所在岗位的匹配度越高就越容易给个体带来较多的满意感,即"人岗匹配"。员工会发现自己具备该职业所要求的各种能力,能够确保自己在工作中取得成功,起到了"人尽其用"、"人尽其能"的作用,从而使他们在工作中获得更多的工作满意感。

(三)组织承诺

组织承诺是指员工对特定组织的情绪依恋、认同和卷入。组织承诺越高,员工就越会视自己为组织的一分子,更相信及认可组织的目标和价值,更愿意付出努力达成组织目标,对维持组织成员身份有强烈欲望。

Meyer 和 Allen 提出的关于组织承诺的三成分模型表述如下:①情感承诺:描述组织成员对组织的依附、认同与融入;②持续承诺是描述成员对离开组织成本的感知;③规范承诺则描述了组织成员对于组织的责任感。

Dessler 提出了下面几条具体的方法,以提高员工的组织承诺:①严守员工第一的价值观。用书面语来表达就是雇佣合适类型的管理者,真正落实员工第一的价值观。②明确你的任务并传达任务明确。③确保组织公正。建立全面的投诉程序,提供广泛的双向沟通。④营造一种社区感。重视互助作用和团队合作。⑤支持员工发展。

二、态度的测量

(一)量表法

量表法是运用根据一定的测量、统计原理编制的量表,对假设的某种心理学问题进行测评和检验的一种方法。常见的量表有瑟斯顿量表、利克特量表和语义分析量表。

1. 瑟斯顿量表

瑟斯顿量表(见表 5-1)侧重于态度的认知维度,编制方法也较为严谨,但由于该方法过于烦琐、费时,近年来已较少为人们采用。

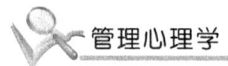

表 5-1　瑟斯顿量表举例

序号	分值	题目
1	1.0	我相信成为教会会员是生活的基本要素
2	1.5	我相信做礼拜能使人身心安宁
3	2.3	教会的教训能使人保持身心健康
4	5.6	有时相信教会是有价值的,有时又怀疑

2. 利克特量表

利克特于 1932 年提出该量表(见表 5-2),它由两部分组成:一是由对某事物持好恶态度的陈述句组成的大约 20 个问题,问题分为正负两种;二是供选择的量表等级,这些量表等级可以是五级(如非常同意、同意、中性、不同意、非常不同意),也可以是二级(同意、不同意)、三级(同意、中性、不同意),以至七级或更多,其中两端表示极端态度,中间则为中性态度。

表 5-2　利克特量表举例

题目	非常不同意	不同意	中性	同意	非常同意
(1)工作十分繁重,休息时间少					
(2)我很喜欢自己的工作					
(3)升迁缓慢或几乎没有升迁的机会					
(4)对目前的工资待遇很满意					

3. 语义分析量表

语义分析量表(见表 5-3)是由奥斯古德等人设计的,该量表设计出了一套双极形容词来评价对象,成对的双极形容词之间有五个或七个等级,分别代表人们对某对象的几种态度水平或程度。测试时,要求被试者根据自己的想法,选择适当的等级,画圈或画钩,然后将被试者所得的分数加起来,即可得到被试者肯定或否定的态度,以及其肯定或否定的强度。

表 5-3　语义分析量表举例

序号	我的同事		
1	热情	7654321	冷淡
2	聪明	7654321	愚蠢
3	真诚	7654321	虚伪

(二)问卷法

问卷法是进行调查访问的一种重要方法,常常也用于态度测评。问卷法在编制上极为简单,只要注意问句中可能出现的语句问题即可。根据问卷的不同形式,可将其分为开方式问卷和封闭式问卷两种。

开方式问卷不提供任何可能的或供选择的答案,由被试者自由回答,使之能够充分自由地表述自己的态度。例如,"你对工作环境的看法?"这种方法的优点是被试者不易隐瞒自己真实的态度,研究者能够收集到较多信息,但是较为费时,要求被试者有一定的表达能力,资料进行汇总分析时有一定难度。

封闭式问卷是提出问题的同时提供几种不同的备选答案,被试者需要根据自己的见解选择其中一个作为自己的回答。使用这种方法,资料易于处理和分析,费时少,被试者容易作答。不足之处在于,所提供的几种选择答案未必能将所有可能存在的回答都包括在内,而且也难以避免被试者无从作答时凭借猜测或随机地选择答案进行回答的情况。

(三)投射法

投射法就是让被试者通过一定的媒介,建立起自己的想象世界,在无拘束的情景中,显露出其个性特征的一种个性测试方法。测试中的媒介,可以是一些有意义的图片,也可以是一些只有头没有尾的句子,还可以是一个故事的开头,让被试者来编故事的结尾。因为这一画面是模糊的,所以被试者只能发挥自己的想象来完成测试。通过不同的回答和反应,可以了解不同人的个性。

具体方式是提供给被试者一种无限制的、模糊的情景,要求其作出反应,让被试者将他的真正情感、态度投射到"无规定的刺激"上,绕过他们心底的心理防御机制,透露其内在情感。常用的投射法包括词语联想法、句子、故事完型法、绘图法、漫画测试法、照片归类法等。

(四)行为观察法

行为观察法是调查者深入现场观察员工的行为,根据员工的言语、表情和行为来推断其对某事物的态度。这种方法在使用时可以不让员工发现,所以在资料收集上往往比较准确。缺点是有些态度和行为难以观察,需要的时间较长,人力成本高。另外,行为和态度并非对等关系,不能简单地根据行为的观察来确定态度。

(五)生理反应法

使用这种方法的依据是,态度可以引起一系列生理反应。而生理反应不易受意识控制,因而这种方法较为可靠。这种方法的缺陷是,对态度的性质或方向难以识别。

三、针对态度特点的管理

(一)给予员工及时迅速的反馈

管理人员对下属的活动情况必须及时给予反馈,特别是肯定评价,反馈越迅速,效果就越好。根据强化理论,一种行为若长时间得不到强化,那么该行为发生者的热情便会消退,甚至消失。所以,一个称赞或肯定的意见被长时间耽搁,希望受表扬的那个人会在反馈到达之前就开始感到泄气和失望。这样一来,表扬就减少了积极效果。

(二)在安排任务时尽量让员工明确任务的重要性

态度有认知成分,不同的认知会导致不同的态度。认知深刻与否会影响其对任务的态度。管理者要尽可能让员工了解任务的重要意义,所谓"知之深,爱之切",一个人越了

解任务的重要性,完成任务时就会越用心和尽力。尽可能让员工了解他所开展的工作的性质、意义,会提高他对工作的责任感;知之深,方能爱之切,爱之切,才能行之坚。

（三）给员工设置可行工作目标

员工的目标比较具体又富有挑战性,而且能够及时得到有关情况反馈时,他们会做得更好,利用目标设定可以减轻工作压力,增强员工的工作动机。如果目标比较具体,而员工又认为可以达到时,这就有助于他们明确自己的绩效预期。此外,如果目标的达成与否能够在工作中及时反馈,就有助于降低员工实际工作绩效的不确定性。这样能够相应地减轻员工的受挫感和压力感。

（四）为员工进行工作再设计

工作再设计可以给员工带来更多的责任、更有意义的工作、更大的自主性、更强的反馈,这样就有助于减轻员工的压力感。对于那些成就较低的员工而言,进行工作设计时,应使他们承担较轻的工作责任,同时还应增加具体化的工作。如果员工更乐意做例行性和结构化的工作,那么降低工作技能的多样化要求,就能相应地降低工作中的不确定性和压力水平。

（五）加强组织沟通培养深厚情感

尽管在压力感和员工反应这对关系中,员工个人情感是一个很重要的中介变量,但管理人员可以运用和强化与员工正式的组织沟通,有助于改变员工个人认知,继而产生深厚的情感,减轻他们角色的模糊性和角色冲突,维护其心理健康,培养其对组织和工作的良好态度。

本章小结

态度是主体对特定的客体基于自身的观念体系而持有的具有一定结构和比较稳定的心理倾向。心理学家认为态度是由认知、情感和行为倾向三种维度组成的心理倾向,这三者之间一般是协调一致的。态度的四大特征包括主体性和客体性、内隐性、稳定性以及社会性。根据不同的分类标准,态度可以分为不同类型,一般而言,态度分为具体与抽象态度、个体与群体态度、外显与内隐态度。基于态度的功能理论,态度的四大功能有知识功能、价值传达功能、自我防御功能和社会适应功能。态度的作用表现在影响学习效率、影响工作效率、影响社会判断、影响人的忍耐力。

态度的形成与改变是一个人社会化过程中的关键一环,社会心理学家凯尔曼于1961年提出了态度形成或改变的阶段,他认为态度的形成或改变经历了服从、同化和内化三个阶段。从态度的形成和改变过程中,我们可以看出,态度是在社会化进程中形成的。因此,影响个体社会化进程的因素也就是影响其态度形成的因素。本章着重介绍了以下几个态度改变理论:费斯廷格的认知失调理论、纽科姆的 A-B-X 模型、比姆的自我知觉理论、墨菲的沟通改变态度理论以及谢里夫和霍兰德的社会判断理论。

在管理中如何利用好态度这一因素以提高管理效率是一个极具探讨价值的问题。

因此,在管理中我们要尽量保持员工良好的态度,以充分发挥各类人员的积极性,尽力改变员工不好的态度,使他们从消极转变为积极,从被动转变为主动,以便做好自己的本职工作。

1.什么是态度?请阐述它的三种成分。

2.态度的改变分为几个阶段?每个阶段的特点是什么?

3.简述态度的功能及其作用。

4.通常推行新的改革措施总会遇到某些人的反对和抵制,管理人员应该怎么转变其态度?试用认知平衡理论加以分析。

5.沟通改变的理论涉及哪些因素?

6.如何转变员工的态度?

7.简述态度测量的不同方法。

避免不必要的冒险

在过去的几年里,格兰克制造公司的销售额下降了,这反映了一种行业范围的衰落。那段时期,格兰克确实使其市场份额有增加。尽管预测报告指出,其产品的未来需求会上升,但是公司总裁乔·戈德认为还是应该立即采取措施,帮助企业度过暂时的不景气。首先,他聘请了一家咨询公司来判断重组是否有用。

五个顾问组成的顾问组来到了公司。他们告诉戈德先生,他们首先必须对现状有一个透彻的了解才可能提出建议。戈德先生使他们确信:公司对他们是开放的,他们可以问他们认为必要的任何问题。

事实上,从顾问组到达的那天开始,流言就不胫而走。一个员工说:"如果他们关闭这家公司,我不知道是否能养活我的家庭。"另一个工人说:"如果他们让我离开我的朋友,我就辞职。"

员工们就此询问主管时,并没有得到有关此事的任何解释。因为主管对此也一无所知。于是,公司的气氛开始变得紧张起来。员工们不去关心他们的日常工作,反倒关心公司及他们的工作出了什么问题。结果,生产率急剧下降。

顾问组离开1个月之后,通知单传遍了全公司。通知说,顾问组建议组织上层略做调整,以实现更高的效率。没有人被辞退。任何减员都属于正常缩减。然而,这时一些优秀的工人已找到了其他工作,结果公司的经营受到好几个月的严重干扰。

(引自:R.韦恩·蒙迪,罗布特·M.诺埃:《人力资源管理》,经济科学出版社,1998年版。)

讨论:

（1）为什么工作气氛开始变得紧张，员工纷纷想离开公司？假如你是这家公司的一员，你会怎么做？试用与有关态度的理论来加以解释。

（2）如果你是老板，你会怎么做？

员工工作的十大心态

自从神奇教练米卢来到中国后，"态度决定一切"这句话就常常出现在我们的耳边。诚然，态度是可以决定一切，但是不同的态度将决定产生不同的驱动作用。好的态度产生好的驱动力，注定会得到好的结果；而不好的态度也会产生不好的驱动力，注定会得到不好的结果。同时，对待任何事物不是单纯的一种态度，而是各种不同心态的综合。作为企业的员工，应该有什么样的心态呢？

一、积极的心态

首先，我们需要具备积极的心态。积极的心态就是把好的、正确的方面扩张开来，同时第一时间投入进去。一个国家，一个企业肯定都有很多好的方面，也有很多不够好的地方，我们就需要用积极的心态去对待。社会上肯定会有不好的现象，可是我们应该看到国家已经进行大力整顿了；企业有很多尚未完善的制度，可是我们应该看到企业的成长过程。也许你在工作中遇到了很多困难，可是我们应该看到克服这些困难后的一片蓝天。同时，我们应该就正确的、好的事情第一时间去投入，唯有第一时间去投入才会唤起你的激情，唯有第一时间投入才会使困难在你面前变得渺小，好的方面在你眼前放大。

二、主动的心态

主动是什么？主动就是"没有人告诉你，而你正做着恰当的事情"。在竞争异常激烈的时代，被动就会挨打，主动就可以占据优势地位。我们的事业、人生是自己主动去争取的，而不是别人或者上天安排的。在企业里，有很多的事情也许没有人安排你去做。如果你主动行动起来，你不但锻炼了自己，同时也为自己争取这样的职位积蓄了力量。但如果什么事情都需要别人来告诉你时，你已经很落后了，这样的职位也挤满了那些主动行动着的人。

三、空杯心态

人无完人，任何人都有自己的缺陷，有自己相对较弱的地方。也许你在某个行业已经具备了丰富的技能，但是你对于新的企业，对于新的工作，你仍然是你，没有任何特别之处。你需要用空杯的心态重新去调整自己，去吸收别人正确的、优秀的东西。企业有企业的文化，有企业发展的思路，有自身管理的方法，只要是正确的、合理的，我们就必须去领悟、去感受。把自己融入企业之中，融入团队之中，否则，你永远是企业的局外人。

四、双赢的心态

亏本的买卖没人做，这是商业规则。你必须用双赢的心态去处理你与企业之间的、企业与商家之间、企业和消费者之间的关系。你不能为了自身的利益去损坏企业的利益，没有大家哪有小家？企业首先是一个利润中心，企业没有了利益，你也肯定没有利益。同样,我们也不能破坏企业与商家之间的双赢规则,只要某一方失去了利益,必定就会放弃这样的合作。消费者满足自己的需求,而企业实现自己的产品价值,这同样也是一个双赢,任何一方的利益受到损坏都会付出代价。

五、包容的心态

我们在工作中会与许多不同的人打交道,在沟通、交际的过程中,就要求我们学会包容,包容他人的不同喜好,包容他人的挑剔。你的同事也许与你也有不同的喜好,有不同的做事风格,你也应该去包容。海纳百川,有容乃大。我们需要锻炼自己的同理心,需要去接纳差异、包容差异。

六、自信的心态

自信是一切行动的原动力。我们对自己服务的企业充满自信,对我们的产品充满自信,对自己的能力充满自信,对未来充满自信。很多人自己都不相信自己有能力,又如何让别人相信你有能力呢? 如果你充满自信,你也就会充满干劲,你会开始感觉到这些事情是你可以完成的。

七、行动的心态

行动是最有说服力的。我们需要用行动去证明自己的存在,证明自己的价值;我们需要用行动去真正地关怀我们的客户;我们需要用行动去完成我们的目标。如果一切计划、目标、愿景都只停留在纸上,不去付诸行动,那计划就不能执行,目标就不能实现,愿景就是肥皂泡。

八、给予的心态

要索取,首先学会给予。没有给予,就不可能索取。我们要给予同事以关怀,给予公司以服务。给予是永恒的,给予一般不会受到别人的拒绝,反而会得到别人的感激。

九、学习的心态

竞争在加剧,实力和能力的打拼也会越加激烈。谁不去学习,谁就不能提高;谁就不会去创新,谁的武器就会落后。同事是老师,上级是老师,客户是老师,竞争对手是老师。学习不但是一种心态,更应该是我们的一种生活方式。21 世纪,谁会学习,谁就会成功,学习成为自己的竞争力,也成为企业的竞争力。

十、老板的心态

像老板一样思考,像老板一样行动。你具备了老板的心态,你就会去考虑企业的成长,考虑企业的费用,你会感觉到企业的事情就是自己的事情。你知道什么是自己应该去做的,什么是自己不应该做的。反之,你就会得过且过、不负责任,认为自己永远是打工者,企业的命运与自己无关。你不会得到老板的认同,不会得到老板的重用。

(资料来源 https://wenku.baidu.com/view/e8b92e30f90f76c660371a2a.html)

第六章　情绪与管理

随着经济社会的发展,人们的生活越来越复杂化,这种复杂化也使得情绪危机此起彼伏。而情绪危机的发生往往能给人身体健康带来损害,在工作生活中、学习过程中、环境的多变过程中以及精神孤独带来的沉重压力下,人们会失去对自我心理的调节能力,让恐惧、烦躁、焦虑、抑郁、自卑困扰着自己。在这种情绪状态下,打破内心心理平衡,失去动力,从而影响个人身体健康,此时加强情绪的管理就显得尤为重要。情绪反映人对客观事物的态度以及所表现出来的行为方式。情绪反应多种多样,爱、恨、憎、喜、怒、哀、乐等都是情绪的表现方式。情绪管理与心理健康成为人们普遍讨论的话题,我们也应该关注工作中的情绪管理,尤其是应激管理和挫折管理。

第一节　情绪的概述

一、情绪的概念

从我们出生开始,情绪就一直伴随着我们,情绪作为一种心理反应,常常被我们提及,时时刻刻出现在我们的生活中,影响着我们的心情,影响我们的行为方式。情绪的产生原因多种多样,情绪的表现形式也是多种多样,情绪作为一种心理过程,其变化发展也是复杂多样的。目前,对于情绪暂时还没有统一的概念界定,不同的研究学者有不同的解释。情绪在牛津英语词典中的概念被界定为"内心感觉或情感状态的波动,泛指所有的内心激越或者兴奋的心理状态"。通常而言,情绪是一种心理体验,是内心活动的心理动态过程,是内心所呈现的对客观事物的态度体验。综合各个研究学者的观点,情绪可以大致划分为以下几个层面。

（一）生理反应

当我们处于某种情绪状态下时,同时我们的生理也会作出相应的反应。例如,心跳剧烈、呼吸急促、内分泌发生变化、血管扩张、瞳孔收缩等。相同的生理反应可能是由不同的情绪所引起的,因此,单凭借生理反应的变化是无法判断出其处于何种情绪状态下的。例如,心跳剧烈可能是由于紧张造成的,也可能是由于生气造成的。

（二）心理反应

情绪所引起的心理反应是指个体内心的主要心理感受。例如,高兴、欢喜、憎恨、紧张、平静、激动、羡慕、惴惴不安等心理感受。

（三）认知反应

在个体受到外界的刺激时,会引发内心的情感判断,对于客观情境的解释和判断就是认知反应的情绪体现。例如,被陌生人直视双眼,当你理解为别人对你不怀好意时,你就会变得紧张不安;当你觉得是别人对你心生爱慕时,你就会感觉心情愉悦。

（四）行为反应

情绪的行为反应可以分为语言的行为反应和非语言的行为反应,这是个体因为情绪状态不同而表现出的不同的外显行为。例如,面部表情的变化,声音语调的高低变化等。

情绪在我们的生活中扮演着重要的角色,不同的情绪也会让我们的生活更加多姿多彩。在我们的成长过程中,除了积极的情绪,不可避免的也会有消极情绪的发生。例如,焦虑、抑郁、悲愤、嫉妒、愤恨等等,这些情绪也被称为损耗性情绪。在这种情绪状态下,我们的积极性一定程度上会受到打击。但从另一方面来看,如果负面的情绪不是过激的情绪,也是有一定的积极作用的。因为在沉重的情绪状态下,往往能激发人意想不到的潜能。

二、情绪理论

（一）詹姆斯-兰格理论

詹姆斯-兰格理论最初由心理学家威廉·詹姆斯提出,之后由生理学家卡尔·兰格发展。该理论认为是生理唤醒和行为表达的反馈引发了情绪反应。例如,与人们普遍接受的"人们因悲伤而哭泣"的观点不同,詹姆斯写道,"我们感到悲伤是因为我们哭泣,生气是因为我们发怒,害怕是因为我们战栗"。

依据詹姆斯-兰格理论,身体的战栗是对某个特定刺激的反应,如在野外看见一条巨蛇。也就是说,你知觉到一个事物,随后你的身体产生反应,最后你将身体的反应解释为某种情绪的结果。你对自身唤醒（如心脏的悸动、胃的衰弱、涨红的脸）、行为表现（如跑开、叫喊）,以及面部表情的变化（如哭泣、微笑、皱眉）的知觉产生了情绪。简单地说,唤醒与表达导致了情绪。依照詹姆斯-兰格理论,没有唤醒或表达,就不能产生情绪。

（二）坎农-巴德理论

詹姆斯-兰格理论认为,唤醒和表达产生了情绪,并且每种情绪都有其独特的生理特征。相反地,坎农-巴德理论认为,所有的情绪在生理上都是相似的,并且情绪、唤醒和行为表现是同时出现的。沃尔特·坎农以及菲利普·巴德提出,从知觉到诱发情绪的刺激（如一条蛇）后,脑中一个小的部分,即丘脑,同时向大脑皮层和身体发送神经信号,这些信号随后会引发自主神经系统的唤醒、行为反应以及情绪。坎农-巴德理论的主要观点是

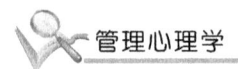

所有刺激引发的生理反应都是相似的。事实上,唤醒在情绪产生的过程中并不是必需的,甚至不是主要的因素。坎农使用动物实验证实了他的论点。在实验中动物被预先进行了手术,从而使它们不能产生生理唤醒。然而,即使是这些做过手术的动物仍然表现出了可观察的行为(如咆哮、抵抗姿势)。坎农认为这些行为可以作为情绪反应的证据。

(三)斯卡特-辛格理论

美国心理学家斯卡特和辛格提出的情绪归因论认为,特定情绪的产生主要源于两个因素:第一,个体强烈意识到生理反应的发生,如感觉心率急剧上升、呼吸变得急促等;第二,个体在感知到这种生理状态的变化后,对这一变化进行认知评价。情绪的形成不仅仅是由于自身生理反应的反馈,同时也来自对客观情境的认知评价。在这个过程中认知评价产生了两次作用,首先是人觉察到自身的身体机能对情境刺激作出了反应,其次是个体在接收到生理反应的信息反馈时,将这种反应解释和标记为某一种特定的情绪。在第二次的认知评价过程中,人们对于相同的生理反应可能给与不同的解释,作出不同的标记,从而产生不同的情绪,而归因的不同是情绪不同的主要原因。斯卡特的研究结果对于开展情绪认知理论研究提供了最早的实验支持,同时也推动了认知理论的进一步的发展。

三、情绪的特性

情绪具有两极性的特征,即在复杂多样的情绪种类中,每一种情绪状态都存在与之共同存在的相对的情绪状态,这两种情绪相对独立存在,一定条件下可以相互转化。

(一)情绪有肯定与否定的两极

肯定的情绪包括高兴、愉快、欣喜、热爱等。否定的情绪包括憎恨、厌恶、嫉妒、抑郁等。当个体的需要得到满足时,就会表现出肯定情绪,能提高个体的积极性与活力。相反,个体的需要无法得到满足时,就会表现出否定情绪,能够损耗人的积极性和减少活力。当然,具有对立性质的情绪并非绝对互相排斥,在一定条件下也能彼此转化,"乐极生悲"就体现了这种转化。即使是同一种情绪也可能同时具有肯定与否定两种性质。恐惧可能使人束手无策,显著减弱人的活动能力,但也可能激活人的智慧,即"急中生智",动用全身力量与危险情境作斗争。

(二)情绪有强与弱的两极

同一类的情绪也会有强烈高低不同的表现形式,可以根据表现形式的强烈程度不同划分不同的等级,在等级的两端分别为最强和最弱,在这中间可依次划分不同的程度等级。例如,爱的程度由浅到深可以分为有好感、喜欢、有爱慕、热爱、痴迷等;怒的程度由浅到深可以分为愠怒、愤怒、狂暴、怒不可遏等。情绪表现强度的不同与客观环境刺激的程度有关,也与事件对个人的意义大小、个人的心理动机和心理预期等有关。

(三)情绪有紧张与轻松的两极

在有决定意义的事情发生前,在紧迫和繁重的活动过程中会产生紧张的情绪体验。

例如,等候高考录取通知书的时刻,或在时间紧和任务重的情况下工作,都会体验到高度的紧张。当最终我们收到了高考录取通知书,或者我们完成了紧迫繁重的工作任务,此时我们就会长舒一口气,随之紧张感就会消除,感到轻松。在合理的紧张状态下,人们的注意力也会更加集中,工作效率也能得到提高。但是紧张过度就会造成手足无措,妨碍各项工作的正常进行。

（四）情绪有激动与平静的两极

平静的情绪相对于激动的情绪而言,时间更长,表现形式更温和。平静的情绪更多地表现为一种适度、平和、安静的形式,如愉快、欣喜、不安、好感等,这是我们生活中的表现频次较高的情绪,也是正常学习生活的必要保证。而激动的情绪是短暂而且激烈的,常常伴随着明显的表情动作变化。这类情绪在适度情况下能激励人积极向上,保持亢奋状态,如果过度则会让人失去理智,对自我失去控制能力。例如,暴怒、恐惧、惊骇、痴迷、狂喜等都属于激动的情绪。

四、情绪的种类

在进行情绪的相关研究中,心理学家根据情绪的起因不同将情绪划分为三类不同的类型,而各个类型又包含若干组成部分。

（一）第一种情绪类型

第一种情绪类型是和感官刺激相关的情绪,当感官接收不同的刺激时,个体相应会产生不同的情绪体验,这种情绪体验包括厌恶和轻快等。

1. 厌恶

这是一种不愉快的情绪体验,外界刺激作用于人的特定感官,使其感到恶心、反感。例如,当你不小心吃到特别难吃的食物时,或者看到丑陋恶心的画面时,或者闻到奇怪恶心的气味时,你产生厌恶的情绪。当你察觉这是你厌恶的事情时,为了不再重复这种糟糕的体验,你就会采取行动规避某些事情发生。

2. 轻快

这是一种愉悦、轻松舒适的情绪体验,外界的刺激激起人的特定感官愉悦感。在这种情绪状态下个体精神状态饱满,工作效率最高,在工作生活中我们需要尽可能保持这种最佳情绪状态。

（二）第二种情绪类型

第二种情绪类型是和自我认知评价相关的情绪。个体在行为过程中,会对自己的行为进行认知评价,自己设定评价标准,这一衡量过程会产生一种主观的情绪体验。例如,成功与失败的情绪、骄傲与羞耻的情绪、内疚与悔恨的情绪等。

1. 成功与失败的情绪

这是对自己行为活动满意与否的评价所产生的主观情绪体验。当一个人对自己的行为感到非常满意,觉得自己的行动取得了显著的效果,就会流露出一种成功的喜悦,这

就是满意的情绪体验。当一个人感觉自己没有达到期望的目标,自己还有很多需要改进和完善的地方,就会流露出失望和沮丧,感觉到挫败感,这就是失败的情绪体验。无论是成功的情绪体验还是失败的情绪体验,都能对人的行为方式产生重要影响作用。成功,会让人感觉被需要被依赖,同时也希望自己进一步改善提升,获得更大的成功感;失败,会让人觉得知耻而后勇,激发人奋发向上,调整自己的行为方式,提高工作效率,有时失败感也会让人感到沮丧、沉重,陷入浑浑噩噩的困境中。

2. 骄傲与羞耻的情绪

这是一种更加深层次的情绪体验,当个人完成目标,达到预期目标时,感到成就感,进一步会感觉骄傲。当没有实现预期目标,被贴上失败的标签后,内心就会感到失落,甚至萌发羞耻感。通常而言,骄傲是因为个体察觉到自己的行为是符合理想预期的行为,而羞耻更多是因为觉得自己的行为达不到自己的预期,不是自己理想的行为方式而产生的。无论是骄傲还是羞耻,都会对人的行为产生影响。骄傲能使人保持积极性,追求更高层次的满足而继续努力,也可能导致自负,让人满足于现状,不求改变;羞耻可能会让人颓废,陷于失败的阴影中,但也可能刺激人知耻而后勇,在逆境中觉醒,奋发向上。因此,无论我们是被骄傲还是羞耻情绪占据,我们要发现积极的影响因素,及时调整,保持积极心态应对环境的变化。

3. 内疚与悔恨的情绪

当个体处在一定情境中,察觉到自身的行为方式与情境要求的道德行为标准有出入时就会产生内疚和悔恨的情绪。当个体内心觉得内疚和悔恨,就会去思考自己的行为方式,避免错误的行为再次发生,及时作出调整和改变,使自己的行为符合情境道德要求。因此,在实际生活中,这样的情绪体验能够起到校正行为的作用,通过这种及时调整,提高行为的正确性。在我们的情绪管理过程中要学会及时察觉和发挥情绪的作用,调整行为,促进自身向好的方向发展。

(三)第三种情绪类型

第三种情绪类型是与他人相处时衍生的情绪。我们在和他人相处的过程中,随着时间的推移,我们会渐渐形成爱或者恨的情绪体验。

1. 爱

当一个人对其他人产生爱时,就会有意识地改变自己的行为方式,试图使自己的行为方式得到自己爱的对象的肯定,向着所爱之人期望的方向改变。爱分为很多种,有恋人之间的爱情,有亲人间的爱,也有朋友之间的爱。在企业管理中,更多注重的是朋友之爱。朋友之爱是人与人在相处过程中形成的一种能相互依赖和相互支持的情绪体验,双方能够坦诚相待,维持和谐的人际交往关系。企业的员工互相有爱,彼此坦诚相待,就能增强企业的竞争力,增强攻坚克难的实力,促进企业的不断进步发展。

2. 恨

这是一种具有破坏性的消极情绪,当产生恨时,人们会将恨的对象视为报复对象,将恨意转化为具体的行为表现,从而造成紧张的人际关系。恨,作为消极的情绪表现形式的一种,不仅会给个人生理心理造成危害,也会妨碍人的正常工作和生活,对于和睦家庭营造和高效工作团队建设都会有严重的影响作用。因此,在实际的管理活动过程中,要尽可能地规避恨所带来的负面影响,营造和睦友好的人际交往氛围,在平和轻松的环境中开展工作。

情绪的表现形式多种多样,基本的情绪有快乐、愤怒、恐惧和悲哀等。快乐是当个体的期望或者愿望得到实现时所产生的情绪体验。越是意想不到的外在刺激,所期盼的目的实现的意外性越强,个体感受到的快乐程度也会越强烈。愤怒是与快乐截然不同的情绪体验,愤怒的强烈程度和个体的认知评价有很大的关联。愤怒的对象可以是人也可能是物,当个体认为自己的受挫是由于他人的故意阻拦造成时,愤怒的情绪会急剧发生,并且采取攻击性行为,宣泄自己的情绪。恐惧是在经受可怕的情绪控制时的情绪体验,恐惧的程度高低与情境的恶化状况以及个体应对困境的能力和心理承受能力有关。当人陷入突如其来的恐惧情境中时,不能冷静处理突发事件,个体就会产生强烈的恐惧心理。悲哀是因为失去了拥有的挚爱时表现出的情绪体验。所挚爱的可以是具体的物,也可能是某一个人,甚至是无形的愿望和梦想。如果失去的对象在心里占据重要地位或者认为其很有价值,此时引发的悲哀程度也会更沉重,同时这种悲哀感也会和个体的意志力、抗压能力和心智是否成熟有关。

(四)第四种情绪类型

除了以上这几种基本情绪类别之外,情绪还有心境、激情、应激和挫折这些典型状态。

1. 心境

心境是一种具有延续性和扩散性的情绪状态。外界事物的刺激并不是短暂的,有时候会停留在人脑中,影响作用会持续一段时间。受这种刺激作用产生的情绪也会存留一段时间,但是情绪的强弱程度会随着时间的推移而慢慢减弱。这种持续性会随着时间推移而弱化。因此,心境的形成并不是由于即时性的刺激而形成的,而是由于持续性刺激所形成的。心境的特征除了有持续性外,还具有扩散性的特征。心境一旦形成后,就会产生扩散作用,这种扩散作用会影响到个人行为的方方面面。当处于快乐的心境时,你做任何事情都会感觉快乐,持续保持轻松和愉悦的心理状态;当你处于悲伤的心境时,你做任何事都会蒙上悲伤的阴影,持续地困在失落当中。因此,心境不是转瞬即逝的情绪体验,它是以同一种态度去面对和感受一切事物。

心境的形成原因是多种多样的。具有重大意义的事件能够形成心境,如被心仪的高校录取、获得了重大比赛的奖项,这些具有重大意义的事件对人的刺激会持续停留在人的脑海中,形成心境。同时,轻微小事的持续累积影响也能形成心境。有些事情虽然意义不大,但是接二连三发生时也能形成心境。心境还会被重新唤醒,旧有的心境在碰到相似的外界刺激时,会重新体验之前的心境。除此之外,个人的健康状况、睡眠质量、天气变化、紧张疲劳程度等也会影响心境的形成。

心境是由客观事物造成的,但是是否形成心境,以及心境持续时间的长短是受到个体主观意志的影响的。对于同一客观事物,有的人会形成心境,有的人不会形成心境,形成心境持续的时间长短也会不一致。这种差别是与每个人的生活经历、意志力、性格特

点等密切相关的。

心境分为积极的心境和消极的心境,心境具有双重性。积极的心境能够使人身心愉悦,保持积极向上,提升工作效率,促进身心健康发展;消极的心境则会使人意志消沉,萎靡不振,郁郁寡欢,降低工作效率,同时可能引发各种身心疾病。因此,在工作生活中要形成积极的心境,保持积极的心态,以主观意志来调节心境的形成,保持积极向上的心境,则需要我们树立远大理想,培养能吃苦耐劳的坚强意志,提升抗压能力。

2. 激情

激情是一种短暂而且强烈的情绪状态,和心境是截然不同的情绪状态。人们表现出的暴躁、狂喜、绝望等都是激情的一种。激情一般由对个人意义重大的事情所造成的,处于激情状态下的人的生理也会发生剧烈变化,会表现出相应的行为表现。激情超出一定程度时会导致个体表现出激烈的言辞和行为,导致个人的意识模糊,降低理智分析能力,无法正常控制自己的言行,导致破坏性行为发生。

激情也分为积极的激情和消极的激情,积极的激情具有正向影响作用,消极的激情则有破坏性作用。积极的激情有激励作用,使人在高压和艰难的困境中保持信心和勇气,能够使个体朝着目标坚定不移地前行,无论路途艰险,无论道路崎岖。例如,在战场上冲锋陷阵的战士,由于愤怒的影响,会变得更加英勇,充满爆发力和冲击力。消极的激情具有破坏性,会影响人的身体健康,消极的激情状态下心跳频率快、血压高、神经紧张紊乱,容易引发冠心病、高血压等疾病。消极的激情的破坏性不仅在于危害身体健康,而且会导致人的行为表现失去控制,造成追悔莫及的后果。激情引发人际冲突,导致多年的友谊毁于一旦,失去理智的行为还会让我们做出愚蠢的举动,造成对他人、集体和社会的危害。消极的激情会受到个体自制力的约束,自制力越强越能抑制消极激情的发生,自制力越弱越容易导致消极的激情的发生。在消极的激情形成之初,人的意识还能够控制自己的行为,如果有较强的自制力,就能够及时识别和解释情境,抑制负面情绪的爆发,克制过激行为与言辞,使行为受到理智控制。因此,提升自制力能够抑制消极的激情的发生,只有缺乏自制力,放纵自己行为,任其发展的人才更容易受到消极的激情的影响。激情具有突发性,要想对激情做到绝对控制是很难实现的。激情一旦形成,理智的作用也会减弱很多,因此,就算个体自制力很强,也很难保证不产生消极的激情。

怎样提高对消极激情的控制能力,一直是受到大家热烈关注的问题。除了提升自我控制力外,还需要掌握有效控制激情的方法。有效控制激情就是在激情发生的初期,就意识到激情根源的存在,进行转移和淡化,使得激情不再延续其路径继续发展,避免消极后果的发生。如果能在激情发生初期就进行减弱和淡化,使得没有恶性结果发生,这就是实现了对激情的有效控制,因此这是一种事前控制。有效控制激情的方法有很多,也有很多人总结了有效控制激情的方法。例如,在意识到消极的激情快要发生时,在心中默念从一至十的数字,以此来转移注意力,控制激情发生;也可以在激情产生前,将舌头在口中转圈,借此来缓解消极激情的发生。随着时代的发展,控制激情的方法也越来越科学化,以心理学为指导依据,提出了语言调节法、行为调节法和呼吸调节法等有效控制激情的方法。尽管这些方法还有需要改进的地方,但是了解这些方法在一定程度上也能更好地实现对激情的控制。

3. 应激

应激是指个体在面对突发紧急情况或者突然面临险境时引起的情绪状态。例如,被正在行凶的歹徒给劫持,或者出租车司机在驾驶过程中行车方向不受控制,或者参加一场重要的艰难考试,或者过马路时一辆汽车突然从你身边飞驰而过,这些事件都可能导致应激。此时个体内心会感到紧张和害怕,这种紧张焦虑的情绪体验就是应激情绪体验。

当个体处在应激状态下时,个体的生理机能也会相应发生变化。应激状态下,个体肾上腺素会明显增加,使得血压也会升高,心跳急剧加快,加速血液循环流通,肝脏释放出肝糖原,然后跟着血液循环,源源不断提供给肌肉和大脑能量,此时消化系统暂时停止消化工作,使得人体血液相对比较集中。在充足的血液量情况下,肌肉会获得远超平常的能量支持,使人感觉瞬间变得强壮了许多,此时大脑也获得充足的能量补给,所以思维也会变得迅捷、灵敏许多。生理上的这些变化,能够帮助个体在面对突发事件时,保持警醒和灵敏,调动全身的力量,集中全部经验和智慧,沉着冷静处理,从容不迫地解决困难,摆脱困境。但是如果长期处于应激状态下,这种生理变化持续时间过长,也会对人身体健康造成潜在的危害。因为身体的这种变化需要消耗巨大的能量,大量肾上腺素在血液流通过程中也会对身体机能和组织器官造成伤害,病变也会因此而产生。

应激具有双重性,他能刺激人的神经,使个体保持谨慎、思维保持清晰,增强个体的行为能力;同时也可能会使人变得紧张焦虑、呆板木讷,减弱个体的行为能力。应激是起到正向促进作用还是负向影响作用,与人的主观因素有很大的关系。这既包括先天影响因素,如心智发育、神经活动等,也包括后天影响因素,如性格特征、生活阅历、思维习惯等。相对于先天影响因素,后天影响因素对应激行为的影响作用会更明显。

4. 挫折

挫折的形成往往是因为心里预期的目标没有实现而产生的,目标达成受到主客观因素影响而没有实现时造成的心理困境。例如,期望考进重点大学的学生,在高考时没有发挥好,结果没有考上心仪的大学;在工作中希望通过自己的努力证明自己,但是在最终的晋升和加薪时却不被考虑。在经历挫折事件后,内心需求没有得到满足时产生挫折,并且一系列的挫折反应也会随之而来。

挫折情境是造成内心心理需求得不到满足的心理困境的阻碍。挫折情境可以分为主观的挫折情境和客观的挫折情境。主观的挫折情境是指内心主观臆断所产生的,是基于自我认知的基础上发生的。例如,员工的工作没有被领导及时表扬和肯定,此时员工觉得自己的工作没有得到领导的认可,会认为自己工作失职,产生挫折情绪,但是实际上可能和员工想象的并不一样。客观挫折情境是指客观实际发生的,发生的实实在在的具体的事情。例如,高考成绩不理想、月度销售情况不佳、被公司辞退等等。引发挫折的方式一般可以分为以下几种:第一种是延迟情境,具体指形成挫折感是因为时间延迟导致的;第二种是阻挠情境,具体指挫折形成是因为特定因素阻挠导致的;第三种是冲突情境,具体指挫折形成是因为个体间相互冲突导致的。挫折情绪一旦形成,通常会伴随着一系列的心理行为反应,常见有以下几种。

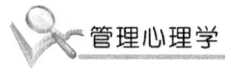

1）焦虑

焦虑是指当个体感知到会有不好的事情发生时，内心会对即将发生的糟糕事情及其造成的破坏影响感到担心和恐惧。个体在极度焦虑时，常常会感觉到生理上的一些变化。例如，手心出汗、心跳频率加快、恶心反胃、血压升高、心悸等。

2）攻击

攻击的表现形式有两种，一种是直接攻击，另一种是间接攻击。直接攻击是指个体在受挫后，将情绪宣泄到造成挫折的直接的人和物。例如，摔东西、谩骂、拳脚相向等等。间接攻击是指个体在受挫后，将情绪宣泄到与造成挫折事件本身不相关的人和事，即找"替罪羔羊"出气。

3）退化

退化是指个体在经受挫折后表现出来的行为是与其年龄和心智不相符的幼稚行为。例如，有些成年人会表现出像小孩一样的淘气撒泼行为，有些男人经受挫折后会表现得像小孩一样柔弱。

4）固执

固执是指个体在经受挫折后仍旧保持原有的心理和行为。例如，在工作中仍然坚持被证实不可行的工作方式，经劝说后仍旧不做改变，保持原有做法；在面临一段不复存在的恋情，仍然深陷其中，保持对以前恋人的一往情深。

5）冷漠

冷漠是一种个体有意识控制自己行为，保持漠不关心态度的心理行为。个体在经受挫折后有的人会表现出激烈的攻击行为，有的人会选择沉默，表现出漠不关心的样子。通常这种漠不关心和无动于衷只是压抑自己情感的无奈之举，并不是真正的释然。

第二节　情绪与健康

情绪是对身心健康产生巨大影响的一种心理因素。愉快而稳定的情绪，能使人精力旺盛，有助于提高学习和工作效率，促进人际交往，保持健康心理，促进事业成功。但是，消极的负面情绪，不仅会使学习及工作效率降低，同时会危害身心健康。

一、情绪的功能及其对健康的影响

情绪变化会影响意识活动的变化，而这种意识活动的变化会调控人的行为方式，因此人的情绪状态能够影响个体的认知评价，以及其行为方式，这种作用体现在多个方面。具体而言，主要表现在以下几个方面。

（一）调控行为

情绪对于个体行为有正向的促进作用，也可能产生负向的干扰作用。个体在给自己设定了预期目标后,需要经过长期的坚持和努力才能达成目标,而情绪的激励作用能够保持个体的积极性,有效控制个体行为方式,让个体朝着预期的目标前行。积极且强烈的情绪蕴藏着巨大的能量,能推动个体实现预期目标。例如,科学家对科学事业怀有满腔热情,在探索未知奥秘的进程中,就会不畏艰难险阻,力攀科学高峰。同样,一个学生如果对自己的学业抱有满腔热情,就能在学习中克服重重困难,取得优异成绩。当然,情绪对行为的干扰作用也是十分明显的。当个体处在消极情绪状态下,人的行为方式就会严重受到影响。例如,平时学习成绩优异的学生,如果在考试时极度紧张,就会导致原本熟悉的知识点也会忘记,甚至难以正常答题。当一个人处在愤怒的情绪下时,就会做出缺乏理智的事情,不能冷静处理事情,表现得手足无措。有的人甚至会气得浑身发抖,不知说什么好,也不知干什么好,此时的情绪已严重地干扰了行为。可以从生理机制角度解释这一现象,当个体处在消极的情绪状态下,人的大脑皮质就会被抑制。大脑皮质是人进行理智活动的管理中枢,一旦大脑皮质处于抑制状态,人们就会做出失去理智的行为,思维功能僵化,个人处于失控状态,干扰人的正常行为。

即使情绪能对人的行为产生影响,情绪记忆同样也能对个体的行为产生影响,情绪记忆是已经发生的情绪回忆过程,当这种情绪被重新唤醒时,人们依旧能够体会到当初的情绪体验。被唤醒的情绪是积极的情绪时,人们会重温当初的愉快、欣喜与激动;当被唤醒的情绪是消极的情绪时,人又会被悲痛、惊恐的情绪重新占据。正是因为情绪能够被重新唤醒,情绪记忆就能对人的行为重新起作用。当被唤醒的情绪是消极的,个体会为避免再次体验这种消极情绪而改变自己的行为方式。当被唤醒的情绪是积极的,个体为重温这种体验,会改变行为方式,朝着预期方向努力。因此,情绪记忆能对人的行为方式进行调控。

（二）传递信息

除语言之外,情绪也具有在人际间传递信息、沟通思想的作用。这是因为,当一个人发生比较强烈的情绪时,他的呼吸系统、循环系统、肌肉和骨骼系统、消化系统、发音系统和各种腺体机能都会发生显著变化,这种变化往往会伴随相应的外部表现,即可被直接观察到的行为特征。这些与情绪关联的行为特征被称为"表情动作"。

表情动作是人与人之间传递信息的重要形式,利用这种形式能在一定程度上达到相互了解、沟通思想的目的。生活中,通过表情所提供的信息,我们能了解到人际间的需求、态度、感受等。在舞台上,哑剧演员也正是利用表情不断地向观众传递信息,使观众在意会中理解剧情。

作为信息传递形式的表情可分为三类,即面部表情、身体表情（包括手势表情）和语调表情。面部表情主要通过口部肌肉、颜面肌肉和眼部肌肉的协调运动构成各种表情,表达各种情绪和意图。众所周知,眼神能传情,使人有所意会。正因为如此,观察人的眼神可了解他人内心的思想与愿望,推知他人对人对事的态度,是赞同还是反对,是接受还是拒绝,是喜欢还是厌恶。同样,身体（或手势）表情和语调表情也能传递大量信息。例如,手势能表达人的态度和思想,哑语还能描述事物和表明观点、立场。而语音的高低、

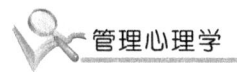

强弱、抑扬顿挫更能传递兴奋、悲苦、惋惜之类的信息。由于表情具有传递信息的功能，因此在学习、生活、工作中，要善于观察，要依据他人的眼神、脸色、手势、动作、语调等所提供的信息，推知他人对人对事对物的态度和立场。

（三）适应环境

随着信息技术的发展，全球经济日趋一体化，社会发展日新月异，竞争也变得越来越激烈。这种竞争形势越来越剧烈，人们的学习生活也会感觉压力倍增，会经常因为碰壁失败而苦恼，因为竞争失败而感到沮丧，从而产生各种各样的消极的情绪。当个体长期被消极情绪所支配时，个体就会感觉萎靡不振，影响到正常的学习、生活和工作，在激烈的竞争环境中感到力不从心。因此，我们需要及时调整自己的情绪状态，摆脱消极情绪的控制，在生活中重新拾回信心，以积极主动的心态去面对生活中的竞争与挑战，这样才能适应社会环境的变化。

（四）影响身心

情绪对人的身心有重要影响，这种影响具有双重性。消极的情绪会影响人的身体健康，长期被消极的情绪所占据，可能会引发一些身心疾病。例如，长期处于紧张和焦虑状态下，会导致心脏病、结肠炎等疾病的发生。积极的情绪则能使个体感觉舒适、心态平和，整个身心处在比较良好的状态。下面具体介绍积极情绪和消极情绪对人的影响。

1. 积极情绪的作用

健康、积极、乐观的情绪，对人的学习、工作、交往，以及身心健康都是有益的。适度的情绪反应，只要不过分，也是必要的。

1）有助于学习活动

健康的情绪因素对学生学习活动的积极影响，在各国心理学界早就受到重视。教育学家苏霍姆林斯基提出，学生的心理状态会对教学的效果产生很大的影响。情绪高昂，则效果倍增；情绪低落，则效果微小。只有靠学生内在的情感动力，才能推动学生对知识的掌握，促进学生智力的发展。有人研究过心境与记忆的关系，研究者将学生的心境分为 8 个等级，从最高等级的"心境很好、很高兴"到最低等级的"心绪低落、很沮丧"。原始材料的记忆结果分析表明，那些心境最低落的学生几乎忘了句子的 25%，而心境最高兴的学生，只忘掉了句子的 5%，这说明心境高兴的学生较心境低落的学生学到了更多的东西。健康的情绪情感还可以增强思维活动的效果，关于这一点，有些心理学家直截了当地称健康的情感是"思维的能源"，如果学生处于压力之下，其思维就会变得机械呆板。此外，健康的情绪情感还可以促使灵感的产生，因此，人们应保持乐观而镇定的心情。焦虑不安、悲观失望、情绪波动将有碍于创造活动的进行，灵感也难以产生。

从以上对情绪情感与记忆、思维、灵感关系的研究中可知，积极健康的情绪情感可以明显提高智力活动的效果，从而对学习活动产生积极的影响。

2）有助于心理健康

愉快、乐观、良好的情绪对人的心理健康有积极的影响作用。情绪情感与大学生的心理发展、潜能开发、学习工作效率及生活质量等关系密切。乐观开朗的人往往乐于行动,有兴趣学习、工作和实践,愿意与人交往,容易建立良好的人际关系。例如,真诚的微笑能够感染别人,消除隔阂。一个面孔阴郁、从来不笑的人很难说其心理是健康的。如果一个人在日常生活中善于用微笑来对待周围世界和周围人物,那么他必然会拥有更多的朋友和成功的机会。

3)适度的情绪反应是有益的

现代身心医学的研究表明,消极情绪(如焦虑、忧愁、恐惧等)的适度反应,不仅有利于学习、工作,而且有助于身心健康。例如,适度的焦虑,能使思考能力亢进,反应速度加快,催人进取,不安于现状;一定程度的恐惧,会使个体产生警惕心理,躲避危险;适度的忧愁能增强忧患意识,激发人的责任感,促进事业拓展。

此外,消极情绪的适度反应,从某种意义上讲属于人的保护性反应,这类情绪反应常伴随着相应的植物性神经功能的改变。例如,在威胁情境之下产生的焦虑或愤怒,会伴随肾上腺素、肾上腺皮质激素及抗利尿激素分泌的增加,使人心率加快、血管收缩或舒张血压升高、呼吸加快、胃肠蠕动减慢、新陈代谢率增高,从而动员机体的潜在能量以对付恶劣的境遇。如果没有这类情绪反应,人们便无法适应千变万化的生活环境。如果强行抑制,反而会对人体产生不良影响,甚至导致疾病。例如,强行抑制悲哀而不适度发泄(如哭泣),会使溃疡病的发病概率大大增加。

2. 不良情绪的危害

不良情绪对健康有着极为重要的影响。当前,癌症与情绪的相关性已被临床上的大量事实所证明。癌症患者在发病前大都有长期不正常的心理状态,或有严重的精神创伤,有过度紧张和忧郁的历史。国外学者曾研究了 405 个癌症患者,发现其中有 72% 的人有过早年的情绪危机。我国心理学工作者在 20 世纪 60 年代初期曾对 232 例高血压病人进行研究,结果表明病人病前不良的个性、情绪特点在高血压的病因中占 74.5%。许多研究表明,恐惧、愤怒等不良情绪的持续存在,会使作为高级神经系统的大脑皮质的机能降低,与此同时,也会使比较低级的神经中枢的机能反而亢进,从而造成胃的十二指肠功能不正常。不良的情绪还能导致其他数十种身心疾病。

总而言之,情绪作为一种内在心理过程,是精神活动的重要一部分,同时也能对人的行为产生深刻影响。这种影响既可能是对个体不利的消极影响,也可能是促进人成长的重要因素。因此,我们在学习、工作和生活中要学会控制自己的情绪,学会保持积极的情绪状态,消除消极情绪的负面影响,从而提高自身的工作效率以及改善生活质量。

二、情绪商数

情商(Emotional Intelligence Quotient,EQ)又叫情感智商,和智商是一组相对应的专业术语。情商主要是指人在情绪、意志、耐受挫折等方面的品质。美国心理学家彼得·塞拉斯和琼·梅耶率先提出了"情感智力"这一概念,用它来诠释人类了解、控制自我情绪,理解、疏导他人情绪,并通过情绪的调节控制,以提高发展和生存的质量和能力。

美国心理学教授丹尼尔·戈尔曼根据大量理论知识以及实践结论,写成《情感智力》一书,书中首次使用"情商"这一概念。戈尔曼认为,情商是个体重要的生存能力,是一种发掘情感潜能、运用情感能力影响生活各个层面和人生未来的关键性品质要素。如果说,智商主要是反映人的认知能力、思维能力、语言能力、观察能力、计算能力等理性能力的话,那么,情商主要是反映一个人感受、理解、运用、表达、控制和调节自己的情感关系,以及处理自己与他人之间情感关系的能力,是属于非理性的。戈尔曼认为,在人的成功要素中,智商只占 20%,而 80% 受情商的影响。由此,我们可以这样理解情商:情商是控制自己情绪、驾驭别人情绪的能力,忍受挫折与应变的能力,是衡量一个人情绪水平高低的尺度。

那么,情商包括哪些内容呢? 根据现有的理论,情商的内容大致可以概括为以下几个方面。

（一）自我认识能力

这种自我认识的能力包括了解自我优缺点的能力,了解自身真实感受的能力,能对人生大事作出正确选择的能力。当个人某种情绪刚一出现就能即时察觉,做到自我觉知,这是情商的核心与基础。心理学家的研究成果表明:"不了解自身真实感受的人必然沦为感觉的奴隶","掌握感觉才能成为生活的主宰,才能对婚姻、工作等人生大事作出正确的选择","没有能力了解自己的感情的人,也不能了解别人的感情"。有人就由于不能正确看待自我而产生嫉妒情绪,导致伤人也害己的惨痛悲剧。

（二）自我管理的能力

这种管理自我的能力包括自我安慰、摆脱焦虑的能力;对冲动和愤怒的控制能力;临危不惧、处变不惊的能力;能在挫折和困难面前保持冷静,有效地摆脱消极情绪侵袭的能力等。这种管理自我的能力是建立在自我觉知的基础上的,是情商的重要内容。无论是在生活中,还是在学习、工作中,总会要经受许多困难和挫折,失败是一种常见的挫折。管理自我的能力高者可从人生的挫折和失败中崛起,重整旗鼓,迎头赶上,去取得更大的成功;而这一能力低下者将在挫折和困难面前总是陷于痛苦情绪的漩涡中,意志消沉、一蹶不振。

（三）自我激励能力

自我激励能力,是为服从某一目标而自我调动、指挥个人情绪的能力,是情商的重要内容。它包括始终保持高度热情,这是取得成就的动力;不断明确目标,即能根据主客观变化了的情况,不断给自己制定目标,促使自己不断前进;情绪专注于目标,这是集中注意力,发挥创造性所绝对必要的。人类的一切行为都有一定的目的和目标,人的有目的行为都是出于对某种需要的追求。人的一切行为都是受到激励而产生的,通过不断的自我激励,就会使人有一股内在的动力,朝着所期望的目标前进并最终达到目标。因此,自我激励在个人走向成功中起着引擎作用。

自我激励是用语言或其他方式对自己的知觉、思维、想象、情感、意志等方面的心理状态产生某种刺激的过程。这种自我刺激是一种启示和提醒,这是每个人都拥有的看不见的法宝。早在 20 世纪 60 年代联合国教科文组织就提出了学会生存和终身教育的概念。在变化速率加快的信息社会里,善于不断学习,注重自我激励显得尤为重要。

（四）识别他人情绪的能力

识别他人情绪的能力是在情感的自我觉知的基础上发展起来的一种了解、疏导与驾驭别人情绪的能力。具有这种能力的人能通过细微的社交信号,敏锐地感受到他人的情绪变化状态、需求与愿望。识别他人情绪的能力包括:具有能感受别人的感受的同理心;能通过细微的社会信号敏锐地察觉他人的需求与愿望;能设身处地为他人着想;能通过控制自己的情绪,从而改变别人的情绪等。这也是情商的重要内容之一。正确地识别他人情绪,是与他人共处、建立良好人际关系的基础。而科技的发展,正在不断缩短人与人之间的空间距离,日益增加人与人之间的交往,因此,戈尔曼提出,心理健康要有同理心。同理心是基本的人际交往技巧之一。

（五）人际交往能力

在当今既激烈竞争,又紧密依存的社会里,人际交往能力是人们生存和发展的一种基本能力,是情商的主要内容。美国心理学家凯利和卡普兰通过对贝尔实验室工作人员进行追踪研究,发现了人际交往的重要性。该实验室的工作人员不是工程师就是科学家,他们的学识、智商都很高,然而经过一段时间后,他们中有些人成绩斐然、出类拔萃,而另一些人却碌碌无为、黯然失色。为什么同是优秀的人,会出现两种相反的结果?究其原因发现,凡是成绩斐然者都交友广泛、人际关系良好,而后者却没有。他们研究的结论是贝尔实验室 150 名工程师和科学家,最有成就和价值的人,是为人和善、在危机和变化的时刻能脱颖而出的人。

人际交往能力可以强化一个人的受社会欢迎程度、领导权威、人际互动的效能等。擅长处理人际关系者,凭借与他人的和谐关系即可事事顺利,做到事业成功。就一般情况而言,一个人的成功,在一定的专业技术条件下,30％取决于机遇,70％取决于人际关系即与人相处和合作的品德与能力。任何一种事业上的成功,都不可能纯粹是自我的,它必定要与他人产生关系。进入信息社会后,学会与人共处和合作就更加重要了,这种共处与合作,能使自我的认识、阅历和能力快速增长。

第三节　工作场所中的情绪与管理

情绪会在很大程度上影响人的身心健康和工作水平。但是,情绪不是凭空产生的,而是来自生活和工作之中。面对生活和工作的不如意,很多人会抱怨和伤心。这种负面情绪如果不能及时得到有效缓解,就会转化为一种无形的压力。当这种状况扩散开来,波及工作、学习、生活等诸多方面时,挫折感就产生了。本节拟对应激和挫折的本质来源进行分析,并对应激管理和挫折应对提出建议。

一、应激管理

（一）应激的概念

应激也称为压力。这个概念与爱的概念有几分相似，每个人都知道这个概念所包含的意思，但是没有两个人会用同一种方式来定义它。我们大部分人谈论的压力，一般都是说个体感受到的来自身边的压力。学生说的压力也许是考试成绩不佳或者是重要的论文材料马上要上交了；家长说的压力也许是支撑家庭开支的重担；老师说的压力也许是需要把教学任务圆满完成或者想要在专业领域有所突破；医生、护士和律师说的压力也许是要应对的病人和客户的各种需求。以下三种含义被赋予于应激的概念。

第一种，应激代表的是使人产生压力感的环境和事物。从这个意义上来讲，它对人是外部的。这种含义下的应激我们把它叫作应激源。

第二种，应激代表的是一种主体的反思，是一种心理上的状态或变化，是应对环境变化时表现出的心理状态的变化，是内心出现的解释情境、情感状态变化、防御机制建立的心理变化过程。

第三种，应激代表的是身体对机体需要或有害物质入侵表现出的生理反应。坎农和塞耶都是在此意义上使用应激这一术语的。

以上三种含义表达都有自身的倾向性，但是生理反应一般都与心理表现相辅相成，两者都不会单独产生。因此，应激是指因受到外部刺激而产生的一种包含生理及心理反应的状态。这种表现既受遗传基因影响，又受后天学习的影响。在感受到压力的状态下，个体一般都会分心，无法安稳地吃饭睡觉，身心易产生剧烈的波动。无论遇到什么样的压力事件，机体都会自动对当前发生的紧急事件作出应激反应。例如，手心出汗、心率加快。压力会引起非常广泛的心理反应，包括认知反应，如自身感知范围缩小、记忆能力缺失、思维障碍等，也包括一些负面的情绪反应，如气愤、焦虑、恐惧、抑郁和伤感等。

（二）主要的应激源

我们把会带来应激反应的有破坏性、威胁性的事件及环境叫作应激源。个体在生活中遇到的应激源来自生活环境和他们自身。研究显示，一个重要的应激源就是人际交往。心理学家分析了导致压力的各种生活现象，并确定了四种主要的压力来源。

1. 躯体性应激源

躯体性应激源指的是直接通过刺激机体的身体而使个体产生身体和精神紧张的应激源，主要包括化学、生物和物理方面的刺激物。造成生理应激的主要来源为高温及低温、变质食物、微生物、酸碱刺激等，比如个体承受的慢性疼痛所造成的压力即为此种情况。

2. 心理性应激源

心理性应激源是指来自个体头脑中的紧张性信息。心理性应激源与其他类型应激源的显著不同之处在于它直接来自人们的头脑，反映了心理方面的困难。生活中的压力事件处处可见,不同的个体有不同的认识,区别常常源于人们内心对压力的认知。常见的心理性应激源有心理冲突与挫折、不切实际的期望、不祥预感以及与工作责任有关的压力和紧张等。

3.社会性应激源

社会性应激源主要是指造成个体生活方式上的变化,并要求个体对其做出调整和适应的情境与事件。社会性应激源包括个体生活的变化,也包括社会生活中的重要事件。个人生活的改变常常会给人带来压力。例如,运用生活改变与压力感量表,由 400 位不同职业、阶层、身份、年龄的人对这些事件产生的压力大小打分,发现其中 24 个项目直接与家庭内人际关系的变化有关。

4.文化性应激源

文化性应激源中最常见的是文化性迁移,即从一种语言环境或文化背景进入另一种语言环境或文化背景中,使个体面临全新的生活环境、陌生的风俗习惯和不同的生活方式,从而产生压力。若不改变原来的习惯,适应新的变化,常常会出现不良的心理反应。例如,出国留学或移民,如果缺乏对环境改变所应有的心理准备,没有一定的外语水平,在异域文化背景下就难以适应,无法交流。

(三)应激的影响

应激是工作生活不可分割的一部分,而且对人的工作和生活造成的影响并非全是负面和消极的。适度的应激可以让人处于正常的唤醒、紧张状态,保持一定的张力,这对人们的身心健康及正常工作和生活不仅是有益而无害的,而且是必要的。在一定意义上,可以说生活就是应激。然而,过度的或不适当的应激却会带来不良的身心后果,进而影响工作效率和生活质量。下面从三个方面着重阐述应激的负面影响。

1.应激与身体健康

过度应激的直接生理后果是血压增高、心率加快、出汗、呼吸急促和肠胃活动紊乱等。有证据表明,个体的身体健康和其承受的应激之间有着非常紧密的联系。一些专家估计,应激与 50%—70% 的各种各样的生理疾病有关,其中有些是严重的,威胁个体生命的疾病,如心脏病、糖尿病以及癌症等。许多研究表明,高水平应激增加了患某些传染病的概率,如呼吸道感染以及各种细菌性传染病。总之,应激常常对个体健康带来消极影响。与应激有关的疾病给个人和组织都带来了巨大的精神压力和经济负担。

2.应激与心理健康

过度应激的心理后果包括愤怒、焦虑、抑郁、较低的自尊、较差的智力功能等。当人们长期处于应激状态而无力自拔时,他们的精神就会被拖垮,出现各种各样的心理症状。一般而言,需要经常与人打交道的职业产生的应激频率和强度较高,很容易产生工作倦怠。

3.应激与工作绩效

过度应激还有很多行为后果,如退缩、逃避、撒谎、攻击等。在组织情境中,过度应激常常导致不按时上班、缺勤、消极怠工、离职等行为,严重的还可能表现为破坏或盗窃公

司物品等,从而降低个人的工作绩效,阻碍组织目标的实现。

员工经常缺勤的原因可能是工作过重(应激水平太高),也可能是厌倦(应激太少)。不同的人、在不同的任务上,所需最佳的应激水平是不同的。

（四）应激管理

压力的确给个体生活带来了不可估量的消极影响。当个人或组织感到应激可能或已经威胁自己的身心健康和正常工作效率时,应激就成了需要管理的问题。应激管理就是个人或组织采取策略和方法来应付和处理应激问题的过程。面对压力带来的消极影响,应采取积极的应对策略。研究证明,个体对环境的压力具有相当大的抗拒力与适应力。如果在抗拒阶段不增加其他压力,或在压力抗拒衰竭阶段出现之前将压力减低或停止,个体可能转危为安,甚至经过一次压力的挑战或考验,很可能增强对以后同类压力的适应能力。当个体在适应压力的过程中又遭受另一压力,将使其适应能力大减,提前陷入压力抗拒的衰竭阶段,也就是我们在生活中经常见到的"屋漏偏逢连夜雨"。

1. 提高自我意识能力

自我意识是个体对自己的身心状态及对自己同客观世界的关系的意识。它包括三个层次,即对自己及其状态的认识,对自己肢体活动状态的认识,对自己思维情感、意志等心理活动的认识。自我意识不仅是人脑对主体自身的意识与反映,而且由于人的发展受到周围环境特别是人与人之间关系的制约和影响,所以自我意识也反映了人与周围现实之间的关系。自我意识是认识外界客观事物的条件,对客观环境的了解有利于个体作出正确的判断。自我意识对自我教育也有推动作用,它是改造自身主观因素的途径,能使人不断地自我监督、自我修养、自我完善。

2. 控制情绪

不同个体对压力的承受能力是不同的,有些个体对压力具有易感性,有些个体则能有效地应对压力。在面对压力时,暴怒、抑郁、焦虑和失去信心是最常见的反应,所有这些反应都是个体对外界刺激作出的情感反应。常使用的情绪控制方法有以下几种。

(1)情绪宣泄法。情绪宣泄法是指当人处于较激烈的情绪状态时,采取直接或间接的方式表达其情绪体验与反应。简单来说,就是当情绪体验处于激烈状态时,选择适当的场合,该哭就哭,该笑就笑,合理地宣泄激烈的情绪。例如,向亲朋好友倾诉,关上房门大声唱歌,参加体育活动释放多余的能量等。坦率地表达内心强烈的情绪,可以使宣泄者的心理压力得以减轻,心情会平静、舒畅,与情绪体验同步产生的生理反应也能较快地恢复正常。

(2)放松训练法。放松训练法主要是个体用自己的意志调节机体的机能,通过机体的主动放松增强对其生理和心理活动的控制,达到降低唤醒水平、调整情绪的目的。放松训练可使肌肉放松、呼吸深沉、杂念全无,最后达到调节情绪的效果。练习者首先要使自己心神安静下来,坐卧姿势舒适,然后想象自己已置身于一个十分优美的环境之中。按照深吸气、长呼气等呼吸要点和方式来调理气息,伴随着一定部位肌肉的运动和放松,最后达到全身肌肉放松的效果。

（3）数颜色法。美国心理学家费尔德提出了一种有效控制情绪的方法，它是运用生理反应控制情绪的方法。个体发怒时，肾上腺素的分泌使肌肉拉紧，血流速度加快，生理上做好了"攻击"的准备，这时随着愤怒情绪的升高，注意力就转移到了内心的感觉上，理智性思考能力降低，某些生理功能也暂时被削弱。通过运用数颜色法，个体强迫自己恢复缜密的思维能力，使大脑恢复理智性思考。具体做法是，环顾周围的环境，心中自言自语：那是一面白色的墙壁，那是一张棕色的桌子，那是一把深色的椅子……大约数 12 种颜色，持续时间 30 秒以上可以使紧张的情绪得到缓解。

3. 运动释放压力

体育运动能缓解压力，让人保持良性的、平和的心态。体育运动可以使身体发热、血液循环加快、血管扩张，有助于缓解、消除工作和劳动所带来的神经紧张、脑力疲乏、情绪紊乱。另外，体育运动能使身体产生一种激素。这种激素能愉悦神经、调节心理，让人感觉到高兴和满足，使压力远离个体。最适合缓解压力的运动形式有慢跑、游泳和太极运动。此外，参加一些以集体配合为主的运动，如篮球、排球等，在集体协作、默契配合中享受愉悦、快乐、幸福，也可使忧烦的心绪得以排解。

4. 健康饮食

明智地选择食物有助于缓解压力的影响。在预期的压力到来前，或者压力之后的时间里，应限制咖啡因、盐以及酒精的摄取量；在承受压力期间，应尽量避免食用过于油腻、热量过高的食物。要补充富含 B 族维生素的食物，B 族维生素是解压力的天然的解毒剂。要补充富含钙、镁的食物，如奶制品、豆制品和种子类食物等。补充一些含 Omega-3 脂肪酸的食物，如深海鱼类，有减缓疲劳的作用。多吃碱性食物，如新鲜蔬菜和水果，可以平衡体内酸碱值，缓解疲劳，减轻压力。

二、挫折管理

挫折通常可以理解为失败、失意、遭遇困难等意思。从心理学的角度看，就是员工在实现其目标的过程中，遭遇到种种的干扰和障碍，导致他们无法实现目标而出现的消极情绪状态。简单地说，挫折就是有目的的行为受到了限制。仔细分析这一定义，不难看出，它有两方面的含义：首先，挫折是一种客观的条件或状态，这种条件或状态的存在阻挠了个体预设目标的实现或干扰了正在进行的工作；其次，它是指由于目标受阻而引起的内在消极情结状态，即我们通常所说的挫折感。

（一）挫折的类型

第一，需要挫折。需要挫折是指因为各种原因而造成行为者的需要无法得以满足时的情绪状态。需要挫折又可分为需要冲突与需要受挫。前者是指行为者在特定条件下，因若干种需要发生矛盾冲突又未能妥善解决，而造成挫折；后者是指行为者自认为自己的合理需要被外界条件阻碍不能满足而体验到挫折感。

第二，行为挫折。行为挫折是指行为者在一定的动机支配下，并且有了行为的意向，

但是因各种条件的影响,行为无法付诸实现时的情绪状态。

第三,目标挫折。目标挫折是指行为者在行为过程中,由于遇到无法克服的障碍,不能达到目标时的情绪状态。行为挫折与目标挫折是有区别的:行为挫折实质上是行为意向或行为的准备状态受到挫折,挫折发生在行为之前;而目标挫折则是行为本身受到了挫折,挫折发生在行为过程之中。

第四,丧失挫折。丧失挫折是指行为者自认为本来就应是自己所有的东西,却在一定条件下丧失时所感受的情绪状态。前三种挫折都是行为者自认为应得到而未得到,因而受挫;丧失挫折则是自认为不应丢掉的却丢掉了,因而受挫。

(二)挫折的来源

1. 工作挫折

(1)角色模糊。当经理要求员工工作,却未能使其清楚地理解岗位职责和希望产生的绩效,从而导致任务没有顺利完成时,员工往往产生强烈的挫折感,因为他们不知道要做什么、怎样做才能达到经理的要求。刚进入公司不久的员工,工作热情通常都很高涨,但经过一段时间就可能变得松解,除了个性因素外,工作角色模糊是造成这种情况的主要原因。

(2)人际关系。与同事的工作关系不融洽同样会使员工产生挫折感。麦克利兰认为,人们都有交往的动机,即希望与他人建立并维持良好的关系,当这种动机遭遇障碍时,人们往往会体验到强烈的挫折感并对随后的行为产生不良的影响。很难想象,在企业中,特别是在一个团队中,常常与其他成员发生矛盾的员工能很顺利地完成任务并保持长久的良好工作态度。

2. 非工作挫折

每周168个小时,而多数员工工作40—50个小时。他们在非工作时间内遭遇的挫折同样可以带进工作场所。非工作挫折的主要来源是家庭、健康和人格因素。

(1)家庭。和睦的家庭是员工安心工作的前提和保障,家庭发生问题可以成为员工主要的挫折来源。越来越多的研究关注"工作-家庭冲突"以及这种挫折给员工带来的负面影响及解决方法。试想,在清晨出门前与妻子发生争吵后,还能保持良好的心情去公司上班,并顺利地开展一天的工作吗?

(2)健康。无论是员工自己,还是家人、朋友患病或受伤,都会使员工产生挫折感和焦虑。一个告知其家人生病住院的电话会使原本聚精会神工作的员工产生强烈的挫折感,难以继续安心地工作下去。另外,如果在太短时间里经历过多的挫折,就会发生与挫折有关的健康问题。而健康问题本身就是挫折的来源。

(3)人格。弗里德曼将人格分为A型和B型,因其个性特征和工作理念不同,A型人格的员工对待挫折事件的方式与B型人格的员工也会有所不同。斯塔波和伯兰德的研究表明:由于A型人格的员工对自己的能力很自信,也更加努力,所以当目标未实现时,A型人格的员工比B型人格的员工更容易体验到强烈的挫折感。

（三）员工受挫后的行为表现

一般来讲,挫折对个体行为的影响有两类:一类是直接影响,即受到挫折后立即反应;另一类是间接影响,即遭遇挫折后持续反应。

1. 立即反应

受到挫折后引起的立即反应表现为以下几种类型。

1）攻击行为

攻击行为又包括直接攻击和转向攻击两种。

（1）直接攻击。直接攻击是指个体受挫后所引起的愤怒情绪,产生对构成挫折的人和物的立即攻击。直接攻击的方式可以是口头的,也可以采用面部表情或动作手势等。在通常情形下,对自身的容貌、才能、权力及其他方面较为自信者或性格外向者,容易采取直接攻击的行为反应方式。直接攻击是挫折后马上反应的主要形式。个体在生命早期经常采取该种方式来应付挫折情境。但它不利于问题的解决,有的甚至导致不良的社会效果。为此,个体受挫后,也会出现另外一种变相的攻击——转向攻击。

（2）转向攻击。转向攻击是个体受挫后把愤怒的情绪发泄到同挫折不相干的人或物上去。转向攻击主要表现为三种具体形式,即迁怒、无名火或烦恼、自我责备。迁怒是当个人觉察到引起挫折的真正对象不能攻击时,把愤怒的情绪发泄到其他人或物上去。无名火或烦恼则是由于挫折原因不明显,挫折来源不清,甚至当事者也不知道如何攻击而引起的。上述情形可能是生活中某些小挫折累积发生的综合影响,使情绪陷入低潮,造成无名火或烦恼。凡是此类情形,被转向攻击的对象,多是无辜的"替罪羊"。自我责备是指那些对自己缺乏信心或是悲观者,经常将攻击对象转向自己。一般情形下,转向攻击遵循的原则是:挫折因人而生时,则转向攻击的对象也多是人;若挫折是因事或物而生时,则转向攻击的对象也多是其他事或物。

2）冷漠行为

冷漠行为是指个体受挫后,无法攻击或攻击无效时,以沉默、无动于衷,失去喜怒哀乐的冷漠态度表现出来。这种反应形式,从表面上观察,似乎对挫折的情境漠不关心,甚至表现出一种退让的反应,实际上,这种情绪只是暂时被压抑,没有爆发,是以间接的形式表示反抗。心理学研究认为,出现冷漠的反应的原因在于:长期遭受挫折;个人感到无望无助;情境中包含着心理恐惧和生理痛苦;个人心理上有攻击与抑制的决定。

（1）幻想。幻想是指个体遭受挫折后,把自己置于一种脱离现实的想象的境界,企图以非现实的虚构方式来应付挫折或取得满足。为此,幻想又称作"白日梦",个人可借此暂时离开挫折处境在虚幻中追求满足。幻想属于挫折后的一种退缩的反应形式。

（2）退化反应。退化反应表现为个体遇到挫折时,放弃已经成熟的成人方式而采用早期幼稚的方式去应付处境和问题。比如,受挫折后坐在地上捶胸顿足、号啕大哭、撕破衣物等均属于退化反应。退化反应属于成熟心理的倒退现象,也是挫折的表现形式。退化反应对个体心理上具有暂时缓冲、平衡的作用,但对于问题的解决毫无作用。

（3）固着反应。固着反应是指个体受挫后,一再采取一种一成不变的反应方式,这种

现象就称为固着反应,又叫作固执。具有固着反应的人缺乏机敏品质和随机应变的能力,错误地以为固着就是坚定,在变化的情境面前,仍以刻板性的反应出现,其结果无助于问题的解决。

2.持续反应

除上述挫折后的立即反应外,挫折还会持续影响受挫折者的心理健康、心理品质及工作绩效。这种挫折后的持续影响主要表现在以下几个方面。

1)焦虑反应的产生

从身心健康方面来看,挫折会对个体构成情绪上的打击或威胁,使人表现出不愉快的,甚至是痛苦的反应,长久下去会形成一种紧张、不安兼有恐惧的情绪状态,这就是焦虑反应。焦虑是一种痛苦的情绪体验,它会使当事人的正常工作与日常生活受到较大的影响,严重的可能无法工作学习。

2)自卑感的产生

持续不断的挫折影响,会导致个体心理品质变异,使人丧失自信心,损伤自尊心,产生自卑感,从而降低心理承受能力。自卑感有时还与失败感、愧疚感交织在一起,与日俱增,构成对个体心理上的压力和威胁。

3)绩效降低

持续的挫折影响还会妨碍个体的发展,在组织内,使意外事故不断发生,直接影响生产绩效。

(四)挫折的积极作用和消极作用分析

1.挫折的积极作用

一提到挫折,人们首先想到的就是怎样采取措施克服员工的挫折感。那么,是不是挫折一定会降低员工的工作积极性呢?它的存在并不一定会降低员工的工作动机,相反适当适时的挫折还会对员工产生积极的影响。这主要体现在以下几个方面。

(1)挫折增进了员工的适应性。只有遇到挫折时,员工才会重新审视自己过去的经验和方法,从自身找出原因,改变对现实不恰当的态度,更好地适应环境。

(2)挫折可以增加员工行为的色彩或复杂性。员工如果从不遇到挫折,他们的行为模式就永远不会改变,工作时就像一台机器而不是个人,生活就会缺少激情。只有当老一套的工作程序或方法遭遇了挫折后,员工才会试验或探索新的方法,进行技术或理念的革新。

(3)挫折常常可以转化为行为的动力。"有压力,才会有动力",当员工遇到挫折时,才会产生心理压力,迫使他们采取有效的措施来减轻压力,化挫折为动力。这启示管理者,在实际的管理活动中,可以适当适时地安排一定的挫折情境,激发员工的工作热情。

2.挫折的消极作用

挫折的积极作用是有条件的。一般来说,只有当挫折的持续时间较短,个体有足够的能力或方法来应付它或有足够的挫折耐受力时,挫折才能真正发挥积极作用。如果挫折的持续时间过长,超出了个体的挫折耐受力,它就会转化为内在的消极情绪状态。具

体而言,挫折有以下几种不良后果。

1)挫折对员工个人的影响

(1)健康损害。医学专家发现,50％—75％的疾病都与压力和挫折相关,高挫折可能导致身体上的许多疾病,包括关节炎、过敏症等,它也将潜在地引发抑郁和焦虑。不善于应付挫折的员工,工作常常没有效率,并可能伴随许多不良症状,如头疼、高血压等。当一些员工通过酗酒来解决挫折引起的身体不适时,可能进一步增加他们的健康问题。

(2)绩效倾向。挫折和绩效之间的关系就像压力与绩效之间一样,根据耶克斯-多德森定律,挫折犹如一根琴弦,绷得太紧或太松都不会达到理想效果,最佳程度才能获得最佳的绩效。挫折不足会导致厌倦、缺少激情,通过增加适当的挫折可使其集中精力工作。但是,如果挫折继续增加,就可能造成员工的焦虑,并消耗他们的工作精力,获得高绩效的能力就会下降。当挫折使人难以承受时,员工可能会产生精力衰竭,无法正常工作,更谈不上绩效了。

2)挫折对组织的影响

员工由挫折引发的非理性行为反应可能会给组织造成极大的负面影响。挫折造成的身心疾病使组织的花费大量增加,另外,当员工指责组织为挫折的根源时,他们可能会采取报复性的攻击行为,这种行为可能是语言上的辱骂、身体上的侵害,甚至故意破坏公物等。例如,故意制造工作失误,毁坏产品,制造对组织形象不利的谣言等。

(五)挫折管理

在管理工作中,一方面应尽量消除引起员工挫折的因素,避免员工遭到不应有的挫折;另一方面,当员工受到挫折时,应尽量降低挫折所引起的不良影响,提高员工对挫折的耐受力。具体而言,挫折管理应该注意以下几点。

1.采取宽容的态度

对领导者来说,对受挫折者的攻击行为采取宽容的态度是很重要的。帮助受挫折者是领导者的责任之一,应耐心、细致地做思想工作,避免采取针锋相对的反击措施来对付攻击行为。因为以反击对付攻击不仅不符合互助友好原则,而且收不到良好的效果,严重者还可能使矛盾激化。

2.消除形成挫折的根源

1)改善组织管理制度与管理方式

如适时调整组织结构,取消有碍发挥员工积极性的不合理的管理制度,改善人事劳动制度和工资奖励制度,实行参与制、授权制、建议制等。

2)改善组织内的人际关系

组织内上级与部属间的关系不协调,过分强调单向沟通,员工没有机会向上级反映自己的意见,是影响人际关系的重要原因。因此,管理者要注意改善领导与部属、管理者与被管理者的关系,建立起相互信任、相互帮助、相互支持、相互尊重的组织氛围。

3.采用精神发泄法

由于人们处于挫折情境会以紧张的情绪反应代替理智行为,所以只有使这种紧张的情绪发泄出来,才能恢复理智状态。精神发泄法就是创设一定的情境,使受挫者可以自由地表达他们受压抑的情感。

日本一家电气公司设立了情绪发泄控制室。情绪发泄控制室的墙上挂着公司老板的照片,室内放橡皮做的人体模型,旁边架子上有各种棍子,需要情绪发泄的员工可以进去用棍子或拳头痛打人体模型等,以发泄自己的情绪。

精神发泄还可以采用其他形式。可以让受挫者用写申诉信的办法发泄不满,当他把不满情绪都写出来时,就会心平气和了。也可以采用个别谈心的办法,或让他们在一定的会议上发表意见,领导人和同事们耐心听取他们的意见,并对其正确的方面给予充分肯定。

1. 在日常学习和生活中,你是如何做好自我应激管理的?

2. 你曾经遭遇的印象最深刻的一次挫折事件是什么?这次挫折属于哪一种挫折类型?你是如何应对的?

3. 结合自身经历谈谈积极情绪和消极情绪的影响。

4. 根据情绪相关理论,谈谈如何管理好我们的情绪。

李祥的烦恼

李祥驾车在拥挤的道路上缓慢地往前移动着。傍晚交通拥挤是正常的,但是今天似乎格外拥挤。李祥不耐烦地点起一根香烟,让他沮丧的是他和客户见面要迟到了。

作为一家出售压缩气体公司的销售代表,李祥负担不起让客户久等的代价。市场竞争越来越激烈,其他的压缩气体供应商不停地采取各种措施抓住新的客户,而对客户来说从一家供应商转向另一家也变得越来越容易。李祥熄灭了还剩一半的香烟,加快油门驶向另一条路。

压缩气体的买家也知现在市场对他们有利,因此他们不停地要求降价,同时缩短运输时间。举例来说,李祥有一个非常苛刻的客户给他打电话要他第二天早上就把货运到很远的目的地。为了满足要求,李祥必须填好交货表格,然后亲自确保运输队在第二天的早上将货送到。李祥很不喜欢这样,但是没有办法。客户要求产品打折也让李祥很不高兴,因为这会降低他的奖金。

与此同时,李祥所在的总公司正在给销售代表施加更多的压力。他们抱怨销售代表不够积极主动,因此要求地区总监更严格地监督每个销售代表每月的销售业绩。当车子再次被堵住的时候,李祥又摸出一支香烟点了起来。

两个月前,地区销售主管找李祥谈了一次话,主要是讨论李祥的销售额下降和丢掉了一个很重要客户的问题。尽管这还不至于被解雇,但是李祥对工作开始焦虑,晚上也开始失眠。他需要给潜在客户多打电话,但是他发现只有在晚上回家完成指定的文字工作后才能找到一点时间。可是这又影响到他和家人的关系。

更糟糕的是,李祥听说总公司准备卖掉这家分公司,也就是李祥所在的公司,主要是竞争对手想买下这家公司扩展它的业务。李祥担心这家公司可能不需要那么多的销售代表,那他有可能面临失业。当李祥行驶在高速公路上望着那些红色的汽车尾灯时,头又开始痛了。

即使不丢掉工作,李祥也担心一旦现在的公司被竞争对手收购,晋升到管理层的希望就非常渺茫。尽管李祥并不是特别强烈地希望成为一名管理者,但是他的妻子非常渴望,因为这样李祥就不用经常出差,而且薪水也不用按照每月的销售额来确定。终于,李祥到了停车场。他迅速从他的包里找出几片阿司匹林服下,以缓解他的头痛。他抬手看了一下手表,长叹了一口气,他比约定的时间迟到了 15 分钟。

问题:

1. 在这个案例中,应激源来自哪些方面?

2. 李祥应该采取怎样的应激管理措施来减轻他的压力?

复杂情绪是如何产生的?

大家都知道,许多孩子面对黑暗都会感到惧怕,而在成人世界中,许多妇女在看到一些动物时也表现出了强烈的惧怕心理,比如她们非常惧怕老鼠、蛇以及一些昆虫。事实上,生活中很多被使用的物体,几乎每天都附着人们的各种情绪。就拿恐惧来说,它就存在于人们所处的环境之中。同样,很多物体和情境也会引起爱和怒的反应,而且它们的数量随着个体阅历的增加而增长。有些个体在最初时,很难唤起复杂的情绪,可没过多久,他们就具备了各种各样复杂的情绪,大大增加了情绪生活的危险性和丰富性。那么,复杂情绪到底是如何产生的呢?

对于这个问题,美国心理学家约翰·华生早在 20 世纪初就开始进行研究了。事实上,在做试验前华生和其助手一直犹豫不决,因为这个实验需要反复唤起婴儿的恐惧,并找到消退方法,虽然这项实验是安全的,但也有很小的概率会导致婴儿产生心理阴影。在很长一段时间内,这个实验一直被搁置,但想要深入认识这一问题,找到更加有力的论据,就必须继续进行实验。华生似乎没有退路,最终,他找到了一个 11 个月的婴儿。婴儿名字叫阿尔伯特,他的父亲是哈瑞特·莱恩医院的一名护理。阿尔伯特出生在这家医院,并一直住在医院里,是一个非常讨人喜欢的婴儿。在与华生他们相处的几个月中,从没见他哭过一次,直到实验结束。

在进行实验之前,华生需要明确实验的目的。华生已经知道,巨大的声响可以轻而易举并迅速唤起恐惧反应,所以华生决定使用这一刺激对阿尔伯特进行实验。条件反射的建立,也就是一个条件反射的反应的建立,一定有一个可以唤起这种反应的基础刺激。

对此,他们下一步要做的事情就是为这种反应提供一些其他的刺激,以将其唤起。比如,在蜂鸣器响起时,想要使手臂和手猛然间震动,想要达到这一目的,就必须在蜂鸣器响起时,用一种手段刺激手臂和手,让其发生震动。当然,所采用的手段可以是各种方式,可以电击,也可以是其他方式。这样,在很短的时间内,你就会知道,只要蜂鸣器响,手臂便开始震动,就仿佛真的遭到电击一样。现在他们就用这样的方法对阿尔伯特进行实验。

他们在对阿尔伯特做实验之前,他们经过反复实验发现,只有巨大的响声和失去支持,才能使阿尔伯特引起恐惧反应。在实验中他们还发现,对于周围 12 英寸(约 31 厘米)以内的所有东西阿尔伯特都想触及。对于巨大声响的反应特征,阿尔伯特和其他大多数孩子没什么差别。他们用木匠的斧头敲打一根直径为 1 英寸(约 2.5 厘米)、长 3 英尺(约 91 厘米)的钢条,对于钢条发出的声响,阿尔伯特所产生的反应最为显著。他们对阿尔伯特做这个实验的目的是:建立他对小白鼠的恐惧反应的条件反射。

对于这个实验,他们做了详细的实验记录,实验记录记载了建立条件反射的情绪反应的进展情况。

(1)阿尔伯特 11 个月零 3 天时的实验如下所述。

把阿尔伯特玩了 3 天的小白鼠从笼子里放出来,并放到他的面前。对于这个突然放在自己面前的小东西,阿尔伯特很自然地伸出左手要去抚摸,就在他的手刚要触摸到小白鼠时,他们在他的脑后敲响了那根钢条,钢条发出的响声让阿尔伯特猛烈地跳起,并向前摔了下去,他的头埋进了垫子里,不过这时候他并没有哭。

片刻之后,他伸出右手去触摸小白鼠。就在他刚刚触碰到小白鼠时,他们又将那根钢条在他的脑后敲响,这一次和上一次一样,他猛烈地跳,然后向前摔倒,只是,这一次他开始哭泣。这次实验之后,小阿尔伯特的情绪变得非常不稳定,为了防止发生意外,他们没有对他继续做进一步的实验,所以,下一次的实验是在相隔一个星期之后。

(2)阿尔伯特 11 个月零 10 天时的实验如下所述。

第一,在没有任何响声的情况下,他们让小白鼠突然出现在阿尔伯特面前。他看到小白鼠后,并没有想触摸它的意思,只是一动不动地盯着它。然后,他们把小白鼠放到了离他更近一点的地方。这时,阿尔伯特试着伸出右手去触摸它。可是,当小白鼠的鼻子碰到他的左手时,他马上缩回了这只手。接着,他用他左手的食指去触摸小白鼠的头,可是,在他的手指碰到之前,他一下子又将手抽了回来。阿尔伯特的这一行为表明,他们在上周对他所做的那两个联合的刺激还在起作用。接下来,他们又对他做了一个小测试,这次是用他玩的积木进行测试的。在测试的过程中,他们认真观察,看积木是否具有同样的条件反射。结果是这样的:阿尔伯特立刻把积木捡了起来,然后扔掉或者敲打它们等。因此,在以后的实验中,他们时常用积木对他进行安慰,并且用积木来测试阿尔伯特的情绪状态。在白鼠产生的条件反射过程中,积木很容易被移除在视线之外。

第二,利用组合刺激。也就是在小白鼠出现后,实验员敲响钢条,使它发出声响,这时孩子惊起,然后马上倒向右侧,没哭。

第三,还是利用组合刺激。孩子向右倒下,用手撑着自己的小身躯,把头缓过来,不看小白鼠,也没有哭泣。

第四,又对他进行组合刺激,孩子还是同样的反应。

第五,没有敲响钢条,只让小白鼠突然出现在孩子面前。这时孩子的反应是:皱起眉并哭泣,而且伴随着身体猛然向左退缩的行为。

第六,再对孩子进行组合刺激。这一次,在组合刺激下,阿尔伯特突然向右边倒下,并开始哭泣。

第七,在再一次的组合刺激下,孩子猛烈惊起并开始哭泣,不过他没有摔倒。

第八,只要小白鼠单独出现,阿尔伯特在看到它的一刹那就会哭泣,而且马上将身体转向左边,扑倒在地,并以极快的速度在地板上向前爬行。

阿尔伯特的实验验证了个体情绪的复杂性。复杂情绪是由非习得性情绪衍生出来的,同时更进一步说明了人们的情绪并非来自遗传,而主要是因为外界的刺激。

第七章　需要、动机与激励管理

　　人的需要各种各样,但当个体的某一种需要没有得到满足时,就会推动个体去找寻能够满足的对象,活动的动机应运而生。例如,当一个人感到饥饿时,就会努力寻找食物,并跑向有食物的场所。动机是在需要的基础上产生的。动机和需要的关系不止于此,人的很大一部分动机就是需要的具体表现,更确切地说,是需要的动态表现。人产生积极性的根源就是需要,而动机则是界定这种源泉的最佳体现。需要如果要产生动机也是有前提条件的,这要求需要的强度必须达到一定的水平,引导行为朝着某一方向,最终才会演化为动机。

　　激励是指激发鼓励。简单来说,激励就是一种从内部产生的某种促使人兴奋的刺激,这种刺激可以激发人的动机,促使个体朝着所希望的目标前进。激励可以进一步解释为调动积极性,即指在管理活动中通过从内部激发等有效措施最大限度地调动、鼓励管理者与被管理者的积极性,从而更好地实现管理目标。

第一节　需 要 概 述

一、需要的概念

　　需要是一种主观状态,它是在个体缺乏某种东西时产生的。它是客观需求的反映。马克思主义认为,需要促使个体行为的积极性,它与个体活动相连,个体在社会活动中会产生多种需要,而这时需要会促使、推动着个体积极地参与活动。

　　需要是一种相对持续性的状态,它的动力性也是一直存在的。周期性也是需要的一大特点,例如,人会过一段时间就需要吃饭,每天都需要睡觉。需要也不是单一的,当前一个需要满足之后,新的需要就会产生,这个新的需要促使人们去从事新的活动,通过活动不断满足需要,同时新的需要也会不断产生,周而复始。以对学习的需要为例来说,通常是在低层次的学习需要满足后,会产生较复杂、较为高级的新的学习需要。

人们对客观事物所产生的情绪或情感是以需要的满足与否为中介的。凡是能满足个体需要的事物,就能促使个体产生积极的情绪或情感;凡是不能满足个体需要的事物,则会使个体产生消极的情绪或情感。任何需要都是有对象的,需要的对象往往是抽象的;需要并不总是处于唤醒状态。

二、需要的分类

需要的分类有很多种。按照需要起源的不同,分为生理性需要和社会性需要;按照需要对象的不同,分为物质需要和精神需要。

(一)生理性需要和社会性需要

生理性需要是人脑对生理需求的反映。例如,人们对饮食、运动、睡眠、排泄等需要,都是生理性需要。这些需要对保护和维持有机体生存和种族延续等具有重要意义。生理性需要往往带有明显的周期性。如果生理性需要长期不能得到满足,会严重影响个体的身心健康。睡眠需要是基本的生理性需要,如果睡眠需要不能得到满足,则会对个体的生理和心理带来不同程度的影响。日本东京大学曾经做过一次"剥夺睡眠"的实验,被试者在被剥夺睡眠两天后,就出现了注意力难以集中的情形,甚至出现了幻觉和错觉。后来学者哈特曼根据剥夺睡眠的研究指出,睡眠在集中注意力及与注意相联系的学习和记忆等方面具有重要意义,对保持情绪正常和适应环境等方面也有一定作用。

生理性需要是最基本的需要,人和动物都有生理性需要,但人的生理性需要和动物的生理性需要有本质的区别,二者在需要的具体内容和满足需要的手段等方面均有根本性区别。动物只能依靠周围环境中的自然物体作为满足需要的对象,而人主要是通过社会生产劳动生产出所需要的对象。

社会性需要是人脑对社会需求的反映。例如,人们对劳动、交往、学习、奉献、尊重等的需要,都属于社会性需要。社会性需要是社会存在和发展的必要条件,是在社会实践和教育影响下发展起来的。如果人的社会性需要得不到满足,虽然不会直接威胁机体的生存,但会对个体的心理产生重大的影响,给个体带来消极的情绪和情感体验。

(二)物质需要和精神需要

物质需要是人们对衣、食、住、行等有关物品的需要,如对劳动、学习条件的需要,对日常生活必需品的需要,对住房和交通条件的需要等。精神需要是人们对交往、美、尊重等的需要,这是人类特有的需要,例如,与父母、同学、教师、朋友交往的需要,阅读文章、观看电视、欣赏歌剧的需要,得到他人尊重或喜爱的需要等。应该注意到的是,人们对需要的分类是相对的,不是绝对的。不同的分类可能有重合或交叉。

第二节　动机概述

一、动机的概念

动机是一种心理过程,它会激发某种行为,持续保持这种行为,并引导着该行为朝向一定的目标努力。也可以说,动机直接引起行为。有的学者则认为动机是一种内在的东西,它会促使个体采取某种行动。本书认为,动机是一种激发并维持某种行为,并使之导向某一目标的心理状态。产生这种驱力的主要原因是需要没有得到满足而引发的不安。当这种不安足够强烈时,会促使个体采取行动来满足需要从而降低这种不安。

二、动机的分类

一些心理学家从动机的产生、特点、持久性以及产生的影响等方面,把动机分为以下几大类。

从动机的起源来说,可以分为生理性动机和社会性动机。生理性动机,顾名思义就是从人的生理性需要来分的。如饮食、睡眠、远离危险等需要的动机都是生理性动机。人类的生理性动机会受到社会生活条件的影响,并且打上了社会的烙印。和生理性动机产生的条件一样,社会性动机是在社会性需要的基础上产生的。对成就的需要、对交往的需要、对尊重的需要等都是社会性动机。社会性动机和生理性动机不同,社会性动机长期得不到满足虽然不会危及生命,但是会导致一些心理障碍的产生。例如,当交往动机长期得不到满足,人就会感到孤独,有可能会引发一些心理方面的问题。相比于生理性动机,社会性动机有时候危害会更大,生理性动机得到满足后可能会很快消失,但社会性动机可能会持续作用很长时间。

从动机的社会价值和影响力来分类,可把动机分为高尚的动机和低级的动机。高尚的动机能促使人为社会做出贡献,因为高尚的动机是符合社会发展规律和利于人民利益的动机;而低级的动机则阻碍社会向前发展,因为它违背了社会的发展规律,损害了人们的利益。

根据动机持续的时间长短来看,可分为长远的动机和短暂的动机。长远的动机,从字面上来讲,就是这个动机持续的时间很长,这种动机比较稳定,影响范围也广,产生这种动机一般是人对这个活动有着深刻的认识,如周恩来年轻时就致力于"为中华之崛起而读书",这个动机驱使着周恩来不断奋进,最后为祖国的崛起鞠躬尽瘁。短暂的动机,从时间上来说比较短,老话说的"三分钟热度"就是一个很好的例子。

从动机驱使人活动的动力大小,可以把动机分为主导动机和辅助动机。人的活动一般是由几个动机共同作用来推动的,这些动机有的起主导作用,有的起辅助作用,决定具体行为的动机就是主导动机。主导动机不是一成不变的,随着人的不断成长,接触事物越来越多、越来越成熟,主导动机会逐渐发生变化。例如,小时候你的梦想可能是成为一名科学家,但随着不断的成长,你发现你的兴趣点不在实验室,而在球场上,你的梦想可能会变为成为一名足球运动员,但逐渐发现,你的天赋和能力达不到运动员的要求,你被迫再次改变自己的想法,成为一名老师也许是一个不错的选择。你的主导动机不断变化,才会驱使你去尝试不同的梦想。辅助动机是为主导动机服务的,能够强化主导动机,始终坚定在主导动机所指引的方向。

根据研究的需要,可以将动机分为内在动机与外在动机。外在动机可以逐渐转化为内在动机。例如,学生起初学习是为了得到老师和父母的表扬与奖励,但在学习活动过程中可能逐渐体会到学习带来的乐趣,从而自己愿意学习。当然,内在动机也有可能转化为外在动机。例如,一个孩子原本对学习本身充满兴趣,学习纯粹是为了自身的需要和兴趣,但他的父母为了督促让他好好学习,不断地给予他物质上的奖励,这种奖励多了,孩子的学习动机可能会由学习知识的内在动机变成获取父母奖励的外在动机。当外在动机取代了内在动机时,个体可能对自己原来喜欢的活动失去兴趣,这种现象被称为"过度辩护效应",即当个体认为自己的行为是由很强的外在原因引起时,则会低估其内在原因对行为的影响程度。

三、动机的功能

作为行为活动的一种内部动力,动机具有以下几种功能。

（一）激发功能

动机对行为来说是一个"发动机"。没有无缘无故的活动,所有的活动都是由一定的动机所引起的,没有动机的行为是不存在的。就好比汽车,汽车能够行驶在公路上,离不开发动机的作用,同样的道理,动机可以使人从静止状态转入活动状态。例如,在企业中,某员工希望自己在年终取得更好的业绩,在这种动机驱动下,他就会产生相应的行为（如努力工作、维系好人际关系等）。

（二）导向功能

动机是行为的"方向盘"。动机不仅能够激发和引起行为,还可以将行为指向特定的方向,使得个体朝着特定的方向前进。例如,在成就动机支配下,人们就会主动选择具有挑战性的工作;在权力动机驱使下,人们可能试图去影响和控制他人和周围环境等。动机的导向功能赋予人的行为特定的内涵和内容,使其有了正确与错误、高尚和卑劣之分。

（三）维持功能

动机引起某种行为并将其导向特定目标之后,还需要继续发挥其作用,即维持已引

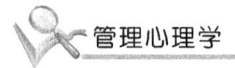

起的活动,直到实现目标为止。例如,具有较强成就动机的管理者,在追求成就目标的过程中,无论遇到什么困难与挫折,都应该坚持自己的想法和行动,直到达到预期目标。若非如此,哪怕当初的动机多么强烈,目标多么明确具体,也只能半途而废,无功而返。

（四）调整功能

动机是行为的“变速器”。在为个体行为提供动力与方向的同时,又对人的活动进行控制与调整。例如,一个具有较强学习动机的学生,当他现阶段进行的活动与该动机目标活动之间出现偏差时,他的学习动机就会自发地调整其现有的行为,使之朝向预定目标不断前进。

四、影响动机的因素

动机的产生是内外部条件共同作用的结果,即内在需要和外在诱因相互作用的结果。需要是一种主观状态,它是在人缺乏某种东西时产生的,是对个体客观需求的反映。引起动机的内在条件就是需要的产生。动机是在需要基础上产生的。假如说,个体行为积极性的源泉和实质是人的各种各样的需要,那么,人的各种动机就是这些源泉和实质的具体的表现。

大部分学者认为,引起动机的外在条件是诱因。诱因,通俗地来讲,就是导致有机体产生一定行为的外部因素。诱因是引起动机的一个很重要的因素。诱因按其性质可分为正诱因和负诱因。个体因趋向或取得它而得到满足时,这种诱因称为正诱因;个体因逃离或躲避它得到满足时,这种诱因称为负诱因。例如,对于饥饿的人来说,食物是正诱因,电击是负诱因。诱因可以是物质的东西,也可以是精神的东西。

具体而言,影响动机的因素是多方面的。以下就兴趣和爱好、价值观以及理想与信念对动机的影响进行分析。

（一）兴趣和爱好

兴趣和爱好与人的愉悦情绪相关联,它表达了人对一些事物和活动的倾向性。这种倾向性会促使人对自然和社会生活有着更深层次的认识,使人对各种活动能够积极参与,以达到满足人的求知和活动的欲望。不仅如此,这种求知和活动欲望满足后又反过来会促使兴趣和爱好更加深化和丰富。由此可见,影响人的动机模式中,兴趣和爱好不容忽视。

（二）价值观

价值观是个体对社会生活方式以及个人目标的独有的见解和看法。每个人对事物都有自己独特的见解,所以人的价值观不同也就不足为奇了,每个人的生活环境不同,他们对生活目标的追求也是不同的。有些人追逐真理,有些人以为社会做出贡献为追求目标,当然也有人以享乐为目的,但不管怎么说,每个人都有自己所认可的价值观,只是不同价值观的人可能有不同的深层次行为动机。

（三）理想与信念

当一个人有了理想和追求，就如同轮船在大海上望到了灯塔，他就有了一个正确的前进方向，他更有动力去行动。每个人都是独特的，也都有自己的志向，内心理想和追求也是不同的，当然他们的外在表现——行为也是千差万别的。由此可见，理想和追求本身就是一种行为动机。信念是人的行为的主导动机。

信念是一种个性的倾向性，它是人主观上认为某种观点是正确的，并从内心情感上接受它，由此来支配自己的行为。当一个人有了信念以后，这个人表现出的动机很强烈，有种不达目的誓不罢休的感觉，更有可能达到自己的目的。

五、需要与动机的关系

需要和诱因是引起行为动机的两个条件。需要被认为是引起动机的内在条件。动机是在需要基础上产生的。动机和需要紧密相关，没有需要的动机是不存在的。

人之所以表现出对事物的积极性是因为有需要存在，但是推动人类活动的直接原因是动机。当人的需要的目标比较明确时，这时的需要就转化为了动机。例如，当一个人饥肠辘辘时，食物是他强烈需要能够得到满足的东西。如果周围没有食物，就不能促使他进行目的明确的活动。但是，当他看到离他不远处的前方有包子时，会促使他跑过去。因此，动机是在需要的基础上产生的。

需要并不一定都会转化为动机，只有当需要的强度达到一定水平时，需要才会转化为动机，并引发行为的发生。换句话说就是，需要不必然产生动机。研究发现，需要在满足两个条件后，才能转化为动机，这两个条件是：需要达到一定的强度和需要有明确的对象。当个体产生的需要处于最初的阶段，它在人的意识中是一种模糊的形式，正因为它的模糊不清、不明确，会给人一种不安的感觉，在人的心理上会处于紧张状态。当个体能够明确意识到可以通过什么措施能够消除这种紧张，此时，这个意向就转化为愿望了。不过，虽然产生了愿望，但此时还不是动机，因为还没有明确的对象。当个体找到能够消除紧张的具体对象，并且能够大概估算出达到目标的可能性时，这种愿望就有了方向，此时就转变为动机，从而推动个体去从事某项活动，向着目标前进。也就是说，动机是个体内在愿望和外在具体对象产生联系时产生的。

需要结构的不同，会导致动机结构也会不同。在现实生活中，人们的需要总是各种各样的，即使是同一个人，在不同的时期需要结构也是不同的。例如，学生时代的需要结构和离开校园步入社会的需要结构就会不同。需要结构的千差万别，导致动机结构纷繁复杂。每个个体会存在着很多动机，这些动机不仅强弱不一，有的甚至是存在着矛盾和斗争的，这些动机组合在一起形成了个体独特的动机结构。在个体的动机机构中，那些强烈的、稳定的动机是个体主导地位的动机。这些主导地位的动机通常被称为优势动机，其他的动机则统称为辅助动机。一般的情况下，只有这些优势动机才会引发行为。

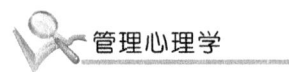

第三节　激励管理

一、激励的概念

激励是引起行为的一种刺激,是促进行为的重要手段。在某一特定情况下,受激励的行为将产生一定的结果,激励所研究的问题就是认识和掌握这种因果关系的规律。本书认为,激励是基于一定的行为规范之下,激发和鼓励员工朝着组织或个人目标所展现出来的积极主动,符合预期的工作行为。人类从事生产活动的根本动机是从欲望出发的。形成欲望要具备两个条件:一是缺乏,有不足之感;二是期望。二者结合便产生欲望。企业如果能正确运用员工的欲望特性,可在满足员工欲望的同时实现组织目标,使企业与员工双方受益。

二、激励的原则

对员工的激励一般应遵循以下几个方面的原则。

(1)组织目标的设置与满足员工的需要尽量一致。目标本身就是一种刺激,要激励员工,首先要明确目标,使员工了解他们要做的是什么,有什么意义,与个人的目前利益及长远利益有什么关系;同时规定一定的工作标准及奖赏方式,以使每个员工均能按组织目标努力工作。

(2)组织的行政管理政策、规章制度要有利于发挥员工的积极性和创造力,要使它们成为激励因素,成为推动力,避免成为遏制的力量。

(3)要有良好的管理行为,学会运用影响和以身作则去推动工作,避免滥用权力。

(4)建立良好的人群关系。领导与群众、上级与下级应相互信任、相互关心、相互尊重,上下左右要沟通意见。

(5)养成良好的风气,使每个员工热爱集体,以组织为家,有光荣感,形成一种和谐的气氛。

(6)创造良好的生产条件和工作环境,保障员工的身体健康和精神愉快。

三、激励的影响因素

(一)激励时机

激励时机是影响激励效果的一个重要因素。激励在不同时间进行,其作用与效果有很大差别。超前的激励可能会使人感到无足轻重,迟来的激励可能会让人觉得多此一举。这样的激励就失去了意义,发挥不了应有的作用。只有激励时机选择得当,才能有效地发挥激励的作用。

（二）激励频率

激励频率是指在一定时间里进行激励的次数,它一般是以一个工作周期为时间单位的。激励频率的高低是由一个工作周期里激励次数的多少所决定的。激励频率与激励效果之间并不完全是简单的正比关系。在某些特殊的条件下,二者成一定的反比关系。所以,只有区别不同情况,采取相应的激励频率,才能有效地发挥激励的作用。激励频率的选择受工作的内容和性质、任务目标的明确程度、激励对象的素质情况、劳动条件和人事环境等客观因素的影响。一般来说,对于复杂性强、目标不明确较难完成的任务,素质较低的员工,工作条件和人事环境较差的部门,激励频率应当高;对于目标简单明确较容易完成的任务、素质较高的员工、工作条件和人事环境较好的部门,激励频率就应该低些。

（三）激励程度

激励程度是指激励量的大小,即奖赏或惩罚标准的高低,也是影响激励效果的一个重要因素。激励程度是否恰当直接影响激励作用的发挥。超量激励和不足量激励不但起不到激励的真正作用,有时甚至还会起反作用,造成对工作热情的严重挫伤。过分优厚的奖赏,会使人感到得来轻而易举,用不着进行艰苦的努力;过分严厉的惩罚,可能会导致人的破罐破摔心理,使他们失去上进的勇气和信心;过于吝啬的奖赏,会使人感到忙碌半天,结果徒劳一场,从此消沉下去,提不起工作干劲;过于轻微的惩罚,可能导致人的无所谓心理,认为小事一桩、无足轻重,不但不思悔改,反而变本加厉。

（四）激励方向

激励方向是指激励的针对性,即针对什么样的内容来实施激励,它对激励效果也有显著影响。激励方向的选择与激励作用的发挥有非常密切的关系。因为人的需要并不是一成不变的,它有一个从低级向高级发展的过程,而且这一过程并不是一种间断的、阶梯式的跳跃,而是一种连续的、波浪式的演进。不同层次的需要可以同时并存,但各种需要的动机作用是不一样的,总存在一种起最大支配力量的优势需要。针对这样的需要进行激励,效果最为明显。另外,当某一层次的优势需要基本上得到满足时,激励的作用就难以持续,只有把激励方向转移到满足更高层次的优势需要,才能更有效地达到激励的目的。

四、激励的方式

（一）目标激励

目标是人们通过努力所要达到的满足需要的预期结果。需要—动机—行为—目标—满足需要,这是人的心理活动的规律。通过设置一定的目标作为诱因,刺激人们未

满足的需要,激发起人们实现目标的欲望,这是激励的基本过程。因此,通过设置目标激励人的积极性,是激励的基本方式。

激励的目标,可以是物质的,也可以是精神的。根据激励的理论和激励的原则,合理设置目标需要把握以下几点:个人目标与组织目标要协调一致;目标要明确具体,不要过于抽象笼统;目标的难度要适中,成功概率要大;把一个大目标分为几个阶段、几个小目标,以便逐步实现。

(二)参与激励

让员工参与管理、参与决策,可以提高员工的投入程度。员工参与管理和决策,可以提高员工工作的自觉性,激发主人翁责任感,容易使他们把个人目标同集体目标统一起来;员工参与管理还可以提高员工在集体中的自我价值,感到自己是集体的重要一员,不是可有可无,当其意见被采纳时,便会产生心理上的满足;员工参与管理还可以融洽领导与员工的关系,增强民主气氛,产生向心力。

(三)强化激励

强化激励是人们较为熟悉和常用的激励方法,俗称奖惩激励。如当员工主动完成了工作并取得了优秀的业绩时,组织给予他荣誉称号就是一种强化激励。

(四)利用工作本身激励

双因素理论认为工作本身是一个重要的激励因素。利用工作本身激励人的积极性,要根据个人的能力水平和兴趣爱好安排相应的工作,使工作对个人有更大的吸引力。

(五)领导者言行激励

领导者行为的激励,就是领导者通过自己高尚的思想品德、以身作则的模范行为影响激励员工。领导者的思想品德和行为如何,是能否激励员工、带好队伍的关键。

领导者的支持激励是很重要的,员工的良好行为都希望得到领导者的承认、肯定和支持,这是人们的一种心理需求,也是一种激励因素。这就要求领导者尊重、信任、支持下级。

领导者的关怀激励,是指领导者对下属在思想上、工作上、生活上给予关怀,以激励下属的积极性。关怀激励,实际是一种情感激励。

五、常见的激励理论

从 20 世纪二三十年代开始,管理学家以及其他领域学者(如心理学和社会学)开始从不同的角度研究对人的激励问题,并提出了许多经典的激励理论。这些理论大体可以分为两种类别:内容型和过程型。

(一)内容型激励理论

内容型激励理论的代表有需要层次理论、ERG 理论、双因素理论和成就需要理论。

1. 需要层次理论

马斯洛是美国比较心理学家和社会心理学家,人本主义心理学的创始人之一。他于

1954 年提出需要层次理论后又不断地加以发展,形成了颇有影响的需要理论。

马斯洛认为,人类的基本需要是按优势出现的先后或力量的强弱排列成等级的,人类有五种基本需要,即生理需要、安全需要、归属和爱的需要、尊重需要和自我实现的需要。后来他又在尊重需要和自我实现的需要之间增加了认知需要和美的需要。马斯洛认为,人类的基本需要是相互联系、相互依赖和彼此重叠的,它们排列成一个由低到高逐级上升的层次。他认为,只有低级需要得到基本满足后,才会出现高一级的需要,只有前面几种需要相继得到满足,才会出现自我实现的需要。马斯洛还认为,最占优势的需要将支配一个人的意识,并组织有机体的各种能量,而不占优势的需要将被减弱,层次较高的需要发展后,层次较低的需要依然存在,但对行为的影响则减弱了。

生理需要是直接与生存有关的需要。马斯洛认为,在人类各种基本需要中,生理需要是最基本的,也是最有力量的需要,是其他一切需要产生的基础。生理需要包括对食物、空气、水分、温度、性和睡眠等的需要。如果这些需要中有一种不能满足,就会严重影响个体的正常生活。但对大多数人来说,这些需要是容易满足的。在这一层级的需要基本满足后,人们就会去追求更高层级的需要。

生理需要相对满足后,就会出现安全需要。安全需要表现为人们要求稳定、安全、受到保护、能免除恐惧和焦虑等。马斯洛认为健康成人的安全需要都能得到充分满足,但儿童和精神病患者经常会有安全需要的表现,如婴儿看到陌生人会哭闹等。

生理需要和安全需要基本满足后,个人就会受归属和爱的需要的支配。归属需要是参加和依附于一定的组织等的需要,爱的需要包括接受他人的爱和给予他人爱。如果这种需要不能满足,个人将感到孤独和空虚。

如果一个人非常幸运地在生理的、安全的、归属和爱的需要等方面都得到满足,尊重需要的满足会使人相信自己的力量和价值,在生活中变得更有能力、更富有创造性。相反,缺乏自尊会使人感到自卑,没有足够的信心去处理面临的问题。除了自尊之外,人们还希望受到他人的尊重,希望自己的工作和才能得到别人的承认、赏识、重视和高度评价,亦即希望获得威信、实力、地位等。受到他人尊重的需要得到满足,会使人相信自己的潜能与价值,从而进一步产生自我实现的需要;反之,缺乏他人尊重会使人丧失自信心,怀疑自己的能力和潜力。

马斯洛认为,认知和理解的欲望同基本需要的满足相关。它表现为喜欢分析,常常把事物还原为其基本组成部分;喜欢做实验,希望看到实验结果;喜欢对事物做出解释,并构成某种理论体系等。认识与理解的需要也是一种强有力的需要,在人类历史上,不少人为寻求知识,不惜冒着生命危险,把安全需要置之度外。

前面几种需要满足之后,人还会产生自我实现的需要。自我实现的需要是指个人特有的潜能的极度发挥、个人价值的充分实现,做一些自己认为有意义、有价值的事情。自我实现是马斯洛个性发展理论中最高的理想目标。他认为,自我实现者都是中年人或年长者,或者心理发展比较成熟的人。同时,他认为自我实现的人只有少数,绝大多数人只能在归属和爱的需要、自尊需要之间的某一个层次上度过一生。

马斯洛还认为需要有高级和低级之分,低级需要比高级需要更为强烈。随着需要层次的上升,需要的力量相应减弱。高级需要强度较弱,但是越高级的需要越能体现人类的特征。在高级需要满足之前,必须先满足低级需要。只有在低级需要得到满足或部分满足之后,才可能出现高级需要。在个体成长中,低级需要出现较早,高级需要出现较晚,而且需要越是高级,就越晚出现。婴儿期主要是生理需要占优势,而后产生安全需要、归属和爱的需要,到了少年期才产生自尊和尊重他人的需要,到了青年期由于知识经验的增加和参加社会工作,才逐渐产生自我实现的需要。这种对需要层次的设计基本上符合人的年龄发展和人的社会化程度。

马斯洛的需要层次理论最初带有一定的机械性。但是,后来马斯洛在谈到基本需要层次的固定程度时指出,基本需要的各个层次的固定程度并非那样刻板,实际上有许多例外,有许多常见的颠倒情况。例如,有些人把尊重需要看得比归属和爱的需要更为重要,有些人为了自己的理想可以牺牲一切等。

马斯洛的需要理论在实践中也产生了重要的影响,许多国外的企业根据他的理论,具体分析企业员工的需要层次,并且按需要层次制定员工需要管理措施,调动员工的生产积极性。

但是,马斯洛的需要理论也受到了国内外许多学者的批评。比如,有人指责他有忽略社会因素的倾向,将问题看得过于简单。事实上,在满足了基本生理需求之后,人们可能滞留在低层并把需要放大,也有可能选择正常的阶梯发展,更可能是跃进式发展。分化的方向可能和两个因素有关:一是人格因素;二是社会环境因素。

当社会环境倾向于低层次需求的时候,人们会更关注那些低层次的需求,同时对低层次需求的胃口也会变大,出现需求在低层次不断扩大、拒绝向上发展这种情况。同理,如果整个社会环境都在强调一个高于基本生理需求的因素的时候,就会出现需求的跃迁式发展,在未满足低层次需求的情况下,先去满足特定的高层次需求。当然,如果社会环境因素比较和谐的话,需求按照标准的阶梯状发展就顺理成章了。

此外,还有一些心理学家认为马斯洛的需要理论没有摆脱本能论的影响,把人的需要统统说成是先天的、与生俱来的,这就模糊了人的生活需要和社会需要的差别,降低或否定了后天社会环境和教育对人的需要发展所起的重要作用。另外,马斯洛的需要层次理论从抽象的人性出发,没有顾及自我实现与社会生活之间的关系。他提出的自我实现就是实现自我,一切努力都是指向改变自我,而不是改变人们生活。

2. ERG 理论

奥德弗于 1969 年提出了 ERG 理论。他认为,人的需要可以分为三大类:生存需要、关系需要和成长需要。由于这三个词的第一个字母分别是 E、R、G,所以称为"ERG 理论"。

(1)生存需要。生存需要涉及保证生存的最基本的需要,包括衣着、饮食、住所及工资、津贴、工作条件等,类似于马斯洛需要层次论中的生理需要和物质型的安全需要。

(2)关系需要。关系需要是指维持重要人际关系的需要,包括与上下级、同级、个人、集体等关系的和谐等,相当于马斯洛需要层次论中的人际型的安全需要、社交与尊重的需要。

(3)成长需要。成长需要包括个人在事业、前途等方面的创造性、发展和成长的努力,相当于马斯洛需要层次论中的自尊与自我实现的需要。

与马斯洛的需要层次理论不同的是,ERG 理论认为多种需要可以同时存在,高层次的需要可以不必以低层次需要的满足为前提。也就是说,甚至在生存和关系需要都没有得到满足的情况下,一个人也可以为成长而工作。

奥德弗的基本观点包括以下几个方面。第一,各个层次的需要获得满足越少,则这种需要越为人们所渴望追求。例如,用于满足生存需要的工资越低,人们越是渴望获得更多的工资。第二,较低层次需要越是获得满足,对高层次需要的渴望追求越大。例如,人的生存需要满足后,对关系和成长需要的追求越强烈。第三,较高层次需要越是不能满足或者缺乏,则对较低层次需要的追求也越多,这就是所谓的"挫折-倒退"模式。例如,一个人对事业、成就、理想缺乏追求,则会更多地追求生存的需要。

3. 双因素理论

20 世纪 50 年代末,赫茨伯格及其同事采用"半结构面谈法",在匹兹堡地区对 9 个工业企业中的 203 名工程师和会计进行了工作满意感的调查,问题涉及"什么时候你对工作特别满意"、"什么时候你对工作特别不满意",要求人们详细回答。从回答中他们总结出,人们对工作满意因素的回答与不满意因素的回答是不同的。

根据上述的调查,赫茨伯格提出了他的"双因素理论",该理论有两个独创性的观点。首先,该理论说明了对工作的满意感和不满意感不是单一连续体的两个极端,当中至少包含了两个状态:没有不满意与没有满意。"满意"的对立面是"没有满意",而"不满意"的对立面应该是"没有不满意"。其次,它强调有些工作因素能够引起对工作的满意感,赫茨伯格称之为激励因素,而另一些因素则只能防止不满意感的产生,赫茨伯格则称之为保健因素。

保健因素只能消除或减少不满情绪,没有激励人的作用,主要为外部因素,即公司的政策及管理、监管者、工作条件以及人际关系、地位以及职务保障等。如果不具备这些条件,就会引起员工的不满与消极情绪。当管理者针对这些因素进行改进时,企业具备了这些条件,可以预防与消除员工的不满,然而却不能直接起激励作用。也就是说只是使员工没有不满意,而不会使员工感到满意。赫茨伯格的保健因素主要有以下几种:①公司的政策与管理制度;②技术监督;③与上级的人际关系;④与同级的人际关系;⑤与下级的人际关系;⑥工资;⑦职业保险;⑧个人生活;⑨劳动条件;⑩职位。

激励因素是起调动积极性作用的,主要为内部因素,包括成就感、赏识、工作本身、责任、提升与发展,当这些因素得到改进之后,员工则可获得高度的满意感,进而体现出较高的绩效。赫茨伯格的激励因素主要有以下几种:①成就;②赏识;③晋升;④工作本身;⑤发展前途;⑥责任。

激励因素与保健因素对于激励员工的工作积极性都是很重要的。一个企业为了保持员工原有的积极性,就应该注意保持或完善保健因素;为了提高员工的积极性,则应当在激励因素方面多下功夫。只有激励因素与保健因素双管齐下,才能全方位调动员工的劳动积极性。

4. 成就需要理论

成就需要理论是美国哈佛大学心理学家麦克利兰在 20 世纪 50 年代提出来的。他

认为,人的需要是不断发展的,人在生理需要满足以后,有权力、社交和成就三种基本需要。

(1)权力需要是指影响与控制其他人的欲望。权力需要是管理成功的基本要素之一。权力有个人权力和社会权力之分。个人的权力发展有依赖他人、相信自己、控制他人、自我隐退等不同阶段。

(2)社交需要是指建立友好亲密的人际关系的愿望。负有全局责任的管理者把这种需要看得比权力还重要。

(3)成就需要是指达到标准、追求卓越、争取成功的需要。

根据麦克利兰的理论,所有的人,无论学历如何,都需要权力、社交、成就,但是,三种基本需要排列的层次和重要性对不同的人是不同的。成功(中年以上)的经理强调高成就的需要,并且强烈需要独立自主和高权力,而对社交需要则相对降低。年轻的新经理权力需要稍减,而成就与社交需要较强。

为了确定人们的需要状况,麦克利兰还设计了一套心理测验。他让被试者看一张画着一个青年坐在教室内的图片,看 10 秒钟后,要回答下列几个问题:图片的内容是什么事?图片中是什么人?他在想什么?正在做什么?将会发生什么事?会产生什么结果?

由于看图片与回答的时间很短,被试者只能按直觉反应来回答问题。从答案中往往可以看出被试者自己固有的、真实的思想意图。如果描述者在描述中对成就比较关注,比如认为图片中青年正在撰写一篇高质量的论文,那么就反映出描述者具有很强的成就需要;如果描述的焦点是权力,比如认为图片中青年身为组织管理者正在制定组织的经营方针和策略,那么就反映出描述者的权力需求,等等。

对于需要状况不同的人的激励措施是不同的。对于高成就需要的员工,管理者必须为他们提供超常的、具有挑战性的但是经过努力可以完成的工作任务,及时正确地对他们的工作绩效进行反馈,增加承担新任务的员工的责任。对于高权力需要的员工,管理者必须让他们尽可能地安排和控制他们自身的工作,努力让他们参与决策的制定,尤其是与他们有关、影响重大的决策的制定。他们喜欢独自把工作做得最好,而不愿意作为团队工作的成员。要尽量把一个完整的工作任务交给他们去完成,而不是让他们完成其中的一部分。因为这些人很少愿为别人做"嫁衣"。对于高社交需要的人,管理者应该确保他们作为团队的一员从事工作。他们更容易从与他们一起工作的人们那里得到满足,而不是工作本身,因此,应该给予他们大量的表扬和认可,委托他们对新员工进行接待和培训,以便使他们与新员工成为很好的伙伴和教练。

(二)过程型激励理论

过程型激励理论的代表有期望理论、公平理论和强化理论。

1. 期望理论

期望理论,也叫作"过程型 E 理论",是美国行为学家弗鲁姆于 1964 年在《工作与激励》一书中提出来的。该理论认为,一种行为倾向的强度取决于对这种行为可能带来的结果的期望强度以及这种结果对行为者的吸引力。该理论可以用下列公式表示:

$$M = f(E \times V)$$

V 为效价，也称为诱力，是指一个人对某项活动可能产生的结果的价值的评价。例如，以为员工从经验和直觉中得出以下结论：如果自己在工作上做出优异成绩，奖金必然增加。奖金增加就是结果，而这种结果具有多大的吸引力，人们是否喜欢这个结果，取决于个人的主观评价。对一个迫切需要金钱的人或者很看重金钱的人来说，吸引力可能很大；而有的人经济很宽裕，对金钱无所谓，奖金对他们的吸引力就很小，甚至是零；也有的人不希望奖金增加，例如，他们担心与同事关系变僵，奖金的增加对他们的吸引力就是负数。效价的变动范围为 $-1 \sim +1$。如果对活动结果非常排斥，效价定为 -1；如果对活动结果强烈渴望，效价为 $+1$。

E 为期望值，是指一个人对某项活动导致某一结果的可能性的判断。例如，一个学生对自己考取大学这一结果的可能性的判断，就是期望值。期望值变动的范围为 $0 \sim 1$。应当注意的是，期望值是个人主观评价的概率，而不是实际情况的客观解释。

M 为动机，即促使一个人采取某一活动的内驱力的强度。单有高的效价或单有高的期望值不足以产生强的动机。只有当效价和期望值都比较高时才能产生比较高的动机。

怎样使激发力量达到最大值？弗鲁姆提出了人的期望模式：

个人努力—个人成绩（绩效）—组织奖励（报酬）—个人需要

根据期望理论，要有效地激发人的工作动机，需要处理好以下几对关系。

1）努力与成绩的关系

人们总是希望通过一定的努力达到预期的目标。如果一个人认为通过自己的努力，有把握达到预定的目标，即主观上认为达到目标的概率很高，那么，这个人就会充满信心，激发出强大的工作力量。反之，当一个人总感到他要实现的目标虽然可以实现，但难度太大，通过努力也不会有很好的成绩，他就会失去信心，缺乏动力；同样，如果目标太低，唾手可得，他就认为没有必要去达到此目标，从而失去内部的动力。由此可见，努力与成绩的关系取决于个体对目标的期望值。期望值是个体对目标的一种主观估价，它既受个人的个性、情感、兴趣、动机等主观因素的影响，也受个人的社会地位、外界环境以及他人的期望等社会客观因素的影响。

2）成绩与奖励的关系

一个人的工作取得了成绩，总希望得到他人和社会的承认和赏识。奖励就是对个人或团体工作成绩的肯定和报酬。奖励是综合的，既包括物质上的，也包括精神上的。如果一个人认为取得成绩后能得到合理的奖励，就可能产生工作热情，否则就可能没有积极性。组织的目标，如果没有相应的有效的物质和精神奖励来强化，时间一长，这个组织的全体成员为本组织做贡献的动机就会逐渐消退。

3）奖励与满足需要的关系

满足人的需要是一切工作的出发点和归宿点，奖励作为一种手段也必须满足人的需要。人的需要的多样性，决定了奖励内容和奖励效价的复杂性。人们在年龄、性别、资历、社会地位和经济条件等方面都存在着差异，同一种奖励，对于不同的人所具有的效价不同，吸引力也不等。为了提高奖励的效价和吸引力，充分激发人的积极性，就必须根据不同个体的需要，采取多样内容和形式的奖励，以挖掘人的潜力，提高工作效率。

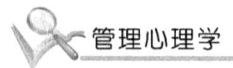

2. 公平理论

这是美国心理学家亚当斯于 1967 年提出来的。亚当斯认为，一方面员工所得的绝对报酬（实际收入）会影响他们的工作积极性，另一方面，员工的相对报酬（与他人相比较的相对收入）也会影响他们的工作积极性。

产出与投入是自己与其他人进行比较时考虑的两个变量。产出是自己从工作中所得到的东西，包括薪酬、福利与声望。投入是所做的贡献，例如，工作时间的长短、付出的努力、单位生产数量以及从事工作的资格。公平理论关注的是相关人员所感受到的产出与投入，所以不一定很精确。

把自己所付出的劳动与所得的报酬，同他人付出的劳动与所得的报酬相比较，这是横向比较。除了横向比较外，还有个人前后历史的纵向比较，即用自己现在得到的报酬与自己过去所得的报酬相比。作为企业的管理人员要对员工的工作业绩进行准确考核，在分配方面尽量做到公平。

组织管理中有两种类型的不公平感，即分配公平和程序公平。分配公平是指员工感觉到薪酬数额分配的公平性，程序公平则是指员工所感觉到的薪酬等的公平性。研究表明，分配公平和程序公平是交互影响的。许多研究者认为，程序公平比分配公平更具有持续效应。格林伯格提出，组织的程序公平可以通过以下几种途径得到增强。

（1）让员工在决策过程中有发言权，尤其在诸如薪酬设计、绩效考核标准制定等重要管理措施中有参与的机会。

（2）使员工有修正程序和改正差错的机会，在管理政策或措施的实施过程中，如果员工有机会参与修订程序或改正差错，他们将会体验到程序的公平。

（3）使管理政策和规章制度保持一贯性，特别是使奖励政策进而薪酬制度保持稳定，并且建立规范的政策修订制度，这是树立程序公平的关键环节。

（4）使组织决策减少偏差。公正地处理部门之间的利益冲突，保证程序的公平。

在实际操作过程中，许多企业为了避免员工产生不公平的感觉，往往采取各种手段，在企业中造成一种公平合理的气氛，使员工产生一种主观上的公平感，或采用秘密约见单独发奖的办法，使员工互不了解彼此的收支比率，以免员工互相比较而产生不公平感。

3. 强化理论

强化理论是斯金纳提出的。斯金纳在巴甫洛夫条件反射理论的基础上，提出了"操作性条件反射理论"。他认为，人类（或动物）为了达到某种目的，本身就会采取行为，作用于环境，当行为的结果有利时，这种行为就重复出现，不利时，这种行为就减弱或消失。

斯金纳强化理论认为人的不同行为过程有不同的强化。强化通常有以下几种形式。

1）正强化

正强化又称积极强化，是指在行为发生之后，立即用物质的或精神的鼓励来肯定这种行为，在这种刺激作用下，使个体感到对他很有利，从而增强和增加以后的行为反应及其频率，以达到改变行为的目的。在管理中，正强化是最常使用且易收到良好效果的强化方式，能起到正强化作用的因素是奖酬，如表扬、赞赏、增加工资、奖金、奖品、提升、分配等。正强化既能起到加强被强化者积极行为的作用，又能使其他人出现积极行为的可能性增大。

2）负强化

负强化又称消极强化,是指预先告知某种不符合要求的行为或不良绩效可能引起的后果,允许员工通过按所要求的方式行事,或避免不符合要求的行为来回避一种令人不愉快的处境。若员工能按要求行事,即可减少或消除这种不愉快的处境,从而也就增加了员工符合要求的行为重复出现的可能性。由此可见,负强化与正强化的目的是一致的,只是二者采取的手段不同。负强化与正强化是有区别的:对于正强化来说,员工努力工作是从组织获得奖酬,这种奖酬是来自他的良好的工作绩效;对于负强化来说,员工努力工作是为了避免不希望得到的结果,不被管理者批评。在运用负强化时,一定要与正强化结合起来,恰当地运用两种手段,才能收到较好的效果。

3）惩罚

惩罚是指在消极行为发生之后,给予某些令人不愉快、不喜欢乃至痛苦的对待,或取消某些为人所喜爱的、令人满意和愉快的条件,以示对某种不符合要求的行为的否定,从而减少或消除消极行为。例如,批评、降薪、罚款、开除等,都是惩罚的手段。

4）自然消退

自然消退是指撤销对人的某种行为的积极强化,使这种行为出现的频率逐渐减少、衰弱,以至最终消失。研究表明,一种行为长期得不到正强化,会逐渐消失。

以上几种基本的强化类型的目的都是改变个人的行为,以有利于组织。强化,既可以增强所希望的行为强度,又可以减少或减弱所不希望的行为强度。强化方式主要分为连续强化和间歇强化两种。连续强化方式是指每次发生的正确行为都受到强化。例如,一个装配收录机的工人,每当通过质量检查时,就得知他的行为是正确的。间歇强化方式是指非连续的强化,不是每次发生的行为都受到强化。间歇强化一般有四种形式,即固定间隔、固定比率、可变间隔和可变比率。

斯金纳强化理论的基本观点主要有以下几个方面。

第一,人的行为受到正强化趋向于重复发生,受到负强化会趋向于减少发生。

第二,激励人们按一定要求和方式去工作,以达到预定的目的,奖励(给予报酬)往往比惩罚有效。

第三,反馈是强化的一种重要方式,应该让人们通过某种形式或途径及时了解自己的行为的结果。

第四,为了使某种行为得到加强,奖赏(报酬)应在行为发生以后尽快提供,延缓奖赏会降低强化作用。

第五,要按照对象的不同需要,采用不同的强化物和不同的强化手段。

管理者应该针对不同的强度采取不同的措施,来改造人的行为,以提高管理绩效和组织的产出水平。管理者实施强化时必须遵循以下原则。①要有一个目标体系。目标是个强化物,能强化人的行为。②要采用渐进法。就是把一个鼓舞人心的长远目标分解成几个阶段,逐步加以完成,即大目标小步子,以增强行为转化的信心。③及时反馈信息。信息的及时反馈,能使人们了解自己行为的结果,以便及时修正行为、及时强化行为。④个人需要的满足。行为是由动机引起的,而动机是由需要激发的。要不断满足行为者的需要,以强化其行为。⑤贯彻因人而异的强化原则。对不同个体采取不同的强化措施,以获取最佳效果。⑥实行奖惩结合、精神奖励和物质奖励结合以及采取定期与不定期、定值与不定值奖励相结合的原则。

思考题

1.分析动机的概念和不同类型动机的含义。
2.试述马斯洛需要层次理论的内容。
3.简要描述需要与动机之间的关系。
4.试从双因素角度来分析如何使员工更好地工作。

案例分析

中国 DL 公司员工离职率居高不下

2012 年 3 月,阳光明媚的一天,DL 公司的王总坐在自己的办公桌前,阳光透过窗户温暖地洒在王总的身上,但此时的王总心情却是阴郁的。公司人力资源部的总监刘庆山刚刚打来电话告诉王总,公司市场部主管,即去年的年度销售冠军孙建军,正在办理辞职手续,流程已经走到了王总这最后一个环节了,人力资源部总监刘庆山提醒王总注意。

按照公司规定,只要王总点头同意,孙建军就可以立即离开 DL 公司。相似的情形去年也出现过,去年的市场部主管离职直接去了竞争对手 HW 公司,带走了公司的一些老客户,对公司造成了很大的经济损失。同样的情况绝对不能再出现,王总对自己说着。

孙建军去年一个人销售额就达到了 500 万元,占了公司销售总额的五分之一,这样一个人才若跳槽到竞争对手公司,后果不敢想象。王总此时的心情很差,一拍桌子,拿起旁边的电话就给马经理打了过去。

"孙建军申请离职的事,你怎么看? 怎么也不拦他一下? 咱们 DL 公司有几个孙建军啊?"在电话里,王总质问马经理。

"孙建军自己申请离职的,他一直在抱怨自己的付出和收入不成正比,我已经好言相劝了,没用的。"马经理不温不火的语气,让王总很是诧异。

"挽留不住也得挽留,否则,你没法向我交代。"王总啪的一声挂了电话。DL 公司近几年的快速发展和公司的销售业绩密不可分,其中离不开孙建军等人的顽强拼搏。从人力资源部那边了解到的消息,公司内部离职率确实有点高,很反常。基层员工离职不用王总亲自批阅,人力资源部说是离职率有点高,这还是经过润色后的话,可见公司基层离职率已经很高了。

王总在办公室来回踱步,他回想起自己当年刚进 DL 公司时的场景,虽然 DL 曾经也是国有企业,但经过股份制改造以后,已经失去了往昔的霸主地位,甚至已经有点跟不上时代的潮流。他自己是做技术研发工作的,从名牌大学毕业以后,放弃了更舒适的机关单位的工作,来到了这里,就是想把自己的所学用在刀刃上,即使是在最困难的时期,他也没产生过离职的想法。是现在的人要求太高了,还是自己的管理存在什么大的问题?

现在,DL 公司逐步进入了一个怪圈"招聘—培训—雇佣—离职—再招聘"。浪费的公司成本先不说,员工的积极性也大不如往昔,抱怨情绪日益高涨。一开始王总还没放在心上,这次的孙建军离职事件,再次给王总敲响了警钟。去年的销售额已经比前年低了 10 个百分点,从今年的一季度的销售额来看,和去年一季度销售额相比也低了不少。抛开市场环境的影响,公司确实存在大的问题,是时候做出改变了。

王总翻出上个月人力资源部提交的公司员工分析表,了解到公司内人员年龄和学历结构是合理的,也具备人力资源的基础优势,那么为什么离职率高居不下呢?

王总决定还是当面和人力资源部总监刘庆山聊聊。

中午下班前,王总和刘庆山通了电话,一块去公司食堂吃个饭。从王总决定食堂免费供应三餐,自己还没来过呢!以前公司食堂吃的是不错,员工反映说有点贵,起码比外面的餐馆要贵。随着公司效益的提升,也为了使员工能在公司感到有家的感觉,王总直接拍板决定,从公司内拨钱给食堂,免费给员工提供饭菜。

王总让秘书把今天的应酬取消了,提前到了食堂。看到食堂内的饭菜,王总有点后悔约在这里吃饭。只有几样菜,从色泽上看也不太新鲜,尤其是那个炸里脊,外面看着都已经黑了。王总有很久没来过公司食堂了,平时应酬多,几乎都忘了公司内还有食堂,即使不应酬也是赶回家去吃饭,毕竟从公司到家也就不到 20 分钟路程。王总观察了一下,食堂内吃饭的人有点少,这个点刚到下班时间,人少也很正常,王总这样想着。王总找了个靠窗的饭桌前坐下,很快,李秘书端来了饭菜,王总看了看,没说话。没过多久,刘庆山和另外几个人急匆匆地赶了过来,王总看了一眼,那几个人都是人力资源部的。和王总打过招呼,他们都去打菜去了。刘庆山打好饭菜,坐在了王总对面,又和王总寒暄了几句。桌上的饭菜,确实难以下咽,王总瞟了一眼食堂内大多数空着的餐桌,问道:"刘总监也不经常来食堂吃饭吧?"

刘庆山一愣,心想:我表现得有那么明显吗?这不已经吃了一半了吗?"确实不经常过来,离家也不算远,一般都回家去吃。"刘庆山回答道。"咱们午饭和休息时间有一个半小时,回家吃完饭赶回来不会迟到的。"刘总监又补充了一句。

正在王总和刘庆山你一句我一句地聊着的时候,食堂的丁经理端来了两份色香味俱全的荤菜,明显是现炒的。"还给我们开小灶呀?"王总面无表情地说着。"王总什么时候过来吃饭,提前让李秘书说一声,我给您露一手。"丁经理谄媚地笑着回答。"和我们一块坐下来吃点吧。"王总说。"不了,不了,你们先聊,我就不打扰了。"丁经理识趣地快速离开了。

王总和刘庆山一边聊一边吃着,人力资源部的几个人也陆续吃好了。看到每个人盘子里剩下的饭菜都直接倒掉了,王总有些心疼。刘庆山看到了王总的表情,无奈地摇了摇头。

"员工提交辞职信的时候,我和他们都认真谈过,平时也和同事聊过,我简单总结了一下,主要是公司激励太过单一,还不完善。"刘庆山说道,"针对员工的物质激励和精神激励,大家都怨声载道。虽然有薪酬激励体制,但内部职级分配差距太大,员工普遍感到不公,而且变动后调整跟不上,员工心有怨言。员工培训机制还是不太健全,底层员工普

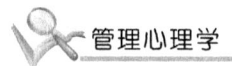

遍感觉升职无望。"

王总点了点头,示意刘庆山继续说。

"我感觉公司近几年发展势头很猛,把重心都放在了开发业务上,在健全用人机制的工作上相对忽略了,公司很多领导都是直接空降的,这样让员工看不到自己的前途,都把咱们 DL 公司作为跳板。我认为,王总您应该多和员工聊一聊,还应该设置意见箱,让员工有直接反映情况的通道,我想员工会积极响应的。"刘庆山说道。

王总采纳了刘庆山的建议,首先安排了和市场部主管孙建军共进晚餐。这次没有选择在公司食堂进行。食堂也是让王总头疼的一件事,要尽快解决。

王总开门见山地直接说明了共进晚餐的意图。孙建军也收起了一开始的拘谨,说道:"我知道公司培养我花费了很多成本,但我对公司的贡献也算给予公司回报了,现在明显是我的付出和收入不成正比,我付出那么多,竟然和策划部的主管甚至财务部主管拿到同样的工资,明显我们市场部更辛苦,凭什么他们和我拿一样的工资。公司经理一般是直接空降的,即使不是空降,也是从综合部选拔,我们市场部什么机会都没有。现在我就能看到未来几年即使我再努力,最多也就做到市场部部长的职位,我看不到未来呀。"

王总看到孙建军情绪有点激动,说道:"建军,别光说话,咱们边吃边聊,今天我就是来给你解决问题的。""不好意思,王总,我说话有点直,您别介意。"孙建军说道,"这些问题我都和我们市场部杨部长谈过,杨部长每次都说下次公司开会替我解决问题,但一直没看到动静,其他员工现在对我也有意见了,说我分配的工资不公平,给他们的承诺都兑现不了,我手底下的员工已经离职了 3 个。现在的市场部氛围也不太对,都说我是一个空架子,只是一个能说会道的销售员,根本不适合当领导,确实我自身缺乏这方面的经验,咱们公司也没有给员工进行管理技能培训,我都开始怀疑自己了。"

"建军呀,你的能力我们还是看在眼里的,去年我就看到过你的工作成绩,你的提拔也是经过公司深思熟虑过的,我们都相信你的能力完全能够胜任现在的工作,我在这里表个态,会尽快帮你解决问题。"

"那谢谢王总,其实我也是对咱们 DL 公司有感情的,去年就有公司挖我,我都没走。"孙建军说。

"人才哪里都缺,有公司挖你只能说明你优秀呀,也说明咱们 DL 公司有眼光。"王总笑呵呵地说道。

今晚的饭局,虽然暂时稳住了孙建军,但问题是急需解决的。王总再次陷入了沉思……

王总第二天紧急召开了公司会议,商量解决问题的办法。

（资料来源:改编自《管理学》案例集,https://max.book118.com/html/2017/0418/100885787.shtm。）

问题:

1.关于 DL 公司人员流失问题,你怎么看? 造成这种现象的原因是什么?

2.针对人力资源部刘庆山的建议,你有什么要补充的吗?

3.案例中出现的公司食堂问题,王总把这件事交给你处理,你该怎么解决问题?

4.假如你是王总,针对员工激励机制的完善,请设计一个新的激励方案。并说明原因。

5.案例中 DL 公司是否还有其他隐患存在?若有,请详细说明。

海底捞该何去何从?

海底捞是一家以经营川味火锅为主、融汇各地火锅特色为一体的大型跨省直营餐饮品牌火锅店。它在简阳、北京、上海、沈阳、天津、武汉、石家庄、西安、郑州、南京、广州、沈阳、杭州、深圳、成都,以及韩国、日本、新加坡、美国等地有百余家直营连锁餐厅。

2006 年 6 月 23 日,拥有肯德基、必胜客等品牌的著名餐饮集团美国百胜集团区域经理 200 余人,齐齐涌入海底捞北京牡丹园店。与其他客人不同,他们这顿饭的目的是"参观和学习,提升管理水平"。百胜集团最关注海底捞的卓越服务。用海底捞餐饮有限责任公司董事长张勇的话说,百胜的到访"简直是大象向蚂蚁的学习"。这个比喻不无道理。作为跨国餐饮巨头,每个百胜区域经理手中都至少 36 家门店,而当时海底捞全国的门店数加在一起,还不到 20 家。

海底捞的服务之所以被人称道,是因为在海底捞就餐的客人能够体验到被重视的感觉。像在奢华酒店一样,海底捞也有专门的代客泊车。如果是周一到周五用餐的话,还可以得到免费的擦车服务。晚餐时间,北京海底捞餐厅的等候区总是坐满了人等待轮到自己的号码。虽然还没有等到空位,客人还是可以品尝到免费的水果、饮料。在等待区可以免费上网,也可以接受擦皮鞋或者美甲等服务,客人还可以选择扑克牌或下跳棋来打发等待的时间。海底捞的服务员往往会提供客人意想不到的服务。例如,为客人提供塑料袋包裹住桌子上的手机,以防手机沾上油污;针对火锅麻辣油腻的特点,服务员会经常为客人替换热毛巾;客人所携带的儿童还可以在店内的儿童天地做游戏;餐后,服务员会马上送上口香糖;离开时,客人一路遇到的所有服务员都会微笑道别;如果客人提出想品尝店内没有的食品,如冰激凌等,服务员会主动跑到店外去临时买回来免费送给客人。

一招鲜真的能吃遍天吗?

海底捞在美国的第一家分店刚开始"水土不服"。有媒体爆出海底捞在美只获 2.5 星差评。一向低调的海底捞创始人张勇在微博上回应道:"价格贵,说明市场调研不足,中国产品在外应以便宜取胜。而我们在新加坡高于同行的定价小有成绩后变得有些主观,听取各方意见不足。没有英文菜单,说明顾客是上帝的价值观不牢固。我们有些急于求成。"海底捞曾经引以为特色的"贴心"服务,在美国市场不仅没了用武之地,而且甚至产生了负面效果。海底捞在美国遭冷遇:美国人不理解为什么火锅店会有美甲服务,美国人不太接受店家发放 VIP 卡,还有如果服务员听到顾客正在交谈就马上表示"我们可以提供什么",那么服务员可能一分钱小费也得不到还要遭白眼,因为你偷听了顾客的隐私。"这是意料之中的事。"合益集团副总裁王钺认为,"中国企业到跨文化的背景里,如果是带着成功经验过去的话就必败无疑。因为所有在中国成功的因素都不成立了,尤其是以瞄准大众人群、标准化和快速反应、追求客户满意度为出发点的企业。"

　　海底捞在美国市场的目标客户群是海外已经本土化的华人群体、亚洲人和部分欧美人,但西方和国内对服务业的理解完全不同,海底捞式的热情服务在当地很难被接受。"在中国,海底捞靠卖服务,国人很受用,几千年来传统就是习惯了被人捧的感觉;但是美国人崇尚自由,会更加偏向宽松、互不干扰的环境。这样海底捞的优点就变成缺点了。"

何去何从?

　　毫无疑问,海底捞的核心竞争力还是它的服务。海底捞在服务这一影响因子上,发挥了各方面的资源优势来确保海底捞服务方面的竞争优势,突出服务作为海底捞的核心竞争力。

　　但是,随着现在餐饮业的发展迅速,越来越多的餐饮店对服务质量和服务态度非常重视,不断提高服务水平,以服务见长的海底捞企业该如何应对其他餐饮店的追赶和竞争呢?

　　(改编自朱永新主编:《管理心理学》.高等教育出版社 2014 年版。)

第八章　群体、团队与管理

第一节　群体的概述

一、群体的含义

(一)什么是群体

在各种各样的人类活动中,人们不是单独存在的,他们无法脱离群体。人们总会依据种种不同的需求或目标集结在一起,从而形成群体。在心理领域中,不同的学者对群体的内涵有着不同的认识,还未形成一致的界定。一般而言,群体是指由两个或两个以上的相互影响、相互作用、相互依赖的个体为了实现某个特定的目标而组成的人群集合体。

个人、群体、组织这三者是不可分割的整体。群体介于组织与个人之间。从人数上看,一个人不可能组成群体,两个人以上才可能成为群体。由群体的定义可知,它不是个体的简单集合,也不是偶然汇集在一起的群聚,如演唱会的观众、排队购物的顾客等。群体内的成员是否结成某种社会联系并形成一定的心理联系,是否有共同的需要或目标,这是作为群体的一个显著标志。

(二)群体特征

1. 群体规范

任何群体都会在自身的活动中自然地形成自己独有的行为准则,即群体规范。群体不同,规范也就不同。群体规范作为一种准绳,约束了群体内成员的行为,告诉他们哪些行为是可以接受的,哪些行为是禁止的,如有触犯则会受到相应的惩罚。群体规范不会由于群体内某个个体的离开或留下而发生变化,它能够促进群体内各成员间相互协作。

2. 心理依赖

群体是一个集合体,是一个整体,群体成员之间会相互依赖、相互认同,从而形成群

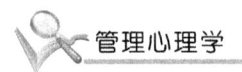

体意识和归属感。群体内各个成员在心理上都感知到其他成员的存在,也明白自身是群体的一分子。各成员之间无论是工作上还是自身的思想、感受上都会建立起密切的联系,这种联系不是单向的,而是相互作用、相互影响的关系。

3. 共同目标

群体会有一个共同的目标。目标把群体的成员凝聚在一起,每一个群体成员在其所属的群体中处于一定的位置,扮演着某个角色,执行着某项任务,有着相应的权力与职责,但这些都必须在致力于实现群体目标的前提下才得以实现。

(三)群体的心理效应及行为趋势

由于单个的个体组成的群体具有不同于个体的心理特征和行为特征,因此一个群体就会形成群体的心理效应和行为趋势。

1. 群体的心理效应

从心理效应看,群体成员间的相互影响会产生以下几个方面的心理效应。

(1)群体价值观。群体成员在长期的活动中会逐步形成共同的价值取向,即以共有的价值评价为基础看待组织中的人和事。这种群体价值观一经形成,将对群体成员产生无形的巨大影响,群体成员受群体价值观的制约和指导。

(2)群体凝聚力。群体一经形成,将对群体成员产生一种吸引力,也就是群体成员对群体的向心力,它是群体价值观和行为准则一致的反映,是群体得以存在和发展的必要条件。这种凝聚力来自群体成员的归属感、群体认同感、群体角色感、群体力量感。

(3)群体责任感。群体成员在实现群体目标中逐渐形成对群体存在和发展的责任观念和对所担任角色的明确认识,在行动上表现为认真履行职责,关心群体,为群体发展贡献力量。

2. 群体的行为趋势

在行为趋势看,群体对群体成员行为方式产生以下几个方面的作用。

(1)社会助长作用。即生活在群体中的个体在与其他成员交往过程中有助于消除单调、沉闷的心理状态,有利于激发积极的工作及活动动机,提高工作和活动效率。

(2)社会抑制作用。群体有时候也会给个体带来负面的作用,这就是社会抑制效应。也就是个体在大众面前感到不自在、拘谨,有所顾虑,从而影响行为效果。

(3)行为趋同作用。即生活在群体中的个体在个性差异方面逐步缩小,受群体规范的影响,其行为逐步趋向于统一标准。

(4)行为遵从作用。即个体按照社会要求、群体规范和别人的意志而做出的行为。这种遵从行为来自两个方面的影响:一是在一定的有组织的群体规范影响下的遵从;二是对权威人物的遵从。

二、群体的类型

(一)按群体构成的原则和方式划分

根据群体构成的原则和方式,可以将群体分为正式群体和非正式群体两大类。

1. 正式群体

正式群体是指明文规定的、被一些社会组织所认可的、有确定的组织结构以及职责分配明确的群体。处于正式群体中的人们参与为实现群体目标所需要或规划的一切活动,如机关单位里的科、处、室以及党团组织等都是属于正式群体这一范畴。

再进一步细分,正式群体大体还可以分为命令型群体和任务型群体。命令型群体指的是直接听某上级或主管的命令、向某上级或主管汇报工作情况的下属同其上级或主管之间构成的群体。比如,医院护士长与各职能的护士之间、工厂厂长与各部门负责人之间所构成的群体,都是命令型群体。任务型群体指的是为实现某项任务目标或者完成某项课题而聚在一起工作的群体。例如,商议如何处理偷窃公司财物的员工,那么总经理、保卫科科长、车间主任就会在一起协调商讨,这些人就组成了一个任务型群体。

2. 非正式群体

非正式群体是指在工作环境中群体成员为了实现某种共同利益或者为满足社会交往的需求而形成的群体。这类群体与正式群体相反,它是没有明文规定、没有正式结构、不是由组织规定的群体。非正式群体内部成员间的关系都是带有各自独有的情绪色彩,它具有一定的关系结构和行为规范,但其未形成书面的规则条例。例如,在一个团队中志同道合的同事、业余学习小组等都是非正式群体。

非正式群体可大致细分为利益型群体和友谊型群体两类。利益型群体是指那些有着共同关心的目标而结合在一起的人们。例如,互相分享就业信息等来解决就业问题而走到一起的失业自救群体。友谊型群体是指那些有着共同或相似的爱好兴趣或观念而结识在一起的人们。例如,书画协会、读书协会等群体。

(二)按群体联系的紧密程度及发展的水平划分

按群体联系的紧密程度及发展的水平,可以将群体分为松散群体、联合体和集体三类。

1. 松散群体

松散群体是处于群体发展水平中的最低层次的群体。松散群体是指人们只是在空间和时间上结成群体,但是群体的成员相互不以共同活动的内容、目的和意义而联系,如同一购物商城的顾客、同一辆地铁的乘客、同一病房的病人等。而松散群体进一步发展,就有形成联合体的可能。

2. 联合体

联合体是处于群体发展水平中的中间层次的群体。在联合体中,群体活动的成败与个人的利益有着紧密的联系。例如,小区业主因住房安全及小区卫生等问题联合起来与物业公司进行交涉,由于有共同的目的和期望,他们结成联合体,一致对外。

3. 集体

集体是群体发展的最后阶段。真正的集体的存在兼顾了个人、集体和国家三者的利益,具有个人意义和社会意义。它的目的与社会乃至整个人类的根本利益相一致,对整个社会及全人类都具有积极的作用。任何的集体都是群体,但不是任何的群体都可称为集体。例如,学术团体是利于整个社会和全人类的发展的,但其在组织上不是很严密,也

是不能称为真正的集体的。

（三）按群体的开放化程度划分

按群体的开放化程度划分群体，可以分为开放型群体和封闭型群体两大类。

1. 开放型群体

开放型群体中的成员们来去自如，通常情况下变动比较频繁，成员在群体中的地位与权力相对不稳定，成员间的联系相对松散，但与外界的联系是较为密切的。一般来说，开放型群体能够较快地吸收新思想和接受新人，有较强的外部环境适应能力。

2. 封闭型群体

封闭型群体的成员们相对稳定，通常情况下变动较少，群体内的权力与地位明确，成员间的等级关系严格。一般而言，封闭型群体的思想是相对保守的，对外界新生事物接受较慢，也会因此产生抵触情绪。

（四）按群体在社会上的发挥的作用划分

按群体在社会上发挥作用的大小划分，可以将群体分为参照群体和一般群体两大类。

1. 参照群体

参照群体，即标准群体或示范群体。参照群体中的规范、目标和标准会成为成员行动的指南和榜样，成为成员奋斗的目标和努力想要达到的标准。例如，某个先进模范群体，他们成为无形的典范，成员将自己的行为与该群体的标准进行对比，自行改正自身不符合的地方。参照群体中各个成员都会自觉地接受群体规范并以此约束自身行为。

2. 一般群体

一般群体是较于参照群体而言的，它是指社会上大量存在又不足以成为人们行为楷模的普通群体。例如，某成员所在学校的班集体和志愿者社团等都可称为一般群体。需要强调的是，个人所在群体并不一定是其心目中认为的参照群体。

（五）按群体的规模划分

按群体规模划分，可以将群体分为大群体和小群体两大类。

这种划分具有相对的意义。例如，某班级较于学校来说是小群体，而较于学习小组是大群体。一般而言，大群体包括许多小群体。小群体是指由直接接触、面对面联系群体成员组成的群体。这种群体规模较小，成员容易从感情上和心理上接近。而大群体则是指群体成员之间并不是面对面的接触，而是由共同的目标及各级组织而间接联系在一起的群体。较于小群体而言，大群体中社会因素要比心理因素起更大的作用。而在小群体中，心理因素的作用相对而言大于其在大群体中的作用。

国内外社会心理学家着重研究小群体，并认为小群体具备以下特点：①成员人数较少；②具有共同的目标；③成员之间存在直接的个人交往并有着情感上的联系；④各成员的行为受到群体规范的控制；⑤成员的交往活动表现出持续性。

（六）按群体是否真实存在划分

按群体是否真实存在划分，可以将群体分为假设群体和实际群体两大类。

1. 假设群体

假设群体是指实际并不存在,只是为了研究和分析问题将具有某种特质的人在想象中组织起来的群体。例如,按年龄划分,可以把一个企业内的成员划分为青年人、中年人、老年人三种群体。实际上,这些按照某种条件划分出来的特定群体,其成员可能没有直接交往过,甚至互不相识,但因其具备若干个共同特征而具有某种共同的社会心理特征,从而被列入同一假设群体中。

2. 实际群体

实际群体是指客观存在的且具有一定的规模和组织形式,群体成员通过直接或间接联系,因共同的目标和活动而结合到一起。在现实生活中,实际群体随处可见。

三、群体的功能

群体因本身具有一定的特殊功能而生存和发展。由于群体是介于组织与个人之间的人群结合体,因此,它的功能表现在三个方面:第一个方面是完成组织赋予的任务,第二个方面是满足群体各成员的社会心理需要,第三个方面是影响和制约个体行为。

（一）完成组织任务

群体最主要的功能是完成组织赋予的任务。一个组织通过将总目标细化成几个分目标,再分配给有关的群体去执行且高效地完成组织目标。群体在实现组织目标过程中,必须发挥好管理者的宣传作用并充分调动群体中所有成员的积极性,发挥出最佳效能。群体是将若干人组织起来的一个有机整体,它并不是简单个体的相加,而是把所有个体力量汇聚成群体力量。群体中的成员为了共同的目标,相互协作、共同进步、取长补短,促使活动顺利进行,成功地完成组织任务。

（二）满足群体成员的社会心理需要

群体成员的需求多种多样,有的通过工作获得满足,有的从群体中获得满足。群体对个体的主要功能是能满足其心理的需求,管理心理学家认为群体可以满足其成员以下几个方面的心理需求。

（1）获得安全感。在群体中个体可以免于孤独、恐惧感等。

（2）满足自尊的需要。个体在群体中的地位,如受人尊重、认可他做出的贡献等,都能满足个体自尊的需要。

（3）增加自信心。在群体中,成员相互交流,统一意见,得出一致的结论,能够使个体了解清楚某些不明确、无把握的观点,进而增强其自信心。

（4）增加力量感。个体在群体中与其他成员相互扶持、相互激励,可以增加个体的力量感,不会感到孤立无助。

（5）协调人际关系。群体可以做好成员的思想工作,化解成员间的矛盾与误会,增加成员间的感情交流,激发其潜力,使他们团结一致地完成组织目标。

（6）增加社会性。使群体成员认识到自己是社会的一分子,看清自己在社会中的

地位。

（三）影响和制约个体行为

心理学家研究认为，从个体本身出发去改变其不良行为，往往不能达到预期的效果。因此，可以借助群体的影响从环境和外在舆论上改造个体行为。由此可见，个体行为是受群体制约的。

四、群体的形成与发展

群体形成的理论源自乔治·休曼斯的经典理论，该理论建立在活动、交往和感情这三个相互联系的要素之上。人们参加的共同活动越多，其交往的次数也会越多，他们在交往中产生的情感就会越强烈。这一理论对于群体形成的理解具有重要意义，其主要元素是交往。群体中人的相互交往不仅是物理距离上的接近，还是为了通力合作以完成群体目标而进行的。

还有许多其他理论也试图解释群体形成，但大多数都是有一定局限性的，并没有形成一个完整的理论体系，它们之间在本质上是相互补充的。其中，比较有代表性的理论之一是西奥多·纽康姆的群体形成的平衡理论，其认为人们相互吸引是基于他们对双方共同相关的目标有相似的态度。两个体之间交往会因共同的态度和价值观而建立关系或者形成群体，一旦这种关系形成，参与者会努力保持住吸引和共同态度之间的平衡。如果平衡不能重建，这种关系就会瓦解。

群体总是处于生成、发展和变化之中的，群体的发展过程其实就是从不熟悉到熟悉、从松散到紧密的过程。20 世纪 60 年代，教育心理学家布鲁斯·图克曼提出了群体发展的四个阶段：形成、震荡、规范和运行。后来，图克曼和一位博士生又增加了第五个阶段——解体，从而逐渐形成了一个完整的群体发展阶段模型——五阶段模型。

1. 形成阶段

形成阶段是群体发展的初始阶段，其特点是群体中不确定的目的、结构和领导。群体成员还处于"摸着石头过河"的状态，不清楚群体由谁负责以及各自在群体中的任务，各自摸索着群体内可接受的行为规范。随着群体成员间的相互认识和了解，最终会出现被认可的领导，这对群体的发展至关重要。当群体成员逐步认为他们自己是群体的一员时，这个群体就会向下一个阶段发展。

2. 震荡阶段

震荡阶段是群体发展中一个困难的阶段。该阶段冲突会逐渐出现，主要矛盾是竞争领导角色和目标冲突，如目标的相对优先次序、责任分配、领导关于任务的引导和指示等方面。这一阶段结束时，群体内部会形成比较明晰的领导层级，群体在发展方向上也会达成一致。

3. 规范阶段

在这一阶段，群体认真对待所有冲突并开始着手解决这些冲突，群体成员之间开始相互接纳形成相互支持的团队意识，从而表现出一定的凝聚力。在这一阶段开始时，群体成员自由地交换信息,形成亲密的关系,同时增强了群体的认同感。当群体结构稳定下来,并对于什么是正确的行为达成共识时,这个阶段就结束了。

4.运行阶段

这个阶段中,群体结构发挥着最大的作用,并得到广泛的认可。群体成员的主要精力从相互认识和了解转移到完成当前的任务。群体已经对完成任务做好了准备,群体成员能一起熟练并有效地达到目标,每个成员都接受和理解自身角色,成员也学会何时独立工作、何时相互帮助。在这一阶段中群体会完成其绝大部分实质性工作。

5.解体阶段

在这个阶段中,群体已经成为一个成熟、有效率、有产出的单位。能够对员工行为实施正向或负向激励来进行控制,能够在新员工入职或老员工离职后做出相应调整。此阶段,一些群体会延续,一些群体则会解体。对于解体的群体而言,它们会把注意力放在收尾工作上,此时高绩效不再是关注的焦点,群体成员的心情各异,有的乐观,沉浸于群体的成就而兴奋不已,有的则很悲观,惋惜好不容易建立起的友谊和默契。至于解体的原因,可能是群体实现了其目标,也可能是关键成员的离职或者群体运作无效等。

图克曼的五阶段模型对于我们认识和思考群体如何发展是非常有价值的。五阶段模型有这样一个假设前提:随着群体从第一阶段发展到第四阶段,群体会变得越来越有效。这一假设在一定意义下是成立的,但使群体有效的因素过于复杂。在某些条件下,高水平的冲突可能会导致较高的群体绩效。所以,可能会出现前一阶段的绩效会远高于后几个阶段的绩效。值得注意的是,群体发展的各个阶段之间并不是泾渭分明的,有时几个阶段可能同时并存。

五、非正式群体及其管理

自20世纪20年代起,美国心理学家梅奥等人经过多年的实验(霍桑实验)发现,除了正式组织外,企业中实际上还存在各种形式的非正式组织,并由此产生了非正式群体这一概念。

(一)非正式群体形成的原因和特点

正式群体是为了完成组织下达的工作任务而形成的,因而无法满足人们各种各样的除工作之外的需求与期望。由此,人们通过形成各种非正式群体来满足那些未被满足的需求。非正式群体是一种未经官方规定的自然形成的无固定组织形式的群体,它是由群体内部因素约定的。自从霍桑实验发现非正式群体的存在及其对工作绩效的重要影响后,非正式群体成为大多数学者的研究对象。

1.非正式群体形成的原因

非正式群体的形成比较复杂,归纳起来主要有以下几个方面。

1)个人因素

例如,价值观一致的人们对人、对事、对物都有共同的看法,有共同的追求,这会使他

们产生"合得来"的感觉而聚集在一起。在价值观一致基础上形成的非正式群体一般来说都比较稳定,不易解体。另外,个人的性格脾气也是一个重要因素,性格相同或相似的人一般会愿意交往。拥有类似社会背景和个人经历的人(如同学、同事等),由于他们有着相同的感受,所以更容易理解对方的想法,这也是会形成非正式群体的一个重要因素。

2)地理位置

时间、空间相近的人们由于发生相互作用的频率高,情感交流的机会多,比较容易形成非正式群体。

3)工作性质

工作性质相同的人容易形成群体。

4)心理特点和行为模式

同龄人或者同性别的人由于有共同的心理特点和行为模式,容易产生共鸣,从而形成非正式群体。

2. 非正式群体的特点

1)非正式群体是自发形成的

正式群体是由组织或职能部门组建的,而非正式群体是人们相互交往过程中自发形成的。例如,青年员工有较强的社交需求,希望能在群体中获得帮助及友情,这种需求是正式群体无法给予的,他们为了寻找相同想法的伙伴,就会自然而然地结成一个群体,这种群体不需要社会承认和组织许可。

2)非正式群体主要以共同需求、爱好等情感因素为纽带

正式群体持续存在的主要原因是组织的规范,内部分工及相应权力、职责等。维系非正式群体存在的主要原因是来自群体内部,例如群体成员间情感需要及某种共同利益的驱使等。

3)非正式群体的领导具有极大的吸引力

正式群体的领导是通过组织任命或者群众选举产生,非正式群体的领袖任务则是在群体形成过程中自然拥戴出来的。这种非正式群体的领导要凭借自身的人格魅力使其他成员自愿拥护。相比正式群体的领导,非正式群体的领导需要更强大的号召力与影响力。

4)非正式群体自有一套见效快的不成文的规范

非正式群体的规范是基于成员的共同利益、共同爱好和共同需求,以约束群体成员行为,其约束力往往比正式群体的规范更强。非正式群体成员会自觉地遵守规范,对群体有较强的归属感,乐意服从群体的指挥。

5)非正式群体具有很强的凝聚力

非正式群体是由群体成员之间爱好相似、利益相近或者看法相同,以及彼此相互需要等因素形成的,所以在非正式群体内部一般会有很强的凝聚力,并且突出表现在群体的自卫性和排他性上。

6)非正式群体成员之间有一条比较畅通的信息传递渠道

非正式群体带有明显的感情色彩,这使其内部信息交流具有渠道畅通和传递快速的特点。当然,这种信息的交流也是带有明显的感情色彩,以感情来判断是非好坏。

7)非正式群体有较强的自卫性和排他性

非正式群体是由共同的利益形成的,为了维护成员的利益,具有自卫性和排他性。

(二)非正式群体的类型

1. 按照非正式群体的形成原因划分

按非正式群体形成的原因,可分为以下几种类型。

(1)利益型。因其成员利益上的一致而形成,凝聚力最强,作用明显,是否是非正式群体也容易判定。

(2)信仰型。因其成员共同的信仰和观点而形成,凝聚力较强,但由于是思想上的结合,除与信仰、观点有关问题外,群体作用并不十分明显。

(3)情感型。为寻求友谊、情感,得到社交上的满足,群体成员以亲密的情感为基础组成非正式群体。

(4)"家族亲朋"型。因其成员由家庭亲朋关系而形成,凝聚力强,内部相互帮助和对外自卫的作用明显。

(5)爱好型。因兴趣爱好相同而形成。例如,以打球、游泳等业余兴趣爱好为基础,建立各种非正式群体。这样的群体凝聚力不是很强,群体作用也不明显。

2. 按照非正式群体的性质和作用划分

按非正式群体的性质和作用,可分为以下几种类型。

(1)积极型。对组织目标、正式群体的建设及成员成长起积极作用,是一种积极的力量。

(2)消极型。对于组织目标、正式群体的建设及成员的成长,有着消极的影响,但活动未超出法律的许可范围。

(3)中间型。对于组织及正式群体,都没有明显的积极作用或消极作用,如业余诗词协会、羽毛球俱乐部等。

(4)破坏型。对组织目标和正式群体的建设有明显的破坏、干扰作用,对组织的利益起着损害作用,如有些非正式群体鼓励成员赌博、打架等。

(三)非正式群体的作用

非正式群体的存在是客观的事实,具有一定的合理性。非正式群体的作用是双面的,可能是积极的,也可能是消极的。主要把非正式群体活动的方向是否与正式群体的目标和规范一致作为判断非正式群体作用的性质标准。当非正式群体活动与正式群体的目标一致时,起到积极作用;当其活动与正式群体目标相悖时,起到消极作用。

1. 非正式群体的积极作用

1）弥补正式群体的不足，满足成员的需要

非正式群体成员在群体中可以获得归属感、安全感等需求的满足。群体成员有各种需要，有些需要通过工作本身就可以得到满足，但还有一些则是很难从正式群体中获得。而在非正式群体中，成员之间的这种自发关系使他们在心理、感情等方面的需要得以满足。需要的满足对成员的工作积极性影响很大，从而对组织目标的实现产生重要的影响。

2）满足成员信息沟通的需要，融洽成员间的感情

非正式群体成员之间交往十分频繁，信息传递十分快捷。建立与维持群体内部良好的人群关系，都有赖于群体内信息的传递。群体可通过正式途径与非正式途径两种途径来进行信息传递。正式途径的传递是主要途径，但方式过于单调，具有强制性，不易被成员认可，有时甚至会产生相反的效果。而非正式传递方式表现出来的自然性使得信息传递更为快捷，易于引起员工的共鸣而使传递获得更好的效果。

3）增强组织的凝聚力

非正式群体具有远比强制性影响力大得多的实际影响力。非正式群体的形成主要是源于心理性、情感性因素的需要，成员间的关系由其特定的行为规范来调节，并且非正式组织一般都有自己的"群体领袖"。因此，非正式群体往往可以解决正式群体难以解决的困难，能调动那些不服从正式群体使唤的人。管理者如果能够合理利用非正式群体的这种影响力，将对增强群体凝聚力有重要意义，并能协助正式群体发挥作用。

4）激励和培训成员

在非正式群体中，对于那些技术不熟练或遇到困难的成员，其他成员会积极自觉地给予指导和帮助，这在一定程度上帮助组织起到激励和培训的作用。

5）保障成员的权益

非正式群体通常能以员工利益代表者的身份出现，维护劳动者合法权益，在一定程度上弥补了改革开放和社会经济发展过程中出现的失衡与不足。

综上所述，合理有效地发挥非正式群体的积极作用时，可以对正式群体起支持、分担、稳定、调节和制约的作用。

2. 非正式群体的消极作用

1）干扰组织目标的实现

非正式群体是为了达到共同的愿望和目标而自由组合起来的，它的特点是比较保守，倾向于维持现状。非正式群体中的成员在获得归属感、安全感满足的同时，一旦整个组织的结构功能发生变革，或正式群体和非正式群体发生冲突，危及非正式群体的存在时，其成员便会一致抵制这种变革，从而阻碍组织改革的进程。

2）控制和束缚成员发展

非正式群体中普遍存在着一种从众行为的现象，要求行为和思想上的一致，不允许

有标新立异的成员出现。一旦出现,非正式组织将视这类成员为"越轨者",从而孤立甚至是惩罚这个成员。这将影响到整个组织的运行,有碍于组织的发展。

3)容易滋生谣言

非正式群体越多,不仅容易泄露正式群体的秘密,而且小道消息和谣言也会越多,甚至歪曲事实,无事生非。由于非正式群体的沟通渠道通畅,因此小道消息或谣言的传播速度快、范围广,对正式群体的危害较大。

4)产生破坏作用

非正式群体内一些错误、消极的思想会影响到成员,形成消极的小群体意识。一旦这样的非正式群体拥有足够的影响力,对群体内的信息传递、人际交往、功能运作等往往产生阻碍甚至扭曲的反作用,可能会阻碍正式群体的正常工作,影响生产活动。

消极的非正式群体不仅会影响到组织工作的顺利进行,还会阻碍其他成员的发展和上进。这对组织目标的实现产生巨大的阻力,妨碍正式群体发挥其作用。

(四)非正式群体管理

非正式群体与正式群体是相互依存、相互制约的,要正确地对待非正式群体,发挥其积极作用,调动成员的积极性,提高工作效率,同时要防止和克服其消极影响。因此,如何正确对待非正式群体,是任何企事业领导都不可忽视的问题。

1)正视非正式群体,管理者自觉增强联系

非正式群体的出现,有它的必然性。当正式群体和组织不能完全满足个人的需要时,必然有非正式群体的出现。我国一些企业中,不少人缺乏对非正式群体的认识,因而在态度和做法上都有不同程度的偏差。对非正式团体的作用要一分为二来看待,它有消极作用,但也有积极作用,关键是如何引导以及怎样处理领导与非正式团体的关系。领导者要掌握本组织有多少非正式群体,了解它们产生的背景、思想倾向、成员构成等,从而因势利导,必要时理解、支持和参与非正式群体的有益活动,发挥其积极作用,限制其消极作用。

2)区别对待不同类型的非正式群体

非正式群体的性质、作用不尽相同,要根据不同的情况区别对待。

按照群体的作用性质划分,可以把非正式群体分为四种类型:积极型、消极型、中间型和破坏型。对积极型的非正式群体要采取支持和保护的原则,发挥其作用。对待中间型和消极型的非正式群体,不可采取粗暴、生硬的做法,应当积极引导,主动接近和了解,以便从中施加影响,化消极为积极。对于破坏型的非正式群体,要采取"分化瓦解"的政策,视情节轻重,给予适当处理。

3)运用舆论导向引导

运用舆论导向引导是指运用企业的舆论工具、媒体、事件等,对非正式群体成员的共同意见进行有目的、有计划的引导,循序渐进地使非正式群体的意见与企业的组织目标相一致;其次是为非正式群体成员的沟通提供机会,如聚餐、舞会等,对他们的思想进行

潜移默化的引导,逐渐使其接受企业的目标。

4)做好非正式群体中核心人物的工作

任何非正式群体都会有一个或几个核心任务,它们在小群体中的威信不可忽视,对群体成员具有很大的影响力。因此,在管理工作中要特别注意做好这些核心人物的工作。领导者应该以平等的态度去关怀他们、信任他们,充分调动他们的积极性,并通过他们影响群体内其他成员,防止消极行为的产生。

第二节　群体心理与行为

一、群体心理

群体是人们以一定方式的共同活动为中介而组合成的人群集合体。群体心理学是研究结成群体的人们的心理现象、心理活动的社会心理学分支。社会群体生活是人们的基本生活方式,因此,人们在社会生活中的群体心理,就成为社会心理学研究的主要组成部分。群体心理具有以下几个特征。

1. 认同意识

不管是正式群体的成员还是非正式群体的成员,他们都有认同群体的共同心理特征,即不否认自己是该群体的成员。他们对自己群体的目标有一致的认识,认同群体的规范,在此基础上产生自觉自愿的行动,并且对重大事件和原则问题保持共同的认识和评价。当然,每个群体内部的认同程度是不一样的,一般来说,大群体内部的认同程度要相对低一些,而小群体内部的认同程度相对要高一些。

2. 归属意识

不管是正式群体的成员还是非正式群体的成员,他们都有归属于群体的共同心理特征,也即具有依赖群体的要求。但是,归属意识里面有个自愿感和被迫感的问题。非正式群体成员的归属意识是自愿的归属意识,而正式群体成员的归属意识则不确定,可能是自愿的,也可能是被迫的。个人的优势在正式群体中得不到充分的发挥,就可能对归属于该群体产生被迫感。这是一种和被迫感并存的归属意识。在这种情况下,该成员首先考虑的不是我应该为群体做些什么,而是考虑我归属于这个群体了,群体应该为我负责。所以,同样是归属意识,自愿的归属增强凝聚,而被迫的归属增强离散。

3. 整体意识

由于认同群体,归属于群体,不管是正式群体的成员还是非正式群体的成员都有或深或浅、或强或弱的整体意识,即意识到群体有其群体的整体性。但是这种整体意识程度不同,行为表现不同。一般说来,整体意识越强,维护群体的意识也越强,行为具有和群体其他成员的一致性;反之,整体意识越弱,维护群体的意识也越弱,行为具有或强或弱的独立性,但是也有相反的情况。正因为整体意识强,所以在发现群体其他成员的行为有害于整体时采取反对态度,和其他群体成员的行为不一致;正因为整体意识弱,所以采取不负责任的态度,和群体其他成员的行为保持一致。所以,整体意识和行为一致是两个互相联系的问题,但不是同一个问题。不能简单地把行为独立性强的人等同于没有整体意识或整体意识不强的人。

4. 排外意识

排外意识是指排斥其他群体的意识。群体具有相对独立性,群体成员具有整体意识,这就必然在不同程度上产生排外意识。只要班组奖金高,管它车间发得出发不出奖金;只要车间奖金高,管它企业发得出发不出奖金——这是群体成员普遍会产生的心理。排外意识通常是和群体成员一起把自己看作为哪一个群体的成员,或者说更倾向于把自己看作是与哪一个群体的成员相联系的。倾向于把自己看作班组群体的成员,他就排斥车间以上的群体;倾向于把自己看作车间群体的成员,他就排斥企业以上的群体,同时他更横向地排斥同级的其他群体。越是把自己看作小群体的成员,排外的意识就越是强烈。因此,"外人"也就更难进入小群体。这反过来也说明,人们往往更重视小群体的利益。

二、群体行为

(一)群体规范

1. 群体规范的含义

群体规范是指群体成员所公认的有关群体成员应当如何行动的规则和对成员的行为期望标准。群体规范有的是正式规定的,如法律法规等。但大部分是在群体中自发形成的,如文化、习俗、舆论等,它们能够潜移默化地影响成员的行为及其人格的发展。

群体规范的形成受从众、顺从等心理因素的影响,群体成员彼此通过暗示、模仿、感染等的相互作用,会发生一种彼此接近、趋同的类化过程,正是在此基础上形成了群体规范。

2. 群体规范的作用

形成后的群体规范对群体的作用是非常广泛的,具体表现在以下几个方面。

1) 维系群体

群体的存在形式是它的整体性,而这种整体性就表现在群体成员的行为、感情和认识的一致性上。群体规范是这种一致性的标准,它统一着群体成员的意见和看法,调节着他们的行为。没有群体规范,群体也就失去了其整体性,因而群体便不复存在。从另一方面看,群体是由许多个体结合而成的,要维持其整体,使其存在下去,就需要有一定的准则来约束成员,而成员也正是依据这种对准则的认同,相互彼此一致起来,形成一个整体。

一个群体规范越标准化,成员的活动就越协调,关系就越密切,群体也就越整合、越

集中,也就越容易让人们感到它的存在。相反,如果群体规范标准化很低,那么群体就会很松散。所以,没有群体就没有群体规范,同样,没有群体规范也就没有群体。

2)认知的标准化

认知的标准化是指群体规范统一意见和看法的功能。各人的看法往往是不同的,当他们一旦结合成为群体,就会在判断和评价上逐渐趋于一致,这种统一成员意见、看法的功能,就是群体规范的认知标准化功能。群体规范就像一把尺子,摆在每个成员的面前,约束着他们,使他们的认知、评价有一个统一的标准,从而形成共同的看法和意见。

群体规范的这种标准化功能并不是外在的、强迫的,而是内在的、自觉的。它已内化为每个成员的个人意识,在无形中起着作用。成员们在无意识中做出了相同的评价,表现出了一致的看法。

3)定向行为

群体规范对行为的定向功能,主要是为成员划定了活动的范围,制定了日常的行为方式,告诉人们应该做什么、不应该做什么、怎样做等等。群体是社会与个人之间的中介,是社会影响个人的具体形式,社会准则要通过群体才能影响个人,这是通过群体规范约束人的行为方式来实现的。

4)惰性作用

惰性作用是群体规范消极的一面。规范作为一种多数人的意见,要求成员行为趋于中等水平,既不能太先进,也不能太落后。规范由此限制了人们的积极性和创造性。在这种情况下,一些创造行为会被认为是越轨的、不符合群体要求的行为。这就极其容易使人们习惯于在规定的范围内思考和活动,影响人们创造性的发挥。

总之,要善于引导和调控群体规范,促进新的、积极的、健康的群体规范逐渐成为各社会群体成员共同接受的规范。

(二)群体压力与从众行为

1.群体压力的含义

群体压力是指群体对其成员的一种影响力。当群体成员的思想或行为与群体意见或规范发生冲突时,成员为了保持与群体的关系而需要遵守群体意见或规范时所感受到的一种无形的心理压力,它使成员倾向于做出为群体所接受的或认可的反应。

群体压力与权威命令不同,它既不是由上而下明文规定的,也不是强制个体改变自己的行为,而是通过多数人的意见,形成压力区从而影响个人的行为。群体压力虽然是非强制性的,但对个体而言,却是一种难以违抗的力量。

在群体中,个人与多数人意见有分歧时,就会感受到群体的压力。当这种压力非常大时,会迫使群体成员违背自己的意愿产生完全相反的行为。社会心理学把这种行为叫作从众。因此,从众行为是指个人在群体中,因受到群体的影响和压力,使其在知觉、判断及行为上倾向于与群体中多数人一致的社会心理和行为现象。

2.从众行为产生的原因

从众行为产生的原因包括以下几个方面。

1)信息压力

在许多情况下,人们是通过别人获得外部世界的信息,甚至许多关于自己的信息也是来自他人。人们倾向于相信他人提供的知识和信息会对自己有所帮助。例如,我们迷了路,就要请警察或当地居民指点,并按照他们的指点到达目的地。由于人们相信信息来源者,就容易遵从别人的意见或效仿他人的行动。在从众实验中,人们倾向于相信多数人的意见,认为他们是信息的来源而怀疑自己的判断。在情境模棱两可、缺少参考构架的情况下尤其如此。

2)规范压力

前面说过,群体成员都要遵守群体规范,谁也不愿成为越轨者或"不合群者",人们在群体中怕受孤立或受惩罚,而愿意与群体规范相一致,与群体中其他成员保持相同的看法。此外,群体的规模、群体的凝聚力和个人在群体中的地位等变量,也是影响个体遵从群体中多数人意见的因素。

3. 从众行为的表现形式

实际上,从众行为有表面和内心两个层面。对于同一个人来说,内外两个层面的反应,并不一定都是协调一致的,主要有以下几种不同的表现形式。

(1)表面从众,内心赞同。这是表里一致的遵从,即心服口服。在这种情况下个体没有心理矛盾,这是个体与群体之间的较理想的关系。

(2)表面从众,内心拒绝。这是指口头赞成多数人的意见,内心却不同意,即"口服心不服"。

(3)表面不从众,内心却接受。表面上反对多数人的意见,内心却是拥护的。个人虽然表示不同意,但实际上不会有反对的行为。

(4)表面不从众,内心也拒绝。这是真正地、完全地不赞成多数人的意见,个人确信多数人的意见是错误的,因而主张改变多数人的意见。

4. 影响个体从众行为的因素

影响个体从众行为的因素主要包括个体特点、群体特点以及其他情景因素等。

1)个体特点

人们在群体压力下表示顺从的愿望或需要是各不相同的。通过多种个性和智力测验的关联分析,附以从众性的记分,发现能够抵挡得住群体压力而保持自己独立性的人具有如下特征:聪明(按智力标准来衡量);有创见性(在思维方法和问题解答中表现出来的);自信心高低(缺乏自信心者易于从众);自尊心强弱(自尊心弱者易于从众);社会赞誉需要高低(社会赞誉需要低者易于从众);对人际关系的敏感度(看重人际关系的人易于从众);态度和价值观(对社会评价和舆论敏感、墨守成规者易于从众);对他人的依赖(对他人依赖者易于从众)。

如果在上述行为方面被列入较低的等级,这些人容易屈服于群体压力。比如,一个人的特征是智力一般,缺少创见性,思维不灵活、停滞、僵化,思想贫乏,患得患失,自我强度低,自信心弱,和他人的关系有依赖性,易为他人所左右,总是注意他人对自己的评价,胸无大志,对稍微复杂的问题缺少正确的判断力等,就是个顺从者。

2)群体特点

这方面因素包括:群体的作用(一个能够满足个体愿望和需要的群体,易于使个体产

生从众行为）；群体的组成（当群体内多数成员的地位、能力、经验高于个体时，个体易于产生从众行为）；群体意见的一致性程度（如果群体意见一致性高，个体迫于群体压力就不得不与群体意见保持一致）；群体的规模和凝聚力（凝聚力随着群体规模增大而越高，容易使个体从众）；群体的气氛（当群体不能容忍个人主见、总是对从众的人有利时，会使个体易于产生从众行为）。

3）其他情景因素

其他情景因素也会影响个体的从众行为。例如，问题的性质（倘若群体针对的问题本身复杂迷糊、没有标准，则个体易于从众）；外界对群体的支持度（当整个组织对该群体非常认同和支持时，个体容易产生从众行为）。

（三）群体凝聚力

1. 群体凝聚力的含义

群体凝聚力是指群体成员保持在群体内的合力，是群体对成员的吸引力。它既包括群体对其成员的吸引力，又包括成员对群体的向心力，同时还包括成员之间的相互好感。美国心理学家多伊奇曾提出过一个计算凝聚力的公式，即群体凝聚力等于成员之间相互选择的数目与群体中可能相互选择的总数目之比。

对群体的认同感、归属感和力量感是高凝聚力群体成员拥有的心理感受。产生的条件有：群体成员的目标一致、志趣相投、心理相容和互补，以及外界的压力与威胁等，绩效规范的调节也会影响其作用。

2. 影响群体凝聚力的因素

1）群体成员内部的一致性

这里的一致性即群体成员表现出来的共同性或相似性。在群体成员有共同的目标、共同的需要、共同的兴趣爱好情况下，成员之间的行为表现更容易表现出一致性，群体的凝聚力就更强。可以说，凝聚力的基础就是群体成员的一致性。

2）群体规模

群体规模的大小也是影响群体凝聚力的一个重要因素。群体规模过大，成员之间相互接触的机会相对减少，彼此之间的关系也会比较淡薄，易造成意见分歧，从而降低群体的凝聚力。若群体规模过小而致使群体力量不足，也会影响任务的完成。因此，应在既能保证群体的工作机能，又能维持群体的凝聚力的条件下考虑群体规模。一般说，合理的群体规模是 7 人左右。

3）外部的影响因素

群体凝聚力的另一个重要因素来自外部压力。当群体遭到外部压力时，群体成员会放弃前嫌，紧密地团结起来一起抵抗外来威胁，从而有利于增强群体成员团结共进的精神，提高群体的凝聚力。

4）群体内部的奖励方式

群体内部的奖励方式对各成员会产生不同的心理影响，进而影响到群体的凝聚力。只对个人进行奖励，不关注群体其他成员，必然会在群体成员之间制造矛盾。因此，应采用个人和群体相结合的奖励方式来增强成员的团结合作意识和工作责任，群体的凝聚力也会随之增强。

5）群体的领导方式

群体中领导们不同的领导方式会对群体凝聚力的大小产生不同的影响。相比专制型和放任型领导方式,采用民主型领导方式的小组成员之间更友爱,思维更活跃,工作更积极,群体凝聚力更高。

6）目标的达成

有效地达成目标会使其成员产生自豪感,凝聚力的增强又会促进目标的达到。

(四)群体士气

1.群体士气的含义

士气一词原用于军队,表示作战时的集体精神,现在也应用于企业中,表示群体的工作精神。心理学家史密斯等把群体士气定义为"对某群体或组织感到满足,乐意成为该群体的一员,并协助达成群体目标的态度"。因此,它不仅代表一种个人成败与群体兴衰休戚相关的心理,还是群体的工作精神和成员对组织的态度表现。

克瑞奇等人认为,一个士气高昂的群体,具有以下几个特征:

(1)群体的团结不是来自外部的压力,而是来自内部的凝聚力;

(2)群体内的成员不分裂且不成为互相敌对的小群体;

(3)群体本身具有弹性来适应外部变化和具有处理内部冲突的能力;

(4)群体成员之间有强烈的认同感和归属感;

(5)群体内各成员都熟知群体的目标;

(6)群体内成员肯定和赞同目标及领导者;

(7)群体内成员都认可群体的存在价值,并维护它继续存在。

高昂的群体士气,可以激发员工的生产热情,以保证群体或组织生产任务的完成。同时,高昂的群体士气可以使群体或组织获得广大公众的赞誉和支持。

2.影响士气的因素

影响士气的主要因素主要有以下几点。

1）成员对组织目标的赞同程度

士气是群体中成员的群体意识,它代表一种个人成败与群体成就休戚相关的心理。在个人的目标与群体的目标协调一致时这种心理才可能产生。这时,个体对组织有强烈的认同感使得其努力达成组织的目标。

2）成员对工作的满足感

对工作的满足感增长有利于提高士气。例如,个人对所从事的工作感到合乎他的兴趣、适合他的能力,因而对他具有挑战性、能施展他的抱负,士气在这种情况下必然激增。因此,安排工作时要尽可能根据职工的智力、兴趣、教育程度和特殊专长,这样做就能施展其长处,鼓励士气。

3）经济报酬

金钱不是人们所追求的唯一目标,但金钱可以满足个人的许多需求,有时它还代表一个人在组织中的成就和贡献。同工同酬,以工计酬,保证公平合理性,就能提高员工的

工作积极性。反之,不合理的薪资制度,会引起不满而降低士气。

4)群体成员间的关系

一个士气高的群体,其成员间的凝聚力很强,很少出现彼此冲突、埋怨、敌对现象,表现为群体成员间的关系和睦。

5)领导者

一个领导的管理作风对下级工作的精神影响极大。研究表明,凡是士气高的群体,其领导者都比较民主,乐于接受别人意见,善于体谅员工甘苦。

6)信息沟通渠道

领导与下级、下级与上级之间,如果沟通受阻,均可能引起员工的不满而影响士气。单向沟通只是上级命令下级,而没有给员工反映意见的机会,久而久之易产生抗拒心理、降低士气。多让员工有参与决策或群体讨论的机会,这种双向沟通的条件,有利于提高员工的积极性。

三、群体决策

(一)群体决策的含义

决策是在一定历史阶段产生并发展起来的,体现着时代的特征。随着环境的变化,决策也日益呈现出一些新的特点,其中最典型的就是群体决策受到重视并获得迅速发展。

群体决策是指由多数成员而非个人实行决策的行为,又称集体决策。组织中的许多决策,尤其是对组织的活动和人事有极大影响的重要决策,多是由群体来完成的,这些群体包括工作小组、研究小组、委员会等。可以从以下几个维度对群体决策进行认识。

(1)群体成员参与决策的程序,从很少参与决策到充分参与决策,不同的参与程度对决策结果的可接受性很有影响。

(2)群体决策的内容,包括管理、日常人事、工作本身和工作条件等几个方面。

(3)群体决策的范围可分小范围和大范围。

群体决策是实现群体目标的有效手段,恰当地运用这一手段,将大大提高群体决策的效率。我们可以把群体决策看成群体中一个开放的动态系统,既要考虑群体成员在各决策阶段的活动,也要考虑到来自群体外部的各种信息的影响。

(二)群体决策的利弊分析

群体决策较于个体决策的优点主要表现在以下几个方面。

(1)决策质量高。群体决策有利于集中不同领域专家的智慧,解决日益复杂的决策问题。通过这些专家的广泛参与,可以对决策问题提出建设性意见,有利于在决策方案得以贯彻实施之前,发现其中存在的问题,提高决策的针对性。

(2)群体决策能够利用更多的知识优势,借助更多的信息,形成更多的可行性方案。由于决策群体的成员来自不同的部门,从事不同的工作,熟悉不同的知识,掌握不同的信息,容易形成互补性,进而挖掘出更多的令人满意的行动方案。群体决策还可以充分利用其成员不同的受教育程度、经验和背景。具有不同背景、经验的成员在选择收集的信息、要解决的问题的类型和解决问题的思路上往往都有很大差异,他们的广泛参与有利于提高决策时考虑问题的全面性,提高决策的科学性。

(3)群体决策推动了决策的顺利实施,提高了决策的可接受性。由于决策群体的成员具有广泛的代表性,所形成的决策是在综合各成员意见的基础上形成的对问题趋于一致的看法,因而有利于有关部门或人员的理解和接受,在实施中也容易得到有关部门的相互支持与配合,从而有利于提高决策实施的质量。

(4)群体决策使人们勇于承担风险。有关研究表明,在群体决策中,多人都比个人更勇于承担风险。

群体决策的缺点也是显而易见的,主要表现在以下几个方面。

(1)群体决策的速度、效率可能低下。群体决策鼓励各个领域的专家、员工积极参与,力争以民主的方式拟定出最满意的行动方案。在这个过程中,如果处理不当,就可能陷入盲目讨论的误区之中,既浪费了时间,又降低了决策效率,从而限制了管理人员在必要时做出快速反应的能力。

(2)从众压力。群体成员希望被群体接受和重视的愿望可能会导致不同意见被压制,在决策时使群体成员都追求观点的统一。

(3)少数人控制。群体讨论可能会被一两个人控制,如果这种控制是由低水平的成员所致,群体决策的结果就会受到不利影响。

(4)责任不清。对于个人决策,谁来承担风险是很明确的,否则会冲淡群体决策中任何成员的责任。

(5)决策者很可能更关心个人目标。在决策实践中,不同部门的管理者可能会从不同角度对问题进行定义,管理者个人更倾向于对自己部门相关的问题非常敏感。因此,如果处理不当,则很可能发生决策目标由中心偏向个人的情况。

(三)有效的群体决策技术与方法

针对常规群体决策中存在的弊病和问题,很多学者和专家设计并试用了多种有效的群体决策技术和方法,来充分发挥群体决策的优点而避免其缺点。

1. 头脑风暴法

头脑风暴法是由奥斯本首先提出的一种激发性思维的方法。此法经各国创造学研究者的实践和发展,至今已经形成了一个发明技法群,如奥斯本智力激励法、默写式智力激励法、卡片式智力激励法等。

当一群人围绕一个特定的兴趣领域产生新观点的时候,这种情境就叫作头脑风暴。由于团队讨论使用了没有拘束的规则,人们就能够更自由地思考,进入思想的新区域,从而产生很多的新观点及问题的解决方法。当参加者有了新观点和想法时,他们就大胆说出来,然后在他人提出的观点之上建立新观点。所有的观点被记录下来但不对其进行评论。只有头脑风暴会议结束的时候,才对这些观点和想法进行评估。头脑风暴的特点是让参会者敞开思想,使各种设想在相互碰撞中激起脑海的创造性风暴。其可分为直接头脑风暴法和质疑头脑风暴法,前者是在专家群体决策基础上尽可能激发创造性,产生尽

可能多的设想和方法,后者则是对前者提出的设想、方案逐一质疑,发现其现实可行性的方法,这是一种集体开发创造性思维的方法。

2. 德尔菲法

德尔菲法又称专家调查法,是一种采用通信方式分别将所需解决的问题单独发送到各个专家手中,征询意见,然后把全部专家的意见回收汇总,并整理出综合意见,随后将该综合意见和预测问题再分别反馈给专家,再次征询意见,各专家依据综合意见修改自己原有的意见,然后再汇总,这样多次反复,逐步取得比较一致的预测结果的决策方法。

德尔菲法依据系统的程序,采用匿名发表意见的方式,即专家之间不得互相讨论,不发生横向联系,只能与调查人员发生关系,通过多轮次调查专家对问卷所提问题的看法,经过反复征询、归纳、修改,最后汇总成专家基本一致的看法,作为预测的结果。这种方法较为可靠,有广泛的代表性。

德尔菲法的具体过程有以下几个步骤。

(1)组成专家小组。按照课题所需要的知识范围确定专家。专家人数可根据预测课题的大小和涉及面的宽窄而定,一般不超过20人。

(2)向所有专家提出所要预测的问题及有关要求,并附上有关这个问题的所有背景材料,同时请专家提出还需要什么材料。然后,由专家做出书面答复。

(3)各个专家根据他们所收到的材料,提出自己的预测意见,并说明自己是怎样利用这些材料并提出预测值的。

(4)将各位专家第一次判断意见汇总,列成图表,进行对比,再分发给各位专家,让专家比较自己同他人的不同意见,修改自己的意见和判断;也可以把各位专家的意见加以整理,或请身份更高的其他专家加以评论,然后把这些意见再分送给各位专家,以便他们参考后修改自己的意见。

(5)将所有专家的修改意见收集、汇总,再次分发给各位专家,以便进行第二次修改。逐轮收集意见并为专家反馈信息是德尔菲法的主要环节。收集意见和信息反馈一般要经过三四轮。在向专家进行反馈的时候,只给出各种意见,但并不说明发表各种意见的专家的具体姓名。这一过程重复进行,直到每一个专家不再改变自己的意见为止。

(6)对专家的意见进行整合处理。

3. 名义群体法

名义群体法是指在决策过程中对群体成员的讨论或人际沟通加以限制,让群体成员独自思考。它与召开传统会议一样,群体成员都出席会议,但群体成员首先进行个体决策。

在问题提出之后,具体方法主要有以下几个步骤。

(1)成员集合成一个群体,但进行任何讨论之前,每个成员需要独自写下他对问题的观点。

(2)经过一段沉默后,每个成员将自己的想法提交给群体。然后一个接一个地向大家说明自己的想法,直到每个人的想法都表达完并记录下来为止(通常记在一张活动挂图或黑板上),继而进行讨论。

（3）群体开始讨论，以便把每个想法搞清楚，并做出评价。

（4）每一个群体成员独立地把各种想法排出次序，最后的决策采纳综合排序最高的想法。

4. 电子会议法

电子会议法是一种最新的群体决策方法，它是将群体预测与计算机技术相结合的预测方法。在使用这种方法时，先将群体成员集中起来，每人面前有一个与中心计算机相连接的终端。群体成员将自己有关解决政策问题的方案输入计算机终端，然后再将它投影在大型屏幕上。

电子会议法的主要优点在于匿名、诚实和快速，而且不限空间。决策参与者在不透露姓名的状况下阐明自己的观点，如此可以使人们充分地表达他们的想法而不会受到惩罚，同时也消除了闲聊和讨论偏题等干扰。

第三节　团队及其建设

一、团队概述

（一）团队的含义

西方学者从不同的视角给团队下了定义。例如，斯蒂芬·罗宾斯认为，团队是一种为了实现某一目标而由相互协作的个体所组成的正式群体。

刘易斯认为，团队是由一群认同并致力于去达成共同结果而努力的组织。在刘易斯的定义中强调了三个重点：共同目标、工作相处愉快和高品质的结果。

沙勒斯等人认为，一个团队是由两个不同背景及特色的人所组成，他们被赋予特定的角色与功能，并表现出不同的功能，在有效的期限内在一起进行有效的互动，共同完成具有特定价值的任务。沙勒斯等人的定义，除了再度提到共同目标外，还提到了团队成员的相互依存性。

盖兹贝克等人则强调具有相互依存性和个性的个人，共同为其团队获得的结果向组织负责。

夏克从协调和共同目标的观点出发，将团队定义成两个以上的个人，一起协调他们的活动来完成共同的目标。夏克强调共同的目标和协调的活动使得这群人成为团队。

综上所述，团队是一群为数不多的、具有相互补充技能的人组成的一个群体，他们相互承诺，具有明确的团队目标。

（二）团队特征

由以上定义，我们总结出团队具有以下几个特征。

（1）团队成员至少 2 人，但是人员规模必须受到限制。一般来说，人员规模应当在

2～25人,最好在8～12人。限制人员规模是为了确保所有成员之间都能够充分了解并互相发生影响,同时这也保证了团队结构的简单化和组织目标的纯正。如果团队人员规模大,就会不可避免地出现分化,出现不同等级,最后出现"目标代替",使得团队的目标被上层精英的个人目标代替。

（2）团队成员具有不同的技能、知识或经验,每个成员都能对这个团队做出不同的贡献。成员能了解彼此的角色、特长及重要性,他们在团队中分工合作,分享信息,交换信息并相互接纳,能够认识到每个成员缺一不可,少了任何一个成员,团队的目标就将无法顺利实现。

（3）团队失败的责任由团队成员共同承担。团队成员的责任分担可以从两个层面来加以分析:第一个层面是,团队成员在平常的团队运作过程或团队会议中共同分摊团队的工作,比如团队的领导角色或团队的各项任务指派;第二个层面是,针对团队的最后成果而言,团队的存在都有其特定的任务,能否完成此项任务便有成败责任归属问题。团队的特色之一,即在于顺利完成团队的目标时,全体成员将分享此成果,共同接受组织激励与奖励。相应地,当团队无法顺利完成特定任务时,则全体成员将共同承担失败的责任,而非单独由团队的领导者或管理者承担失败的责任。

（4）建设团队的主要任务是为了完成团队共同目标。当人们为了共同的工作在一起时,信任和承诺会随之而来。因此,拥有强烈集体使命感的团队必将作为一个集体,为了团队的业绩表现而共同承担责任。从另一个角度看,单纯地为了改进工作、交流、组织效率而组建的集团很难成为高效的团队。只有当设定了适当的目标以及实现目标的方式之后,或者在团队成员一起承担责任之后,才有可能建成一支高效的团队。

"三个臭皮匠,顶个诸葛亮"。团队集结了各种不同技能、专业知识和经验的人员,一起为组织解决问题,团队在组织中的功能上优于个人。因此,我们可以这样理解团队:相互依存的且有不同技能的一小群人工作在一起,这群人认同于某一共同目标,为了达成这一目标,他们扮演好自己的角色,贡献自己的能力,彼此分工合作、沟通协调,为完成目标而齐心协力,为此目标的实现共同承担责任。

（三）团队和群体的区别

在现实生活中,人们往往把团队与群体混淆在一起,其实团队与群体不尽相同。团队是指相互协作的个体为完成一个目标所组成的正式群体。群体是指组织中由若干人相互联系、相互依赖的人所组成的人群集合体,具有明显的目标导向。可以说,所有的工作团队都是群体,但只有正式群体才有可能成为工作团队。在人们的印象中,团队体现了团结、合作和共同目标等精神特征。提到团队,人们就会想起运动员在接力比赛中的景象,想起足球队的所有队员在场上密切配合争取胜利的景象。在群体中,每个人本身是独立的,他们的目标各不相同,有着不同的活动。而一个团队的人是有共同目标的,他们相互依赖、相互支持,共同承担最后结果。罗宾斯认为,工作团队通过其成员的共同努力能够产生积极的协同作用,其团队成员努力的结果使团队的绩效水平远远大于个人成员绩效的总和。他又对团队与普通群体的区别进行了深入研究,得出以下几个结论:一是群体强调信息共享,而团队强调集体绩效;二是群体的作用是中性的(有时是消极的),

而团队的作用往往是积极的;三是群体责任集体化,而团队的责任既可能是个体的,也可能是共同的;四是群体的技能是随机的或不同的,而团队的技能是相互补充的。

举个简单的例子来阐明群体与团队的不同。在一个班级内一起上课的人可说是一个群体,老师扮演着领导者的角色,学生看重的都是个人的成绩表现,老师评价学生的表现也是以个人的成绩为主。这个班级的目标也是与学校的使命相同的,但这个班级的学生之间,并不具有不同知识、技能或经验,也就是不具有相互依存性。因此,这个班级只能称为群体而非团队。

二、团队的类型及发展阶段

(一)团队的类型

当我们建立团队时,首先要考虑建立什么样类型的团队。根据团队成员的来源、拥有自主权的大小以及团队存在的目的的不同,可以将团队分为以下几个类型。

1. 解决问题的团队

解决问题的团队主要关注他们责任范围内的特殊问题,提出解决问题的方案。团队成员一般来自同一部门,每周用几个小时的时间聚集在一起讨论如何提高产品的质量、生产效率和改善工作环境的问题。在这个团队里,成员就如何改进工作程序和工作方法交换自己的看法或提供相关建议。但是,成员几乎没有权利凭借这些建议单方面采取行动。

20 世纪 80 年代以来,应用最广泛的一种解决问题型团队是质量圈,由 8~10 个职责相同的员工和主管组成,成员定期聚会,一起讨论工作中面临的质量问题,调查问题的原因,提出解决问题的方案,并在授权范围以内采取针对的有效行动。

2. 自我管理型团队

自我管理型团队是一种真正独立的团队,他们不仅探讨解决问题的方法,而且亲自执行解决方案,并对工作承担全部责任。自我管理型团队一般由每天必须一起工作以生产一种产品或提供一种完整服务的人员组成。通常团队人数是 10~16 人,团队成员承担着团队成立以前自己的上司所承担的一些责任,主要有控制工作节奏、决定工作任务的分配、安排工作休息事项、确立关键目标和编制相关预算等。彻底的自我管理型团队甚至可以决定挑选自己的成员,并让成员相互进行绩效考核评估。这样,主管人员的重要性有所下降,有时甚至可以被取消。

自我管理型团队可以减少管理层次,形成扁平式的组织机构,大大提高员工的积极性。这种类型的团队在通用汽车、百事可乐、惠普等公司中都得到了很好的应用。但是,与传统的组织形式相比,自我管理型团队的流动率更高。

3. 多功能型团队

多功能型团队由来自同一等级、不同工作领域、具有不同工作技能的员工组成,目的是通过识别和解决多部门、跨领域和多功能的问题来完成特殊的任务。多功能型团队优势在于能使组织内(甚至组织之间)不同领域员工之间交换信息,激发出新的思想观点,

解决面临的实际问题,协调复杂的多个项目。但是,在其形成早期阶段往往要消耗大量的时间,因为团队成员面临着处理复杂多样的工作任务的现实。在成员之间,尤其是那些背景、经历和观点不同的成员之间,建立起信任并能真正成为一个团队也需要一定的时间。

20世纪60年代,IBM就已经开始采用多功能型团队,将不同部门的员工组织到一起形成任务攻坚队。多功能团队在20世纪80年代末得到了广泛的应用,当时几乎所有的汽车制造公司都采用了多功能型团队来完成复杂的项目。

4.虚拟团队

虚拟团队是指通过信息技术把不同领域空间的个人连接在一起进行合作的团队组织形式。区别于以上三种类型,虚拟团队不需要团队成员间密切的面对面交流来工作,可以跨时间、跨地区甚至是跨组织来完成任务。

虚拟团队的核心是人、目标和联系,这和其他团队有相似之处,但是虚拟团队最显著的特征是用一系列信息技术为纽带来联系成员和实施任务。在虚拟团队中,经常以三大类信息技术(桌面试听会议系统、合作软件系统、网络系统)为纽带来联系成员和实施任务。飞速发展的信息技术为虚拟团队的良好运行奠定了基础。

(二)团队发展阶段

蒙特伯罗和布泽塔将团队的发展划分为四个阶段:初创阶段、动荡阶段、规范阶段、运作阶段。各个阶段可能有不同的名称,但是大多数团队都会经历这些发展阶段。

1.初创阶段

新形成的团队表现出高度的不稳定性,因此其成员只是名义上为团队工作。这样的团队没有统一的愿景,缺乏运作规范,通常也没有明确的领导职责。从本质上讲,新形成的团队缺少组织文化,所以成员缺少对团队的认同。

仅仅定期开会,甚至要求佩戴标志性的徽章是不会将一群人变成一个团队的。从积极的一面来说,新组建的成员表现出谨小慎微的态度。团队成员通过评价其他成员的态度和能力,来决定自己怎样做比较合适,他们对团队的归属感属于暂时性的。从消极的一面来说,团队成员可能保持很强的个人主义意识或对其他组织而非团体的忠诚,这种现象在新组成的团队中是很正常的,在此过程中成员们需要时间相互适应,这个阶段工作效率很低。

2.动荡阶段

在确立一整套愿景后,团队开始完成组织所赋予的使命。蒙特伯罗和布泽塔称这一阶段为动荡阶段。因为在这一阶段,有关团队使命、目标及领导问题被成员提出。作为一支名义上的团队,其成员仍然没有明确的团队意识和团队文化意识,但是这一阶段相对上一阶段多了一些活力。从初创到持续发展过程中,团队成员表现出了其在组织中的地位或影响力而相互竞争,或对组织中的事情更加漠不关心。成员之间可能会相互挑战,在目标问题上发生争执,并且想方设法争取领导权。同时,团队中的成员也开始认识到团队中的个体有些是能够满足团队需要的专家。

不同的团队在这一阶段所需的时间各不相同,如果团队中相当一部分人过去曾在一个紧密协作的团队中工作过,这一过程可能会短一些。如果团队是由那些第一次参加团队的人组成的,并试图建立同一目标,那可能需要更长的时间。而且,一些成员的性格可能与他人格格不入,在这个阶段陷入困境的团队,很可能从初见成效转变为功能失调。

有些团队在第二阶段会止步不前,这种团队由于不能达到组织建立团队时的目标,而成为功能失调的团队。同样,即使是成熟的团队如果不适时接受此观点,也可能会停滞不前,甚至背离原定的团队目标。通过对团队的监控,管理者能够区分团队是处于正常发展状态还是进入功能失调的状态。

3. 规范阶段

随着时间的推移,团队成员建立起(正式或非正式的)团队运作规则和对每位成员的期望。无论其发展道路如何,持续发展的团队已经制定出自己的组织原则,所以他们可以向一个整体发挥作用。团队各成员基本上接受了团队运作程序,这是因为他们对团队工作所取得的结果表示满意或者他们已经习惯性地认为"本该如此"。无论是在运作程序中还是在完成任务方面,成员之间的合作比竞争显得更重要。尽管成员在讨论新途径或职位时仍会有分歧,但是处在这一阶段,团队成员把不一致视为不同观点的表现,团队中的每个成员都应有不同的个人观点。

4. 运作阶段

成熟期的团队能紧密合作,因为团队成员已将团队文化完全消化吸收进而转化为自我意识的一部分。他们了解团队每个成员的期望,因此他们会将时间和精力花在关键问题上。团结的团队通常为自己制定很高的标准,因为他们很了解自己的能力,并且相信每个人都能履行自己的职责,团队成员为自己能为实现团队目标做出贡献而感到自豪。

三、高效团队建设

(一)高效团队的特征

高效的团队才是成功的团队,成功的团队一般有以下几个共有特征。

1. 目标明晰,永不言弃

高效的团队都拥有十分明确的目标,并且团队成员清楚地了解目标所包含的重大现实意义。一旦目标确立,团队的所有行为必须围绕目标的实现进行有效的运作,为目标的实现提供服务,严禁在目标实现过程中出现"杂音"。团队中的所有战术行动必须统一于团队的战略目标,强调个体服从群体的思想,团队必须根据外部环境的不断变化,及时调整行动策略,确保目标的顺利实现。例如,唐僧取经团队的目标就是西天取经,所以在去西天途中,虽然经历了许多重大磨难和内部个别组织成员的动摇,但组织的整体目标并没有因此改变。

另外,目标的实现绝非一帆风顺,肯定会遇到很多困难和障碍,因此目标既是一个战略的问题,又是共同愿景的问题。经历了磨难并且能够继续前进的团队才有可能成为成功的团队。现代的团队建设理论强调团队及其成员能够在遭遇多次挫折后有一种坚韧不拔、不屈不挠的精神,善于在逆境中拼搏,总结经验,奋发图强。

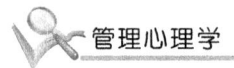

2. 相互尊重,相互信任

成功的团队管理强调团队成员之间的彼此尊重和高度信任。它包括两层含义:一是特定团队内部的每个成员间能够相互尊重、彼此理解;二是组织的领袖或团队的管理者能够为团队创造一种相互尊重的氛围。优秀的团队内部往往有一种清醒的专门小组意识,成员之间培养和确立了某种专门化的信念,使他们能够在组织内有效地工作。只有成员相互尊重——尊重彼此的技术和能力,尊重彼此的意见和观点,尊重彼此对组织的全部贡献,团队的工作才能比个人单独工作更有效率。

团队的内部关系作为一种委托-代理理论的应用领域,委托人与代理人之间客观上存在信息不对称的问题,只有相互信任达到默契,才能实现在各自不同的行为组合中选择最大化期望指数,才能最大限度地降低团队出错的概率,步调一致向前进,保障目标的顺利实现。

就团队发展历程的角度而言,团队建设必须经历磨合、相容两个阶段,最后达到一种默契的境界。团队好似一台精密机器,各个零件(团队成员)各司其职,零件之间的公差匹配就是默契程度,公差匹配差必然导致机器磨损加剧,机器提前"退休"。授权不充分、内部不团结等现象在很大程度上都是由于团队成员之间的默契程度不高等造成的。

3. 人尽其才,系统整合

团队成员具有不同的知识背景和性格特征,既有优点又有缺点,在用人时要有一种包容的态度,采用"瑕不掩瑜、人尽其才"的系统整合策略,借此挖掘团队的最大潜能,并努力做到人的边际使用价值的最大化。

一个优秀的团队必然是一个多元文化共同发展的团队、一个集思广益的团队、一个善于整合所有资源并谋求利益最大化的团队。现代西方管理学关注如何通过包容促使绩效最大化的问题,认为优秀团队是一个多元文化的利益共同体,在共同愿景的指引下,团队运用现有的所有资源(包括人力资源),在足够的空间中引导他们做正确的事情,将员工的奋斗及个人的成功有机地融入团队的成功中去,通过资源系统最优匹配与系统整合实现最大化的绩效。

4. 有效沟通,善于解决冲突

沟通是指把信息、观念和想法传递给别人的过程,是一种理解的交换的过程。沟通是管理过程中各个环节的基础,将组织的各个职能融为一体,同时将组织与包含众多利益相关者的外部环境相联系。在文化和组织行为之间,通常通过沟通能够迅速准确地了解彼此的观点和情感,管理层和团队成员之间也通常能进行健康的信息反馈。

另外,还要善于解决冲突。团队由不同的成员组成,由于每个人"习相远",人的不同社会属性决定了冲突产生的必然。如果控制不善,冲突就会演变为一场灾难,因此冲突的解决成为团队管理工作中的一个关键问题。解决冲突要坚持以下四个原则。

第一,对事不对个人。冲突是由团队成员对事件的不同认识而产生的,如果将个人的感情引入冲突解决机制,必然导致冲突复杂化,因此只能将范围限定在冲突的事件本身。

第二,公心为重,目标明确。现实工作中不同的价值观、指导方针将导致冲突,但是鉴于团队的战略利益一致性,只要坚持公心为重,相信可以找到解决冲突的最佳均衡点。

第三,心态平和,善于听取不同意见,善于从不同角度汲取精华,使自己的见解更加完善,更富有系统性。冲突的解决实际是一种逆向思维、倾听不同意见并且综合运用妥协艺术的过程,因此冲突的解决方案应该具有积极、非个人化以及合作性等特征。

第四,遏制冲突事件扩大化。团队内部任何冲突事件的扩大化都没有受益方,都将导致一种潜在的灾难,都会极大损害团队的系统凝聚力,削弱团队的整体实力。所以,冲突事件不要扩大化。

因此,一个成熟的团队应该善于把握、控制冲突的进程,严格控制任何冲突扩大的苗头,力求通过对话求同存异、达成共识。

5.合适的领导

高效团队的领导通常为团队提供一定的支持和帮助,起到教练或后盾的作用,而非试图去控制下属。他们能够为团队指明前进的方向,带领成员克服困难;能够向成员阐明变革的可能性,鼓舞成员的信心,帮助他们更充分地了解自己的潜力。

6.完善反馈机制及安全管理控制系统

在一个成熟的团队内部,必然存在一种有效的管理控制系统,即能够通过洞察团队内部及其周围的所有信息达到对团队建设状况了如指掌的目的,并且善于根据不同的扰动因素在第一时间给予反馈,并果断采取措施,保证团队的良性发展。

团队建设作为管理控制系统理论的一个应用领域,是实施组织战略的一种工具,是建立在综合运用多种现代知识的基础之上,其目标是有效地整合系统内部所有可用的资源,积极融合于外部环境,并且运用内部完善的反馈调节机制保证团队顺畅高效运作以及良性健康发展。为了达到这个目标,在现实工作中就必须善于扩大信息来源的规模,保证内部监督机制以及管理责任制的落实,严格把握信息的时效性,通过不断学习来提高团队的危机处理能力,不断完善反馈途径,建设科学的决策机制,努力建设有效调节、不断完善的闭环管理控制系统,使团队建设成为不断自我反馈完善、不断增强效能的稳定闭环回路。

(二)如何创建高效团队

团队虽然是一种行之有效的群体运作方式,但是其形式本身并不能自动保证高效率的运作,况且,在实际运营中还会碰到许多困难和问题,所以团队组建成功并不意味着高绩效的产生。团队要想真正发挥作用,达到组织的愿望,就必须创建高效的团队。高效团队的创建,必须解决团队管理中存在的问题,不断调整和完善,使团队成熟起来。研究表明,影响团队绩效有以下几个方面的因素:工作设计(如自主权和自我管理,使用不同技术的能力的机会,为了一个确实能对他人产生影响的任务或项目工作);团队的组成(如成员的能力、性格、角色、差异性,团队规模以及成员的适应性);工作关系(如足够的资源、有力的领导、互相信任的氛围、反映团队成员工作效果的绩效考核和激励体系);团队进程(如团队成员对共同的目标做出承诺,团队建立特定的目标,团队效率,对冲突的管理,将无效工作减少到最低)。

高效团队的创建,需要考虑以下几个方面。

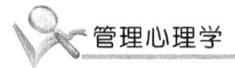

1. 确立明确的目标

制定具体的、可以衡量的、现实可行的绩效目标,为团队运营设立愿景。在工作过程中将共同目标转化为具体的工作要求,比如将销售商的退货率减少50%。确定明确的具体工作目标,让具体工作目标与整体目标建立联系,可以让团队凝结成一个强有力的整体,其原因有以下几点:一是具体的团队业绩目标能够以一种不同于企业整体任务和个人工作目标的方式来定义工作产出,每次简单地通过例行公事般的集会进行决策不可能长久维持团队的优秀业绩;二是具体的团队业绩目标能够增进团队内部明晰的沟通和建设性的碰撞;三是具体目标的可行性能帮助团队集中精力于如何获得结果。

2. 确立适当的团队规模

为了使团队成员之间能够相互充分了解并且相互发生影响,保证团队结构的简单化和组织目标的纯正化,应当严格控制团队成员的数目,有科学研究表明不宜超过12人。适当的团队规模,容易形成较强的团队凝聚力、忠诚感和相互信赖感。

3. 适合团队要求的合适成员

首先,要考虑成员能力、性格、角色的合理搭配,实现个人能力的优化组合,达到团队系统功用最大化。一般一个团队需要三种不同技能类型的人:具有技术专长的成员;具有发现并解决问题和决策技能的成员;善于聆听、反馈、拥有调和人际关系技能的成员。

其次,要考察个人的价值观是否与团队相同,以减少和避免录用后"搭便车"行为的出现。

再次,要求团队成员有良好的个人教育培训背景、技术能力以及与人沟通的能力。

最后,对成员设立灵敏的检测和淘汰机制,并准备充足的成员"蓄水池",以保证成员的可获得性。

4. 选择合适的领导和团队结构

团队应选择合适的领导和结构来协调团队成员的不同意见,并解决团队中的日常问题。例如,如何安排工作日程、如何解决内部冲突、如何分配具体的工作任务使之与团队成员的个人能力相匹配、如何做出和修改决策以及如何获取外部资源等。

5. 建立合理的激励机制

团队应建立平等明晰的评价标准,让每个成员的贡献都可以衡量,每个成员都可以清楚地看到谁做了什么,而且每个成员都对自己的行为负责。尽管团队中有一定余地可以兼容不同风格的成员,但也要制定统一的业绩标准(工作的效率和品质是所有成员都应当遵守的基本标准),防止"鞭打快牛"等不公平现象发生,避免团队内由此引发的冲突。

要改变以个人导向为基础进行的传统的绩效评估与奖酬体系,除依据个人贡献进行评估和奖励外,还应当以群体为基础进行绩效评估和利润分享,鼓励相互合作而不是鼓励某先进个人。除了基本的个人薪酬系统外,还可以设定一种以团队完成目标为前提的个人奖金。另外,给团队成员的晋升、加薪以及其他各种激励都应以他们在团队合作中的表现为衡量标准。

工作设计方面,由于认识到团队成员的工作动力主要来自工作本身,应采用灵活合理的工作方式,使团队成员体会到工作的意义和价值。另外,设计合理的容错规则也是一种重要的方法。例如,可以规定人员创新失误的资金补贴范围。

6. 提供足够的培训让成员体会团队带来的满足感

通过培训来保证团队成员价值观与团队价值观一致,矫正团队成员的个人行为,保证团队成员工作的效率。

在团队培训中,成员对新知识和信息的接受至关重要。培训已经不是传统意义上集中时段的训练,而应该是即时的、全方位的学习。要让团队成员感觉到学习的紧迫性,并把每个学习机会转变成文化交流和合作的机会。为此,必须制订周密的培训计划来实现培训思路的根本转变。

7. 将团队文化建设贯穿到团队管理的各个环节

首先,增强成员对团队的归属感,使团队成员为自己是团队的一员而感到自豪。如果团队成员都能有"风雨同舟"、"同呼吸,共命运"的感觉,将会对团队管理非常有利。

其次,让每个团队成员认识到他们之间的协作以及贡献对团队的成功来说是至关重要的。换句话说,没有他们的贡献,团队将会以失败而告终。

团队文化建设也可以贯穿到团队管理的各个环节。比如,在绩效考核和薪酬管理方面,充分体现团队的特点,以集体的成果来决定创造的价值;培训中始终体现团队价值观;在松散、开放的环境中,树立团队的榜样等。总之,要持之以恒地把团队管理所必需的理念渗透到每个团队成员的行为中。

1. 什么叫群体?群体有哪些特征?
2. 如何正确对待非正式群体?
3. 群体成员的行为高度一致时,会对群体产生什么问题?
4. 请阐述五阶段群体发展模型的主要内容。
5. 如何提高群体的群体凝聚力?
6. 结合现实谈谈虚拟团队产生的原因及其应用。
7. 描述一个你所在的团队,它属于哪一种团队,说说它对你的影响。

领导一个虚拟团队

艾伦刚刚完成她作为经理的第一个月工作,这是一家提供各种各样网络服务和解决方案的成功的公司。上周,她被告知她将成为一个10人团队的新领导。她惊讶地发现,这个团队成员的工作培训和专业技能各不相同,而且他们的文化背景也都不同,其中只有3个人和她在同一栋大厦里工作。她很快意识到10个人中有7个人是在他们自己的国家工作的,包括中国、墨西哥、澳大利亚、德国、哥伦比亚和埃及。因此,这个虚拟团队要通过各种各样的通信设备来进行会议,包括电子邮件、电话、视频会议、文件共享以及偶尔在总部的会议。在看过团队成员过去的会议记录以及沟通记录之后,艾伦意识到许多团队成员都有着不同的沟通风格,对英语的掌握程度也各不相同。

该团队的新任务十分重要,10名成员需要在接下来的6周内研发出一个新产品,作为对主要竞争对手发布新产品的直接回应。问题是,6周的产品研发周期是闻所未闻的。在此之前,公司提供给新产品的周期都是3个月左右。但是公司这次别无选择,他们必须直接应对来自竞争对手的挑战,否则公司的重要客户将会流失,市场份额也可能会减少。

艾伦研究了这个新接手的虚拟团队过去的绩效情况。尽管过去总体的决策质量比较高,但是这个团队做出决策一般都需要几个月的时间。时间就是金钱,她不得不想出一个办法,让团队成员能够更快地工作,但是又不能影响工作的质量。通过结合过去团队会议记录的分析及与团队成员一对一的沟通,她开始了解了一些可能对将来提高工作效率有用的事实。

首先,艾伦发现日本籍和中国籍的团队成员在过去很少参加视频会议或者电话会议,他们更倾向于传真和电子邮件这样的书面交流方式。相反,澳大利亚和墨西哥的团队成员大部分都是通过电话和面对面会议进行沟通。

其次,在总部工作的3名团队成员中似乎存在一些明争暗斗,过去大部分的争论都是关于团队任务的,他们每个人似乎对团队的目标都有着不同的看法。在书面沟通中的评论并不涉及个人问题,但是他们确实对团队的工作重心有着不同的看法,而且进行了激烈的争辩。

最后,面对面的会议次数太少。她惊讶地发现这样的会议很少进行,而且在团队去年建立之后,几乎没有要开会的意图。艾伦希望团队成员可以见一次面,而且希望团队成员之间可以增进一下感情,但是事实并非如此。此外,这个团队没有接受过任何与决策制定相关的培训,或者与团队冲突的解决方法相关的培训。

艾伦回到她的办公室,思考她遇到的问题。她需要她的团队在6周内研发出一个新产品。想要生产出高质量的产品,10名虚拟团队的成员每一个人都要为团队贡献自己的力量,并且努力与他人进行合作。

(资料来源:肖伟,《虚拟团队管理》,电子科技大学出版社,2007年版。)

问题:

1.艾伦遇到的最严峻的问题是什么?为什么?

2.怎样才能帮助艾伦在6周的时间内研发出新产品?请详细阐明。

3.假设艾伦将要在这个产品任务完成之后,选择一个新的团队来推广另外一个网络产品,建议她在下一次要进行什么改变?请给出解释。

案例分析2

虚拟环境下的工作

天安是一家全国性税务公司,其主要业务是为个人提供优质的纳税准备服务。高质量的咨询意见和优质的服务为公司赢得了好名声。公司代理人所使用的性能优越的计算机数据分析工具,是公司赢得声誉的关键。这些程序无论是从涵盖的税法知识还是书写的编码来看,需要的编程人员都是十分专业的。只有通晓法律知识和熟练掌握高深编程技能的人,才能将即将出台的和现有的法律迅速地加以解释,并且准确地与现有的规章和分析工具结合起来。

这项工作是由 4 名波士顿地区的程序员在虚拟环境下开发实施的。4 个不同工作地点之间通过电子邮件、电话、会议软件彼此连接并与公司相通。所有程序员之间通常一年只召开几次正式会议,不过他们时常会在其他场合举行私人会晤。下面是对虚拟团队成员的描述。

唐海,税务律师,州立大学研究生和前冰球运动员。35 岁时,唐海已经为此项目工作了 6 年,是位资格较老的组员。除了设计职责,他还是公司主要协调人员。另外还需负责新员工的培训,单身的他喜欢在自家的农场狩猎与钓鱼。

李克,税务会计师,州立大学计算机科学研究生,32 岁,已婚且有两个孩子。他的妻子在波士顿商业区一家法律公司工作,而他成天在波士顿郊区家中的厨房与计算机之间忙碌。业余时间,他喜欢骑自行车和钓鱼。

谭力,税务律师,研究生,38 岁,已婚且有两个孩子。她的丈夫是当地一家防御承包公司的全职电力工程师。她居住在波士顿并在家中办公,爱好打高尔夫球和滑冰。

何根,税务会计师,研究生,26 岁,单身。为了在职业生涯中追求更大的发展机会和欣赏新英格兰的美景,最近她迁居到波士顿,居住和办公地点为海湾公寓。

在编制程序过程中,这几位成员每天通过电子邮件多次交流信息。对他们而言,转入到登录系统及联系他人是一件很平常的事情。通常他们的电子邮件不仅与工作相关而且富有趣味。有时,他们会在工作中互相帮助。唐海经常邀请其他人到他的农场做客。谭力与李克两家也时不时进行晚餐聚会。每隔几个月,所有的成员会相约共同进餐。

所有员工的工作都不是无偿的,但依照公司惯例,他们需单独与公司协商各自的薪水。他们对这项工作热情很高的一个原因是工作时间灵活。虽然他们要每天登录系统,但是他们的工作可以在他们任何想做的规定时间内完成。

当程序员要求对程序改动时,他们通常设计一个叫宏的程序的工具帮助他们更好地完成工作。这种宏程序极大地增强了将改动写入程序的速度。李克特别痴迷于编制宏程序。例如,在最近的一个项目中,他非常热衷于寻找一条捷径,以便能节约大量工作时间。在他公司提交编码和注释一周后,他向唐海炫耀他刚设计出的新的宏程序,为唐海每周节省 8 小时的工作量。"程序在一旁运行,而我脑海里想到了海滩。"唐海称赞道。谭力对此示怀疑,然而当她亲自在工作中试用后,发现确实如此。

天安有一项员工奖励措施,专门奖励那些进行创新为公司节约成本的员工,由创新所节约成本的 5% 在前三个月都会由该员工享有。同时,公司还有一项利润分享计划。唐海和李克觉得这笔钱数额太小,不足以弥补他们通过宏程序获得的时间,他们更喜欢将此用于休闲与其他专业咨询上。

李克与唐海觉得没有必要告诉公司,然而他们进入工作繁忙的季节时,团队中的每个人都感受到繁重的工作任务所带来的压力,他们决定与团队中其他两个成员分享程序,并要求他们保密。

每天午餐前后,团队都会为自己设置一个不会引起管理层怀疑的产出水平。几个月过去了,他们将多出的时间用于更高质量地完成工作,剩下的时间花在自己的爱好上。

王华,工作团队的经理,获悉这项创新是在他初次运用宏程序的几个星期之后。他一直觉得奇怪,李克他们工作时间减少了,但是工作质量却提高了很多。在看到谭力写给李克的电子邮件后,他得出了答案。邮件中谭力称赞李克是个天才,使她得以节约了大量时间。为不使团队成员陷入难堪,王华暗示唐海他想知道究竟有什么事情瞒着他,但无济于事。王华没有对上司提及自己的疑惑,因为无论是工作质量还是创新数量都在上升,没必要再追究下去。

然而,有一天,王华听说李克曾向其他虚拟团队的一位成员吹嘘自己的小伎俩。事情的发展出乎意料地到了无法控制的地步。王华邀请李克共进午餐,并要李克解释发生的事情。李克告诉了王华这项创新,但坚持认为团队行为只是为了自保,完全是合理的。

(资料来源:改编自《管理学》案例集,https://max.book118.com/html/2017/0418/100885787.shtm。)

问题:

1. 试用群体规范产生的原理分析李克的创新会遇到的问题。

2. 试分析虚拟团队的工作特点。

3. 王华应当怎样与李克进行沟通呢?

企业虚拟团队

传统的组织是基于信息流通和控制以及分工细化而产生的,无论是直线式、直线职能式,还是事业部制,都是一种自上而下的垂直结构。传统组织强调专业分工、顺序传递等,在信息时代显得臃肿且运行效率低下,分工细化的企业组织已不再适应电子商务发展的需要。在竞争日益激烈的信息时代,电子商务正以深刻的方式改变着传统组织结构,促进企业管理现代化,这也是企业为了提高运行效率,以便具有较强的竞争力参与市场竞争的必然结果。电子商务正在使企业组织趋向结构扁平化、决策分散化、运作虚拟化。由此,一种新的企业组织形式——虚拟团队应运而生。

虚拟团队就是企业为了更好地迎合顾客的个性化以及多样化需求,赢得时间或提高质量优势,增强自身的竞争力而联合企业的供应商、制造商、分销商以及顾客代表等利益相关者,为开发某种产品或完成某项任务组建的协同工作小组。虚拟团队的目的是发挥这些群体的"1+1>2"的协同作用,更好地赢得时间和空间以及组织的优势,更好地迎接全球化的挑战,是知识经济时代管理员工的一种较好的实践方式。

对于在变化和不确定的环境中寻求运用战略思维的组织来说,要改变资源短缺的劣势,更好地利用、实现知识型员工的价值,增强企业的核心竞争力,实现人力与物力资源的优化配置,仍然利用传统团队形式显然不能适应需求。

1.传统团队存在的问题

团队的作用已经被近几十年的企业实践所证实,但是传统团队在运用中也存在一些难以克服的问题。具体表现在以下几个方面。

(1)资源的短缺限制了团队作用的发挥。在早些时候,企业发展主要受到资金、财力的制约。而在知识经济条件下,人才特别是关键人才成为制约企业发展的"瓶颈"。知识型员工不再忠诚于一个组织,知识的特性使他们开始忠诚于自己的专业。企业往往无法固定拥有企业发展所需的全部人才,实现不了人力资源与物力资源的最优配置,也就失去了驱动力,而这正是传统团队问题的症结所在。

(2)知识型员工的流失问题。团队组织起源于西方,我国企业虽然吸收了团队这种组织形式,但有时却忽略了对团队所赖以发挥作用的环境的建设。突出表现有:注重团队人才的使用而忽略了培养,注重提高团队的效率却忽视了对团队成员的激励,最重要的是企业内部的人才使用机制并没有彻底改变,压抑了人才创业的积极性,优秀人才由于缺乏施展才华的平台而纷纷跳槽,人才流失的比率在逐年升高,知识型员工追求自身价值实现的需要也限制了传统团队功能的发挥。

(3)无法适应日新月异的信息发展要求。在知识经济时代,昨天的宝贵信息也许今天就一文不值了,并且企业面临的竞争环境发生了根本的变化,顾客已经真正成为"上帝"。顾客通常根据生产、工作和生活的需要,产品的品种与规格、花色式样等提出了个性化的要求。面对不断变化的市场,企业为求得生存与发展必须具有快速反应能力,迅速感知市场的变化,捕捉最新的资讯,调动一切可以调动的力量,把企业供应商、批发商、顾客等在内的利益相关者包括进来。

2.虚拟团队的优势

(1)可以更充分地利用员工和技术专家。虚拟团队的成员往往同时参加多个小组,这样就可以充分发挥员工的才能和潜力,既可以利用内部的又可以利用外部的专家。

(2)能够获取和留住团队工作所需要的最优秀人才。当员工的居住地区不再成为组织招聘所要考虑的因素时,员工来源就大幅度增加,这为获取通常很难招聘到的专门技术人才创造了条件。同时,组织搬迁也不会影响原来的员工。另外,通过虚拟团队的运用,组织还可以储备更多的人才。

(3)缩短组织信息交流、沟通所用的时间,有利于知识的共享。由于成员可能散居各地,利用虚拟组织方式,借助先进的信息技术,可以及时沟通信息,防止信息滞留,从而能快速做出更为准确的决策。

(4)可以减少办公空间,降低各项费用,还可以进入更廉价的劳动力市场。这主要得益于远程工作者和在家上班的弹性工作制,可以减少团队成员为聚集开会、讨论而支付的旅行、办公和重新安置员工的相关费用。虚拟团队可以利用劳动力比较低廉的遥远地区的人员。

(5)公司可以提供24小时的服务,虚拟团队有助于组织做出快速反应,增加组织的灵活性和柔性。由于客户也可以包括在虚拟团队中,因此可以更接近客户。

(6)由于工作界限的打破,工作的挑选余地更大。可供虚拟团队成员选择的工作,不再局限于本地、本公司和本国，他们还可以选择外地、其他公司以及其他国家。他们将有更多的机会到各地旅行。

（7）虚拟团队主要基于自我指导和自我控制，员工可以随时开展工作，自主性和灵活性增加，因此其成员的独立性更强。更少的微观管理，提高了员工的满意度。

（8）环保方面的益处。虚拟团队可以减少交通的压力，降低能源消耗与空气污染等。

总之，虚拟团队可以更加充分地利用组织内部及外部的各种资源，包括现有的设施、技术和信息，特别是人力资源；可以提供全天候的劳动力与服务，大幅度提高生产率；能有效地提高企业适应环境变化的能力，增加竞争实力和企业效益，从而在激烈的市场竞争中立于不败之地。所以，在电子商务时代，构建虚拟团队，无论在理论上还是实践中都有着重要的意义。

3. 虚拟团队的管理

（1）建立相互信任。虚拟团队成员的行为具有特别强的独立性，经常在管理者视野之外是比较难以控制的。最大的行动独立性，同时也要求成员具有最大的行动自觉性。网络上的沟通表现无法完全反映一个成员的真实状况。显然，对虚拟团队的管理必须建立在团队与成员之间充分信任的基础上。信任总是伴随着一定的管理风险。虚拟团队的成员都是高价值的无形资产（知识、信息技术）的承载者。虚拟团队以信任为运行基础，虚拟团队的投资者为逃避信任风险，可能倾向于采取短期行为，缺乏长期的人力资源目标。这种短期管理行为方式势必破坏投资者与员工的相互信任，造成成员流失频繁。因此，虚拟团队管理的第一要务就是要建立投资者、管理者和成员之间的相互信任。

（2）搭建沟通平台。搭建利用信息技术的沟通平台是虚拟团队运行的必要条件，同时要注意以下几个问题。

一是要建立网络化技术平台。充分利用各种现代新型传播技术和方式。例如，电话、视频会议、电子邮件、网络聊天室、微博、微信等各种社会化媒体。

二是信息技术平台对团队要有适应性。要从团队的基础条件和团队成员的使用能力出发，选择适当的平台。

三是制定团队沟通协议。要建立团队网络协议，规定团队成员应遵循的基本沟通规则，才能确保网络沟通的有效性和安全性。

四是保证团队成员都能熟练使用共同的软件。

五是保证硬件运行正常。

（3）实行会员制。虚拟团队最好消除雇员身份，雇员总是有被别人雇用支配的感觉，传统的"大棒"管理方式对成员分散在各地的虚拟团队往往是难以奏效的。虚拟团队成员最好具有"伙伴"的感觉和身份，建立虚拟团队或虚拟公司的会员制，将使每个加入团队的人具有会员身份，享有会员的权利和义务，有权参加虚拟公司的管理。在会员制下，虚拟公司的主要投资者不能随意解散和拍卖虚拟公司，任何重大事项的决策必须经过会员讨论和决议。会员制削弱了投资者的权力，扩大了会员的权利，将会增强团队的凝聚力。

（资料来源：刘颖，《成功管理虚拟团队》，企业管理出版社，2011年版。）

第九章　人际关系与管理

第一节　人际关系概述

伴随着经济时代的飞速发展及人类社会文明的快速进步,人们在进行交流沟通的过程中如何保持良好的人际关系变得尤为重要。科学经济的迅速发展,使人们可以从多角度、多方面、多元化地对人际关系与沟通进行详细的研究分析,并应用于对心理学、伦理学、社会学、经济学等众多的学科研究领域,对于增强双方之间人际关系的沟通交流,产生了新的研究方向与兴趣,为促进人际关系的良好建设做好准备。

21世纪是飞速发展的世纪,无论是军队、政府、学校,还是我们所生活中的任何一个区域中,都会有一群人为了同一个目标聚在一起,并从事相关活动。在这类群体中,成员间相互沟通、了解与影响,或多或少地受到其他成员的相互影响,在群体交流过程中形成相互交往、建立情感关系,并因此而产生的人际交往、人际沟通、人际影响等问题,这是管理心理学始终需要研究的课题。

一、人际关系的一般含义

人际关系,又名人际关系论,由埃尔顿·梅奥所创立。人际关系是指沟通双方在进行相互交往、相互作用时所形成的一种直接心理关系。它反映了个人或团体之间在相互交往过程中所需的一种心理状态,它的发展和变化决定了团体和个人社会需要的满足程度。它包含以下三层含义:第一,人际关系表明了双方在进行交流、沟通时彼此之间所产生的心理关系的亲密、融洽、协调的程度,充分展示了人际关系的状况;第二,人际关系表明了双方在相互交流中彼此会产生认知、情感和行为三种成分;第三,人际关系是双方在进行交流、沟通的过程中产生并建立和发展起来的一种关系。

在现代社会发展过程中,人际关系一般是指人与人之间的交流沟通,尤其是交往双方在心理上的交流、沟通,客观来讲这种关系表现于团结合作活动和社会交往中。具体

来说这种关系表现于认知、情感与行为等表现人们之间相互作用和影响的作用方法中，并且在管理心理学的情感中占据重要地位，影响着人际关系的亲密度。

二、人际关系的成分

人际关系成分主要由认知成分、情感成分及行为成分三种成分构成，每种成分都代表着不同的人际关系发展状态、交流者之间的情感与行为因素状况。

（一）认知成分

认知成分属于三种成分中最基础的成分，重点表现出个人对人际关系状况的知悉与见解程度。当认知成分发生变化时，与之相应的人际关系的发展与变化也会随之变动，并且双方不断进行信息交流，增加彼此的认识，在进行相互了解的同时拉近了彼此的心理距离，为良好人际关系的构建奠定基础。

（二）情感成分

情感成分是指彼此之间在情感上的好恶、亲疏以及对所处交往状态的满足程度。情感成分注重的是双方的真实感受，影响着彼此之间的认知与行为，属于人际关系心理成分中最为重要的成分，影响并制约着交往双方之间关系的亲密与稳定程度。

由此可知，简单来说人际关系是交往双方在情感上的关系，具体表现在彼此之间所形成的关系的亲疏及深浅，是否接受双方的行为，是否乐于与他人进行交往，是否彼此之间心理相容。

（三）行为成分

行为成分是彼此在进行交往时所形成的外在表现与结果。例如，谈吐、角色、仪表等。要想建立良好的人际关系必须以行为的相似性为基础，且彼此之间行为越相似，就越容易构建良好的人际关系。

所有的人际关系都是建立在情感基础之上的。这些情感有时可表现为亲密性的，如欣赏、喜欢、好感等，使交往双方彼此之间友好沟通，产生真诚与对方合作的行为意愿；有时可表现为分离性的，如讨厌、厌恶等，使交往双方产生疏远、陌生的行为意愿。此外，当人际关系不同时，交往双方所形成的情感体验也是不同的，彼此之间因为心理距离拉近后也会引起交往双方心情愉悦。但是，交往双方在进行交流沟通时产生了矛盾，则会因此而拉开心理上的距离，由此而造成低沉的情绪，便会感到郁闷、孤独和悲伤。

三、人际关系的类型

人们在进行交流、沟通时的情况是较为复杂多变的，由此产生的人际关系也是错综复杂的，因此要想较为清晰明了地理清人际关系，就必须对人际关系进行详细、科学的分类。Thornton 和 Jaeger 将人际关系分为以下几种。

（一）闭锁型的人际关系

闭锁型的人际关系是指人们在进行交流沟通时的终止，由此而导致人际关系的发展处于暂停或失效状态，在这种状况下相互交往的双方处于尴尬境况，害怕进行再次接触交往，双方之间的交往也由此终止。处于闭锁状态的人际关系表面上处于人际关系的初始状态，交往双方都无相互联系，但实际上存在着本质的差别。当人际关系处于初始状态时，人们之间存在很多相互交往的机会，有多个潜力与机会可以发掘，但当人际关系处于闭锁形态时，人们之间的相互交往很难再继续下去，处于人际交往关系的结果阶段，其中包括通过人际交往所形成的态度与认知也由此而处于停止状态。

（二）互补型的人际关系

互补型的人际关系是指双方在进行交流沟通时相互依存，通过物质、精神、力量、情感等彼此交换来获取各自所需，并在一定程度上得到满足。当双方沟通较为密切时，往往容易形成互补形态人际关系，双方通过相互之间的交往，改正各自的弱点、相互弥补、共同进步，使交往双方形成一种依靠感，由此而形成积极、健康的人际关系。

（三）互惠型的人际关系

互惠型的人际关系是指交往双方在没有感情基础的情况下，但是，为满足各自的物质、能量、精神、情感等所需而形成的形态。如果其中一方不再需要向对方获取自己的所需，那么这种互惠型的人际关系将不复存在。

（四）制控型的人际关系

制控型的人际关系是指交往双方由于某种利害关系的影响或受到某些外力的压迫，在不得已的情境下而进行的相互之间的交往，是人际关系中的一种特殊的形态。当其中一方失去吸引力或压迫一旦解除，制控型的人际关系将很难存在，并且由于制控形态是在迫不得已情况下建立的交往形态，交往双方都存在着或多或少的对对方的不悦或厌烦，所以当这种形态人际关系出现时，首先要注重改善双方的人际关系。

（五）冲突型的人际关系

冲突型的人际关系是指交往双方关系恶化，已经发展到双方不能忍受的状态，属于不正常的人际关系形态。当冲突型的人际关系出现时，双方要冷静下来，表明自己的立场和观点，必要时做出一定的让步，此时管理人员应当做好准备：采用积极的对策应对矛盾以避免产生冲突形态人际关系；若冲突已经发生，则需要管理者采取措施，调节冲突并作积极的引导，化解冲突。

（六）恒定型的人际关系

恒定型的人际关系是指交往双方进行长时间的多次交往，双方沟通密切，熟悉双方交往的过程且工作中的信息发送与接收沟通良好，同时又具有一定的情感基础，此时所形成的形态是所有形态中最好的形态。

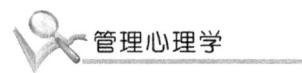

四、处理人际关系的艺术与技巧

要想建立良好的人际关系,就必须掌握人际交往的艺术与技巧,当与他人进行交往时,选择合适的技巧,不仅可以获得有效的沟通,而且便于建立良好的人际关系。

(一)加强交往与沟通

在日常工作交流中,要加强双方之间的交流,主动与他人进行交往和沟通,不逃避任何问题,在遇到问题时及时沟通交流,防止问题进一步升级恶化。不断地提高交流沟通的质量与效率,才能为良好人际关系的建设做好准备,而且双方不断进行交流与沟通,有助于增进双方之间互相了解,不断提高人际交往的关系和水平,由此而建立良好的人际关系。若双方关系较为紧张,可通过增加双方的交流与沟通,改变双方沟通的方式,从而缓和双方的关系,逐渐消除彼此之间的误解。因此,学会与他人及时进行交往与沟通,是提高人际交往水平的重要方法与手段。

(二)建立良好的第一印象

第一印象在人际交往中起着至关重要的作用,对日后了解双方信息及友好沟通起着导向作用,能给他人留下良好第一印象的人,更容易获得再次的沟通交流。心理学家曾对此做过大量研究,将个人最初在交往中的表现称作 SOLER 技术,其中 S 表示"坐着与人交流",O 表示"交流沟通过程中的自然开放",L 表示"交流时身体稍稍前倾",E 表示"交流时彼此眼光接触",R 表示"交流时放平心态"。在掌握 SOLER 技术的前提下进行交流沟通,更有利于在他人面前留下好印象,从而增加了双方的互动与沟通,并得到他人的接纳,给人们留下良好的第一印象。

(三)优化个人人格

人们在进行交往过程中所产生的心理障碍往往是个人人格的具体表现,所以改善不良的个人人格,是建立良好人际关系的重要因素。富有开朗、体贴、大方、热情等优秀品质的人,更具有独特的人格魅力,同时又兼具可爱之感,使得他人更喜欢与其交往沟通。

(四)培养高尚的人际关系

在人际交往过程中,保持高尚、热情和自然的人际关系是取得成功的必备要素。当双方形成良好的人际关系时,就会对相互产生良好的印象。良好的精神风貌、温文尔雅的姿态、端庄得体的举止、真诚待人的心态和高雅的谈吐,能让彼此都感受到对方的人格魅力,使一方喜欢并乐于与对方沟通,同时在不断进行交流沟通过程中提升了自己,更有一种"听君一席话,胜读十年书"的敬佩之感。

(五)注意语言艺术

俗话说"良言一句三冬暖,恶语伤人六月寒"。这是提醒我们在日常交往沟通过程中,要懂得并善于利用语言艺术。同样一句话,讲话者不同、采用的语言艺术不同,往往会产生不同甚至相反的效果。语言艺术运用得好,可以改善并提升人际关系;反之,如果不注意运用语言艺术,随想随说,一点也不考虑他人的感受和想法,往往会使交往双方产生矛盾,阻碍彼此的沟通。因此,交往双方在进行沟通时,要格外注意语言艺术,以免引起不必要的麻烦。

（六）学会倾听

听是日常生活行为,而倾听则是一种生活艺术。懂得倾听的人在不需要他人言明的情况下就能达到沟通的效果,节省了时间,提高了工作的效率。培养与提升倾听技能的主要因素是恰当运用倾听的技能和技巧,在倾听过程中,倾听者要保持良好的精神风貌、积极开放的心态去聆听,跟上讲话者的速度,以便抓住沟通信息的关键;在沟通过程中,要恰当注视对方的眼睛,适当保持和对方的目光接触,以防讲话者感觉你并没有安心听讲,会产生自己讲得不够精彩或讲话有误等心理反应,破坏了讲话者继续进行交流的意愿;在沟通过程中,聆听者要表现出喜欢对方所讲的信息,并且在合适的时机给予某些动作或表情反馈,以便让对方感受到你在聆听并对所听到的重要信息非常有兴趣,以保证沟通的继续进行;在倾听过程中,对讲述者所谈及的话语适当重复也不失为一种好方法,这样不仅能加深对内容的理解,而且还让讲话者感受到自己受他人尊重并赢得他人的信任,拉进了双方的距离,有利于良好人际关系的建设。

（七）善用"PAC 分析"法改善人际交往

物质和精神方面的需要是双方进行相互交往的驱动力,但在实际工作中心理状态对人际交往影响也是很大的。加拿大精神科医生柏恩所提出的" PAC 分析"法中的"成人"心理状态是解决问题的主要方法途径,"成人"所形成的刺激,通常会指引彼此之间作出成人所特有的成熟与稳重的表现,从而促进交往双方的友好合作。当面临紧张的人际关系时,"成人"的稳重、冷静表现会清除人际障碍,恢复到合作状态。利用"PAC 分析"法改善人际交往主要有以下作用:了解自己与他人的性格、做事、态度等特征,以便有利于改善人际关系;富有自知之明,凡是做到心中有数,带有强烈的责任感与使命感,处处为他人、集体利益着想,具体问题具体分析,更好地调节人际关系,构建良好的人际关系。

上述人际关系沟通的艺术与技巧非常重要,在我们的日常交流与沟通过程中要做到灵活运用。但是,仅采用这些交往的艺术与技巧是远远不够的,还要不断地提升自己的人格魅力,培养独特的人际吸引。不可否认,人们在日常的工作与学习过程中,都会碰到自己喜欢或厌恶的人。当面对自己喜欢之人时,就会非常积极主动地与此人进行交往,而面对自己厌恶之人,就不喜欢与其进行交往。人际吸引魅力具体表现为乐于助人、乐观开朗、积极主动等,人们都喜欢并乐意与具备这些品质的人交往,所以,我们要不断提升自身的品德修养,绽放自己独特的人格魅力,做一个备受他人欢迎的人。

第二节　群体人际关系

一、群体人际关系的含义

群体人际关系是指群体内部人员之间在不断交流、共同影响中所产生的心理关系。人是一种社会动物，人们在社会生活中都不是独立进行的，在社会实践与团体生活中，必然与他人发生相互影响、相互作用，从而形成一定的群体人际关系。

群体人际关系受到不同社会关系的影响与制约，是社会关系的产物，而社会关系又从属于群体人际关系，是群体人际关系的一部分。所以，想要对群体人际关系进一步了解，就要用全面的、发展的眼光去对待群体人际关系。只有从社会关系的总体中去把握分析，才能对群体人际关系社会意义与价值做到清楚了解，并且对群体人际关系有直接影响的社会因素和心理因素等相关因素进行把握。与此同时，社会关系又反映在社会的各个方面，群体人际关系是其他各个关系的总和，也是影响社会发展的重要力量。只有对群体人际关系做到充分了解，才能展开对其他社会关系的深入了解。

群体人际关系的好坏与群体活动的效率有重要的关系。群体成员之间及群体领导与成员之间的熟悉程度对信息传播的效率、团结合作的效率、目标任务的完成状况都有直接的影响。可以说，群体人际关系好坏将影响到群体发展的活力及群体最终目标的实现。

二、群体人际关系的重要性

在《工业文明的社会问题》一书中有大量的关于群体人际关系重要性的案例。例如，工厂制度规定工人们进行两班倒的轮班机制，工人的休息时间只能是中午和下班之后，结果工人们的生产效率在 $60\%-70\%$。工厂修改了工人的工作机制，工人每工作 1 小时休息 10 分钟，并且休息期间工人们可以随意交流、不受其他条件的制约。久而久之，工人们在不断交流中了解了彼此，并能针对工作中出现的问题发表不同的意见，加强了工人之间的沟通，增强了凝聚力，在获得休息的同时工作效率也得到显著提升。所以，如果群体中人际关系处理得好，群体中的成员不断进行交流沟通，保持心情愉悦，在工作中也会进展顺利。大家友好沟通、相处愉快，那么工作也会进行得比较顺利。本书对群体人际关系的重要性将从以下几个方面进行重点分析。

（一）影响群体成员个人的心理健康

良好的人际关系能使组织成员心情放松、心平气和、乐观向上，从而保持个人身心愉悦、工作顺利。当群体成员心情愉快、精神适当放松时，相应的员工个体的工作积极性较高,其工作效率也较高;相反,如果群体成员长期处在紧张的环境中,个体之间相互怀疑、戒备、审慎,员工的情绪受到不同程度干扰,就会产生焦躁、不安、紧张、气愤等不良情绪,从而影响了人际关系的建设。并且,严重不良的群体人际关系,会使得成员之间产生痛苦、厌恶、暴躁等情绪,甚至会造成他人心理失衡、精神错乱等。所以,在日常交往过程中,应建立良好的群体人际关系,积极并正确引导群体成员心理健康的建设。

（二）影响群体士气和凝聚力

判定群体士气与凝聚力状况的一个重要标准是人际关系状况的好坏,要想保持成员间的生机与活力,就必须建立良好的群体人际关系。在大多数情况下,群体成员之间的人际关系越和谐,则群体成员就越积极,凝聚力就越强,士气就越高涨,成员的效率也就越高;相反,如果群体成员之间的人际关系较差,则他们的积极性较低,凝聚力较差,合作意识薄弱,从而阻碍群体发展。因此,要注意建立良好的人际关系以提高群体的士气和凝聚力。

（三）影响群体的工作效率

人际关系是群体成员建立联系的一种独特方式。当成员之间相处融洽、团结合作时,就能充分调动成员工作积极性、高效性、创造性,从而有利于工作效率的提高,促进群体的快速发展;相反,如果成员之间相互怀疑、排斥、抵触、冲突,则容易导致成员工作积极性下降,交流沟通变少,从而影响工作效率的提高。由此可见,人际关系一定程度上影响着群体工作效率,影响着群体目标的实现。

（四）影响群体的信息交流

人际关系影响群体成员之间的信息交流与沟通。建立良好的人际关系,有助于实现信息的共享,把握时代的命运。在信息知识量快速激增的今天,及时地掌握关键、有效的信息,就等于获得了通往成功的砝码,与组织成员进行有效沟通,从而为建立良好人际关系奠定基础。相反,在紧张的人际关系氛围中就难以进行交往沟通,也难以获得有效信息,群体成员的信息沟通受到阻碍,从而影响成员关系的建设。因此,要加强群体良好人际关系的建设,增添人际信息交往的砝码,构建良好的群体组织。

三、群体人际关系的影响因素

在同一个群体组织中,群体成员之间的关系各有不同,大部分成员之间交往、沟通较为亲密,但存在部分成员之间的关系较为紧张,有时甚至是敌视、相互排斥等关系状况。造成群体成员之间交往较为困难的原因有很多,不同方面的原因也分别影响着人际关系的不同方面,即群体之间成员交往的状况是由多种因素共同作用的结果。将不同的影响因素进行详细分析,具体归纳为以下几个方面。

（一）群体成员个人因素

1.个性特征

人人都是一个独立的个体,都具有独特的个性特征,在与他人进行交流沟通时始终保持热情,有利于建立良好的人际关系。其中,热情主要表现为对同事、对工作采取积极乐观的态度,懂得赞扬欣赏他人。热情的人乐于帮助他人,他人也会给予相应的回报。另外,兴趣、能力、态度、学识也是极富吸引力的重要个性特征,也可能影响人际关系。其中,兴趣是个体行为导向的心理指标,指引人们喜欢某一事物或从事某项活动。如果成员兴趣广泛,则有助于建立良好的人际关系;如果成员的兴趣爱好较少,则容易产生交往的心理障碍。能力是指对开展一项工作顺利与否所必备的素质,是个体必须拥有的心理特征,常常分为一般能力与特殊能力。一般能力是指对某项任务的完成能力,属于最基础的能力。特殊能力往往是指在完成某项任务的过程中所采用的专有的观察力、判断力、执行力,是衡量项目质量完成情况好坏的能力。如果缺乏特殊能力,将导致效率低下,往往造成人际关系的心理障碍。

当群体成员富有善解人意、乐于助人、学识渊博、谦虚谨慎、品德高尚的重要品质时,就容易得到他人的认可与欢迎,由此可与交往方建立良好的人际关系,便于工作的开展,促进组织的良好发展。但是,如果群体成员品德较差、态度傲慢、个性内向、毫无生趣时,就很难与交往对象建立良好的人际关系,使得工作效率低下,影响组织的发展。

2.主观印象

群体成员在进行交往时,主观印象尤其是在进行交往时的第一印象特别重要,决定成员在与他人交往时的态度倾向与行为方式。所以,群体成员在进行交往时一定要注意个人的言谈举止、行为规范、容貌仪态、服饰着装等个人的直观印象,并且要考虑不同种族、不同民族的服装、仪态的规范标准,要根据具体的情况作适当调整。

3.不良心理状态

第一,嫉妒心理。嫉妒心理是妨碍成员之间交往的因素之一,由于成员之间能力、家庭背景、生活环境、受教育程度等各有不同,所以双方的人生观、价值观都各有不同,但是当某成员表现较为突出时,他人往往会产生嫉妒心理。尤其当个人私欲未实现,相比之下他人已经实现,此时便会产生强烈的不满情绪。嫉妒不仅是一种心理现象,还是一种社会现象,可以深藏于人们的内心而不被他人察觉。嫉妒心理不仅会造成对他人的伤害,还会严重影响到自身的心理健康,具有报复性、破坏性、隐蔽性、攻击性等不良特征。

第二,羞怯心理。羞怯心理是群体成员个人的一种心理反应,产生在成员个体对于安全感的过分追求,往往会造成大脑神经活动的短暂性错乱,导致记忆出错、说话语无伦次、言行举止拘谨等不良情绪反应的出现。由于过于羞怯使得自己的才能不能很好地展露,群体成员不能完全了解彼此,影响人际关系的建立。

第三,自卑心理。自卑心理往往是指对自身评价很低或是产生一种消极的心理情绪。具有自卑心理的个体,在很多情况下是由于对自己要求过高而未达到某种目标后不能正视、欣赏自己,而不是自己的先天不足和某方面的缺陷。产生自卑心理后,总是对自己的能力产生怀疑,由此而导致能力不能正常发挥,总认为自己和他人存在较大差距,常常把自己封闭起来,与外界断绝交往,长此以往,很难与他人建立人际关系。另外,由于个体在现实生活感受到不得志、不完美,也往往会产生个体自卑心理,比如认为自己的身材、长相与大众审美不一致,自己的成果常常不被领导认可,在工作中常常受到批评和惩罚等。

第四，自傲心理。与自卑心理完全相反的是成员的自傲心理，自傲心理的人认为自己无所不能，没有人比得上自己，自恃清高，自命不凡，认为自己拥有良好的个人形象，过高地估计了自己所拥有的内涵。拥有自傲心理的人，很难看到自己的缺点也不愿意接受他人的意见，长此以往很难与他人建立良好的人际关系，对方也很难接受与高傲的人进行人际交往。

第五，报复心理。报复心理一般是极度的自卑者为了达到个体自身的心理平衡，掩饰内心的过分自卑，采用类似自傲的心理态度，达到自恃清高、藐视众人的心理目的。具有报复心理的人，往往对他人、群体心怀恶意，嫉恨比自己有能力的人，无法与他人友好沟通，不愿向他人吐露心扉，常常用敌意的态度来对待组织成员，无法与他人建立基本的人际关系。

第六，自私心理。自私心理的人只关注个体的目标，在与他人交往时常常是有针对性地选择交流对象。自私心理的人认为，建立人际交往只是人们相互利用其价值的过程，满足自己私欲的一种手段，一旦达到自己想要的目的，则以往建立的人际关系就很难再维持，从而导致人际关系的破裂。

(二)群体因素

1. 群体成员交往频率

在日常工作生活中，成员之间只有不断进行交往才有可能建立关系，或者说群体成员之间进行了交往未必能形成良好的人际关系，但是双方没有交流沟通，就更不能建立任何关系。所以，对群体成员来说，尤其是交往双方刚刚认识时，双方交往频率越高则双方越有可能建立良好的人际关系。当然，良好人际关系的建立与沟通双方的诚意、态度等也有很大关系。

2. 群体成员空间距离

与交往频率相对应的是空间距离，空间距离在建立良好人际关系时起到基础性作用，也将直接影响到沟通双方的交往频率。在大多数情况下，如果交往双方的空间距离较近，则交往就很方便，交往频率也会自然而然地提高。而交往频率提高后，交往双方之间的相互了解增加，如此一来双方更有利于建立良好的人际关系；反之，若双方交往空间距离较远，沟通双方交往的机会相对较少，交往的频率也随之降低，则双方之间的关系越来越远，很难建立良好的人际关系。

3. 群体成员态度和个性的相似性

群体成员态度的相似性是指相互交往的双方在处理事情时态度具有一致性。当交往双方刚刚建立人际关系时，交往双方的态度、观念、学识、价值观、人生观的相似或一致性是能否建立友好关系的重要因素。其中态度的相似性直接影响交往双方对对方所产生的排斥或吸引的心理状态，并且影响着人们进行交往的频率，是影响建立群体中的良好人际关系的重要因素。例如，纽科姆对大学新生所进行的个性特征对良好人际关系建设所进行的实验，将大学新生分为两类居住，一类是个性特征相似的学生居住在一起，另一类是个性特征相反的学生居住在一起，经过一段时间的观察，特征相似的学生相处融洽并建立了良好的人际关系,而特征相差较大的学生很少交流,关系比较疏远。由此可见,如果交往双方有共同的个性即价值观、兴趣爱好、价值观、人生观等特征时,无论是在工作还是学习中,双方都有共同的语言,沟通较为融洽,有利于良好人际关系的建立。所以在群体中,管理者要善于观察,将具有共同特征的成员安排到一起,还可注意群体成员的个人态度并善于引导,使员工获得相似的态度,使群体关系融洽,并为组织最终目标的实现而共同奋斗。

具有共同爱好的人往往乐于分享自己对某种共同喜爱的事物的看法,由此增加了双方交往的频率,也比较容易建立良好的人际关系。这种人际关系不掺杂任何目的性,都是双方在乐于沟通交往的状况下建立的,且双方交往越多,双方的关系就越融洽。

一般情况下,年龄、地位相仿的人相比年龄、地位差距较大的人更容易进行交流沟通,容易进行换位思考及相互理解,从而建立良好的人际关系。不过也有一部分人喜欢与自己各方面差距较大的人进行交往,所以态度和个性的相似性不一定适合良好人际关系建设的所有情况。

4. 群体成员的需求互补性

在群体中,不乏存在个性完全相反的成员却能彼此欣赏,不断进行交流沟通,彼此关系融洽,一定程度上反映需求的互补性。交往双方的个性特征完全不同,双方在进行交往过程中彼此学习、取长补短、共同提高,从而满足彼此的心理需求与满足,比较容易建立良好的人际关系。

相互借鉴、满足各方需求是推动双方进行相互交往的关键因素,也是建设良好人际关系的动机与目的。当一方的需求与期望恰好是对方的长处和特点时,双方构成互补关系且极具吸引力,并且双方在能力、专业、性格等多种特征的互补,都有利于群体人际关系的建设。正如美国社会学家罗伯特·温奇在需求的互补性对群体人际关系的影响的实验中,把已婚和订婚的众多情侣的性格特征进行详细分析后发现,互补性吸引使得男女双方选择能够与自己个性特征互补的人当作自己的终身伴侣,如活泼爱动女子和沉默寡言的男子相处很融洽,主导型男子与顺从型女子交往密切等。成员之间存在需求互补,可增进双方之间的交往。但是,在交往中如果不能得到需求的满足,长此以往交往双方就会对彼此失去兴趣,人际关系就很难得到良好发展。

在日常工作中,可以将具有需求互补性的成员安排到一起,使彼此满足对方的需求。例如,领导型与顺从性成员组合在一起,交往型与内敛型成员组合在一起,双方取长补短、彼此交流,从而有利于良好人际关系的建设,加速组织目标的顺利实现。

在现实生活中,对于人际关系建立的影响因素还有多个方面,如文化水平、经济实力、发展潜力等,对建立良好人际关系具有重要意义,都能影响良好人际关系的建立与发展。

四、群体人际关系发展的策略

在大多数情况下,人往往是复杂多变的,群体人际关系一旦到达亲密层次将很难继续发展。由于群体中各种各样的客观因素的制约,使自己和其他群体成员之间的交往很难达到深交层面。为符合现代职场的某些规则,个体一旦与其他成员的人际关系处在同一高度,往往会放弃继续发展的空间,在某些情况下甚至会造成关系退化。所以,要使群体人际关系健康、快速发展,群体内管理者和被管理者就要采取有效的措施。具体来说,要想改善群体人际关系,可以分别从以下几个方面去改善:第一,群体中的管理者要发挥领导的指引作用,尽自己最大的努力来指引群体成员人际关系的发展,为员工提供舒适的环境以创造良好的条件;第二,群体中的成员个人要主动与他人进行交流沟通,加强自身能力的修养,本着真诚友好合作的目的与他人发展建立良好的人际关系。

(一)管理者改善群体人际关系的方法

1. 建立合理的组织结构

建立合理性的组织结构是一个群体得以发展的基础,合理性的组织结构会使整个组织充满活力与生机,即组织分工明确,权责界限清楚,团结合作,沟通顺畅,群体成员之间的障碍减少,在进行工作时心情愉快,成员关系融洽,推动建立良好人际关系。但是当组织分工不具体时,往往会产生工作重复和遗漏,对人力资源造成浪费的同时导致有些工作无进展,阻碍工作进展的速度,最终影响到组织工作效率,此时群体成员在进行交往时,往往会引起群体冲突,之前建立的良好人际关系也会被破坏,所以群体中一定要建立合理的组织结构,保障群体的快速发展。

2. 制定相应的规章制度

规章制度是指群体及群体成员在共同生活、工作中所必须听从和执行的行为规范的总和。制定相应的规章制度,有利于群体成员遵守相应的规范,使群体工作安定有序地进行;有利于规范和引导群体成员行为需要,是解决群体成员冲突与争议不可缺少的强有力的手段;有利于树立群体优良的思想作风,引导群体成员积极向上、真诚合作、友好沟通,增强群体成员之间的互帮互助,增强双方之间良好的人际关系。

3. 建立优秀的领导群体

如果群体领导思想作风过硬,则会营造一种积极向上、乐观豁达的群体文化氛围,促使整个群体成员建立和谐、自然、友好的人际关系;若群体领导存在贪慕虚荣、不守纪律等不良作风时,对群体的影响常常起到负面作用,导致群体成员纪律涣散,工作效率低下,只想投机取巧、浑水摸鱼。所以,要建立优秀的领导群体,使群体领导能恰当处理群体成员间的人际关系,促使组织成员有效地提高彼此之间相互沟通、了解的能力,建立良好的人际关系。

4. 建立良好的群体氛围

良好优秀的氛围对群体成员有着潜移默化、不可估量的重大影响,引导群体成员建立乐观开朗、积极主动、乐于沟通等良好的优秀品质,为群体成员构建良好的人际交往关系提供良好的氛围。与此同时,浓厚的企业文化氛围可以遏制不良组织作风的歪风邪气,建立正确、优良的文化氛围,促进和提高群体中的人际关系,使群体能够迅速、健康地发展。

群体成员要意识到只有不断进行沟通交流,增进彼此的感情,才能维系良好的人际

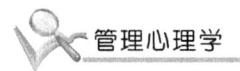

关系。一旦良好人际关系建立起来,就不会因双方距离较远而阻断了彼此的友谊,在此基础上要将人际关系建立在相互信任、尊重、关心的友谊基础之上,能够忍受因距离较远而不能进行面对面交流沟通所带来的不便,善用其他渠道、方法来弥补不足,进行时时沟通、交流,建立友好关系,以便增进彼此之间的友谊。

(二)群体成员提升自我修养的方法

良好的人际关系对于群体成员个人也具有重大的影响意义,要想改善群体人际关系,提升群体成员自身的修养,可以采用以下三种方法。

1. 培养良好的性格

群体成员自身人际关系的好坏与其本身的性格是密不可分的,自身所存在的不良性格是造成群体人际关系紧张的重要原因之一,如偏激、孤僻、自卑的个体难以与他人建立友好关系;性格急躁、易冲动的人很容易在处理问题时与群体中的其他人发生不必要的冲突与麻烦,造成群体人际关系的紧张。所以在交往中,要时刻注重人格的修养,不断调整自己的心理,做到乐观、豁达、稳重,同时要注重帮助他人、乐于合作、善于沟通、严以律己品格的培养。

2. 提高敏感性

群体中的每个成员都有自身的独特性和个性,都有体现其积极的一面,因此在群体中要充分尊重成员的个性特征,要懂得伙伴关系并不是成员间的彼此占据,要适当地保持各自的生活空间,拥有独自做事的自由,尤其要保证个体具有独自的私人空间。

在大多数情况下,理性的人仅能了解自己的心理诉求,并针对自己的情况做出应有的选择,但是对其他群体成员的心理追求却一点也不知道,有时候甚至是置若罔闻的,这样对自己特别了解而对其他群体成员不甚了解的情况往往对日常群体之间的交往造成很大的障碍,影响群体成员人际关系的建设,所以,我们要加强自身的感受性训练,给自己创造一种特殊的环境,关心他人的心理需求,提高自己对他人心理需求的敏感度。

当群体成员中有人遇到麻烦进行求助时,自己要常常怀有一颗关怀之心,主动伸出援助之手。只有这样,在自己遇到麻烦时就不会因无人求助而犯难。在帮助别人时要尽自己最大所能,在请求他人帮助时,不要让对方感到犯难。

3. 学会设身处地考虑问题

群体成员在相处时首先要做到相互尊重对方,要懂得欣赏他人的优点和长处,借鉴他人的优点来改正自己的不足。信息交流与沟通是双方进行交互的过程,所以,成员之间要增加相互信任,不要心存戒备、有所顾忌,影响双方的交流沟通。否则,对方若感受不到相应的诚意,则交流很难继续进行,最终阻碍群体的发展。

可以采用扮演法学会换位思考。扮演法是指当遇到某种问题时,善于换位思考,从他人的立场去分析、思考问题的行为。这种角色扮演法是通过对真实环境进行模拟,让自己扮演与工作相关的其他群体成员,并根据要求进行被扮演者的工作,处理相关的事务,从而体会到被扮演者内心真实的想法,以便了解到与自己工作相关者的心理追求,进行自我内心调节,改掉自己的不良作风习惯,最终与其他群体成员建立良好的人际关系。

第三节　人际关系的测量

人们在群体生活中,存在着各种各样的交流与联系,必然形成不同的人际关系网络。和谐的人际关系能促进群体成员的相互了解,使群体成员能够高效地沟通、交往与合作,促使工作有序进行,所以人际关系的测量就显得尤为重要。现在对人际关系研究主要采用社会测量法、参照测量法、人际关系矩阵等。虽然这些方法都是测量人际关系的经典方法,都有其自身的优势,但是所存在的不足之处也值得心理学学者重点关注,开发更多的对人际关系测量工具也是必要的。

一、社会测量法

社会测量法是由社会学家与心理学家莫里首先提出来的,它是根据群体中每个成员之间所做出的选择,分析成员间的信息距离与群体内部的心理结构,从而了解群体人们交往过程中的好感或反感等情绪变化,找出最受欢迎或最不受欢迎的成员。

社会测量法首次实现了人们在心理上的结合数量化,对人际关系的测量提供了很好的方法。其主要可以知悉群体内部之间三个相关方面的问题,即知悉群体中最受欢迎的个人,群体中是否有非正式小群体,群体内部人员的人际关系的整体状况。群体内部之间的方法使得成员在心理上的结合变得数量化,并且显现出当事人未能察觉出群体中的人际关系状况。

社会测量法有以下几个方面的特点:第一,与社会性变量有关,关注人际关系和人机结构特征,注重群体成员之间的相互作用;第二,实际对个体的某些评价,容易引起相关人员的兴趣;第三,对小团体的测量研究比较适用,在团体效率和凝聚力等方面有较强的适用性。

社会测量学的详细步骤如下:①详细的指示语,并明确指出测量的目的。②使参与者主动、积极参与测量,与此同时向参与者说明对测量结果保密,从而保证群体成员间正常的团体气氛和成员之间的关系和谐、融洽。③使参与者在一定的范围中挑选合适的对象,依照研究的目的,向参与者指明测量的意义,了解他们的个人情况以形成和谐的人际关系,从而保证测量程序的顺利进行。

依照社会测量法的要求,常常采用以下方式:①等级排列法。把群体成员按照受欢迎程度进行排序,依照排列的等级进行加权记分。比如,最受欢迎的伙伴计 3 分,给第二名的伙伴计 2 分,给第三名的伙伴计 1 分,再用得到的选票数乘以所得分数,依次计算出每个人的等级分数。②靶式社会图。靶式社会图是以靶图方式显现出被选频次,靶心是受选择频次最高的人,以此类推,离靶心越远,则被人选择的次数也就越少。③"猜测"技术。"猜测"技术是给参与者提供一些关于个体的部分描述,参与者找出与特征描述相符

的人，之后根据上述选择并做出相应分析。

社会测量法测量的结果可用表的形式表示出来，又称作人际关系矩阵，详细步骤如下：①对群体成员进行编号；②根据个体的选择填到相对应的表格里。社会测量法表如表 9-1 所示。

表 9-1　社会测量法表

选择者 / 被选择者	1	2	3	4	5	6
1		3	2	1		
2	3		2			−1
3		1		3	2	
4	1	2				−1
5			1	1		2
6		3			1	
合计	5	11	8	5	3	0

根据表 9-1 可以得出群体人际关系的基本信息：群体成员 2 得分最高，最受欢迎；群体成员 6 得分最低，最不受欢迎。

二、参照测量法

参照测量法是由心理学家彼得罗夫斯基首先提出来的，他是在分析社会测量法的基础上依据参照方式的不同测量出人际交往动机的方法。彼得罗夫斯基指出，要想获得真实有效的结果，首先要知悉个人的选择动机，并且要注意最受欢迎的人，并不一定都是最具有影响力的人，可运用参照测量法来测量群体中在个人品质、行为习惯、目标及意见等方面拥有一定影响的权威人物及他在群体中发挥的影响作用。

根据参照测量法进行测量时，按照如下步骤进行：第一，群体内各成员互相进行书面评价；第二，将对他人的评价分别放到准备好的档案袋中；第三，告诉群体中的全体成员，可以知晓别人是怎样评价自己的，但不允许看到他人对自己的全部评价，只限于让其看到他人对自己的部分评价；第四，研究者统计各个成员的提名，其中被提名最多的就是群体中最受信赖与尊敬的人，在群体中虽然这些人也许不是领袖，但可能是群体中最受欢迎的人。

参照测量法最大的优势在于掩盖测量的真实目的情况下可获得群体内成员的真实想法，以显示出群体中的成员在个性特征、行为习惯、想法及各方面注重的人物，获得真实可靠的结果。但其也存在自身的缺点，在群体成员人数较多的情况下，要求群体中的个人对每一成员都作出具体评价，会耗费大量时间，当成员较多时较难进行。

三、人际关系矩阵

人际关系矩阵是依据群体人数(n)而绘制的 $n \times n$ 的表格,表格中填入的数字为群体成员的选择关系,或为群体成员的排斥关系。与社会测量法表格类似,给群体中最受欢迎、最喜欢的人计 3 分,第二名计 2 分,第三名计 1 分,以此类推给群体中最不受欢迎、最不受人喜欢的人计 -3 分,倒数第二名计 -2 分,倒数第三名计 -1 分,并分别填入相对应的空格中。通过对表格的分析,便可得出群体中的人际关系和人际结构,即谁最受欢迎、谁最受排斥、谁选择谁、谁反对谁,由此得出群体中的人际关系状况与心理状态。

四、人际关系图

人际关系图是由美国社会心理学家雅各布·莫雷诺提出的。它是指把群体成员之间的喜欢与憎恶关系用图形的形式表示出来,形象具体、一目了然,使群体内员工快速知悉自己所处位置。雅各布·莫雷诺曾经在一个 8 个人的群体里做过这样的实验,他依据各群体成员间喜欢与厌恶的情况,提出如下问题:第一,群体中的成员你最喜欢和哪位成员一起工作、学习与研究问题? 如果剩余一些做家具的材料,你更愿意与谁分享? 第二,你最不喜欢和谁在一起工作、学习与研究问题? 你最不喜欢和谁打交道?

根据群体成员的不同回答,雅各布·莫雷诺依据"吸引"、"排斥"与"漠不关心"把群体成员间的关系依次分成三类,并画出相应的人际关系图,据此了解群体中 8 个成员之间关系的详细信息。图 9-1 为雅各布·莫雷诺的人际关系图。

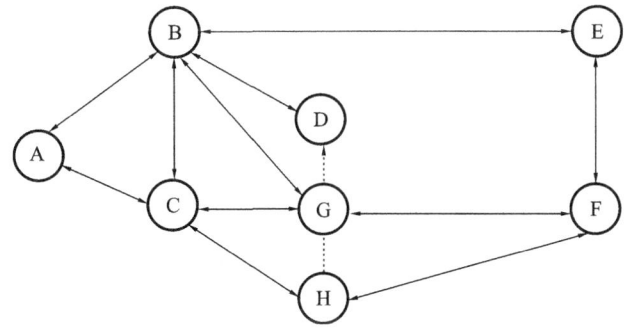

图 9-1　雅各布·莫雷诺的人际关系图

从图 9-1 可知,群体中的非正式群体由 A、B、C 成员组成,其中 B 是领导者并指挥 A、C、D、G 成员;E、F 成员虽然相近,但其他成员并不喜欢他们;最孤单的是 H;彼此都互相不关心的是 E 与 D,F 与 D。

通过雅各布·莫雷诺人际关系图,人们可以在短期内知悉成员在群体中的影响力、地位、适应力及群体成员间的欢迎与厌恶,并且可以知悉群体内领导力、凝聚力、工作士

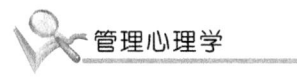

气、抗压力等各种特性。雅各布·莫雷诺人际关系图为研究人际关系提供了一种较为有效的工具。

五、人际关系指数法

人际关系指数法是一种从质与量上来把握与其他群体成员之间的人际关系的历史和现状,并给予评价自己与其他群体成员之间所维持人际关系的质量的一种方法。具体的步骤是把影响人际关系的各种因素进行数量化,以此来作为衡量群体成员人际关系质量好坏的变量,然后结合人际关系建立和发展的各个不同的阶段,分别将所评价的指数填入"人际关系指数表"相对应的空格中,以此来评判发展状况,详见表9-2。

表 9-2　人际关系指数表

因素	相似度	需求满足	沟通频率	感情融洽	阶段
指数	高中低 +1　0　−1	高中低 +1　0　−1	高中低 +1　0　−1	高中低 +1　0　−1	高中低 +1　0　−1
选择定向阶段					
深入交往阶段					
关系建立阶段					
关系维持阶段					
因素指数和					

在人际关系表中,从左向右依次排列的是影响人际关系的各个因素,并针对实际情况对其中的每一影响因素产生的三种可能性规定了相对应的指数,即+1、0、−1。从上到下依次为群体人际关系发展的不同阶段:

(1)选择定向阶段。这是人际交往过程中最先开始的阶段,属于确定交往方向的阶段,在此阶段人们在众多交往对象中选择其中的某一特定的对象开始进行交往。

(2)深入交往阶段。它属于人际关系建立前的准备发展阶段,在选择特定的交往对象后开始进入深入的交往,双方在不断进行交流沟通中获得更加深入的了解,从外在的形象特征再深入交往对方的内心世界及生活的诸多领域,探索建立更加深层次交往、建立彼此之间良好人际关系的可能性。

(3)关系建立阶段。这是建立良好人际关系的最初阶段,属于人际关系发展的鼎盛的阶段,此时交往双方的思想、感情、性格及行为方式都有了不同程度的渗透。

(4)关系维持阶段。此阶段属于交往双方彼此之间进行相互沟通、交流的时期,在此阶段要格外注意自己的态度和行为,以防破坏已经建立好的人际关系,导致人际关系的下滑。

根据自己的具体状况,依照各因素的指数标准,进行详细的指数分析,便形成了衡量人际关系质量及发展情况的详细的人际关系指数系统。

　　以上介绍了五种关于人际关系的测量方法,每种方法都有其自身的特点与不足,要具体问题具体分析,巧用各种测量方法,以便改善沟通的质量,建立良好的人际关系。

　　1.什么是人际关系? 人际关系的类型有哪些?

　　2.结合实际谈谈如何改善人际关系。

　　3.如何有效地建立人际关系?

　　4.什么是群体人际关系?

　　5.群体人际关系的类型有哪些?

　　6.结合具体情境说明人际关系的重要性。

　　7.人际关系的测量包含哪些方法? 并简要说明。

日本企业的人际关系

　　在日本的企业中,领导很看重员工自身的品行,往往需花费大量的时间提升员工的职业素质,培养员工集体合作意识,注意调整职工内部关系,形成一种良好的人际关系环境,他们强调"人和",只有这样企业才能更好地发展。我们常常看到,很多企业的办公室内都贴着"团结合作"、"共商大计"的标语。领导们常常宣讲要以企业共同目标为主方向,同时还要实现双赢、共赢。企业领导不仅把员工看作劳动者,更把员工视为企业的"家庭成员",关心员工的日常生活,带来物质奖励的同时给予精神奖励,使员工感受到"家庭"的温暖,并且对企业员工的吃住都很关心,无论是员工生日,还是员工结婚、生子等,企业领导都会给予问候,这样一来,员工感受到了企业的温暖,就会加倍努力工作,踏踏实实、勤勤恳恳,为企业贡献自己应有的力量。另外,日本企业特别注重和谐的氛围,一旦有冲突发生,就会采取一切措施化解冲突,重塑良好的人际关系。比如,日本企业每年固定发两次奖金,从不组织任何的评奖,因为他们认为组织内部评奖容易引起内部冲突,即"评奖评奖,越评越僵"。

　　1.建立人际关系的重要性有哪些?

　　2.如何建立起良好的人际关系?

　　3.日本企业是如何建立人际关系的? 你认为人际关系应该是怎么样的?

　　4.通过案例分析,我们从个人层面应该怎样在企业中维持好自己的人际关系?

　　(改编自孙喜林、赵艳辉:《管理心理学:理论、应用与案例》,人民邮电出版社,2018年版。)

一、阻碍人际关系建立的个人性格特征

社会心理学家曾说,社会中存在一些人由于性格较为内敛,不愿与他人进行沟通交流,常常把自己封闭在一个小圈子里,很难与他人建立良好的人际关系,不利于培养团结合作,不利于组织的发展,具体表现为以下几点。

(1)只关注自己,对他人的行为漠不关心,常常忽略他人的悲欢离合,认为他人的事与自己无关,有时甚至只把他人当作自己实现目标路上的基石,毫不在乎他人感受,对他人召之即来挥之即去,这种性格很难与他人建立正常的人际关系。

(2)以自己为中心,只关注个人目标,完全忽视他人的目标,这种以自我为中心的人,很难与他人建立深厚的友谊,也很难得到他人的帮助。

(3)为人不真诚,与他人交流时,常常表现得非常客气,也不愿表露自己的真实想法,之所以与他人进行交往,往往是为了满足自己个人的利益需求。具有这种性格的人,在长期发展状况下,往往会得到他人的厌恶,破坏仅有的人际关系。

(4)对自己的领导常常采取过分的逢迎行为,对于自己的下属又表示漠不关心,这种性格的人往往不受人喜欢,很难与他人建立良好的人际关系。

(5)极度依赖群体内的其他成员,丧失独立性,导致做任何事情都没有主见,讲话没有底气,从而缺乏吸引力。

(6)嫉妒心理强。当他人表现得比自己优秀,具体体现在获得奖励、能力突出、受他人喜欢等方面,此时往往滋生嫉妒心理,从而导致很难再与他人真诚交流,导致人际关系的终止。

二、戴尔·卡耐基:成功交往法则

1.展露出积极的方面

(1)保持乐观的心态。在日常交往中,人们往往喜欢与积极、乐观、主动的人进行交流,当个体表现出郁闷不乐时,他人很难靠近。

(2)表现出热情。热情是一种无法让人抵抗的特性,当他人热情地与你进行交流时,一种独特的感染力会使你很难拒绝。

(3)时刻保持自信。自信是一种独特的魅力,自信是成功的一半,具有自信的人往往能不知不觉地吸引他人的目光,让他人主动与你交流。

2.让别人喜欢你

(1)遇事不指责他人。

(2)真诚地与他人交谈。

(3)面带微笑。

(4)记住他人的姓名,这是对他人起码的尊重。

(5)注意倾听。

(6)使对方感受到自己的重要性。

3.让别人赞同你

(1)避免争吵。

(2)主动承认自己的失误,并对其负责。

(3)友好地与他人交往。

(4)尊重他人的发言。

(5)善于站在他人的角度看问题。

(6)获得成功时懂得谦虚。

(7)善于引导他人。

(8)维护他人,时刻维护他人尊严。

(改编自陈国海:《管理心理学》,清华大学出版社,2017年版。)

第十章　沟通、冲突与管理

第一节　沟通的概述

一、沟通的含义

沟通又称作意见沟通或意见交流,是指两个及两个以上的人交流思想、意见、感情、态度及信息情报的过程。沟通不仅包含信息的传递,也包含对所传信息的理解,我们每一个人自出生时起就处在各式各样的群体中,就需要不断进行交流。对每个群体来讲,在实现集体目标的同时要兼顾实现成员的个人目标,需要群体成员不断地交流信息,进行沟通;在群体中,为完成共同的任务、达到共同的目标,各成员及部门之间也要不断地沟通交流,管理心理学就是研究群体中的沟通交流,把沟通交流看作是一种交互的过程。

沟通是人们相互联系的最主要的形式,它是人们获取他人思想、意见、感情、态度的途径,是人与人、人与群体、群体与群体之间相互交流的桥梁。人们借助文字、语言、行为等方式使得群体成员间的交流更加高效、便捷,使人们在相互交流的过程中体会到自由、平等、和谐的人际关系,体会到以人为本的沟通氛围,并使得问题得以高效解决。

关于人与人之间的沟通,可从以下几个方面去了解。

(1)语言沟通是人与人之间沟通的主要方式,但语言沟通也包括许多非语言手段。

(2)人与人之间的沟通除了信息的交互,还有思想、建议等交流。

(3)心理状况在人与人交流沟通的过程中占据重要的意义。信息传递者与接收者要知悉双方进行交流的目的与动机,最终的结果会影响人们的行为。

(4)人与人之间在进行信息交流时可能会出现各种障碍。比如,传递过程的失真与错误现象、个人心理障碍等。

有效的沟通是指在保证信息及时传递的同时,还要确保信息能被接收者了解。如果信息没有及时传递,那么沟通就无效,所以信息沟通最主要的是接收者可否知悉信息,而不是仅仅限于是否发出信息。有效的沟通应该是通过传递后接收者收到的信息和发出者传递出的信息完全符合,通常真正有效的沟通是接收者在完全理解发送者所传递信息意义的前提下及时进行反馈的过程。

所以,在研究人与人之间的沟通过程时,应该把握沟通的特殊规律。

二、沟通的功能

(一)获取信息

沟通是人们交流思想、意见、感情、态度及信息情报的过程,是信息传递的基本方式。沟通为人们提供了工作的情报、方向、动态及资料等外部信息,同时又可为人们提供群体成员间的工作状态、精神面貌及人与人之间、人与群体之间的内部信息情况。只有不断进行信息沟通,才会使群体成员相互了解,增进感情,互相合作。

(二)增进了解

对于群体中的绝大部分员工来说,他们的社交场所往往是工作群体所处的环境。人与人之间的情感交流,通过彼此的沟通与交流,加强了彼此的默契程度,加深了双方的感情。

(三)协调关系

建立和谐的人际关系在人们日常生活与工作中占据重要地位。不和谐的人际关系将直接影响人们的行为。建立良好的人际关系能促使成员间更好地进行信息沟通与默契合作。群体成员间或各群体之间的信息与意见的交流沟通,可增强成员合作,创造和谐的群体氛围,调节人际关系,消除因工作带来的误解、紧张和孤独等情绪,促进个人身心健康发展与成长。

(四)转变态度

获取全面的、详细的信息,有利于促进群体成员态度的形成和转变。人们态度的形成和转变与信息和意见有直接关系,沟通与交流可以不断增强和改变人们已有的态度,是组织管理活动顺利实施的保障。

(五)激励行为

在群体中,为实现群体目标,管理者必须与群体成员时时进行信息交流,让群体成员及时知晓群体目标的进展情况和自己所需要付出多大的努力及努力的方向,目标达成后群体成员应得到奖赏,以此达到激励员工的作用。

三、沟通的过程

沟通的过程一般是指信息的发送者将所要传递的信息通过特定的方式发送给接收者,接收者根据自己的理解接收信息并通过反馈来使发送者得知信息传递准确性的过程。在沟通发生之前,发送者必须明确发送信息的目的,即将所需传递的信息准确无误

地发送给接收者,其信息包括数据、观念、命令、知识等。

在信息传递的过程中,发送者首先要对信息进行编码,把信息翻译成接收者所能接受的一系列符号,通过特定的渠道将编码传递给接收者,接收者接收符号并翻译成具有特定含义的信息,接收者依据自己的知识与经验将上述信息充分理解,发送者通过接收者反馈来知悉自己所传送的信息是否被接收者准确地理解与接受。

完整的沟通过程一般由 8 个基本环节组成,即产生想法、编码、传递、接收、解码、接受、双向反馈、噪声,如图 10-1 所示。

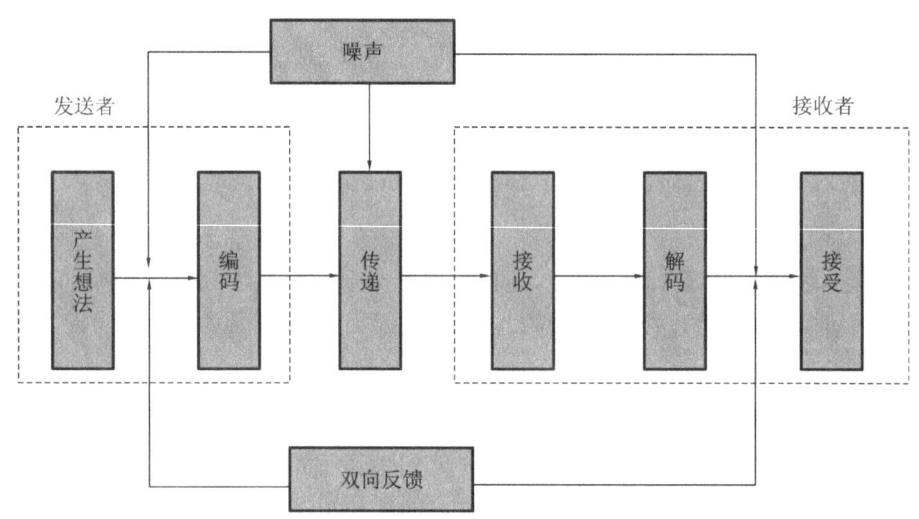

图 10-1 沟通的过程

(一)产生想法

要使沟通过程有效,发送者首先要了解所要传递给接收者的信息,要考虑在对待某一具体问题时,发送者、接收者自身所拥有的知识是否能够准确理解信息,发送者不能传递他所不熟悉的信息,同样接收者也不能接收自己不了解的信息。换言之,发送者和接收者自身的能力和所掌握的知识影响着所要传递的信息。如果发送者或接收者一方尚未完全理解所要传递的信息,而其他沟通过程的环节无差错,沟通的最终结果也很有可能无效。因此,为使沟通过程更有效,发送者与接收者都要对所传递的信息产生想法。

(二)编码信息

编码信息是指将所要传递的信息翻译成特定符号的操作,信息是经过信息源编码的特定的产物,客观存在的事物、数字、表情,甚至肢体动作都是信息。在进行信息编码时,首先选择传递信息的方式,随后将信息译成特殊的符号,在不同的环境下,语言风格及内容都会有很大区别。编码信息也与传送者的能力有关,受所掌握知识的限制,如果企业的高层管理者缺乏相应的抽象化的概念技能,只注重技术就很难管理好企业。所以对信息进行必要且正确的编码,对有效沟通具有重要的意义。

(三)传递符号

发送者在传递符号时要选择最佳的渠道、采用最适合的办法,以此来保证符号传递畅通无阻,尽最大努力减少不必要的阻碍,使接收者尽可能地接收信息,促使沟通顺利进行,并保证符号传递过程的严谨性、保密性,避免不必要的麻烦。

（四）接收信息

发送者传递信息,接收者接收信息。接收信息是接收者进行沟通的首要环节,如果沟通过程中的信息符号无人接收或只接收了其中的一部分,那么很有可能导致信息沟通过程中的失真,接收者能否搜寻到关键信息符号是判断沟通过程是否顺利进行的标准,此时接收者的主观能动性占据重要地位。

（五）解码符号

接收者在接收到信息符号后需要将其转译成通俗易懂的信息,如一份编程者编写的代码,如果我们不懂编程则很难了解其代表的内容及真实的含义。和发送者一样,接收者也必须拥有能力、知识、逻辑推理和社会技能。受教育水平的不同会影响一个人接收信息和沟通传递信息的速度与能力,当接收者不能正确解码信息符号时,可能会使沟通过程中止。

（六）接受信息

接收者将接收到的消息解码后,了解到发送者所要传递信息的真实含义,选择接受信息,从而达到信息传递的目的。

（七）双向反馈

双向反馈是沟通过程的最后一个环节,接收者将接收的特殊符号解码,接受信息,并将对信息的了解反馈给发送者,以此检验是否正确地知悉所接受的信息,与此同时可让发送者知道发送的信息是否能被接收者准确无误地接受,以此检验沟通双方了解信息的情况。

（八）噪声

噪声是指沟通过程中的干扰因素,包括发送者的潦草字迹、接收者的态度及传递过程中的其他噪声,所有对信息传递过程有影响的因素都叫作噪声。噪声可以出现在沟通的任何环节过程中,并可能使信息失真,造成不可挽回的后果。

四、沟通的要素

一个有效、完整的沟通过程包含发送者、接收者、信息、途径、反馈、障碍、背景等几个基本要素构成。

（一）发送者

发送者是指信息传递过程中信息的发出人,也称为信息来源。沟通过程的始终、信息的接收者、沟通渠道的选择及信息传递的目的都取决于发送者。

（二）接收者

接收者是指信息传递过程中信息的接收人,即信息传递的最终对象。当接收者接收

到特定符号后,依据自己的能力与经验对符号进行解码与理解。

（三）信息

信息是指发送者在沟通过程中借助特定的渠道所传递的思想、观点、态度、看法等,包含语言和非语言行为,以及这些行为传递过程中所涉及的语调、肢体语言,如手势、眼神、表情等都属于信息。

（四）途径

途径是指信息沟通传递过程中所利用的专门渠道,属于信息传递手段。在沟通过程中,人们可选用多种渠道,也可只选用一种渠道。往往同时配合使用多种渠道进行传递时效率较高,信息较准确。

（五）反馈

反馈是指接收者将接收的特殊符号解码,接受信息,并将对信息的了解反馈给发送者,以便检验是否正确地知悉所接受的信息,与此同时可让发送者知道发送的信息是否能被接收者准确无误地接受。及时反馈对沟通过程极为重要。

（六）障碍

障碍是指沟通过程中的干扰因素,又称为噪音。它可以出现在沟通过程中的任何环节,且都有可能导致信息失真,其后果非常严重。

（七）背景

背景是指沟通过程中所依赖的情景。相同的信息在不同的情境下将具有不同的意义,认真聆听他人的讲话,也可以获取丰富的信息。

五、沟通的类型

由于沟通类型的差异而引起的沟通方式也是千差万别的,从不同的角度出发可分为多种不同类型的沟通方式:正式沟通与非正式沟通,上行沟通、下行沟通与平行沟通,单向沟通与双向沟通等。

（一）正式沟通与非正式沟通

依据组织系统的不同,可将沟通分为正式沟通与非正式沟通。

1. 正式沟通

正式沟通是指正式组织系统通过特定渠道、采用一定原则的情况下,而进行信息传递与交流的一种组织形式。正式沟通往往依靠组织的权力系统,只涉及和工作有关联的信息沟通,比如组织所制定的审批制度、合同制度、订购产品制度、例会制度及与其他群体部门的信息交换等。正式沟通不仅为组织服务,同时也受组织的管理与监督,它严格按照组织的制度进行信息沟通,在某种程度上具有一定的约束性,发送者与接收者需要共同认真对待,以保证信息真实、可靠。但是,正式沟通要求信息传递必须严格按照程序进行,往往速度较慢而导致效率较低,有时不一定能达到职工需求。

2. 非正式沟通

非正式沟通是指以非正式渠道而进行的信息交流与交换，是指组织中的成员以组织以外的身份而采取的沟通，其主要涉及个人的一些事情，如员工个人的兴趣爱好、情感交流等。与正式沟通相比，非正式沟通往往表现为传递速度较快、信息传递效率较高、某些方面可达到职工需求等，但由于非正式沟通中的信息可能会被夸大，造成一定的片面性，导致沟通信息失真等。

（二）上行沟通、下行沟通与平行沟通

按照沟通方向的不同，可分为上行沟通、下行沟通与平行沟通。

1. 上行沟通

上行沟通是指组织中下级将信息传递给上级领导，是自下而上的沟通方式。主要表现在下级将近期工作状况、数据情况、工作意见向其上级传达，有利于上级领导知悉近期组织运行状况，了解下属的意愿，便于对组织作出正确分析与决策。如果没有上行沟通，或者上行沟通不充分，则组织的领导很难了解成员的需求，也不知道其任务的执行情况，所以上行沟通对组织成员间建立良好的沟通是不可或缺的。组织的领导可选择不同的渠道综合运用，从而进行更加有效的沟通。当然，上行沟通也会存在一些障碍，在进行沟通时应当注意以下几点。

（1）组织上层领导不提倡上行沟通。处在上层的领导，自认为很了解自己的员工，通常认为依据自己对员工的了解就可以制定有效的策略，所以一般不采用上行沟通的方式，长此以往，就会排斥甚至排除上行沟通，使沟通受阻。

（2）组织下层员工缺少上行沟通的意识。组织中很多底层员工认为，上行沟通只是存在于表面，组织上层领导不会认真对待自己提出的意见，甚至有可能适得其反，不能发挥其真实的效果，所以缺少上行沟通的意识，不能与上层领导进行有效沟通，造成沟通失败。

2. 平行沟通

平行沟通是指组织中处在同一级别的成员之间所进行的信息交流，如员工之间、部门之间、群体之间所进行的沟通。心理学专家指出，平行沟通会影响组织的统一命令、统一指挥原则，对组织造成一定的影响。平行沟通可广泛应用于各种沟通中，并且在上级领导准许下进行交流与反馈，可加快信息传递的速度，提升沟通的效果。由于平行沟通操作简单、节约时间、效率较高，恰当运用平行沟通，可以增强各部门协调性、合作性，以减少部门冲突，保存了信息的完整性。

3. 下行沟通

下行沟通是指组织中上层领导把信息传递给下层员工，是由上到下的传递。在组织沟通方式中，下行沟通运用十分广泛。上级领导常常将工作任务、工作形式、工作奖励与惩罚、规章制度、文件下发等通知下属。下行沟通不仅广泛应用于上层领导向下层员工进行沟通，还应用于上层领导向中层领导及基层领导传递信息。当然下行沟通也会存在一些障碍，在进行沟通时应注意以下几个问题。

（1）进行充分的准备工作。将所要传递的信息充分了解，提取关键信息，使下级员工

了解自己的任务和职责,沟通才更有效果。进行准备工作时可采用多种方式,如 PPT、上层领导的构思等,尽自己最大努力做好准备工作。

(2)提升沟通双方的本领。发送者与接收者在进行沟通时应注意提升沟通的本领,包括把握好沟通的分寸、了解沟通方的喜好、挑选较为合适的沟通渠道、善于抓住事物的主要矛盾。

(3)建立沟通双方的信任度。信任是建立所有关系的基石,要想进一步开展工作,首先要无条件地信任对方。如果缺乏相互信任,即发送者缺乏信任则会缺少动力,接收者缺乏信任则会导致沟通中断,所以要增加双方的彼此信任。

(4)建立积极乐观的态度。在日常生活中,要始终保持积极乐观的态度。在进行下行沟通时,若领导者能够始终保持积极向上的态度,则会不知不觉地影响下级员工,使整个组织都具有积极乐观的态度,便于沟通工作的积极展开。

(三)单向沟通与双向沟通

根据沟通是否具有可逆性与反馈性,沟通可分为单向沟通和双向沟通。

1.单向沟通

单向沟通是指沟通时是单方向的,只能由一方固定发出信息,另一方固定接收信息,沟通过程一旦发生,不可替换。例如,传达命令或指示、汇报工作、演讲等。单向沟通信息传递的速度比较快,但是沟通的效果相对较差,甚至有时会适得其反,一般适用于传递速度快、人数众多、例行公事等事项。

2.双向沟通

双向沟通是指沟通双方在进行沟通时信息传递是双向的,双方可以互为发送者和接收者进行信息的交流,具有可逆性与反馈性。组织中发送者是以商讨的姿态与接收者沟通,而接收者是以反馈的形式进行信息的交互,如此反复多次,达到发送者与接收者满意的沟通效果。双向沟通由于双方信息完全对等,所以沟通的效果较好,双方关系较为融洽,一般适用于人际关系好、人数较少、重大问题的决策等事项。

六、沟通的渠道

信息沟通是指组织中发送者与接收者之间所进行的信息交互与传递,当群体组织中的人们为解决组织问题进行沟通协调时,便会选择合适的、特定的沟通渠道进行传播,这使得发送者需要选择信息传递过程中的途径与接收者,即沟通渠道选择方面的问题,它的选择直接影响沟通的效率和质量,不同渠道结构形式也影响着沟通的效率。

(一)正式沟通渠道

依照相关研究,以 4 个人组成的沟通网络示意图为例,正式沟通渠道可分为 Y 型、链型、轮型、风车型、星型等,如图 10-2 所示。

1.Y 型沟通渠道

Y 型沟通渠道是一个纵向沟通网络,信息是依照纵向网络逐级传递的一个过程,位

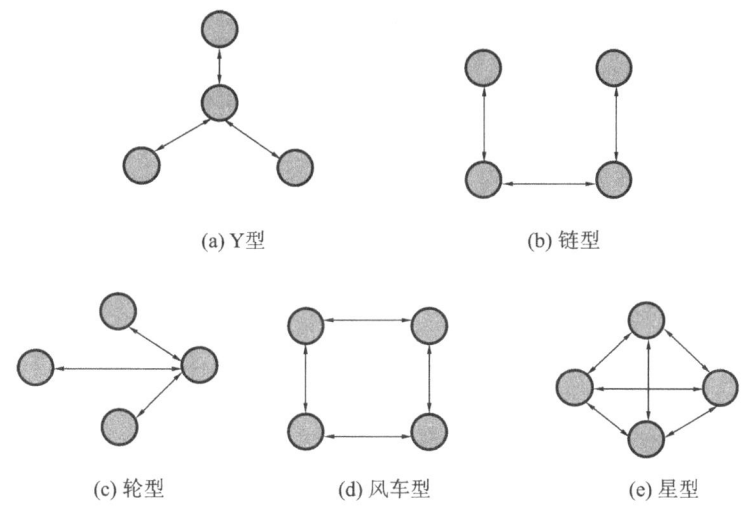

(a) Y型　　　　　　　　　　　(b) 链型

(c) 轮型　　　　　　(d) 风车型　　　　　　(e) 星型

图 10-2　沟通网络示意图

于顶端的每个人都只有一个交流者,只有在节点处的人员位于沟通中心地位,成为与其他人员的全方位沟通的中间媒介。Y 型沟通渠道集中化程度比较高,组织中信息传递的速度和处理问题的效率都较高,管理者对组织的把控较为严格。但由于纵向沟通网络使得组织成员不能越级沟通,往往成员满意度较差,组织气氛较为紧张,且信息经过逐层传递,每个传递信息的人员或多或少地加入了自己的理解,信息失真的可能性较大,给组织带来不好的影响。Y 型沟通渠道常应用于人数较多、规模较大但对管理需求又较低的企业中。

2. 链型沟通渠道

链型沟通渠道是一个直线沟通网络,链型沟通渠道信息是按照最初的发送者传递到最后的接收者的一个过程,其信息交流属于上情下达、下情上报的形式。链型沟通渠道端点处的两位沟通者,只能和一个邻近的参与者沟通,其余沟通参与者可与邻近的参与者沟通,环环相互衔接,构成了信息沟通中的链条。链型沟通网络,结构简单、传递较快,但与 Y 型沟通渠道一样,由于信息要经过层层筛选,每个信息接收者对信息的理解程度不同,同时又加入了自己独特的理解,造成信息失真,上下级之间不能准确了解对方的意图。链型沟通渠道往往应用在大型企业需分层进行管理的企业组织。

3. 轮型沟通渠道

轮型沟通渠道是一个控制沟通网络。主管人员直接将所要传递的信息分别发送给最终的接收者,主管人员主导着所有信息的传播与反馈,是信息的收集与发送者,可与下级人员进行相互交流,但下级成员之间并不能相互交流。轮型沟通渠道这种方式解决问题的速度快、精确度高,主管人员由于直接控制多个下级,所以对企业组织的满足程度较高,同时对其预测能力的要求也相对较高。但由于沟通的渠道较少,下级之间无交流,组织成员的心理压力过大,对组织的满足程度较低,不利于提高组织的士气,从而影响了组织工作效率。它在组织面临紧急任务及各组织进行竞争时较适用。

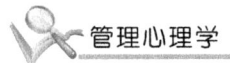
4.风车型沟通渠道

风车型沟通渠道是一个封闭控制沟通网络。组织成员之间依次进行联络与沟通,每个组织成员都可与邻近的两个成员进行交流沟通,使每个成员都能参与其中,有利于提升员工士气,提高对群体的满意度,提高效率。但由于成员只能在指定的较少的渠道内进行沟通,往往沟通信息的速度较慢,缺乏领导进行组织安排,分散程度高且主管人员缺乏一定的预测能力。风车型沟通渠道一般应用于对组织满意度、组织成员参与度要求较高的企业。

5.星型沟通渠道

星型沟通渠道是一个全方位、开放式的沟通网络,要求组织成员间可相互自由地进行沟通,组织成员之间都存在相互联系,可进行自由沟通。星型沟通渠道中的每个组织成员间都是相互平等的,群体成员之间彼此了解,当面对问题时独立思考、畅所欲言,极大地发挥了员工的创造性,提升了成员的满意度。但由于沟通渠道很多,当群体规模较大时,很难做到成员之间都进行交流,导致沟通混乱,影响了传递的效率。星型沟通渠道往往适用于需要进行重大决策而规模较小的群体中。

虽然上述沟通渠道是建立在某些条件下成立的,尤其对小群体较为适用,具有一定的局限性,但是对于研究整个组织群体的沟通具有一定的意义。根据组织所需的管理对象、解决速度、成员满意度、员工士气等不同而选择合适的沟通渠道,从而提高整个组织的沟通效率。

（二）非正式沟通渠道

非正式沟通渠道是在正式沟通渠道之外进行的各种沟通活动。对于一个群体来说,正式沟通具有一定的局限性,有些无法在正式渠道内传递的信息可借助非正式渠道进行传递。非正式沟通渠道是基于群体成员的感情与动机而形成的,富有较大的弹性。1953年,美国的戴维斯将非正式沟通渠道分为 4 种类型,即单串式渠道、饶舌式渠道、随机式渠道、集合式渠道,以组织中的 7 个成员为例的非正式沟通渠道如图 10-3 所示。

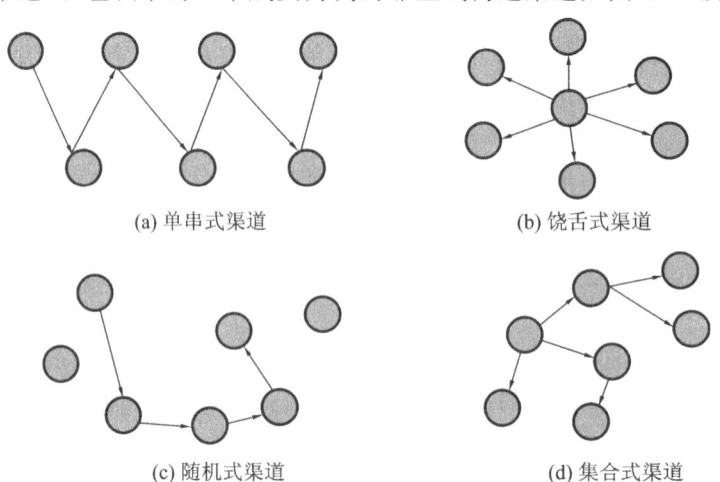

(a) 单串式渠道   (b) 饶舌式渠道

(c) 随机式渠道   (d) 集合式渠道

图 10-3 非正式沟通渠道图

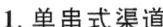

1. 单串式渠道

单串式渠道是指在非正式组织渠道中发送者将信息按照渠道的传递方向依次进行传递给最终的接收者。

2. 饶舌式渠道

饶舌式渠道是指信息由非正式组织的一个成员掌握，是非正式组织渠道中信息传递的中心人物，他通过一定的渠道将信息传递到非正式组织中的所有人。

3. 随机式渠道

随机式渠道是指在非正式组织中由其中的一个成员将信息传递给某些人，这些人依据所获得的信息又将消息随机地传递给其他人，其中在传递信息的过程中信息传递人都是随机的，依靠传递人的传递意愿与选择性。

4. 集合式渠道

集合式渠道是指在非正式沟通渠道中，有少数成员处于中心位置，负责信息的传递与散播，通过他们将所掌握的信息传递给非正式组织中的其他特定人。

第二节 冲突的概述

一、冲突的含义

冲突是一种客观存在、不可避免的社会现象，是群体组织人际交往过程中所产生的抵触、抵抗与斗争等比较激化的形式。组织是由许多个人与群体所组成的，是为实现组织共同目标而共同努力和奋斗的集体。当组织中的成员或群体之间在价值观、利益、目标等不一致时，则会引起冲突的发生。冲突往往导致误解、对抗或暴力。但是，冲突不只是带来消极的影响，也包含积极的方面，有助于组织快速建设与发展。因此，组织冲突可分为建设性冲突和破坏性冲突。

（1）建设性冲突是指组织目标相同但由于实施路径不同而引起的冲突，主要表现是为了达成共同的目标不断进行交流、沟通，听取各方意见，对症下药，不回避冲突，从而加快群体建设，促进组织快速发展。

（2）破坏性冲突又称为非建设性冲突，是由于组织认识上的差异，在组织的资源与利益分配方面存在着矛盾，成员间发生矛盾、冲突或暴力，极大地降低了组织效率，严重影响了组织的发展。破坏性冲突主要表现为组织成员只关注自己的利益，对于他人的意见置之不理，对于组织冲突问题的讨论常常变成对他人的人身攻击行为，且不愿交换意见。

二、冲突的类型

依据冲突发生的层次与领域的不同,将组织冲突划分为组织内个人的心理冲突、组织成员之间的冲突、群体与群体之间的冲突等。

(一)组织内个人的心理冲突

组织内个人的心理冲突,主要是指个体所面对的不同形式的冲突,按照接近与回避两种态度的结合,可划分为以下几种类型。

(1)接近-接近型冲突。接近-接近型冲突是指组织中的成员为同时达成两个都极富有吸引力但动机完全相反的目标而产生的冲突,由于所采取的路径不一致而不能同时满足,从而导致冲突的发生。当此种冲突发生时,往往需要放弃其中一个目标,或者挑选一个能大体满足两个目标的折中目标。

(2)回避-回避型冲突。回避-回避型冲突是指组织中的个人同时面临两个都富有危险需要全部回避时所引起的内心的冲突。当面临这种境况时,由于回避一个而会遭到另一个的侵害,组织成员常常想努力回避这种境况但又无法摆脱,便会采取相对来说危害较轻的一方。

(3)接近-回避型冲突。接近-回避型冲突是指组织中的成员在有些冲突的境况下,人们为达成其动机而去接近目标,但同时又要回避这个目标的动机,当面对这种境况又必须作出选择时,所形成的冲突即为接近-回避型冲突。这种类型应当从长远利益出发来衡量利益得失。

(4)双重接近-回避型冲突。双重接近-回避型冲突是指两个目标对组织成员兼具利益和弊端,当面对这种冲突而又必须作出选择时,要从发展的眼光看问题,具体问题具体分析。

以上介绍的4种心理冲突类型只是典型的模式。在现实社会中,组织成员间的内心冲突是非常复杂多变的,必须从现实出发,再结合具体的工作状况进行综合分析。

(二)组织成员之间的冲突

组织成员间的冲突是指组织群体中员工内部之间的冲突,这些冲突是来自于工作内外部交流沟通过程中出现的信息、认知、价值、本位等的冲突,具体原因主要有以下几点。

(1)信息冲突。组织中的人员在交流沟通的过程中由于所选择的沟通渠道不同,成员间不能恰当地交流沟通,会造成双方信息的不对称,从而导致信息冲突。

(2)认识冲突。组织中的成员所处的成长环境不同,个人的认知、能力、受教育水平等各不相同,在对待同一问题时不同的人也会有不同的观点,从而造成了认识冲突。认识冲突在现实生活中较为普遍。

(3)价值冲突。价值观是指个人对客观存在的事物以及行为结果的好坏、重要性及效果的评价。由于组织中每个成员的价值观千差万别,发生冲突也就较为常见。

（4）本位冲突。组织成员在共同生活、工作与学习中，在面对相同问题时，出于对自身利益、职责、能力的考虑，常常思考的是本组织的利益，而随之产生的冲突也是不可避免的。

在大多数情况下，以组织利益为出发点而引起工作上的冲突为正常冲突。如果恰当处理冲突，则会促进组织的发展，促使组织目标的实现。仅考虑自己的利益而造成的冲突通常为不正常冲突，对组织具有破坏性。

（三）群体与群体之间的冲突

组织是由多个群体组成的，不同群体都有不同的目标与职责。当各群体为实现组织分配的任务时，不免会发生职责界限不清、群体目标利益不同，从而导致冲突的产生。当冲突发生时，一方面，它促进了群体内部成员之间关系的和谐，群体成员会团结起来，为了本群体的利益共同奋斗，领导方式由民主型向任务型转变，更注重任务的完成，对群体成员的关心则有减少的趋势，同时群体管理方面变得更加严格，纪律更加严明；另一方面，各群体之间由于激烈的竞争关系变得关系更为紧张，使得各群体之间的交流与沟通变得更加困难，不利于组织目标的实现。同时，由于各群体只过分看重自己，往往只看到自己的优势与其他群体的劣势，而忽视了自己的劣势与其他群体的优势，不利于群体树立长远的目标，从而影响到组织的统一性。

三、冲突产生的原因

组织中冲突产生的原因可能是多种多样的，具体因素可归纳为以下几个方面。

（一）信息不对称

当信息由发送者传递至接收者时，在传递过程中，有许多原因导致对传递的信息产生误解。信息不对称，就是发送者与接收者在交流过程中的绊脚石，称为信息冲突。在现实生活中，更要注重沟通双方的信息一致，避免因信息不对称而引起冲突给组织带来不好的影响。

（二）目标不同

对于各个组织而言，一致的目标是组织发展与壮大的前提。如果组织内的人员目标不一致，则往往直接引起组织冲突，所以首先要保证组织中的个人目标与组织目标相一致。组织在发展过程中要同时满足组织内成员的需求，并且组织的战略、战术目标要相统一。但这只是理想状态，现实中组织个人与组织目标容易发生冲突，组织内部战术目标和战略目标的冲突也时有发生。

（三）竞争有限资源

组织在长期发展过程中，在部分资源匮乏时，需要组织中的群体与成员之间相互配合与协调。如果组织成员之间缺乏共事的机会，则不利于组织中的合作意识的建立及培

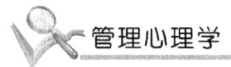

养,从而导致组织内部成员在有限资源下的恶性竞争,往往导致冲突的发生。

(四)文化与习惯差异

当组织的发送者和接收者因文化教育背景、行为习惯、沟通交流习惯等存在差异,且沟通双方坚持己见,则导致他们不能良好地进行信息沟通交流,从而引发冲突。

(五)能力与要求差异

在组织群体中,组织成员的个人工作能力与职位要求不相同,或者与组织领导的目标要求不一致时,则会因个人原因影响组织的发展,也会导致冲突的产生。

(六)沟通不畅

良好的沟通环境是组织迅速发展的前提,高效的信息沟通也是组织保持良好的人际关系的重要保障。通过组织间的交流沟通,可以改变组织群体与个人行为。在现实工作及生活中,资源、理解能力、认知能力等不同易造成沟通障碍,从而引发冲突。

四、冲突激化的影响因素

当组织冲突发生时,如果组织中的沟通双方不注意细节方面的问题,往往会激化冲突,引起冲突升级。冲突激化的影响因素有以下几种。

(一)过度的表达

发送者与接收者中有一方滔滔不绝,急于表达自身的意见和态度,从而忽略另一方的意见和态度,使得沟通双方不能很好地了解对方的看法与需求,也常常会造成对方的不满。

(二)控制欲强

当组织中处于上级的领导富有强烈的控制欲,严格要求其下属人员依据自己的行为准则工作,但在自身的工作中则采取降低要求的行为,容易引起下级工作人员心生不满,长此以往,当下级工作人员一旦找到机会,就会爆发冲突。

(三)问题扩大化

在组织工作中,不可避免地会出现一些问题,如果常常将一些小问题扩大化,就会严重影响组织中他人的利益与感情,引起他人的不满,导致冲突。

(四)武断霸道

武断霸道是指只依从自己的想法行事,不顾及组织中他人的看法与感受。例如,在组织进行某件事情讨论时,领导者只按照自身的想法行事,不顾下属的想法和感受,则会影响讨论效果,严重时造成无效讨论,形成人力物力以及时间的浪费,激化冲突。

(五)伤及私利和面子

在组织沟通过程中,要讨论与沟通与问题有关的事情,就事论事,不要轻易地谈及他人的人品和形象，注意对他人隐私的保护，否则会在他人心中产生对自己较差的印象，影响正常的交流沟通。

（六）傲慢自大

在组织工作中要谦虚谨慎，尊重他人。如果表现得傲慢自大，缺乏对组织下级人员的信任，对上级也缺乏尊重，则会严重影响正常的交流沟通，导致冲突发生。

第三节　组织中的有效沟通与冲突管理

一、沟通的障碍

沟通障碍是指在组织进行信息的传递和交换时，由于信息在沟通的各环节可能会遭受干扰或误解，从而引发沟通失真现象的产生。组织成员在进行信息沟通时，往往会遇到不同因素的影响和干扰，从而产生沟通障碍，包括沟通要素方面的障碍和沟通过程各环节出现的障碍。

（一）沟通要素方面的障碍

1. 信息发送者障碍

信息发送者障碍是指由信息发送者心理或行为造成的沟通障碍，主要体现在以下几个方面。

（1）当发送者欠缺信息传递与沟通的动机，但又必须与接收者进行信息传递与沟通，这种不情愿的沟通往往会在信息传递过程中出现障碍，从而使得沟通并没有达到预期的效果。

（2）当发送者乐意与接收者传递信息并沟通时，但由于发送者缺乏沟通的能力，如不知如何将信息编码、怎样选择合适的渠道、如何排除沟通过程的干扰，从而影响沟通效果。

（3）当发送者将信息传递给接收者后，由于缺乏信息反馈，发送者不了解接收者对信息的理解程度，使得信息沟通未达到预期的效果。

2. 信息接收者障碍

信息接收者障碍是指由信息接收者心理或行为造成的沟通障碍。当发送者把信息传递给接收者时，在信息传递沟通过程中往往会产生以下几个方面的障碍。

（1）对于同样一种信息，发送者认为信息非常重要，必须传递给接收者，但接收者却认为此信息不重要，而被动地接收信息，影响了信息沟通的效果。

（2）发送者与接收者存在个人恩怨，在信息的传递过程中，接收者很有可能将对发送

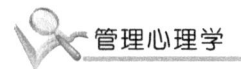

者的抵触情绪转移到信息沟通中,曲解信息或不愿意接收信息,从而造成信息的失真或丧失。

(3)当发送者将信息传递给接收者后,接收者由于自身反馈能力的限制,使其不能很好地将所掌握的信息情况反馈给发送者,影响了信息沟通的进一步深化。

3.信息本身的障碍

信息本身存在的问题同样是造成信息沟通障碍的原因,具体表现为以下几个方面。

(1)大量的信息可能淹没了其中最重要、最主要的信息,那么发送者在传递信息时则可能忽略最重要的信息,造成重要信息传递的延误。

(2)在信息的沟通与交流过程中,对于发送者所传递的信息的本质含义,由于理解能力、认知能力、知识水平的差别,接收者无法准确接收,或者在短时间内无法准确理解,造成信息传递的障碍。

(3)发送者与接收者在进行信息交流沟通时主要是借助语言进行交流,对于某些专业性术语、专业化语言,接收者很可能曲解所传递的信息,往往会造成沟通语义上的障碍。

(二)沟通过程环节中的障碍

沟通过程包含编码、传递、接收、解码、反馈等环节,沟通过程的这些环节都有可能在传递过程中出现障碍,造成信息在传递过程中的损耗。因此,我们要认真对待信息沟通过程环节中的障碍因素,及时识别障碍并且有效处理,使其对沟通产生的不良影响降到最低。

1.编码环节的障碍

在信息传递之前,发送者首先要对想要传递的信息确定一定的表现形式,并需要对信息进行编码,在编码过程中往往会造成以下几个方面的障碍。

(1)语义问题。信息在传递过程中主要借助语言进行表达,但往往同一词赋有不同的含义,适用于不同的场合,尤其是语言不同时此障碍尤为突出。

(2)信息含糊。由于传达的信息含义过于深刻,发送者在进行信息编码时,往往存在语意不明、逻辑混乱等现象,常常降低沟通的效率与质量,甚至会造成误解。

(3)发送形式不协调。发送者将几种不同形式的信息同时进行发送时,如果这些信息不能相互协调,使得信息的接收者很难准确知悉信息的真实含义。

(4)接收者自身能力的问题。发送者在对信息编码过程中忽略了接收者自身能力的限制,将信息编码得过于烦琐,使得沟通传递的效果大大降低。

2.传递环节的障碍

在信息传递环节过程中,产生的主要障碍包含以下几个方面。

(1)在信息传递的过程中,所选择的环节和对象太多,造成信息传递损耗太多。例如,在管理层次较多的高、尖、细的锥形结构形态中,由于组织层次过多,信息在进行传递时,需要耗费大量的时间,且每一层次的信息传递者在编码过程中都加入了自己对信息

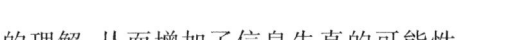

的理解,从而增加了信息失真的可能性。

(2)当发送者与接收者进行面对面沟通时,由于沟通较为方便,双方可以运用多种方式沟通处理较为复杂困难的问题;当距离过远时,发送者与接收者可以采用书面沟通的方式处理信息,使信息在传递中可以保持准确。

(3)要使沟通有效进行,可根据发送者与接收者距离的远近,选择合适的沟通媒介。如果缺乏完备的沟通设施,则沟通的效果较差;如果希望信息反馈的速度快,则常常选用面谈或打电话等即时反馈的方式较为方便、迅速。

3.接收环节的障碍

接收者在接收信息时,往往会出现以下两个方面障碍。

(1)接收能力太差,受接收者个人能力及受教育水平的差异,接收者在接收信息的过程中,有可能信息接收得不完全而影响沟通的效果。

(2)接收者对信息不感兴趣,只能被动地接收信息,缺乏对信息更深层次的理解,从而影响了信息传递的效果。

4.解码环节的障碍

接收者要准确无误地理解发送者传递的信息,需要较高的工作素养与能力,在解码的过程中往往会出现以下两个方面障碍。

(1)由于接收者个人能力的限制,接收者在接收信息后不能准确地解码信息所包含的真实内容,从而影响了信息的传递,影响到信息沟通的效果。

(2)当接收者非常高兴或悲伤时,很难用理性客观的思维思考问题,往往会歪曲信息,造成沟通信息失真。

5.反馈环节的障碍

当发送者向接收者传递信息后,由于传递具有单向性而缺乏实时的反馈,或者接收者虽然接收到了信息,但是在反馈过程中出现问题,使发送者无法准确掌握接收者的信息。没有接收者准确的反馈信息,发送者无法根据反馈进行调整,从而使沟通效果降低。

总而言之,造成组织中群体与人们沟通障碍的因素很多,有些甚至是不可避免的。但在管理中,当管理者面对各种障碍时,要想尽办法排除障碍或把障碍降到最低,使组织沟通更加高效、顺畅。与此同时,还要注意沟通渠道、方式的改进,提高沟通效率。

二、有效沟通的原则

解决问题是沟通的主要目的,为了提高沟通的有效性,在沟通过程中要适应规律、遵循原则,从而提高沟通的有效性。

(一)双向性原则

沟通并不只是单向的,即一个人讲另一个人听。在沟通过程中,既要注重讲,更要注重聆听,要切实了解双方的真实想法,并根据所存在的问题及时寻找根源,这是有效解决

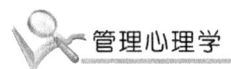

问题的前提。接收者对信息进行反馈,发送者根据反馈进行调整,形成双向沟通,就能提高沟通效果。

（二）准确性原则

准确性不仅要求信息本身准确,而且保证信息在传递过程中准确,还要准确表明发送者的想法和接收者能准确了解所传递信息的真正含义。另外,发送者与接收者在进行信息沟通的过程中要使用恰当的语言和合适的传送方式。只有这样沟通的效果才更加有效,才能到达预期的效果。

（三）效果性原则

效果性是指信息传递最后沟通结果的共通性,沟通的效果性要求发送者与接收者要注意沟通的最终目标,力求保持目标的统一性、明确性,以进行有效沟通为出发点,发送者与接收者通过进行实时交流,针对某些问题达成一致。

（四）效率性原则

效率性着重强调在进行沟通时所花费的时间长短,对某一问题进行有效沟通,沟通双方花费的时间越短,说明其沟通的效率越高。

（五）完整性原则

要有效地提高沟通效果,首先要确保信息的完整性,即发送者在对信息进行编码时,要保留信息的真正含义,不能随心所欲进行编码,接收者也不能依照自己的意愿对信息进行选择性接收。

（六）关键性原则

相对完整性原则而言,关键性原则着重强调在高度程序化的组织中,当面对众多信息时,发送者首先挑选其中最重要、最关键的信息传递给接收者,以确保关键信息的高效性。

三、有效沟通的技能

组织沟通不仅是艺术,还是一种技能。沟通方法的选择对沟通结果的好坏有着直接影响。研究表明优秀的管理者要占用三分之二的时间进行交流沟通,其他时间则用来管理事务。由此可见,沟通成果受沟通技巧的直接影响。

（一）发送技能

发送技能主要与组织中的发送者有关,应从以下几个方面提高发送技能。

1. 明确需求,控制数量

在发送信息之前,必须要明确需求,不仅要明确自己的需求,还要明确接收者的需求,这是实现信息发送的第一步。由于需要发送的信息量较大,为了提高信息传递的效率,减少传递时间,在保证信息有效性的前提之下,要控制传递信息量,使接收者能够迅速了解关键信息,及时进行信息的交流沟通,并注意对重要的信息进行保密。

2.选择信息,适当发布

发送者在将信息发送给接收者之前,要依据具体情况选择合适的信息进行发布。当时间较为宽松且接收者需要掌握大量的信息时,发送的信息要全面、具体,必要时可以发送全部信息。在时间紧迫的情况下,发送者应选择关键性信息进行发送,以提高沟通速度,满足沟通需求。

3.选择符号,恰当编码

发送者要将信息进行恰当编码,使传达的信息富有明确性、完整性、保密性。在进行编码过程中,应选择与信息匹配的符号,要注意信息的基本内容及所附带的特殊含义,以防产生误解。

4.善用渠道,提高效率

发送者将信息传递给接收者的方式多种多样,但是为保证沟通信息的有效性,要选择传递速度较快的渠道,必要时可选择多个渠道同时发送信息,以提高传递效率。并且在选择合适的渠道进行信息传递的同时,要尽可能选择接收者比较感兴趣、比较喜欢的渠道进行传递,以激发接收者对所传信息的兴趣。

5.聆听反馈,接受建议

信息沟通不只是发送者将信息传递给接收者,这只是沟通过程中的一部分,发送者在将信息传递给接收者后,要及时跟踪接收者的信息接收情况、对信息的了解掌握程度、接收信息后的反馈情况。与此同时,发送者要重视反馈的信息,根据反馈信息进行适当调整,对不合适的方法等进行有效修改,从而提高沟通的有效性。

6.相互沟通,提高信任

信息沟通是发送者与接收者相互交互的过程,信息传递不只是单方的事情,而是双方"给"与"受"的过程,所以沟通双方的诚意和相互信任显得尤为重要,组织中发送者是否可以让接收者信任及对接收者的信任程度对于改善沟通有着重要的作用。在进行沟通的过程中,要以事实为依据,尊重对方,用最诚恳的态度进行交流,使双方变得更为信赖,否则一旦双方失去信任,那么双方的沟通将会出现障碍。

（二）接收技能

接收技能主要对接收者在接收信息过程中的要求,接收者要想提高接收技能,需注意以下几个方面。

1.认真聆听,接收信息

当发送者把信息传送给接收者时,接收者不能依照自己的意愿对信息进行选择性接收。只有全面接收信息,才能更全面、更准确地了解发送者的意图,掌握发送者所传递信息的所有内容及真实含义,从而保证了沟通过程的有效性。

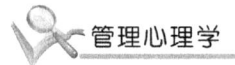

2. 沟通符号,正确理解

接收者在接收信息后,在保证与发送者对符号的特殊含义理解一致的前提下及时解码信息,准确无误地理解传递的信息的含义。当遇到某种问题时,要主动与发送者交流,以防对信息理解有误,造成信息失真。

3. 了解渠道,准确接收

在发送信息时可能选择多个不同的渠道同时发送,这要求接收者要对各渠道进行一定程度的了解,把握每个渠道的特点,在传送信息后,能够快速接收信息,提高传递效率。

(三)倾听技能

倾听是进行有效沟通的基本方式,是发送者与接收者所应共同具备的技能。通过倾听,可以获取传递的信息、了解对方的想法、接受别人的建议、弥补自己的不足。沟通是发送者与接收者进行双向沟通的过程,而倾听是获取信息的主要方式,在倾听后还要注意对所倾听到的信息进行加工、理解,并作出相应的反馈。对于发送者与接收者来说,应从以下几个方面来提高倾听的技能。

1. 创造环境,排除干扰

首先要创造良好的环境。双方在进行沟通时要选择一个合适的场所、适合的时间进行沟通,以免受到外界不确定因素的干扰而影响到沟通的效果。

2. 摆正态度,积极面对

不论是发送者接收反馈信息还是接收者接收传递的信息,都要认真、仔细聆听,要注重双方内心交流,始终面带微笑,用积极的精神风貌面对,让对方感受到你是在认真聆听,对方更乐意与你沟通下去。

3. 适度提问,留有余地

在倾听的过程中,要适当提问,让讲述者知道你是在认真聆听他的讲话,但是必须给讲话者留有余地。提问要适度,对于关键的、不懂的地方进行适当提问,达到对信息充分理解的同时又要让讲话者感受到你在认真聆听他讲话的目的。

4. 注意举止,避免误会

在倾听时,要时刻注意自己的行为,以免引起不必要的冲突和麻烦。当对方在发言时,听者常常看手表、随意翻动文件、漫不经心乱写乱画等,这些不集中精力的动作都会引起发言者的误会,认为自己的讲话不精彩,没有吸引力,便会结束讲话,从而不利于双方的有效沟通,甚至会导致沟通失败。

5. 完整表述,避免打断

当一方正在发言时,为避免影响讲话者的思路,影响其正常发挥,在发言过程中尽量不要打断讲话者的思路。否则,不仅会造成讲话者的不满,还会使双方沟通效果变差,同时也体现出对讲话者的不尊重。

（四）反馈技能

反馈是指当接收者在解码信息并及时理解后,将自己对信息的理解情况反馈给发送者,在反馈时应注意以下几点。

1. 抓住核心,有效反馈

接收者在反馈信息时,要注意抓住信息的关键,要有目的、有方向地进行交流。当对一些非重点内容进行交流时,首先要认清自己的态度与目的,要保证这种交流反馈能促进自己目标的达成,通过对方反馈得到自己想要的结果。

2. 把握时机,快速反馈

反馈是一个高效、快速的过程,反馈时所间隔的时间越短,对接收者越有效,反馈就越富有意义。在进行反馈时,要抓住时机,保证反馈的及时性,在尽可能时间间隔短的时候进行快速反馈,可以提高沟通的效率。

3. 信息简明,确保理解

信息反馈要保证信息的简明与完整,因为反馈时要表现为具体的行为,而不是抽象复杂的概念和内容,以确保接收者在接收信息时能够快速地理解信息并全部接收。在恰当的时机,可以让接收者反馈他所理解的信息的含义,以确保信息能被接收者准确无误地接收。

四、冲突的管理与改善

当意识到冲突是沟通环节不可避免的现象时,组织中的沟通者首先要做的是以积极的心态面对,而不是避而远之。组织应采取有效的措施加强对冲突管理与改善。

（一）开展面对面沟通

在双方进行沟通的过程中,有时候冲突是不可避免的,为尽快解决冲突,沟通双方必须直面冲突,但是由于冲突刚刚发生,双方情绪较为激动且直接沟通的可能性不大,此时需要双方都冷静下来进行自我反思,并找机会争取在他人的帮助下再次进行面对面交流,以解决冲突促使沟通有效进行下去。

（二）加强思想道德教育

在组织冲突管理中,组织领导者要加强思想道德教育建设,同时要兼顾组织中的个人利益和组织集体利益,这是实现管理的第一步。具体来说,在组织的日常管理中,要充分利用管理学、心理学等知识,分析组织成员的个性特征,了解造成组织冲突的缘故,根据每个人的特点对症下药并进行成员间的相互沟通与协调,以消除组织冲突,促进组织高效快速发展。同时,要强化员工的认同感,以组织的共同利益为出发点,实现组织的最大利益为目标。当发生冲突时,要以整体利益为重,针对冲突进行管理。

（三）善用外界力量

组织中的沟通双方发生冲突后，由于情绪、感情等因素短时间内很难再进行真正的沟通，若不借助外力，冲突双方很难走出冲突，某种程度上会加深冲突，对有效沟通造成极大的不便。所以，当沟通双方发生冲突时，一定要善于利用外界力量，观察冲突双方的动向，对双方冲突进行调解，降低不利影响。

（四）坚持公平原则

公平是实现组织稳定发展的前提，当组织中的利益分配不均时，往往会造成组织的冲突。所以，要在公平的氛围下解决冲突，防止其他成员因感到组织不公而产生不满，形成冲突的导火线。在实现组织共同目标的过程中，要努力创造公平的环境氛围，使组织中的成员能公平竞争。当出现工作失误时，要做到一视同仁，这样才有利于组织成员改正错误，做到心服口服，避免因员工受到不公平待遇而带来不利的影响。

（五）运用科学管理方法

当组织成员间发生冲突时，组织中的管理者要善于运用科学的管理方法进行管理，充分利用现有的人力、物力和财力，综合运用多种方法对组织中的冲突进行更加有效的管理，以实现组织利益最大化。冲突发生后，双方情绪较为激动，组织中的管理者可采用转移视线法，尽可能减少矛盾双方直面冲突或采取冷处理来转移矛盾双方的注意力，让冲突双方暂时回避矛盾，防止双方关系进一步恶化。

（六）快速解决冲突

组织冲突往往是由于组织内缺乏有效的沟通导致的，所以当组织冲突发生前，要尽可能地加强组织内成员之间的交流沟通，增强双方的相互理解，建立健全组织的协调机制，使组织成员之间能更有效地沟通；当冲突发生时，组织中的领导要采用相应的措施加强员工对目标的认同感，要以组织利益为重，在不断交流中增进双方的理解，从而解决冲突；当冲突解决后，组织要及时对冲突进行分析、总结，杜绝再发生同样的冲突。

1. 什么是沟通？沟通有哪些功能？
2. 结合实际分析沟通的心理和行为特征。
3. 什么是冲突？冲突包含哪些类型？
4. 结合实际情况分析冲突产生的根源。
5. 沟通的障碍有哪些？如何克服？
6. 有效沟通的方法及原则有哪些？
7. 结合实际谈谈如何解决冲突。

案例分析

沟通、冲突与管理

　　王明是一名留学硕士,如今在销售部任销售主管。他扎实肯干、积极认真,受到领导们厚爱。李力是企业的元老人物,在销售部工作多年,从一名普通员工升到主管,主要负责售卖公司生化仪产品,能与客户建立良好关系。他的团队员工跟随他多年,具有一定依赖性。近几年,公司的销售业绩平平,很难有大突破。

　　近日,公司作出相关人事调整。起初,大家一致认为李力会荣升为销售经理,并且他自己也这样认为。由于领导们希望销售部在日后能有所突破,能够迅速发展,能有新气象产生,就任命王明为销售经理。如此一来,李力认为对自己不公平,并对王明提出的"新理念、新方法"不闻不问,完全不接受。不仅如此,还多次在不同场合暗示他将带领自己的老部下集体跳槽。

　　出现这种情况,王明也很苦恼,他认为自己应该主动与李力进行沟通。

　　请问:

　　(1)有效沟通的障碍有哪些?

　　(2)克服沟通障碍的方法有哪些?

　　(3)如果你是王明,请简要描述该如何与李力进行有效沟通,将采用什么方法进行沟通。

　　(改编自:孙喜林、赵艳辉:《管理心理学:理论、应用与案例》,人民邮电出版社,2018年版。)

拓展阅读

职场人生——掌握沟通的艺术

　　一项调查研究发现,如果一个人长期从事一项工作却未能得到很大进展,往往是由于缺乏与周围同事、领导的沟通而导致的。当一个人只有过硬的专业素质而缺少相应的沟通技巧,那么他很难取得较大提升。所以,在日常生活、工作中,要掌握沟通的艺术与技巧。

　　在现代企业中,很多员工缺乏沟通技巧,很难与同事、领导、客户进行长期有效的沟通,常常不能很好地表达自己的想法、展现自己的能力,有时候,还会因为沟通不当发生不必要的冲突。

　　其实,当你正视沟通,转变思维方式,积极主动地与他人进行交流,那么沟通就变得很简单了。在工作中,与我们经常接触的就是领导、同事与客户,所以只有掌握沟通的艺术与技巧,才能与他们很好交流。我们注意做到以下几点。

1. 大胆与领导沟通

在日常工作中，人人都是优秀的，要想使自己在众多员工中脱颖而出，不仅需要拥有过硬的本领，还需要与领导大胆地进行沟通。

阿尔伯特是美国知名的金融界名士。在刚刚进入金融界时，他的很多同学早已是金融界小有名气的人物了。通过分析，他得出他们之所以能取得如今的成就，不仅是具有优秀的职业能力，更重要的是懂得恰当地展露自己的能力，在领导面前，能与领导进行大胆的交流沟通，从而引起领导的注意。此后，阿尔伯特也常常与领导进行交流沟通，不断提高自己，从而取得了今天的成就。

然而，在很多情况下，员工都不愿与领导进行交流，往往只关注领导对自己讲话时表现出的态度的好坏，针对此态度应该作出怎样的反应，而很少与领导进行主动的交流，很少将自己的见解向领导说明，与领导缺乏真诚的交流，自然而然地很难得到领导的重视。

所以，在工作中，员工要想得到领导的重视，首先要积极、主动、大胆地与领导进行交流。只有这样，才有可能引起领导的注意，才有机会展露自己的才能，从而得到更多的晋升机会。

2. 与同事友好相处

作为企业中的一员，大部分时间是和周围同事一起度过的。如果常常把自己封闭起来，不与外界交流，在兴趣、爱好等方面与同事截然不同，那么长时间的工作只会让自己越来越无聊，甚至把工作看成一种痛苦。团结的工作氛围、友好的同事关系是每个员工所向往的，为了达到这个目标，员工们要积极主动、懂得谦让、改正自己的不足，以确保与他人建立良好的人际关系，创造一个和谐的企业氛围。

总之，要懂得在工作中团结他人，助人为乐，善于听取他人的建议，对于自己的不足之处，要积极改正。在日常交往中，要在保护自己利益的同时也要注意维护他人的利益，实现"双赢"、"共赢"。积极主动地与他人交谈，不能只获取对自己有益的东西，而对他人的事情置若罔闻。要尽量避免冲突，如若发生冲突，也要想尽一切办法化解冲突。只有这样，才有可能建立良好的人际关系，创造和谐的组织氛围。

（改编自陈国海：《管理心理学》，清华大学出版社，2017年版。）

 第十一章　　　　领导心理与管理

第一节　领导的概述

一、领导的定义

什么是领导？学者们对其有不同的理解。政治学家们较早涉及研究领导理论,意大利政治学家马基雅维里将领导理解为:领袖是权力的执行者,他们是能够利用手段和技巧达到自己目标的人。美国政治学家伯恩斯进一步地将"追随者"这一要素加入领导的定义中,认为"领导人说服追随者为某些目标而努力,并且这些目标体现了领袖和追随者一样的动机和价值观、愿望和需求、抱负和理想"。

与此同时,管理学家们对于领导定义的看法同样也是仁者见仁、智者见智。

韦伯认为,高效的领导者有一种能力,他身上具备着的某种个人特征和精神力量,能够对许多人施加个人的影响。布兰查德指出,领导是一项程序,使人在选择工作目标及实现目标上能接受他的指挥、引导和影响。孔茨认为,领导是一种影响力,即领导的本质就是影响追随者,使追随者自愿地、积极地为实现组织目标而努力的艺术和过程。狄德将领导理解为能够影响他人并且使下属合作无间,共同朝着所期待的目标和行动的一种力量。斯蒂芬·罗宾斯将领导定义为领导是影响一个群体实现目标的一种能力。

尽管领导的定义有很多,但是总的来说,它主要有以下几个方面的特征。

第一,领导包括领导者、追随者以及领导行为发生的特定环境三要素,缺一不可,并且领导是三要素之间相互作用的动态过程。

第二,领导者具备某种精神力量和个人魅力,能够影响到追随者的心理、行为活动。

第三,领导以实现组织目标为目的。组织目标是依据组织情境而设置的,也是领导者和追随者共同努力的基础。

综上所述,本书将领导定义为,领导是领导者在特定的组织情境下,通过领导者自身的影响力,使被领导的个体或群体努力实现组织目标的一种管理行为。

二、领导过程的三要素

（一）领导者

领导者是指在组织中处于主导地位的个人或群体，是领导活动的执行者，领导者可以通过组织授予的正式职位权力或者依靠基于自身的专业技能、人格魅力等形成的非正式影响力来影响其他人的心理和行为活动。领导者在激励下属、鼓舞士气、完成组织目标等方面起着决定性作用。

成功的领导者应具备以下几个方面的基本素质：身体素质、政治素质、心理素质、专业素质、能力素质等。除此之外，也有学者将其分为领导者身心素质和基本技能，其中领导者身心素质主要是指身体素质与心理素质的综合。

具体而言，领导者基本技能主要是指经过后天训练积累发展起来的，大致包括技术性技能、人际关系技能、概念化技能、诊断性技能和沟通技能。技术性技能要求领导者也应该具备专业的工作技术能力，以便更好地做出决策。人际关系技能是领导者必备的技能，实现组织目标的过程也是领导者与下属交互的过程，领导者只有与下属保持良好的人际关系才有助于工作目标的达成。概念化技能主要是指领导者要用宏观视野、系统思维的长远目光从全局出发，指明企业战略方向、掌握大局的能力。诊断性技能主要是指随着企业外部环境的高度动态化，领导者必须针对企业内外部环境的具体情况进行分析、思考以及做出决策的能力。沟通技能主要是指领导者需要具有收集和向下属传递信息的能力，沟通技能涉及许多方面，如简化运用语言、积极倾听、重视反馈、控制情绪等。

（二）被领导者

有领导者必然会有被领导者。在组织中，虽然决定组织命运的权力在领导者手里，但是领导行为的有效性要依靠被领导者的广泛支持与努力。领导者与追随者之间存在着相互支持、相互影响、相互制约、相互依存的关系。此外，人们对于成功的领导者应该具备哪些素质具有一定的认识，但也有学者提出，追随者也有合格与不合格之分。具体而言，日常生活中，当我们提到追随者，脑中就会浮现出顺从的小绵羊画面，其实一个合格的追随者单单靠顺从是不会给组织带来利益的。罗宾斯认为，一个合格的追随者应具备以下几个方面的素质。

(1)可以自我管理，有着独自思考和独立工作的能力。

(2)能够对组织目标做出保证和承诺。

(3)掌握着对组织有价值的工作技能，并且也愿意为了工作目标的达成努力付出。

(4)具有正直诚实、讲信用、有责任感等良好品质。

罗伯特·凯利认为，在组织中领导者与其将下属看作他的对立面，还不如把他们视为在工作中的合作者。凯利通过两个追随者维度将其划分为 5 种类型。首先这两个维度的内容是，一端是拥有着独立、批判性的思维，另一端是拥有着依赖、非批判性思维。其次，被领导者类型分为以下几种。

(1)疏离型追随者。这类人比较消极，习惯于向其他成员指出组织的负面状况，尽管他们认为自己只是不太随大流,对组织也持有正常的态度,但是他们往往给领导者带来愤世嫉俗、消极、敌对的形象。

(2)顺从型追随者。这类人在工作中不仅表现得很积极,而且也服从领导者的安排。如果他们接收到与社会行为标准相违背的任务时,那么这类人对组织和社会就是有害的。学者认为这类人多半是在僵化的组织环境下造成的。

(3)实用型追随者。这类人平常在工作中表现平平,对于自己所属的群体也没有很高的认同感,但是也不会去破坏组织。由于上司在组织中很难感知到他们对问题的态度和意见,因此会堵塞组织大动脉的顺畅。此外,这类人可能擅长于使用官僚规则保护自己。

(4)消极型追随者。这类下属依赖领导者为自己设计好一切,对工作缺乏热情、主动,更谈不上责任感,因而需要上司不断地引导他们。这类人被领导者看成是偷懒、无能甚至是愚蠢的人。

(5)模范型追随者。这类下属在工作方面积极主动、有责任感,对待同事表现出热情、乐于助人。即使在组织僵化的情境下,他们依然能够将自己的才华用在对组织利益有帮助的事情上,深得领导者的认可和赞扬。总的来说,模范型追随者在两个维度的评定上得分都很高,对于组织目标的实现也很有帮助。所以,在今后人才挑选过程中应当多选择具有这种特质的下属,同时领导者也要在组织中积极鼓励、引导下属做出这种行为表现。

(三)环境

任何一个组织在现代社会中都是一个开放的技术系统,并且都处在特定的环境之中,而环境的变化通常会对人们的行为产生巨大影响。特别地,随着科学技术的快速发展,企业处在一个高动态的市场环境中。企业只有时刻关注外部环境的变化,并及时改变内部环境,才有可能在市场上立足。实际上,领导是一种动态过程,它是领导者、被领导者和环境三个因素所决定的复合函数,它们共同影响和制约着领导作用的有效发挥。具体来讲,领导者的有效活动不仅依赖于自身的专业能力和人格魅力,而且还依赖于被领导者的素质和接受认可领导的程度,同时还取决于领导与环境两者之间相互适应的状况。所以,有效的领导行为一定要处理好这三个因素之间的关系。

三、领导的功能

(一)导向功能

领导的导向功能是由领导者通过一些具体的行为措施来实现的,如制定组织的发展策略,决定组织的发展目标,对下属进行考评与奖惩等,引导下属努力工作以实现组织目标。

(二)组织功能

领导有效发挥组织功能需要依赖合理的组织机构配置。领导的组织功能对组织机

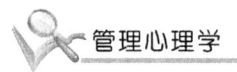

构的要求是清晰的职位层次、流畅的信息沟通、有效的合作系统、强有力的指挥中心、合理的授权、高效的执行机构等。

（三）激励功能

领导的激励功能主要体现在两个方面：一是提高下属执行目标的自觉性，领导者要善于将组织目标和成员个人需要结合起来进而提高组织成员接受和执行组织目标的自觉程度；二是激发下属努力工作的热情，领导者必须要真正地理解并满足下属在物质和精神两个方面的合理需要。只有这样，下属才能产生极大的工作热情，追随领导者共同实现组织目标。

（四）凝聚功能

领导者要懂得凝聚人心，能够使下属团结起来。领导者的知识经验、领导能力、人格魅力、领导方式等都是领导者凝聚功能发挥的重要因素。有效发挥领导的凝聚功能，要求领导者在制定组织目标和任务时，必须考虑下属的切身利益和实际需求，发扬民主，激励下属。

四、领导与管理

学术界一般认为维持组织的秩序是管理的基本功能，而处理组织所面临的变革则是领导的基本功能。实际上，在现代的大多数组织中，领导和管理的界限并不十分明确，如彼得德鲁克认为，管理有时就是领导。两者的联系主要体现在以下两个方面。

第一，领导是从管理中分化而出的，管理的范围要比领导大很多，领导仅仅是众多管理职能（计划、组织、领导、控制等）中的一个。

第二，在社会实践活动和社会科学的理论方面，领导和管理之间具有较强的相容性和交叉性。管理者也有可能是非领导者，比如，在组织中，我们经常会看到一些管理者并不是领导者，但是由于他们自身的人格魅力，同样会对组织中的其他人产生很大的影响。

领导和管理在某些方面又有区别。

管理者在组织中的任务在于正确地做事情，通过处理日常事务，以维持组织能够有序且高效地实现既定目标。不幸的是，管理者常规地操作事务，一旦环境发生改变，这些事情就不再是正确的。此外，领导者要懂得变革，必要时要及时做出调整以适应组织环境的发展。总之，领导者主要处理组织变革，而管理的主要任务在于维持企业现状，能够使下属有序、高效地完成组织任务。

第二节　领　导　理　论

经过长期的管理实践，人们逐渐认识到领导在组织发展过程中发挥着重大作用，由此，不少学者开始重视领导理论的研究。不过，人们对于领导理论的形成似乎并没有达到普遍的共识。因此,伯恩斯说:"领导是世界上观察得最多却理解得最少的现象之一。"20世纪之前有关领导的著述大部分都是建立在观察、评论和道德说教基础上的。20世纪初期,人们开始越来越多地使用科学的方法和技术来衡量人的行为,这一改变极大地转换了人们审视领导问题的方式。回顾20世纪以来关于领导研究的成果,领导理论大致经过了领导特质理论、领导行为理论、领导权变理论等几个发展阶段。

一、领导特质理论

特质是指一个人的行为中重复发生的趋势和规律性。自亚里士多德开始,领导特质理论经历了由传统的领导特质理论向现代领导特质理论的转变。这种理论侧重于研究领导的人格特质,以便发现、培养和使用合格的领导者。传统的领导特质理论认为领导的才能是天生的,如果没有则不能当领导。早期的代表人物吉塞利提出领导者应具有8种特质:语言才能、首创精神、督导能力、较高的自我评价、与员工关系密切、决断能力、兼备男性或女性的优势、高度成熟等。斯多基尔认为个人的先天特质是区分领导者与非领导者的重要标志,从而进一步地将领导的特质分为以下几大类:①身体特征,如充满活力、体格强壮、仪表出众等;②社会背景,如接受过良好的高等教育以及拥有良好的社会地位;③智慧和才能,如专业性很强的知识技能、不同于一般人的智慧;④性格,如自信、进取、独立等;⑤工作特点,如渴望获得成就、有责任心等;⑥社会技能,如善于交际、有行政能力和懂得与人合作等。

直到20世纪70年代,传统领导特质理论逐渐被现代领导特质理论所代替,学者们意识到领导者的大多数素质是可以通过后期培训而获得的。不同的社会文化以及组织情境对于一个合格的领导者的特质要求也是不同的。美国普林斯顿大学教授鲍莫尔提出了一个现代企业家应具备的一些条件:合作精神、善于应变、精于授权、尊重他人、决策才能、敢担风险、敢于求新、品德高尚、勇于负责、组织能力。

总的来说,具体问题还需具体分析,没有放之四海而皆准的领导特质标准。由于中西方的经济发展程度、文化习俗等差异,根据中国的国情研究本土企业领导者的特质也是很有必要的。作为一个领导者,是否具有从事领导活动的能力以及领导特质,是成为有效领导者的必要条件。但并不说明,只要具有了这些领导特质就一定是优秀的、有效的领导者。

二、领导行为理论

领导行为理论受人际关系组织理论的影响,认为领导者不是天生的,一个人可以通过后天专业的培训变为一个有效的领导者,侧重于在领导过程中,研究领导者所采取的行为方式和不同行为方式对下属会产生怎样的影响。

（一）领导行为的"四分图模式"

最初比较全面的领导行为研究理论是来自于俄亥俄州立大学和密歇根大学的研究。

俄亥俄州立大学通过开发出一系列问卷分析工作环境下不同的领导行为,最终他们对于领导行为用结构维度和关怀维度来划分。

结构维度是指领导者很看重自己与下属的角色区分,以便更好地实现工作目标。高结构维度的领导者会做出多种不同于工作目标和任务相关的行为,如会向小组成员分派具体任务,要员工保持一定的绩效标准,以及指定完成任务的最终期限等。

关怀维度是指领导者注重与员工之间的关系,表现为对员工的关心、尊重与支持程度。高关怀维度的领导者友善、亲切、公平地对待每位员工,如尊重下属的想法和感情、倾听下属的建议与看法、关心下属的生活和工作情况等。

如图 11-1 所示,密歇根大学也在同一时期对领导行为进行了类似的研究,并且将结构和关怀两个维度行为分为 4 种类型:低结构-低关怀型、低结构-高关怀型、高结构-低关怀型、高结构-高关怀型。其中,高结构-高关怀型最为理想,更容易使下属产生高绩效和高满意度。但是,密歇根大学的研究中并没有体现出领导者在工作环境下有可能表现出的多种行为,直接将其划分为一类以员工为中心的领导行为,人际关系是这类领导行为的关注点,他们总是会考虑下属的需要以及承认员工之间的个体差异;另一类是以工作为中心的领导行为,工作的技术和任务事项是这类领导行为的侧重点,领导者经常考虑如何获取和分配资源,将下属作为实现组织目标的工具、手段,主要关注群体的任务完成情况。

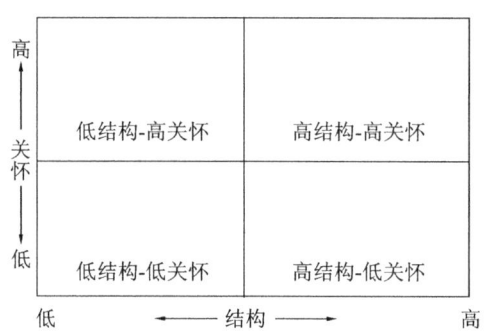

图 11-1　领导行为四分图

(二)管理方格理论

美国得克萨斯大学的行为科学家罗伯特·布莱克和简·莫顿在 1964 年出版的《管理方格》(1978 年修订再版,改名为《新管理方格》)一书中提出了管理方格理论。管理方格图的提出改变以往各种理论中"二选一"式(以生产为中心或以人为中心)的极端观点,他们指出,在对生产关心和对人关心的两种极端的领导方式之间,可以进行不同程度的互相结合。

如图 11-2 所示,管理方格图是一张纵轴和横轴各 9 等分的方格图,纵轴表示企业领导者对员工的关心程度(包括对员工自尊的维护、基于信任而非基于角色来授予职责、提供良好的工作条件和保持良好的人际关系等),横轴表示企业领导者对生产或结果的关心程度(包括程序与过程、政策决议的质量、职能人员的服务质量、研究工作的创造性、工作效率和产量等）。罗伯特·布莱克和简·莫顿基于方格图列举了5种典型的领导行为类型。

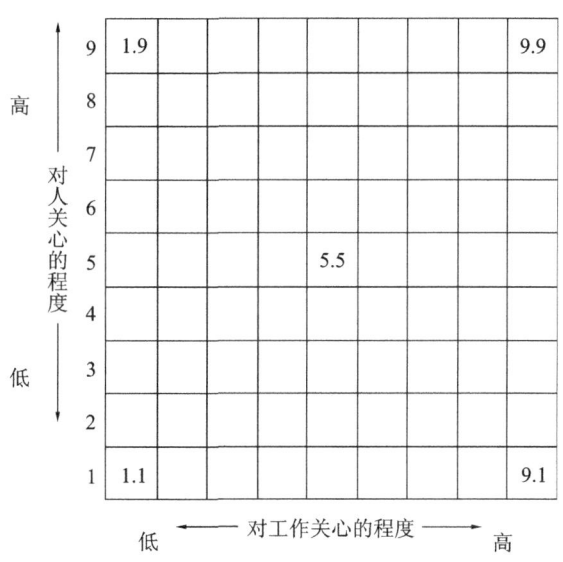

图 11-2   管理方格图

1. 贫乏型领导(1.1 型)

领导者对员工和生产都不关心,放任自流,忽视组织目标、员工需求,这种类型的领导会使得工作绩效非常低。

2. 乡村俱乐部型领导(1.9 型)

领导者关注下属的感受,与其关系良好,但往往忽视组织目标,从而工作绩效也是很低的。

3. 任务型领导(9.1 型)

领导者关注任务的完成程度,重点抓生产管理,不太关注员工的感受和需求,导致员工士气不太高,工作绩效也很低。

4. 团队型领导(9.9 型)

领导者既高度重视生产目标又高度重视员工的生活、心理,这有利于建立一个关系融洽、高效的团队,从而绩效也会非常高。

5. 中间型领导(5.5 型)

领导者在对待工作和员工之间保持中间水平,即领导者对人的关心和对生产的关心能够保持一个平衡度,这类领导对于工作效率和员工士气只追求正常水平即可,因此企业绩效一般。

罗伯特·布莱克和简·莫顿通过自由选择、相互信任、开放的沟通、目标和目的、积极参与、冲突的解决办法、评论、个人责任、工作活动等九方面认为团队型领导(9.9 型)是所有领导行为中最为有效的一种,也是实践管理中最为理想化的模式。所以,企业的领导者在今后的管理中应根据企业内外的各种实际情况进行客观理智的分析,尽量往团队

型领导(9.9型)努力,使自己成为最有效、最理想的领导,以实现更高的效率。

三、领导权变理论

权变理论又称情境理论,20世纪60年代以后关于领导有效性研究转向权变理论。权变理论认为,领导的有效性不在于领导者不变的特质和行为,而在于领导者、下属和组织情境条件三者的配合关系,即领导有效性是关于领导者、被领导者和领导情境三个变量的函数。

权变理论认为,领导是一个动态的过程。由于特质理论不能准确地预测领导者的行为,甚至难以解释不同情境下领导者行为的多样性,而行为理论在解释某些领导行为时又显得过于简单,有时对于实践管理中的问题难以自圆其说,如对同一种领导行为在不同的群体中会产生不同的效果的原因等问题不能给出完整的解释,所以研究者将注意力转移到了领导情境方面。于是,影响领导有效性的大量情境因素逐渐被识别出来,研究者试图将这些情境因素整合起来,形成了多种权变领导模型,比较有代表性的有菲德勒权变理论、领导行为连续体理论、领导的生命周期理论。

(一)菲德勒权变理论

20世纪60年代初,美国学者菲德勒提出了"有效领导者的权变模式"。他认为,影响领导效果的关键因素之一是领导风格,并且领导风格的决定因素是每个人的人格特征,所以从这个角度讲,领导风格是相对稳定的。经过研究,菲德勒认为主要有任务导向型和关系导向型两种领导风格,并且开发出"最不愿与之共事者"的问卷(least preferred coworker,LPC)来测试领导风格。在问卷评估和判断个体的领导风格后,需要再对领导情境进行评估,只有当领导风格与领导情境相匹配的时候,领导才是有效的。

领导的有效性与以下三个情境变量有关。

(1)领导者与被领导者的关系。关系好坏的评判主要在于两方面:一方面,上司对下属的吸引力、信任和尊重程度;另一方面,下属对上司的喜爱、信任和愿意追随的程度。追随程度高,下属更愿意接受并服从领导者,随之领导者的权力和影响力也变得越大。

(2)任务结构。任务结构是指领导者分配给下属的任务是否目标明确和程序化,如果两者都很高,那么下属的工作更容易控制和监督,下属的工作质量也会得到提升,每个成员的工作职责也会变得清晰。

(3)职位权力。职位权力主要是指领导者在组织中所处职位以及相应的权力,同时还包括领导者获得组织成员的支持程度。一个职位明确并且高权力的领导者更容易获得他人的追随。

上述三种情境因素中,上下级关系最重要,任务结构次之,职位权力相对来说并不十分重要。三种情境因素相互组合构成以下8种情境类型,如图11-3所示。

在图11-3中,有利的情境(情境1、2、3)和不利的情境(情境8)情况下,采取任务型领导方式更有效;而在中等情境(情境4、5、6、7)情况下,关系导向型的领导方式更加有效。

美国学者菲德勒认为,适合一切情境的领导理论是不存在的,没有一个理论符合放

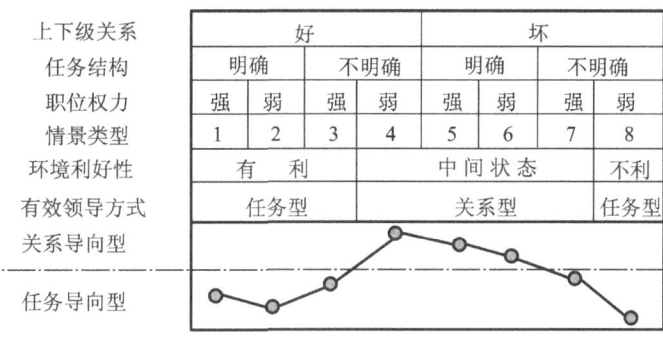

上下级关系	好				坏			
任务结构	明确		不明确		明确		不明确	
职位权力	强	弱	强	弱	强	弱	强	弱
情景类型	1	2	3	4	5	6	7	8
环境利好性	有 利				中 间 状 态			不利
有效领导方式	任务型				关系型			任务型

图 11-3　菲德勒的权变领导模型

之四海而皆准的道理。他认为,不同的企业情境需要不同的领导风格,并且只有当领导风格与领导情境相匹配的时候,领导才是有效的;若两者不能匹配,那么领导就失去了自身的有效性。

(二)领导行为连续体理论

1958 年,坦南鲍姆和施米特提出了领导行为连续体理论。他们认为,领导者往往在选择何种行为最适合处理某一问题时有困惑。他们在自己做决定和授权下属方面往往很疑惑,因此,他们根据领导风格与领导者运用权威程度和下属在做出决策时享有的自由度相关的情况下提出了领导行为连续体理论。连续体的最左端表示专职的领导行为,连续体的最右端表示的是领导授权程度高的民主型领导风格。在领导工作中,领导者使用的权威和下属拥有自由度之间是一方扩大、另一方缩小的关系。他们将领导模式在高度专制和高度民主的领导风格之间划分出 7 种主要的领导模式。

1. 领导做出决策并宣布实施

在这种模式中,领导者不会给下属参与决策的机会,他只要确定一个问题,并考虑各种可供选择的方案,然后从中选择一种向下属宣布执行。

2. 领导者说服下属执行决策

在这种模式中,同前一种模式一样,领导者依然承担确认问题和做出决策的责任,同样不会给予员工参与决策的机会,但是他会意识到所做出的决策可能会有人反对,因此,他会从有利于员工利益方面对自己的决策进行解释阐明,容易消除下属的反对,以便下属接受这个决策。

3. 领导者提出计划并征求下属的意见

在这种模式中,领导者在决策时允许员工参与。当领导者提出一个决策时,他会向下属提出一些有关自己决策的详细解释,并允许下属提出问题,同时也希望得到下属对这个决策的认可。这样,下属不仅能更好地理解领导者的计划和意图,而且领导者和下属能够共同讨论决策的意义和作用。

4. 领导者提出可修改的计划

在这种模式中,领导者依然手握确认和分析问题的主动权,但是,下属可以对所做出的决策发挥某些影响作用。领导者首先对问题进行思考,并提一个暂时的可修改的计

划,然后把这个暂定的计划交给有关人员征求意见。

5. 领导者提出问题,征求意见做出决策

上述几种模式的共同之处在于,领导者在向下属征求意见之前就已经提出了自己的解决方案,而在这个模式中,下属在领导者做出决策之前有机会提出自己的建议。领导者的主要作用体现在确定问题,下属的主要作用是就讨论问题提出各种解决方案。最后,领导者从他们自己和下属的解决方案中选择一种他认为最好的解决方案。

6. 领导者界定问题范围,下属集体做出决策

在这种模式中,领导者已经将决策权下放到下属所在的群体。领导者的工作主要是搞清楚所要解决的问题,并尽可能为下属提出做出决策的条件和要求,然后,下属依照领导者界定的问题范围进行决策。

7. 领导者允许下属在上司规定的范围内发挥作用

这种模式代表着高度的群体自由。如果领导者参与了决策的过程,那么他应尽力使自己与团队中的其他成员处于平等的地位,并且还应事先声明他会遵守下属这个群体所做出的任何决策。

对于上述 7 种模式而言,坦南鲍姆和施米特认为,一个成功的领导者应该是根据具体的条件,同时全面考虑各种因素后采取恰当行动的人。并不能简单抽象地评判哪种模式的好坏。通常情况下,在决定采用哪种领导模式时,管理者应考虑以下几个方面的因素。

(1)管理者的特征。管理者的特征包括管理者的背景、教育、知识、价值观、经验、目标和期望等。

(2)员工的特征。员工的特征包括员工的背景、经验、教育、知识、价值观、目标和期望等。

(3)环境的要求。环境的要求包括环境的大小、复杂程度、目标、结构和组织氛围、技术、时间压力和工作的本质等。

根据上述三个因素,领导者应注意到,当下属具备独立完成任务的能力,即有着独立做出决定并且勇于承担责任的愿望和要求,并且能清晰地理解所规定的目标和任务时,领导者就应该给下属较大的自主权力。如果下属不具备这些条件,领导者就应该不予授权。这一理论的主要贡献是,它并没有简单地将成功的领导者归类为专制、民主或放任型三种领导风格,而是表明成功的领导者在多数情况下应该能够评估各种影响环境的因素和条件,并且依照这些条件和因素来确定自己的领导方式和相应的行为。因此,基于这一理论得出以下管理启示:第一,成功的领导者必须能够敏锐地识别企业在特定时刻时影响他们做出决策的各种因素,具体而言,主要包括理解自己、每位成员以及他所处的组织内外环境;第二,成功的领导者必须能够认识和确定自己的行为方式,即采取恰当的决策以及合理授权。

当然,凡事具有双面性,这一理论的不足之处在于它将领导方式的影响因素视为不变的定量,然而在实践中,领导者、被领导者以及环境三者是相互影响和作用的。坦南鲍姆和施米特对影响因素的动态特征并没有给予足够的重视,如在考虑环境时,主要是指

组织的内部环境,而缺乏对外部环境以及组织和社会环境的关系的重视。

(三)领导的生命周期理论

科曼最先提出领导生命周期理论,随后保罗·赫西和肯尼斯·布兰查德基于前人研究提出更为深入的领导生命周期理论,也称为情景领导理论,它的特点在于关心并重视下属。赫西和布兰查德认为,选择正确的领导风格主要是依据下属的成熟度,这样做就会取得领导的成功。西方国家的不少企业在培训其管理者时也时常使用这一理论,如《财富》杂志 500 家企业中的美国银行、施乐公司、美孚石油公司、IBM 公司等采用该理论模型,甚至在美国军队中的一些部门也在采用这一模型培训其军官。

赫西和布兰查德不同于其他领导理论的重要贡献之一还在于,他们非常重视下属在领导效果方面的作用,认为下属可以接纳或拒绝领导者的命令,下属的行为和活动决定了领导者的领导效果。

赫西和布兰查德所提及的成熟度可以理解为:个体对于自己的直接行为负责任的能力和意愿。它包括两项要素:工作与心理两方面的成熟度。前者主要包括一个人的知识和技能。工作成熟度高的个体在完成他们的工作任务时能够运用自身足够的知识、能力和经验完成,从而不需要他人的指导。后者主要指一个人做某事的意愿和动机。心理成熟度高的个体主要靠内部动机激励完成任务,而不需要太多的外部激励。

领导的生命周期理论使用的两个领导维度与菲德勒的划分相同:工作行为和关系行为。但是,赫西和布兰查德更向前迈进了一步,他们认为每一维度有低有高,从而组成以下 4 种具体的领导风格,如图 11-4 所示。

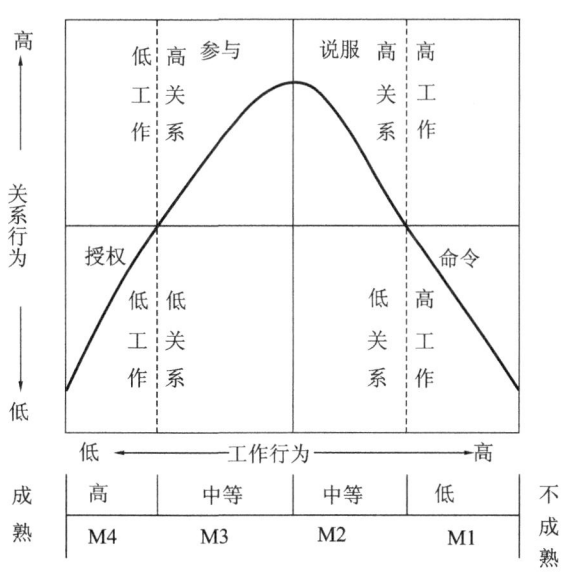

图 11-4 有效的领导方式

由图 11-4 可知,如果下属很不成熟,建议采用高工作-低关系的命令专制型领导方式;如果下属不太成熟,建议采用高工作-高关系的说服教育型领导方式比较合适;如果下属比较成熟,建议采用高关系-低工作的参与型领导方式最为有效;如果下属的成熟度相

当高时,建议采用低工作-低关系的授权型领导方式最为合适。具体表现如下:

(1)命令式(高工作-低关系)。当下级人员的成熟度低时,应该采取命令式的高工作、低关系的领导形态。领导工作要强调有计划、有布置、有监督、有检查;否则,下级人员将感到领导不力,不知所措,无所适从。这对于知识水平较低、业务能力较差的员工和基层尤为重要。

(2)说服式(高工作-高关系)。当下级人员的成熟度进入初步成熟时,采取任务行为、关系行为并重的说服式领导形态较为适宜。这时,布置工作不仅要说明干什么,还要说明为什么这样干,以理服人。

(3)参与式(低工作-高关系)。当下级人员更趋成熟时,领导者的任务行为要减少、放松,关系行为要加强,采取参与式。领导者要向下级人员沟通信息,交流感情,吸收下级参与领导,提供情况和建议,改善关系,增强信任感。

(4)授权式(低工作-低关系)。当下级人员成熟度很高,水平很高,工作熟悉,技术熟练时,领导者应采取低工作-低关系的授权式领导,提出任务后,放手让下级去干,充分发挥下级的主观能动性;在下级需要时,可以提供帮助和支持。否则,过多的关心和支持反而会引起下级的反感,下级认为上级不放手、不信任,从而积极性受挫,造成猜疑,影响工作成效。

总而言之,这个理论形象地反映了领导工作行为和下属的成熟程度的关系,对领导行为有一定指导作用。但是,不能教条地搬用这个理论,在现实的领导过程中,也不一定要求必须沿着这条曲线进行。

随着生产力和科学技术的进步,员工的受教育程度也在不断提高,许多员工都有较高的知识水平和生活标准,同时也较成熟。随着成熟度的改变,更多的是对归属和被认可、受人尊敬、发挥才能的需求,领导者应考虑到员工的这一变化。

(四)豪斯的路径目标理论

罗伯特·豪斯最先提出路径-目标理论,该理论也是权变理论的一种,后来特伦斯·米切尔对这一理论进行了完善和补充。此理论的核心观点是,有效领导者会选择恰当的领导方式来帮助和激励下属实现个体目标与组织目标,并且领导者还能够在实现组织目标的过程中满足下属的需求以及给予下属成长发展的机会。因此,为了更好地激励下属,领导者需要做到以下三点:第一,领导者应该知道每位下属的个人目标是什么;第二,领导者必须确认好下属的需要以及建立合适的报酬体系,使得个人目标与工作绩效提高联系在一起;第三,领导者应该在下属实现目标过程中,对于出现的阻碍,通过帮助、指导、支持等方式将阻碍排除,使员工能够达到满意的绩效。

根据特殊情境的客观需要,豪斯提供了可供选择的4种领导方式。

(1)指导型领导。领导者对下属需要完成的任务进行说明,包括对他们有什么希望、如何完成任务、完成任务的时间限制等等。指导型领导者能为下属制定出明确的工作标准,并将规章制度向下属讲解清楚。

(2)支持型领导。领导者对下属的态度是友好的、可接近的,他们关注下属的福利和需要,平等地对待下属,尊重下属的地位,能够对下属表现出充分的关心和理解,在下属有需要时能够真诚帮助。

（3）参与型领导。领导者会主动邀请下属一起参与组织的决策。参与型领导者能同下属一道进行工作探讨,征求他们的想法和意见,将他们的建议融入团体或组织将要执行的那些决策中去。

（4）成就导向型领导。领导者鼓励下属将工作做到尽量高的水平。这种领导者为下属制定的工作标准很高,寻求工作不断改进。除了对下属期望很高外,成就导向型领导者还非常信任下属有能力制定并完成具有挑战性的目标。

在现实中究竟采用哪种领导方式,要根据部下特性、环境变量、领导活动结果的不同因素,以权变观念求得同领导方式的恰当配合。

实际上,豪斯认为没有一种领导方式可以激发下属的工作动机和满足感,领导风格的选择需要具体的情境变化进行相应的改变。关于情境的变化,豪斯给出了两个方面的权变因素。

（1）下属的个性特点。当下属认为自己能力很强时,他更愿意接受参与型和成就导向型的领导风格,因为具有挑战性的工作目标更能使他获得满足感和成就感;否则,他更倾向于指导型或者支持型领导方式。

（2）工作环境的特点。工作环境的特点主要包括工作任务结构、正式的权威制度、主要工作群体成熟度。工作任务结构理解为工作任务的明确化以及结构化程度。正式的权威制度是指组织内已经建立起来的控制体系。主要工作群体成熟度是指工作群体是否已经掌握了与大家在一起协同工作的技巧与能力。这些因素都会影响领导者对下属的态度。例如,组织中工作任务结构化程度越高,越应采用支持型领导方式。

四、当代领导理论新发展

（一）魅力型领导理论

20 世纪初,德国社会学家韦伯提出了"魅力"这一概念,意指领导者对下属的一种天然的吸引力、感染力和影响力。

豪斯后来发展了关于魅力型领导的理论,指出魅力型领导的三种个人特征,即高度自信、支配他人的倾向和对自己的信念坚定不移。这些领导者不仅经常对其追随者的工作提出期望,而且坚信他们能够达到期望。

随后本尼斯在研究了最有成就感的 90 名美国人（领导者）之后,发现魅力型领导者有 4 种共同的能力:有远大目标和理想;明确地对下属讲清这种目标和理想,并使之认同;对理想的贯彻始终和执着追求;知道自己的力量并善于利用组织。

在此类研究基础上,魅力型领导者可定义为具有自信并且信任下属,对下属有高度期望,有理想化的愿望,以及使用个性化风格的领导者。随后,一些学者开始探讨魅力型领导的行为模式。纳德勒和图斯曼提出了魅力型领导行为的三个阶段模型,如图 11-5 所示。首先,构思愿景。魅力型领导者运用其自身的号召力形成组织未来发展的愿景,设置具有挑战性的工作期望,完成它是鼓舞人心的。其次,激发下属。魅力型领导者通过有声有色的解释来表达个人对该愿景的激情和信心,使追随者产生振奋人心、奋发向上的精神和热情。最后,支持下属。魅力型领导者会不断地为追随者在实现目标的过程中给予坚定的支持以及创造必要的条件。

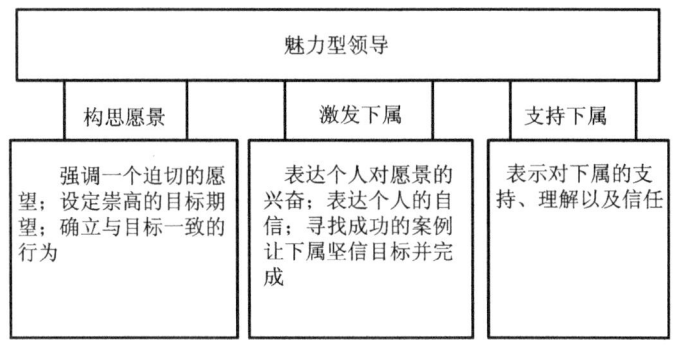

图 11-5　魅力型领导的三阶段模型

麦吉尔大学的康格尔和坎南格对魅力型领导进行了全面的分析和研究,他们认为魅力型领导者具有以下几个特点:一是他们有一个希望达到的目标;二是为此目标能够全身心地投入;三是他们反对传统;四是非常执着而自信;五是他们都是作为激进变革的代言人出现,而不是维护传统和现状的卫道士。康格尔和坎南格在此基础上提出了魅力型领导行为的四阶段模型(见图 11-6)。第一阶段,领导者不断地评价环境、适应性,形成理想的目标,建立愿景。第二阶段,领导者运用其修辞技能,采用合适的方法与下属沟通其观点,将理想的目标形成共同愿景。第三阶段,与下属构建信任关系,建立起下属对领导者和愿景实现可能性的信心。第四阶段,魅力型领导者努力成为下属的角色模范。

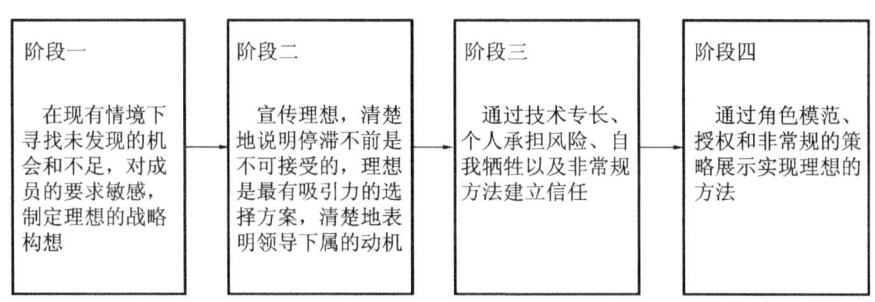

图 11-6　四阶段模型

(二)交易型领导理论

交易型领导是贺兰德于 1978 年所出的。贺兰德认为领导行为发生在特定情境之下时,领导者和被领导者相互满足的交易过程,即领导者用明确的任务及角色的需求来引导与激励下属完成组织目标。

交易型领导的特征是强调交换,在领导者与下属之间存在着一种契约式的交易。在交换中,领导给下属提供报酬、实物奖励、晋升机会、荣誉等,以满足下属的需要与愿望;而下属则以服从领导的命令指挥,完成其所交给的任务作为回报。

伯恩斯认为,这种领导的效果要视领导者与下属之间的心理契约的状况而定。交易型领导建立在一个人在组织中的与位置相关的官僚制权威和合法性基础上。它强调任务目标、工作标准和产出,往往关注任务的完成和员工的顺从,更多地依靠组织的奖励和惩罚手段来影响员工。具体地说,交易型领导的特征主要表现在以下几个方面。

第一,领导者明确角色、职责,指导和激励下属完成既定的任务。领导者向员工阐述标准,说明期待从下属那里得到什么;相应地,当员工完成任务后也可以得到回报。

第二,领导者依赖自身所拥有的奖赏性、合法性的权力。即以组织赋予的权威性和合法性为前提,完全依赖于奖赏权来影响着员工的绩效。

第三,领导者强调工作标准、任务分配以及任务导向目标,更加侧重于下属服从安排及其任务完成的情况。

根据伯恩斯理论,可以将交易型领导行为分为权变奖励领导行为和例外管理领导行为。权变奖励领导行为是指领导者和下属之间的一种积极交换关系,领导认可下属完成预期的任务,下属也得到了相应的回报。例外管理领导行为是指在下属发生失误、延期决策等状况之前或之后的介入,与下属进行交换,并按领导者介入时间的不同分为积极介入和消极介入。其中,积极的例外管理领导行为是指在下属开始工作前就向员工阐述工作标准,并以此标准进行持续的监督,以防问题出现。一旦发生问题,立即采取纠正措施,同时,积极寻找可能发生的问题以及预期目标偏离问题。若有目标偏离发生,立刻采取强制性措施,强化规则以防过失。消极的例外管理领导行为是指在问题发生后或者没有达到预定目标时,以批评、责备的消极方式介入。一般情况下,领导者一直等到任务完成时才对任务进行确认,并提醒下属,也往往在发生错误后才说明自己的标准。

（三）变革型领导理论

变革型领导是继领导特质论、领导行为论、领导权变论之后,在 20 世纪 80 年代由美国政治社会学家詹姆斯·麦格雷戈·伯恩斯在他的经典著作《领袖论》中提出的一种领导类型。伯恩斯认为传统的领导可以称为一种契约式领导,即在一定的体制和制度框架内,领导者和被领导者总是进行着不断的交换,在交换的过程中领导者的资源奖励(包括有形资源奖励和无形资源奖励)和被领导者对领导者的服从作为交换的条件,双方在一种"默契契约"的约束下完成获得满足的过程。整个过程类似于一场交易,所以传统领导也被称为交易型领导。交易型领导鼓励追随者诉诸他们的自我利益,但是交换的过程以追随者对领导者的顺从为前提,并没有在追随者内心产生一股积极的热情,其工作的内在动力也是有限的,因此,交易型领导不能使组织获得更大程度上的进步。

变革型领导理论把领导者和下属的角色相互联系起来,并试图在领导者与下属之间创造出一种能提高双方动力和品德水平的过程。拥有变革型领导力的领导者通过自身的行为表率,对下属需求的关心来优化组织内的成员互动。同时通过对组织愿景的共同创造和宣扬,在组织内营造起变革的氛围,在有效率地完成组织目标的过程中推动组织的适应性变革。

因此,伯恩斯将变革型领导定义为领导者通过让下属意识到所承担任务的重要意义和责任,激发下属的高层次需要或扩展下属的需要和愿望,使下属为团队、组织和更大的政治利益超越个人利益。巴斯等人最初将变革型领导划分为 6 个维度,后来又归纳为 3 个关键性因素,阿沃利奥在其基础上将变革型领导行为的方式概括为 4 个方面,即理想化影响力、鼓舞性激励、智力激发、个性化关怀。具备这些因素的领导者通常具有强烈的价值观和理想,他们能成功地激励下属超越个人利益,为了团队的目标而相互合作、共同奋斗。

理想化影响力是指能使他人产生信任、崇拜和跟随的一些行为。它包括领导者成为下属行为的典范,得到下属的认同、尊重和信任。这些领导者一般具有公认较高的伦理道德标准和很强的个人魅力,深受下属的爱戴和信任。大家认同和支持他所倡导的愿景规划,并对其成就一番事业寄予厚望。

鼓舞性激励是指领导者向下属表达对他们的高期望值,激励他们加入团队,并成为团队中共享梦想的一分子。在实践中,领导者往往运用团队精神和情感诉求来凝聚下属的努力以实现团队目标。从而使所获得的工作绩效远高于下属为自我利益奋斗时所产生的绩效。

智力激发是指鼓励下属创新,挑战自我,包括向下属灌输新观念,启发下属发表新见解和鼓励下属用新手段、新方法解决工作中遇到的问题。通过智力激发,领导者可以使下属在意识、信念以及价值观的形成上产生激发作用并使之发生变化。

个性化关怀是指关心每一个下属,重视个人需要、能力和愿望,耐心细致地倾听下属诉求,以及根据每一个下属的不同情况和需要区别性地培养和指导每一个下属。这时变革型领导者就像教练和顾问,帮助下属在应付挑战的过程中成长。

总之,变革型领导行为可以使得下属产生归属感,满足下属的高层次需求,从而组织获得更高的生产率和更低的离职率。变革型领导行为的前提是领导者必须明确组织的发展前景和目标,下属必须接受领导的可信性。其主要特征为:

(1)超越了交换的诱因,通过对下属的开发、智力激励,鼓励下属为群体的目标、任务以及发展前景超越自我的利益,实现预期的绩效目标。

(2)集中关注较为长期的目标,强调以发展的眼光看问题,鼓励下属发挥创新能力,并改变和调整整个组织系统,为实现预期目标创造良好的氛围。

(3)引导下属不仅为了他人的发展,也为了自身的发展承担更多的责任。

变革型领导行为拓宽了领导行为的研究范围。

第三节　领导者的影响力

一、领导者影响力的概念

实施领导过程的人被称为领导者。影响力是指一个人在与他人交往的过程中会产生的影响以及改变他人的心理和行为的一种能力,这是一种自然性的领导方式。任何一种领导活动基本上都是领导者和下属在彼此交互过程中完成的,同时在两者的关系中,领导者一般起着主导作用。如果领导者不具备影响和改变下属的心理与行为,使下属自愿、主动地完成任务,那么就很难发挥领导的有效性,进而组织目标也很难实现。

因此,领导影响力可以定义为,领导者在实施领导的过程中,能够有效地影响和改变下属的心理和行为的能力强度。

二、权力性影响力与非权力性影响力

国内学者根据影响力产生的基础、性质以及发挥作用的方式认为,领导者影响力的大小主要来源于其所拥有的权力大小,即影响力可以划分为权力性影响力和非权力性影响力。

（一）权力性影响力概念及内容

权力性影响力主要与某人在组织中所担任的职务以及所拥有的职权相关。权力性影响力对组织中其他人具有强迫性、不可抗拒性,以外推力的形式发生作用,并且其对下属心理和行为的激励作用是有限的。

权力性影响力包括以下几个方面。

1. 法定性影响力

法定权是指领导掌握支配下属的职位和责任的权力。法定性影响力取决于个人在组织中的职位,这种职位是组织正式或官方明确规定的权威地位。内容主要有任免、罢免等权力,具有明确的垂直隶属关系。拥有法定性影响力不一定意味着有效的领导,而且成功的领导者不能只依赖于法定权。

2. 强制性影响力

强制性影响力是指通过负面处罚或剥夺积极事项来影响他人的能力。换句话说,领导者利用人们对惩罚或失去他们所重视事物的恐惧来控制他人,如批评、训斥、降级、解雇,下属为了避免惹领导者生气而服从,这是一种负性强化的方式。但这种影响力并不等于有效的领导能力。

3. 奖赏性影响力

强制性影响力是指领导者控制着对方所希望得到的资源而能够对其施加影响的能力。正是由于诸如加薪、津贴、晋升职务、分配资源等权力掌握在领导者手里,所以下属为了得到这些奖赏,就会服从领导者的命令以及与之维持密切的工作关系,这是一种正性强化的方式。

4. 信息性影响力

俞克和法尔比在原先权力分类中增加了信息性影响力。信息性影响力是指对下属而言,领导掌握和控制着对他们有价值的信息,下属由于依赖于领导掌握的信息而服从,所以,这种影响力主要体现在领导者是否向下属分享信息来作为奖惩的手段。

（二）非权力性影响力的概念及内容

非权力性影响力与权力性影响力是相对应的。它主要来源于领导者的个人魅力,领

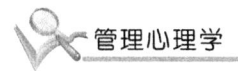

导者与非领导者之间的相互信任。非权力性影响力形成的影响因素有很多,主要有品格、知识、才能、情感因素等。非权力性影响力不会因为领导者地位的变化而受到影响,甚至领导者在离开组织后依然会产生很大的影响力,这种影响力不带有强制性色彩,被领导者的服从心理和行为都是主动自愿的。非权力性影响力包括以下几个方面的内容。

1. 专家性影响力

专家性影响力是指领导者通过自身专业知识和丰富的经验获得下属的尊重和服从,实质上是领导者的知识影响力。有些人虽然不是领导者,但是他们依然可以通过自身所拥有的特殊领域的专业知识影响其他人,从而使其他人服从于自己。专家性影响力内容主要体现在专业知识在决策、运营等方面的影响。

苏格拉底说过:"无论在什么情况下,人们总是最愿意服从那些他们认为是最棒的人。"所以,作为领导者更应多学多问,积累经验,提高自身知识专业化程度,增强判断力,努力扩大自己的专家性影响力,更好地使下属尊重、依赖和服从自己,从而有效实现组织目标。

2. 参照性影响力

参照性影响力是指领导者和下属之间的关系而产生的潜在影响力。具有此影响力的领导者自身有着吸引人的亮点,从而受到下属的拥戴,下属乐意为领导者做事。当组织的领导者拥有了很大的参照性影响力后,他的安排、建议都会得到大家的认可、接受与支持。其实,在很多组织中,领导者在领导和指挥时并不是因为其拥有多么专业化知识或者熟练的工作操练,而可能是下属对领导的信任与理解。当领导者拥有诚实、自信、自律、正直、坚毅等优秀品质时,他将会获得巨大的参照性影响力。领导者影响的主要方式为示范和模仿。

三、如何提升领导影响力

(一)领导者正确使用权力性影响力

第一,谨慎使用权力性影响力,因为其多以指示、命令、强制、威胁、惩罚等消极的方式出现。如果过分使用这类手段,只能使下属产生表面的服从,不会从心里接受和认可领导者的指示,因此,领导者一定要谨慎,按章行事。

第二,领导者要公正严明,以身作则。领导者虽然拥有行使权力的合法地位,但是不能因此滥用职权,更不能以权谋私,要做到赏不避仇、罚不避亲。只有这样才可以更好地发挥权力性影响力,同时又不会导致下属不满。

第三,领导者要学会授权。一个领导者成熟的表现就是他敢于并善于授权,领导者要将自己的法定权、强制权以及奖赏权合理地授予有能力的下属,这样既可以提高下属的工作积极性,又可以让领导者有更多的时间和精力投入更需要的工作部分中,发挥关键的领导功能。管理学家卡尼奇说过:"当一个人体会到请别人帮他一起做一件工作,其效果要比他单独干好得多时,他便在生活中迈出了一大步。"

（二）领导者努力提高非权力性影响力

第一，领导者要不断加强自身的品格修养。"其身正，不令而行；身不正，虽令不行。"领导行为中包含着一个领导者的品行、人格和作风，具有高尚品格的领导者令组织成员感到受尊重并愿意听其指挥，从而产生巨大的说服力、号召力以及动员力，更容易完成组织的目标。

第二，领导者要努力学习专业知识、管理知识和科学知识。"知识就是力量"，专家性影响力与领导者掌握的专业知识、管理知识和科学知识成正比。如果领导者具有精深的专业知识、丰富的管理知识以及渊博的科学知识，那么他就会从组织下属那里获得信赖感以及领导者的一种威信，更有利于下属听从指示、命令。

第三，领导者要不断加强自身的领导能力。美国著名管理学学者罗伯特·卡茨曾提出有效的管理者应当具备三种基本技能：技术技能、人际技能和概念技能。技术技能是指使用某一专业领域内有关的工作程序、技术和知识来完成组织任务的能力。人际技能是指与处理人际关系有关的技能，如人际交往等。概念技能是指能够洞察企业与环境相互影响的复杂性，并在此基础上加以分析、判断、抽象、概括，并迅速做出决断的能力。它具体包括系统性、整体性能力，识别能力，创新能力，抽象思维能力。只有具备这三种技能的领导者才会使得下属对其产生敬佩感，进而心甘情愿地服从领导者的安排。

第四，领导者应真诚地对待下属，并与其形成融洽的相处模式。情感是人对客观事物产生好恶倾向的内心反映，领导者与下属之间形成和谐的人际关系，能够使下属对上司产生亲切感、信任感，并从心里接受和认可领导者，从而也就愿意接受领导者的指示和安排。

总之，权力性影响力与非权力性影响力之间有着本质区别。权力性影响力是领导者开展领导活动的基础和前提。如果领导者没有了权力性影响力，他就没办法实施组织、沟通、协调、指挥等活动，因而也就无法统一组织成员的目标、意志和行动，当然组织目标也就很难实现。非权力性影响力与领导效能的高低有直接关系，并且它还会对权力性影响力产生增强或减弱的作用。如果一个领导者的非权力性影响力很强，那么他的权力性影响力也会有所提升。但是，如果一个领导者的非权力性影响力很弱，那么他的权力性影响力也会有所降低。因此，领导者都十分重视非权力影响力的提升和运用。

思考题

1.什么是领导？请具体说明领导与管理的联系与区别。

2.请阐述领导方格理论的主要内容。

3.请简述领导行为理论的主要内容。

4.领导的影响力包括哪些方面？请分别阐述。

案例分析

  1971 年,杰克从美国中西部的一所名牌大学毕业,他是会计专业学士,随后到一家大型的会计师事务所的芝加哥办事处工作,由此开始了他的职业生涯。9 年后,他成为该公司最年轻的合伙人。公司执行委员会在他工作期间发现了他已经具备领导的潜能和进取心,于是,在 1983 年指派他到纽约的校区开办一个新的办事处。新办事处最主要的工作就是审计,这项工作要求有关人员具有高度的判断力和自我控制能力。杰克虽然以任务为导向,但是采取了民主的领导方式,主要体现在工作人员之间要以名字直接称呼,并且鼓励下属也参与决策的制定。对长期的目标和指标,每个人都很了解,但实现这些目标的方法是相当不明确的。

  办事处发展得很迅速,到 1988 年,其专业人员达到了 30 名。杰克也获得了上司的赏识,并被上司认为是一位有效的领导者以及管理者。

  之后,杰克又被提升为达拉斯的经营合伙人。在达拉斯,他采取了同样的管理方式,换掉了几乎全部的 25 名专业人员,同时针对客户开发计划,他分别制订了短期和长期计划,职员人数增加得相当快。但在达拉斯办事处,纽约成功的管理方式好像并不适合。具体而言,在随后的一年时间内,办事处失去了两个重要的客户。杰克马上认识到可能办事处的员工太多,于是决定裁员,解雇了前一年刚招进来的 12 名员工,目的是减少开支。他相信这一切困难只是暂时的,之后又继续采取他的纽约式管理策略。在随后几个月时间里,他又增雇了 6 名专业人员以适应预期增加的工作量。但事与愿违,预期中的新业务并没有接到,所以又重新缩减了 13 名员工。经过这两次裁员,留下来的员工感到非常没有安全感,担心自己随时会被裁掉,同时杰克的领导能力也受到员工们的质疑。公司的执行委员会了解到这些情况后,随即将杰克调到新泽西的一个办事处,但是在这个新的办事处,他的领导方式产生了很好的效果。

  (改编自:俞文钊著,《管理心理学》,东北财经大学出版社,2000 年版。)

  问题:

  1.杰克作为领导者,其主要影响力是什么?

  2.杰克的纽约式领导为何不适用于达拉斯?影响因素是什么?

  3.此案例说明了领导行为理论还是领导权变理论?为什么?

拓展阅读

  学术界和实务界一直以来对组织中的员工沉默行为很重视,并获得了一定的研究成果。领导者作为组织的掌舵人物,其沉默行为却没有太多人去关注。根据《管理世界》期刊上最新的一篇有关领导理论的研究,进一步打开了关注领导沉默行为的大门。作者黄桂、付春光和关新华关于领导沉默行为问卷的设计让我们对其有了新的认识,并且也丰富了领导风格理论。

他们将领导沉默行为定义为领导者在与下属的正式接触中,故意没有向下属明确表达自己的意图,或表达的时候有所保留的行为或现象。他们还将其划分为 5 种类型:防御型、亲社会型、考验型、权谋型和威风型。

　　防御型领导沉默行为主要是保护自我权力和权威不受伤害,其主要内容有避免掉入承诺的陷阱、避免不必要的责任、避免于己不利的冲突等。具体表现有:第一,领导者由于不愿意被承诺牵着鼻子走,所以在未充分考虑之前,即便心中已有定论,也不会向下属许下任何诺言;第二,领导者在工作中犯错,由于面子关系,可能不会向公众表示歉意,但会在今后的工作中改正错误,还有一种可能是,领导者往往掌握着比下属更多的敏感性信息,担心轻易发言会给自己带来不好的影响;第三,避嫌心理和老好人的心态致使领导者在非自己管辖范围内的事情即便有想法也会选择沉默,同时,他为了不得罪下属,防止发生于己不利的冲突,也会选择缄口。以上行为都与注重人情、关系、面子及不明确表达的中国文化有着密切的原因。此种领导沉默是领导者在权力和权威意识较弱情形下的行为表现。

　　亲社会型领导沉默行为是从组织和谐与下属利益的角度出发,基于利他或合作的目的而保留相关信息和观点的沉默行为。中国领导者非常注重品德,大局观、做事从组织和下属利益出发是很重要的品行体现,否则,这个领导者将很难服众以及在组织中建立威信。此种领导沉默行为可以分为两种类型:第一种是从组织层面出发,具体表现为维护组织的和谐关系、维持组织良好的合作关系和维持组织良好的工作氛围,领导者不随意透露有关组织不利的或敏感的信息,以减少冲突,维护组织和谐;第二种是从下属层面出发,具体体现在更好地倾听下属的意见、培养锻炼下属和体现对下属的信任。

　　考验型领导沉默行为是一种基于居高临下的心理和权力距离心态而采取的较为隐蔽的考察和测试员工的工作热情、能力及忠诚的行为方式。这种领导沉默行为动机是检视权威,主要是害怕被下属蒙蔽。通常情况下,中国的领导者习惯于从忠诚、关系和才能等方面将下属分类,并以此进行差异化管理。如何判定下属属于哪一种类型,考验型领导沉默行为是比较常用的检验方法。具体表现为考验下属的主动性、工作热情、忠诚度、能力及检验下属是否能够正确地理解领导的意图。

　　权谋型领导沉默行为是指领导者为维护个人权力与威严而采取的沉默行为,其主要动因是惧怕失控,维护权威。沉默行为背后的动机包括建立威信、拉开上下级之间距离、不让下属摸透自己、威慑下属、让下属有自知之明以及保持神秘感等。此种沉默行为在表达,作为领导者,要学会与下属保持一定的距离。一是,领导者与下属太亲近会使得下属产生侮慢之心,领导者不要过多暴露自己的喜恶,以免被下属利用。二是,避免在下属面前失去威严和神秘感。在具体的管理实践中,领导者为避免下属用一些"愚蠢"的问题来烦自己,常用沉默促使下属反省"自己是谁",以此增强下属的自知之明。

　　威风型领导沉默行为是指领导者习惯了自己的言行备受下属关注、解读与追捧,惯于对下属颐指气使,从而不愿意屈尊费心明示下属。威风型领导沉默的主要内容有:下属应能领悟、揣摩及体会领导的意图;沉默能够起到批评、惩罚、促使下属认识错误及反躬自省的作用。具体而言,第一,一名合格的下属,应该具备领悟领导者意图的能力,这种能力主要是指在领导者不明确表示自己态度的情况下,下属依然能够正确地领悟。第二,中国的领导者认为不怒自威,威信来自沉默。对领导者而言,沉默不仅具有批评下属、惩罚下属的作用,而且具有促其反省错误和反躬自省的作用。

　　总的来说,在我们对领导沉默行为的定义以及类型划分有了一定认识后,作为领导者,应该这样实施其沉默行为。减少防御型的领导沉默行为,打破部门之间的隔阂,营造无边界的工作环境,促使工作接口的问题顺利解决。鼓励亲社会型的领导沉默行为,以建立和谐的组织氛围,培养锻炼下属,建立上下级之间的信任。适度地控制考验型的领导沉默行为,虽然培养和锻炼下属很需要,但过度地考验下属不免会给其带来在工作上的困扰和茫然,最终影响员工绩效和组织绩效。权谋型领导沉默行为也不应一味否定,有时候领导者需要有自己的空间,需要与下属保持一定的距离,有距离才有呼吸。同时,不让下属过于了解领导者的需求和爱好,可以避免下属投上司所好,把宝贵的时间和精力用于经营上司。但是,刻意的和出于权谋需要的沉默,不仅招致下属的反感和厌烦,还会压抑下属与上级沟通的欲望,恶化双方的关系。威风型领导沉默行为也并非一无是处。当然,出于耍威风目的,让下属费尽心机地揣摩自己言行的威风沉默,不仅浪费下属的时间和精力,而且会在组织中形成经营上司、讨好上司,不注重组织实际绩效的恶劣氛围。但是,有时候,适度的沉默也有利于下属自身的反思和独立性的培养,有助于下属的成长。

　　总之,组织的这5种领导沉默方式既有积极一面,也有消极一面,领导者应该认清不同的沉默维度及其影响,最小化其消极作用,最大化其积极作用。

　　从理论的角度出发,将领导沉默行为作为独立概念进行研究,不仅有利于丰富领导风格理论,而且有助于我们从一个崭新的角度看待组织中的沉默行为。从实践的角度出发,领导沉默行为及其维度的进一步验证,有助于我们加深对领导沉默行为优缺点的认识,促使领导者在今后的企业管理中能够发挥更有效的领导行为。

(改编自《管理世界》2017年第7期)

 **第十二章** 组织文化

第一节 组织文化的概述

一、什么是组织文化

关于组织文化的定义,世界各大学者各抒己见,纷纷表达了自己对其不同的见解。影响比较大的观点有以下几种。

美国著名学者詹姆斯·赫斯克特和约翰·科特认为,组织文化是指一个企业中最高层管理者们通过经营实践所形成的价值导向和价值理念,是一种企业引导各个职能部门或位于不同区域的子公司以达到企业盈利目的共同的文化现象。

阿伦·肯尼迪和特雷斯·迪尔认为,组织文化是一种企业环境、一种价值观、一种习俗模式、一种英雄人物带领下的文化氛围。

组织文化可以从广义和狭义两个方面来理解。从广义上理解,组织文化是社会文化下的一个子系统,可以说是一种亚文化。组织文化是指企业在创立与不断发展过程中所形成的领导者与员工的共同愿景、企业价值观、工作准则、规范制度等的总和。从狭义上来说,组织文化又体现了人本理论的最高境界,特指企业在长期生产经营过程中形成的被企业大多数成员认可并遵守的企业价值观念、理论观点、思考方式、行事态度和道德规范的总和。

简要说来,组织文化是指企业在生产经营和管理活动中被大部分员工所认可且遵循的、具有该企业特色的精神财富和物质形态。其中价值观是组织文化的核心。

二、组织文化的结构层次

组织文化通常分为三个层次结构:价值层、规范层和物质层。从价值层到物质层,企

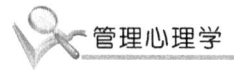

业核心价值观逐次外显,价值层是组织文化的核心。通过文化氛围的营建,对员工给予激励与鼓励,使其坚定地朝着组织目标实现的方向努力,这就是组织文化建设的目的所在。并且,营造出的良好文化氛围也会逐渐控制和减少组织中员工偏离组织战略的工作行为,这一过程是通过组织文化的负激励来实现的。

组织文化构造如图 12-1 所示。

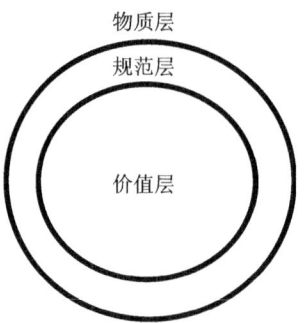

图 12-1　组织文化构造

（一）价值层

价值层以企业的焦点价值为重心,主要包括三个层次:①企业核心价值观,它是企业全体成员共同信仰的价值观念和理论观点,是价值层的核心;②企业精神,这是企业焦点价值的汇集体现;③企业伦理道德,这是企业核心价值观、企业精神在品德层次的汇集体现。这三个层次分别有如下激励功能。

首先,企业核心价值观是指企业从建立之初到不断发展壮大过程中,形成并使企业内部员工信服且追随的生产经营理念以及最终组织目标追求,它在形成过程中,就不断整合企业内部全体员工不同的价值观点和思想,统一大家的理念和工作方式。这样的汇总企业核心价值观会给原来就接纳此价值观的员工很大的激励作用,而对于那些不太赞同此价值观的员工也产生改变和不断磨合的余地。个体价值观和集体价值观结合的企业核心价值观,能够大大提高员工工作效率和组织绩效。

其次,企业精神的激励在于:

(1)产生信仰。员工们一心为企业最终目标努力,认可组织的宗旨、规范以及组织信念。

(2)产生责任与使命感。企业精神的存在给予了员工使命感,员工从企业的目标、宗旨感受到了自己肩头的责任和使命。

(3)形成意志力。员工们在企业精神的激励与引导之下,会形成自己的意志力,这种意志力的坚持,驱动着组织目标的实现。

最后,企业伦理道德具有负激励功能。企业伦理道德是一系列行为关系的总和,包括调整企业与社会、企业与企业、企业与员工以及企业内部的员工与员工之间的行为关系。最能体现组织文化根本特征的是企业伦理道德,它依据是否正义、公正、善良、诚实等原则,进而来评价员工的行为,并依靠公众的意见、传统的文化和内心的信仰来维持企业中各种关系的和谐运作。企业伦理道德约束是软约束,是负激励,通过自律机制和他律机制共同作用,企业伦理道德的约束功能才得以实现。企业员工通过不断将自身观念与企业伦理道德观念相结合,而将企业伦理道德观念内化吸收而形成自律机制,并以自觉以企业的伦理道德规范为准则,自觉使个人目标始终与企业的使命、宗旨和利益相一致。同时企业通过伦理道德规范来强制规范员工的行为,并以此来鼓舞员工发挥出自己应有的能力,以实现组织共同目标。

(二)规范层

企业规范是企业的生产经营活动及员工的工作行为的基本准则,并以此对其进行管制与协调,从而建立起企业的各种条理制度与经营准则,它包括组织的条理制度、技术手段和业务内容的规范以及员工个人的基本行为准则。企业制度文化的“规范性”并非源自员工发自内心的自我约束,而是一种外部力量带来的具有强制性、稳定性的约束,具有组织文化中最强的规范性,其影响范围涵盖了组织的每个员工。

制度层在组织文化中占有重要的地位,制度激励是基本的激励方式,通过企业稳定的规章制度对组织成员的行为进行约束。只有这样才能将员工的个人与组织的利益统一起来,个人目标与组织目标统一起来,员工才会充分发挥自我才能,而避免出现经济领域中“搭便车”或者“代理成本”负面现象。

企业的规章条理具有强制性,它为企业所有员工做事的方式、程序以及如何应对组织中各种关系提供了一个可以遵循的基本准则。所以说,企业制度的激励本质上也是具有负激励功能的。相对于企业伦理道德的软约束,企业的制度约束则是一种硬约束。然而企业制度不是无所不能的,即使制定过程是科学的,但最终制度的贯彻实施者却是人,人是可以刻意躲避制度的约束,从而游走于制度的灰色地带,并且如果公司的制度越严格,则越容易增加员工的抵触情绪,从而难以将企业的规章制度落实实施。所以说,企业要想获得一个良好的企业氛围,需要灵活地将企业的制度激励与伦理道德激励有机结合,需要硬约束与软约束完美配合。

(三)物质层

物质层处于组织文化的最外层,这种表层组织文化是组织文化的物质体的外在体现,以物质形态为首要研究对象,也是组织文化的价值层和规范层形成的准备前提。良好的组织文化需要不断加强企业技术开发能力、服务质量、产品信誉度以及改善组织成员的劳动环境、生活环境、文化环境,并通过这些物质内容来彰显组织文化。

三、组织文化的类型

目前,业界对于组织文化的分类没有一个权威的分类。通常依据不同的划分标准以及管理用途将组织文化进行划分,其中,以下四种划分方式最为常见。

(一)按组织文化的内部特征分类

按组织文化的内部特征分类是由杰弗里·桑南菲尔德提出的理论。它可以很好地

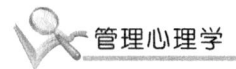

帮助我们解答一些诸如组织文化内在特征之间有什么差异以及为什么组织成员与组织文化相匹配很重要等问题。基于对组织文化的研究成果，他认为有以下 4 种组织文化类型。

1. 学院式组织文化

学院式组织为那些想全面发展的员工提供了适合他们的文化环境，在这种环境中，他们有机会学习各种新的工作技能，以此不断地提升自我。青春活力的大学毕业生是这种组织的目标人群，组织为他们准备了充足的专业培训，并为他们日后在特定领域的特定岗位提供各种指导。桑南菲尔德认为，可口可乐公司、宝洁公司和 IBM 公司等都是这类组织的典型代表。

2. 俱乐部式组织文化

俱乐部式组织尤其看重员工对组织环境的适应度、对组织的忠诚度以及对组织的承诺。在这种组织中，年龄与经验都非常重要，但重中之重的是资历。与学院式组织有所差异，该组织更倾向于培养通用型的管理人员。例如，联合包裹服务公司、贝尔公司、政府机构以及军队等都是这类组织的典型代表。

3. 棒球队式组织文化

在棒球队式组织中，组织成员更富有创新性和冒险性。在招聘过程中，招聘人员以年龄和经验为基础，以学识才能为导向，从中选拔优秀的人才，并且公司的薪酬制度依据员工的实际绩效为标准。在这类组织中，拥有知识和技能的优秀员工将会获得丰厚的奖酬以及较大的工作自由度，所以大数情况下员工都会认真工作。例如，广告策划、软件开发、会计、法律、投资银行、咨询公司、生物研究领域中的公司多数是这种组织的代表。

4. 堡垒式组织文化

棒球队式公司着眼于创新发明，而堡垒式公司则将公司的生存作为首要任务。在公司工作的员工虽然得不到足够的安全保障，但仍能吸引一部分人，他们不安于现状，喜欢做有挑战的事，喜欢经常变动。例如，大型零售店、天然气探测公司等都是堡垒式组织的典型代表。

当经济环境变得恶劣时，前三种类型的组织会逐渐向堡垒式的组织转变。在这种情况下，组织主要的宗旨是维持生存，保护现有资产，对职工保障较少。但这种组织也同样吸引了那些喜欢挑战的人，这里也变成了他们心中的理想环境。桑南菲尔德研究发现，并不是所有的组织都可以完美地归纳到某一种组织类型，因为这些组织往往是多种文化的混合体。此外，组织的类型不是一成不变的，当受多种因素的共同影响时，组织文化类型可能发生转变。他还研究发现，各类不同的员工也会被各类不同型的组织文化所吸引。例如，那些创新性和冒险性强的员工可能更适应棒球队式的组织，在这类组织中工作起来更得心应手，而在学院式的组织中工作则可能会力不胜任。

（二）依据员工受到组织文化对影响力的大小分类

约翰·科特和詹姆斯·赫斯科特是两位著名教授，他们均来自哈佛商学院，前后研究了四个项目，按照组织的文化与组织长期发展之间的关系，将组织文化划分为以下三类。

1. 强力型组织文化

在拥有强力型组织文化的企业中,组织成员拥有着明确的目标、共同奋斗的方向,具有统一的价值观念和行为特点,因此他们愿意全身心地投入到组织工作中,甚至可以为组织献身,而员工拥有的这种心态又会激励他们加倍努力工作。强力型组织文化对于组织绩效的提升有一定的作用。

2. 策略合理型组织文化

当一个企业拥有此种组织文化的特点时,那么这个企业中便不存在具有概括性的、优秀的组织文化内涵,也不存在具有普适性的、与所有企业都能完美融合的组织文化。评价一种组织文化是否是有效的,是否是本组织所需要的,其标准就是要看组织文化能否与企业环境相适应。组织文化是需要与组织一一对应的,只有组织文化完美匹配于组织,才能真正体现出组织文化对于组织发展的重要性,才能使企业得以健康长久地发展壮大。

3. 灵活适应型组织文化

组织文化若想完美适应企业所在市场,就必须既注重员工的个人生活,同时也注重企业生活,并在其中倡导员工建立自信心,不惧风险勇于挑战自我,注意个人行为模式。组织成员之间相互帮助、彼此信赖,善于发现问题、有效解决问题。组织成员的工作积极性高,能够为组织竭尽所能。

(三)依据组织文化所包含的范围来分类

一个组织即为一个总系统,由各类单个子系统构成一个整体,而每个子系统又是由单个的个体构成,这些个体本身又具有缔造文化的能力。一个组织除了以一个整体的形式存在以外,组织中各类正式的、有明确区分的各个子系统,或者非正式团体,都可以称为小团体。从这个角度来说,组织文化又可以分为两类。

1. 主文化

主文化是组织的核心价值观的代表,它被组织中的大部分成员所接受。当涉及组织文化概念时,大多是指组织的主文化。正是从总体角度出发的组织文化,才使每个组织具有与众不同的特点。

2. 亚文化

亚文化在社会主流文化中只占有较小的位置。在组织中,主文化纵然被大众成员认可,但它仍无法包含一个组织的全部文化。组织中有各类小团体,它们在承认组织的主文化的条件下,同时又拥有包含自己的与众不同的亚文化。亚文化对于组织的主文化来说可以是一种有益的填补,也可以是与主文化方向不同,但亚文化的这些特点对组织来说是没有妨害的,同时亚文化也存在着替代主文化的潜力。

(四)按照组织实践和价值分类

弗恩斯·特朗皮纳斯以组织文化维度为标准,将组织文化分为四种类型:家族型组

织文化、保育器型组织文化、导弹型组织文化、埃菲尔铁塔型组织文化。

1. 家族型组织文化

家族型组织文化可以说是年代最久远的一种文化,这是一种并非以任务而是以人为引导的文化。在该组织文化中,领导者就如组织的"家族长辈",威望和权力并存。组织更侧重于直觉方面的而非理性方面的进修,并不以更好地利用当前的员工为着眼点,而是着眼于组织成员将来的长远的成长。当组织泛起危机或面临困境时,往往不会将其公之于众,因此,尽管组织内部充满着和谐友爱的氛围,但其代价是拥有着较弱的顺应外部环境的能力。属于这类组织文化的国家有日本、巴西、土耳其、西班牙、意大利、菲律宾等。

2. 保育器型组织文化

这是一种不仅以人本理论为引导方向,同时还注重公平、公正的文化。该文化拥有极强的创造力,有提出各种新观念新看法的巨大潜力,硅谷便是最好的范例。出于平等方面的考虑,组织布局大多情况下是最简练的,等级最为精炼。处于该组织文化氛围中,组织成员共担责任并相互配合来解决问题。

3. 导弹型组织文化

这是一种平等的、以任务为导向的文化。处于该组织文化中的任务往往都是由工作小组或团队来处理的,但是小组拥有的成员都是暂时的,小组会随着任务的结束而不复存在。员工们所处理的问题并非预先设计好的,而是随着任务的到来便着手去做。归于此类型的组织文化的国家主要有美国、英国、挪威、爱尔兰等。

4. 埃菲尔铁塔型组织文化

具有该类型文化的组织结构如埃菲尔铁塔一般,划分等级众多,并且从基层到高层,随着层次的升高,所处的人员变得越来越少。每上一级对于其下一级都分有明确的责任和义务,因此,组织中的每个人都需要小心行事。如果组织成员对组织的有任何建议或意见都要按照组织规定好的制度安排并实地调查后,才有机会最终将建议或意见传递给高层管理者。对处于该类型组织文化的成员来说,习得必备的技能至关重要,这不仅是目前自身立足于组织的关键,也是未来在组织中得到进一步发展的关键。归于此类型的组织文化的国家主要有德国、法国、澳大利亚、加拿大等。

四、组织文化的功能

随着组织文化的产生,便可制定组织成员行为规范的规章和制度,而使组织成员摒弃损坏组织整体利益的行动与思想。在工作环境中受到组织文化的熏陶,组织成员往往产生相近的道德观或者价值观,所以,组织内部人与人之间关系更加和谐,当组织中产生矛盾时也更容易化解。组织文化主要具有以下几种功能。

1. 导向功能

组织文化具有导向功能,组织文化对于组织整体以及人员的价值观念及行为方式提供了指导作用,使其与组织的明确目标相契合。其导向功能主要体现在两个方面:一是可以引导组织成员的思维方式以及行动方向;二是引导整个组织价值观念和行为模式朝着正确的方向改进。组织文化所创立的本组织所特有的价值取向和规范准则以无形的方式不断影响组织成员的心理,使员工在不知不觉中便已承认了组织的价值观,并自觉地将个人目标与企业目标相统一。

2. 约束功能

组织文化对每个组织成员的思维方式、心理活动以及行动具有规范与指导的作用。组织文化对组织成员的约束并非硬约束,而是一种软约束,这种约束源于组织内部的文化氛围、团队行动规范和品德规范。团队思维、公共舆论、共有的习惯和风气等精神文化内容,会赋予团队成员巨大的心理压力与推动力,从而驱使个体成员的行为不停地向团队中的大众行为靠拢,使组织成员达成共识,从而进行自我管制。

3. 凝聚功能

当组织成员对于某种价值观念达成共识后,组织文化便发挥出了黏合剂的作用,将组织成员凝聚在一起,产生了强大的吸引力和汇聚力,产生了强烈的归属感,使组织成员积极参与组织中的各种事务,为实现共同的组织目标而充分发挥各自应有的能力。

4. 激励功能

组织文化具有使组织成员从心里产生一种积极进取和发奋向上的效应。如果组织文化以人为核心,那么便可实现组织成员对自我实现等高级需要的目标,从而激起组织成员发自内心的为共同目标而努力奋斗的精神;同时,组织文化可以通过软约束将组织成员的需求合理化,使组织整体充满健康向上的能量,使组织成员自我鼓舞、自我勉励,产生长久的推动力。

5. 辐射功能

优秀的组织文化不但会影响内部成员,而且可以通过多种途径向社会发散和传送。这不仅在民众中树立令人满意的组织形象,而且良好的组织文化对于推动整个社会文化健康发展也具一定的推动力,发挥了以点影响面的辐射作用。

第二节　组织文化的构建和完善

组织文化是组织的灵魂。组织文化本身是客观存在的,既有精华部分但也有糟粕部分。精华的组织文化,渲染出和谐、进步的组织氛围,给员工源源不断的动力,推动组织总体战略目标的实现;反之,糟粕的组织文化,渲染的不和谐气氛影响了员工关系,阻碍了员工之间共同进步的步伐,导致组织的进一步衰退和灭亡。与组织文化形成密切相关的组织创始人和组织中的管理层,必须及时意识到组织文化引导的组织氛围存在的问题并合理纠正、指引,维持好组织文化环境的管理。

一、组织文化的产生

组织文化的形成与组织的创始人密切相关。他们通常信念坚定且考虑周到,对于组织的整体规划有着清晰的预期。他们作为企业的开创者,起着引导与带领的作用,因此他们的行事风格、办公态度以及价值观念很容易被组织员工所接受。自然他的观念逐渐成为整个组织的共识,而且只要公司创始人仍在其位,它们就不会退出组织文化氛围。例如,微软公司的创始人比尔·盖茨在工作中非常拼命和努力,所以他们的组织文化就倡导员工废寝忘食地工作。

另外,组织在外部市场环境中的成长历程与组织文化的发展历程也是息息相关。企业必须认清自己在整个行业和市场中的位置,组织早期发展奋斗历程对组织文化的形成也有很大影响。比如,某一房地产开发公司抓住了购房者讲究质量的心理,就提高对质量关的把控,并在员工内部和广告宣传中打出"质量为本"的口号,公司就逐渐形成了以高质量赢得顾客的共识。

另外,组织内部成员之间以及团队之间的相互交流对组织文化的形成也有很大影响作用。组织成员是在社会化的过程中逐渐对那些与组织工作有关的关键问题达成一致。进入组织的员工为了顺应环境,将个人爱好、偏好、精神追求自觉收敛,理解接纳组织的行为规范,满足组织中各级员工的角色欲望,饰演组织需要的角色,从心理上进行认知、行为、利益几方面的整合,以达成群体成员之间一致的价值准则、行为规范,并对许多问题产生群体共识。

二、组织文化的维持

组织文化一旦形成并确立,组织就会采取一系列的措施进行维系并使其稳定,主要从以下两个方面进行。

（一）组织层面

组织主要通过以下几个重要因素对文化进行维系。

1.甄选

组织在招聘过程中有着明确的目标,通常当能够满足某个岗位的应聘人员较多时,组织就会考虑应聘人员的价值观与组织的价值观是否一致,至少和组织价值观包含的大部分保持一致。此外,在试用期间,受聘人员也可以了解组织内部信息及文化,如果求职者发现自己的价值观与组织的价值观存在冲突,他们会选择自动退出组织。因此,甄选可以说是一个双向选择的过程。

2.标杆作用

树立标杆人物(尤其是高管人员),是对组织文化维系的一个显著方法。通过对领导个体的言行举止、工作方式、工作态度等建立规范,并将其渗透到组织当中,将会产生很大的效果。例如,公司鼓励的行为、规范着装的要求、表彰优秀员工等,并将这些要求和奖励的范围进行扩大与宣传,向每位员工传达组织文化的要求及组织所需要的行为等。

3. 社会化

不论组织在组织成员的甄选和选拔方面工作完成得多么出色,刚进公司的组织成员也不能够完美地顺应组织文化的标准,由于新员工对组织文化尚不熟悉,所以他们可能会干预组织中早已形成的观念和习惯,进入组织前期会与组织文化产生碰撞。因此,组织需要帮助新员工适应组织文化,尤其是员工进入组织的初期,组织要尽力把这批新生力量塑造成合格的员工,而那些未能掌握关键角色的员工,则会被清除出去。

(二)员工层面

除了组织初期的筛选,在员工层面如何让自己学习和接受组织文化也是组织所考虑的重要环节,主要的方式有故事、仪式和语言。

1. 故事

每个组织都有自己比较经典的小故事,这些故事都蕴含了组织文化的核心内容,如组织创业者早期的应急事件处理方案、创新案例以及失败的经验教训等等,这些小故事能够起到借古喻今的作用,通过真实的案例来讲述组织的发展史和价值观,使员工易于接受并易于在员工内部承传。

2. 仪式

可以说仪式是用来强化组织核心价值观念、理论观点的一种重复性的活动。这些仪式通常可以表现为优秀员工、优秀部门的评选以及和组织有关的重要活动,如在重要会议上,我们可以把它作为一种激励和团结员工队伍的方式,一种重要的组织仪式。除此之外,许多企业也在一些传统节日来临时组织一些活动,如"六一儿童节"组织亲子活动,"父亲节"和"母亲节"则组织家庭聚会,通过这些活动,表达组织对员工的关心,同时将这些活动进行宣传,利用重视员工家庭的细节来稳定员工的工作。

3. 语言

通过对组织文化重视的语言的学习,可以体现员工对该组织文化的接纳程度,同时,这样做也有助于保护该文化。例如,一家地产公司的员工常常使用很多术语如BI(礼仪程序)、SLO(服务层级目标)和MBO(项目管理)等,随着时间的推移,组织往往会发展一些特定术语,用来描述自己的专有业务及管理程序。通常初始阶段,员工可能不太适应,但随着时间的推移,员工便会掌握这些语言术语并很习惯地用于自己的工作之中。

通过了解组织文化的含义和它产生的渊源,组织在员工进入组织的初期阶段进行甄选与组织核心观念大体一致的人员,通过故事沉淀、固化仪式将组织文化深入地融入员工思想中,从而使组织文化进行沉淀及升华。

三、组织文化的接受:员工社会化

现在很多组织在招聘过程中都会注意到应聘者的价值观与组织价值观的匹配程度。

即便如此,新招聘的员工也不可能与组织固有文化相一致,而这种文化的差异性将对组织的固有文化产生影响。因此,组织越来越重视员工进入组织后对组织文化的接纳和适应过程,这就是员工的社会化。

员工的社会化过程通常划为三阶段:职前期、碰撞期和蜕变期。职前期是指员工进入组织之前进行一系列学习的阶段。在碰撞期,新员工对组织文化状况基本了解并产生自己内心新的想法,不可避免的现实和预期之间可能也会产生冲突。在蜕变期,新员工产生相对持久的转变,了解了组织的规定章程并愿意遵循组织特色的组织文化,拥护组织的管理并为组织目标的实现出力。员工社会化模型如图 12-2 所示。

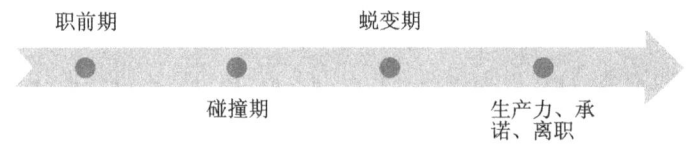

图 12-2　员工社会化模型

在职前期,每一位员工都会提前了解组织的价值观念和工作态度,从而预测自己对于新的组织文化的适应度。当员工进入组织开始工作,便进入了碰撞期,在这一过程中,员工自己的期望与现实的差距会产生对比。如果对比结果较为一致,员工就会加强对组织价值观的认可程度;如果对比结果差异较大,员工就需要摒弃原有的认知假设,慢慢重新接受和建立符合组织文化的价值观。

员工根据组织文化对自身价值观念和行为观点进行适应性调整的这一阶段就是蜕变期,当员工在组织文化的熏陶下以及组织一系列规章制度和专业化的培训过程中,渐渐变得融入组织,理解并接纳了组织文化之后,就会舒服并畅快地完成自己的工作任务,增强自身生产力,完成对组织的工作承诺。相反,如果新入职员工始终不能理解组织这种与自己截然不同的价值观,甚至开始抵触工作环境和周围同事时,他会选择离职,以寻求与自己价值观相适应的企业。

四、塑造更加完善的组织文化

一般来说,组织文化通常是相对稳定的,但它也并不是一成不变的。随着外部市场环境的变革和内部人员的变动情况,组织文化也会随之发生变化。总之,无论组织文化发生什么样的变化,其根本目的都是为了摆脱当前的困境,达到更有效地实现组织目标。不断完善符合外部市场和内部结构的组织文化,需要做出以下努力。

(一)加强企业家的培养

企业家作为组织的创建者,决定着组织文化的产生及组织的价值观念的选择。企业家决定着企业文化建设的发起、策划、推广和领导,同时塑造与完善组织文化也是企业家核心领导的任务。企业家作为组织文化建设的中坚力量,决定着企业文化发展的导向,应该把组织文化建设作为首要工程列入公司重要日程,事关企业总体战略目标和发展战略，应该从思想、人力、组织等方面全面支撑组织文化建设。

组织文化建设可以说是一项复杂且长远的任务，需要企业基层、中层、高层管理者以及领导者的积极参与、高度重视、全面落实。

第一，企业家在组织文化建设中要起到带头作用、灌输企业发展理念、在行动上身体力行。例如：联想集团通过定期举办高层文化会来向员工灌输联想理念；海尔总裁认为自己作为管理者的任务只有两个，一是设计者，设计符合自己企业发展理念的组织文化，二是传播者，不断传播组织文化，引导员工接受并遵循。可见通过灌输来让员工认同组织的文化环境是很重要的一套方法理念。

第二，企业还应该设置相关的组织文化管理机构来负责组织文化方面的建设、完善工作。不断贯彻落实组织文化的建设方针、组织文化引导、组织文化不断修改完善等工作，切实做好组织文化建设工作。

（二）改善组织内部制度环境

合理的组织内部制度环境能够强化文化执行力，在立足公司实际、遵循组织文化发展规律的基础上，制定、完善并执行与组织文化建设有关的制度标准和行为规范，来逐渐强化企业人员的执行力度。使组织文化建设更加有计划、有目标、有步骤，使组织文化建设不断循序渐进地发展。

另外，要不断完善审核、奖励与评价机制，与公司的各项奖励、绩效、考核机制相结合，来建立企业组织文化建设、考核、激励和评价机制，对组织文化建设结果及成效进行定期考评与惩处。

（三）提高组织文化建设的物质保障

组织文化建设需要强有力的物质保障，企业应该通过强有力的资金支持来支持公司的组织文化建设。企业还应当给组织文化建设设立专项资金来统筹安排并科学预算组织文化经费运用状况，保证组织文化完善工作的顺利开展。

组织文化建设还需要不断强化硬件构造，提供物力方面的足够支持。企业应当根据组织文化的构建需要，适度加强对组织文化建设的硬件设备投入，如不断完善员工培训中心、员工教育基地以及员工体育休闲娱乐场所。通过硬件设施的构建来顺利推进组织文化建设。

组织文化建设还需要源源不断的人才支撑。组织文化建设的一部分主要内容就是营造人才优势，加强人才引导与培训，建立合理的激励机制，充分发挥优秀人才在组织文化构建中的积极作用。

组织文化建设还需要不断普及、进一步健全传播渠道，要不断创新和优化组织文化载体设计和运用方法，比如构建组织文化发展手册、企业画册、企业报纸以及企业历史纪实光盘等。

（四）在继承中不断创新组织文化

继承性和创新性都是组织文化的属性，妥善处理好两者之间的关系，在继承原有组织文化的基础上不断创新，延续组织文化建设过程。在继承组织文化的过程中，要持批

判继承的态度,取其精华部分,去其糟粕部分,特别要善于挖掘和提炼本企业的精神文化。当然,立足在继承的基础上,借助优秀企业的成功经验,不断融入本组织文化之中,就可以不断创新、塑造出新的组织文化。

也可以说,不停继承与创新的过程就是组织文化构建历程。比如:日本松下电器公司就十分注重混合世界优秀企业的组织文化,它规定在国外的子公司就有了解和学习各国组织文化的使命,子公司管理者在回母公司述职或参加培训时,必须报告子公司所在国家和地区组织文化的特点。要弄清楚优秀的、适用于自己的组织文化的部分,汲取别人的精华,并按自己的企业特征进行一番改造,才能创新出最适合自己的组织文化。

另外,随着创新越来越成为组织文化的核心特征,创新型组织的建设也成为组织建设的重点对象。创新型组织是指创新意识和创新能力都比较强的组织,它们能够对技术、组织、管理等一系列创新活动进行源源不断的改进与创新。创新力的形成需要企业和员工的共同努力,但是在创新型组织营造的组织文化氛围下,不仅鼓励员工进行创新活动,而且他们本身就把创新作为其文化建设的核心内容,这就是一种崭新的创新文化。在创新文化下,有利于员工产生创新灵感,激发创新潜能,增强创新活力,使创新成为企业内的一种时尚、一种风气。

(五)加强学习型组织的建设

一成不变、不加完善的组织文化早晚会不适用于企业的发展壮大而引起企业危机,学习型组织文化下,组织内部员工通过不断学习来改革组织自身问题,在剧烈变化的外部环境中,学习型组织的目标就是通过精简、弹性、终身学习以及不断自我组织再造来维持企业的竞争力。

学习型组织主要包含以下几个方面的修炼内容。

1. 自我超越

这是一种个人成长的学习型修炼,他会不断加深个人的真正愿望。为了完成自我的超越,应做到两点:知道目前自己的真实状况、知道自己目前最重要的事情。从这两点明晰了现实与愿景的差距,就产生了"创造性张力",使全体员工集中精神朝着组织愿景努力。

2. 改善心智模式

心智模式是隐藏于员工心中的一种固有思想,不容易被员工觉察和留意。如果抓住这一契机,学会将员工的心智模式打开,就会改变员工心目中的对于企业运作的固有认知,从而产生新的想法。

3. 建立共同愿景

共同愿景的力量来源于组织内所有员工对愿景的关切程度,一旦这种关切达到一定程度,就会在员工心中产生强大的使命感和号召力,他们就会发自内心地、自愿而不是被强迫地去为了组织的一个共同目标而不断学习、不断探索。

4. 团体学习

组织内部的团体学习应该注意三个方面:学会把团队智力从个人智力中提取出来;

需要创新活动的协调一致;重视团队成员在其他团队中所扮演的角色。团体学习必须通过每位成员的不同看法,来发现新的想法。

5. 系统思考

作为学习型组织五项修炼的核心,必须通过系统思考把各个独立、片段的事件联系起来,发现其内在的互动关系。它习惯将组织看成一个具有时间性、空间性、不断变化着的系统,所以要从动态、整体、本质出发去考虑问题。

学习型组织文化的建设,要求员工充分发挥自身的潜能,真正地感悟工作的意义,追求自我实现的心理需求,创造出超乎想象的工作成果,在工作中活出生命的意义。当然,学习型组织文化的建立也是一个漫长、艰苦的过程,必须在结合本企业实际情况的基础上不断探索和总结,以创造出具有本企业鲜明特色的学习型组织。

第三节　跨文化管理

一、跨文化管理的概念

跨文化管理亦被称为“交叉文化管理”(cross cultural management),就是指企业在全球化经营过程中,运用包容管理方法对待子公司所在国的异质文化,力求冲破异质文化的障碍,形成包容有效的管理进程,并最终创造出更加独特、包含力更广的组织文化。跨文化管理的目的在于设计出合理的组织架构和管理机制来适应不同的文化氛围,在管理中不断寻找突破不同文化冲突的组织目标,从而更加充分地发挥企业的价值与潜力,维持具有不同文化背景的员工之间友好的员工关系和行为准则。尤其是全球化经营趋势的企业,要想使企业经营顺利运转,必须对跨文化管理做到成功控制,才能使自己的市场占有率扩大,企业竞争力增强。

二、跨文化管理的发展

跨文化管理起源于古老的国际商贸往来,并不能说是新兴的事物。

从古埃及、古希腊文明古国开始进行海上贸易的时候,人们就逐渐领悟了不同文化背景下的人们做生意的差异。文艺复兴时期,英国、丹麦和其他的一些欧洲国家商人就已经建立了世界级的商业集团。与其他国家进行贸易往来时,他们便提前了解文化差异、风俗习惯、语言方面并及时制定合理的交易战略,最终得以顺利实现交易。这就是简单的跨文化管理,只是这些简单的跨文化管理当时还只停留在从事经营贸易的一些商人身上,与个人经验联系较为密切。企业并未注意到这方面的差异,也没有采取相关措施,

所以此时的跨文化管理还没有成为一门独立的科学。

直到 20 世纪 70 年代后期,美国才逐步把跨文化管理作为一门真正的科学发展起来。美国企业管理学者开始研究在文化差异的条件下怎样克服冲突,顺利管理这种跨国经营,其目的也是给不同形态的文化氛围配置合理的组织架构和管理准则,最终达到企业资源的合理配置,极大地发挥企业人力、物力的最大限度,提高企业的综合实力和综合效益。

二战后,美国跨国公司在跨国经营中总是受挫,使当时的美国学者开始逐渐意识到文化差异问题,并使跨文化管理达到兴起状态。当时美国学者一度认为,是自己最先把跨文化管理的思想运用于经营实践并实现了企业生产力的提高,也是自己制定了一套普遍适用于所有国家的"跨文化管理宝典"。然而,接下来各国的实践证明,只是一味地照抄照搬美国的跨文化管理理论并不能解决自己在实际经营过程中的文化差异问题,不同的文化差异必须采取不同的管理与经营策略。

20 世纪 60 年代末 70 年代初,日本公司管理取得的成绩是对跨文化管理研究兴盛的关键缘由。那时候,相比于落魄的美国跨国企业,日本的跨国企业以及合资公司在跨文化管理中显示出了明显的优越性。美国也渐渐意识到了自身的不足,开始从日本的管理方式中吸取教训。

美国从两个方面对日本的跨文化管理进行了研究:第一个方面,他们把日本跨文化管理中的精华总结出来;第二个方面,他们将自己和日本的情况进行比对研究,发现自己跨文化管理失败的原因不在于表面的一些具体操作方法,而主要是在于对管理因素的理解有差异。比如,日本比较注重一些比较软的因素,如企业宗旨、企业目标、组织信念以及员工价值观念等方面,而美国注重的是一些比较硬的因素,如组织架构、设备、工艺技术、规章制度等方面;美国比较注重经济方面的问题,而日本注重的是社会学方面的问题;美国在跨文化管理中比较重视科学方面的因素,而日本更注重的是哲学方面的因素等。

这些研究结果也证实了照抄照搬美国固定的跨文化管理可能会得到适得其反的结果,必须根据自身情况建立适合自己的跨文化管理系统。这样的研究结果更加促进了世界各国关于跨文化管理研究的一度风行。

三、企业跨文化管理的策略与具体方法

1. 本土化策略

本土化策略是指在跨文化管理中,采取"行动当地化"的原则,企业在全球化经营中,应该雇佣更多的当地员工。当地员工对当地的民俗风情、市场状况以及政府办公情况都比较了解,且与当地的顾客联系也比较密切,了解当地顾客的偏好。企业可以有力地拓展当地市场潜力,还可以减少外派员工的额外开支。

2. 文化相容策略

凭据不同文化相容的水平,文化相容策略可分为以下两种策略。

(1)平行相容文化策略。平行相容文化策略也称为文化互补,是文化相融过程中的最高形式,就是在国外的子公司中,充分尊重外国文化,而不是简单一味地信奉母国文化。这样把子公司文化作为主体文化的管理方式,可以使两者文化相互交融与补充,充分发挥跨文化管理的优势。

　　(2)和平相容文化策略。和平相容文化策略就是指跨国经营的管理者在管理活动中选择刻意回避文化差异,隐藏文化差异中比较容易起冲突的文化部分,同时保留双方文化中比较一致、平和的部分,使双方文化背景的员工和睦相处,容易交流与相互理解。

3. 文化创新策略

　　文化创新策略就是把母公司和子公司的组织文化进行有效合理的整合和总结,在双方文化相互适应、了解的基础上不断创新,从而建立起一种可以作为国外子公司管理基础的新型组织文化,既保留了母公司组织文化的精髓和特色,又能及时适应子公司所在地的文化特征,真正做到两种组织文化的有机结合。全球化经营的企业运用此策略不仅适应了两地差异的文化管理环境,还大大增强了自己的适应能力和竞争优势。

4. 文化规避策略

　　当母公司与子公司的组织文化存在十分敏感且有冲突的差异时,母公司的组织文化可能在子公司中占据主导地位,但同时不能忽视它们两者之间的巨大差异,此时,子公司的管理人员就应及时规避双方文化的冲突之处,避免发生不必要的文化矛盾,尤其是两个国家的宗教信仰、风俗习惯。

5. 文化渗透策略

　　这个策略需要长时间观察和培育,跨国企业派往子公司工作的管理人员,基于其母公司文化和子公司文化的巨大不同,在短时间内也不强迫当地员工服从母公司的人力资源管理模式,而是凭借母公司强大的经济实力所形成的文化优势,对子公司员工逐步地进行文化渗透,使母公司企业文化在不知不觉中深入人心,使子公司员工逐渐适应母公司文化并慢慢成为该母公司企业文化的执行者和维护者。

6. 借助第三方文化策略

　　跨国企业在其他区域和国家进行经营管理时,由于母公司组织文化和子公司组织文化有着显著的差异,而跨国企业又不能及时采取文化相融或者文化渗透等跨文化管理策略时,跨国企业便可以采取一种比较折中的跨文化管理策略,与母公司和子公司的组织文化都达到一定的共识,便于控制和管理,有效避免母公司与子公司之间的文化冲突。

7. 占领式策略

　　占领式策略是一种带有偏激性的跨文化管理方式,它是指跨国企业在国外营销时,靠自己的资金优势直接把自己组织文化的精髓注入比较弱势的国外子公司之中,并摒弃国外子公司原来的组织文化。这种跨文化管理策略一般适用于强弱文化对比悬殊的母公司和子公司之间,并且在当地顾客能对母公司的文化完全接受时才能采用。但从实际情况来看,这种模式不太常用。

　　总体说来,跨国企业在全球化经营中,应充分了解自己和子公司文化的区别和相同

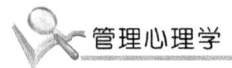

之处,选择适合自己的跨文化管理方式,最终使不同的组织文化得以最佳结合,从而增强自己的核心竞争力。

不管采取哪种策略,完成跨文化管理的一种重要方法就是进行跨文化培训。对公司的管理人员以及员工进行跨文化培训是解决文化差异的基本手段。进行跨文化培训运用的主要方法就是对公司的全体员工进行文化敏感性训练。为了打破不同文化背景员工之间的角色束缚与文化障碍,可以将他们集中在一起进行专门的培训,增强他们对差异文化氛围的识别和接受能力。

关于文化敏感性的磨炼可采取许多方法,主要有以下几种。

(1)文化教育。文化教育也就是聘请专家用授课,介绍东道国的文化特征,让员工了解东道国文化的状况、特点以及相关资料,使他们及时适应东道国的文化环境和生活状况。

(2)环境模拟。环境模拟也就是在自己的企业环境中不断从侧面来模仿东道国的办事风格和工作环境,使员工尽早了解不同文化环境中的问题处理方法,并根据不同的环境模拟状况变换不同的工作行为。

(3)跨文化研究。跨文化研究也就是在对跨文化研究的过程中,使员工不断了解东道国文化的特色以及不断改变自己的办事风格去适应东道国的组织文化,提高员工诊断和处理复杂的跨国文化交融难题的能力。

(4)语言培训。语言作为文化交流的重要组成部分,是提高文化适应性的重要手段,必须给予足够的重视。通过语言培训,可以使员工领略到东道国交流和表达方式的特色,在礼节、习俗、符号、手势等方面与东道国企业人员有更多的共识与交流机会。

1.概述组织文化的结构层次。

2.简述组织文化的功能。

3.构建良好心理契约有哪些原则?

4.简述企业精神的特点和作用。

5.什么是跨文化管理?

6.简述实现跨文化管理的手段。

7.如何维系组织文化?

8.如何塑造更加完善的组织文化?

狼魂不灭:华为文化管理 永不停歇的创新型文化

狼奉行"随遇而安"的哲学,即便要面对越来越严酷的生存环境,它们也未曾害怕。

它们不但适应了地球上日益恶劣的自然环境,而且也适应了人类的陷阱、毒药等各种危险。它们永不停歇的创新精神使它们有了强大的适应能力。

华为自始至终以实现客户的价值观为经营管理的理念,围绕这个中心,为提升企业核心竞争力,进行不懈的技术创新与管理创新。华为在实践中不断体会到,只有提高企业核心竞争力,才能在竞争激烈的社会中生存下去。而持续提高企业的核心竞争力的源泉,就是不断创新。

华为非常重视创新,在孜孜不倦的创新追求中,华为形成了自己关于创新的观点:不创新是华为最大的风险。华为已经拥有强大的研发能力,有人认为优秀的华为已经不需要创新了。华为深知"逆水行舟,不进则退"的道理,要求公司由上到下树立创新意识,从公司的最高层一直到研发部门,不断营造和创造创新的氛围。在这样的环境里,研发人员没有太多的束缚和限制,可以放开思路大胆设计。任正非明确指出:"没有创新,要在高科技行业中生存下去几乎是不可能的。"创新体现着生命活力,正像华为研究室墙上的标语所说:新产品在我们手中,质量在我们手中,企业美好明天在我们的手中。

满足客户需求是华为创新的动力。一方面,华为愿意提取大量利润用于研发与创新,以此带动更多的突破。另一方面,华为认为高科技企业里面,除了技术创新,管理创新同样十分重要,企业内部管理必须追求与国际接轨的管理目标。

集中力量,创新方式采用逐个击破。在创新的方式上,华为主张有重点地集中力量,各个击破;主张团队作战,不赞成个人英雄主义。任正非曾经在公司内部多次说过:"华为知道自己的实力不足,要紧紧围绕核心网络技术的进步、投注全部力量,而不是全方位的追赶,要形成自己的核心技术。"集中优势兵力打歼灭战,为确保华为创新的成功提供了方法保障。

踏踏实实的学习型文化

狼族群体里,一只老狼的死亡会对整个狼群的安危产生严重的影响,因为老狼能够教会小狼寻找安全的聚居之地、寻找干净卫生的水源、捕捉猎物以及躲避各种杀戮。传承和学习生存知识对狼群很重要,同时对企业也同样重要。

据美国国家研究委员会调查,半数劳工技能在3～5年内就会变得一无所有,而以前这段技能淘汰期是7～14年。对于这一点,任正非看得非常清楚,所以在华为,任正非一再强调,所有的员工都必须不断地学习。

任正非不仅强调员工的自我学习和员工的培训,而且还强调学习不能流于形式,要学以致用。华为为不同类员工设计了针对性强、体系健全的不同的培训体系。

(1)新员工培训系统,将课堂教学、分组研讨、团队竞赛、集体活动等有效结合,让新员工理解公司的价值观和经营理念,认同公司文化,掌握基础专业知识和技术技能,成长为新一代华为人,具有可持续发展能力。

(2)管理培训系统,运用"领导发展领导"的培养模式,采用案例讨论、角色扮演、管理游戏等多种教学方法,使华为人深刻了解公司战略、培养高效管理的素质与技能,逐步走向职业化管理的道路。

(3)专业与技术培训系统,涵盖产品、技术、人力资源、财经、计算机等方面,分类规划实施,对每一种角色从任职要求与职业发展两方面进行规划,提供的培训措施要系统化,培养的工程师与专家队伍要职业化,使人才成长与公司发展相促进。

(4)营销培训系统,由具有丰富营销经验和管理经验的优秀教师开发课程和教学授课,全面发展营销人员的综合能力,为华为市场一线培养和输送优秀的营销人员。

人有文字,动物没有,这就是人和动物的一大区别,这也是动物每一代都是退回原点、从零开始,人却可以读到远古时候的记载,站在先人的肩膀上的原因。学习型文化,正逐渐成为企业成功的关键所在。

(资料来源:改编自王永德,《狼性管理在华为》,武汉大学出版社,2010 年版。)

思考:

1.你觉得华为组织文化的营造对员工工作行为和工作态度会有怎样的影响?

2.华为"狼型组织文化"向来以权力独裁、文化统一而显得生硬刻板,你觉得随着组织的日渐成熟和扩大,组织文化应该有哪些完善之处?

3.通过阅读其他组织文化案例,与华为组织文化比较,谈谈你的看法。

# 第十三章　组织变革与组织发展

　　由于全球化程度的提高和技术的进步,当今的组织面临着激烈的竞争,需要从上到下进行组织风格的塑造。这种需要不断地变化,其中一些在计划之中的,而另一些是计划外的。由此显示了组织发展和组织变革之间的相互作用。

　　21世纪的今天,各国家和地区之间的人员往来和文化交汇、全球市场开放和现代化,以及科技的飞速创新都使世界处于不断变化之中。全球市场的变化速度不断加快,影响十分深远,企业若想继续生存并赢得市场竞争,必须提高自己的适应能力、创新能力和变革能力。僵硬的等级制管理方式必然会被更灵活、新颖、快速的管理方式所取代。要追求更高的市场份额和利润、更低的成本和更多的产品创新,领导者就必须对外部环境要素和内部组织能力的变化非常敏锐。因此,无论是企业、非营利性组织或团体,都必须进行组织变革以便更好地执行其战略、达成其目标、实现其宗旨。当企业战略不再与经营环境相匹配,组织能力无法满足现实竞争需求,或者发现未来环境将导致此类错位时,组织就必须推动组织变革。组织变革是指组织针对内部或外部环境的变化所采取的能够使组织更好适应这一变化,以便赢得未来发展机遇的一系列方法和举措的过程。

　　彼得·德鲁克指出,现代组织的构成是为了创新,现代组织必须把传统的、不合时宜的东西进行系统的摈弃,不管它们代表的是一件产品、一项技术,或是人和社会关系,抑或是组织本身。简而言之,世界经济、贸易的全球化以及信息化不断推进和发展,组织不得不面临这一动荡、激烈与充满不确定性的外部环境。现代组织必须要适应这一动荡的外部环境,而变革是现代组织生存和发展的唯一出路。

　　全球经济和技术发展的步伐使变革成为组织生活的必然特征。然而,发生在组织中的变更可以与其成员计划的变更区分开来。组织发展是一个研究理论和实践的领域,致力于扩大人们的知识和效率,以实现更成功的组织变革和绩效。组织发展是一个持续诊断、行动计划、实施和评估的过程,其目标是将知识和技能转移给组织,以提高其解决问题和管理未来变化的能力。组织发展意味着带来计划中的变更,以提高组织的有效性和自我变更的能力。它通常是在组织发展从业者的帮助下,由经理发起和完成的。组织可以使用计划好的变更来解决问题,从经验中学习,重新构建共享的观念,适应外部环境的变更,提高性能,并影响未来的变更。所有的组织发展方法都依赖于一些关于计划变更的理论。这些理论描述了组织中计划变更可能发生的不同阶段,并解释了应用组织发展方法帮助组织成员管理变更的时间过程。

第一节　组织变革

一、组织变革的内涵

组织变革是指运用行为的科学以及相关的管理方法,依据组织规模的大小,对组织的权力结构、与外界沟通的渠道、各个角色的设定、本组织与其他组织之间的相互关系,以及对组织内部成员的观念、行为和态度,成员之间的合作精神等方面进行系统的、有目的的变革以及调整,以此来适应组织所处的内外部环境、组织任务和技术特征等方面所发生的变化,提高组织效能。

组织变革是由不断变化的商业环境、政治、经济、文化、竞争倡议、技术创新、全球化或重组等因素触发的。当组织专注于实现他们的战略目标时,他们所处的环境可能需要重新设计组织的目标,有时是很小的程度,有时是彻底检查事情是如何完成的。

组织变革既是主动的也是被动的。如果它是由管理层计划和发起的,那么它就是主动的。但如果它是对外部因素或者内部冲击的反应,那么它就是反应性的,是被动的。组织变革的重点是解冻现有的结构和文化,以便使本组织充分利用当前的技术和挑战。

二、组织变革的原因

组织变革是多重因素共同作用的结果,理论界和实业界普遍认为,组织实施变革的原因主要包括组织内部环境和外部环境的变化。

(一)外部环境推动的变革

组织及其管理者并不是在与世隔绝的环境下运营的,而是从属于社会大环境系统下的一部分,因此,组织无力控制外部环境,只能主动适应。面对复杂、多变以及动荡不定的组织环境,现今的企业面临着前所未有的挑战和机遇,尤其是在互联网高速发展这一趋势下,一切都在快速地被淘汰、被替代、被更新,因此,企业高层管理者如何实现组织的生存和发展,这是每一个企业管理者无可逃避的重大问题。海尔总裁张瑞敏曾经说过,"没有成功的企业,只有时代的企业"。面对外部环境的变化,成功的管理者会对变化做出及时的调整和应对,并利用或者影响这些变化以便实现组织的进一步发展。外部环境改变了,整个组织就要进行相应的变化,变才有出路,组织才能获得新的发展机遇。影响组织变革的外部环境主要包括以下几个方面。

1. 全球化

全球化敲开了新市场的大门,但同时也带来了新的竞争对手,企业需要与更多的国家、更多的对手展开竞争。基于《全球经济展望 2010》的研究,企业现在所经历的变化比过去任何时候都更剧烈，为了适应竞争格局，组织变革是企业采取的重要的举措。全球化使得技术、资本和劳动力的自由流动增加，世界经济紧密联系在一起，为了保持企业竞争力，获得持续的竞争优势，企业需要进行组织变革以便更好地促进发展。

近年来，西方资本主义国家不时出现反全球化贸易的负面情绪和言论，例如，美国的"逆全球化"思潮和贸易保护主义，宣布退出 TPP（跨太平洋伙伴计划），英国举行"脱欧"全民公投等。然而，全球化是大势所趋，任何国家、企业、个人都不可能真正回避。

从某种意义而言，全球化是指企业在全球化范围内生产和销售同质化的产品和服务，来自替代性产品的威胁在全球化格局中会得到增强，无论是跨国企业还是本土企业都可能会成为替代性产品的提供者。企业的全球化是一种趋势，随着市场的扩大和竞争者的增多，在产品创新上的比拼也会加剧，因此，企业必须采取变革措施以便保持市场的竞争力。

2. 科学技术发展

技术赋予人类以特定格式远距离传输大量数据的能力，使全球化的影响从国家或企业层面延伸到了个人生活层面，并且影响程度出乎我们所有人的预料。企业借此可以在世界任何角落接触客户、资源和人才，并且可以通过互联网、移动电话、报纸、广播、电视等方式直接接触并影响着人们的生活。科学技术的快速发展不仅深刻地影响人类生活的方方面面，而且也为企业快速适应变化搭建了实现高效变革的平台。

日新月异的科学技术的发展，特别是以大数据为代表的信息技术，可能是企业外部环境剧烈变化的动力之一。科技的研发和创新已经成为大多数企业发展战略的重要组成部分，对市场、行业、企业战略和组织设计都产生着决定性的影响。在《世界是平的》一书中，作者托马斯·弗里德曼指出了全球性竞争格局变化的三大技术进步：

（1）海洋中铺设的海底光缆，使得跨国传输、存储大量数据变得极为便捷；

（2）个人电脑在全球范围内的普及；

（3）E-mail、Google、Microsoft office 和其他专业化软件等一系列应用软件的出现，并同个人电脑和网络的普及相结合，搭建起了全球化的工作平台。

科学技术的发展为组织的高效运行提供了便利。存储管理、生产流程、人力资源、财务控制等各方面都可以使得技术进行改造，从而提高生产率和业务的可预测性，并缩短业务流程，减少成本开支，提高工作效率。例如，沃尔玛更快使用新技术和更为有效的整合新系统的能力，就使企业在竞争中占据着优势，实现了更快的业绩增长。此外，沃尔玛也是最早一批部署卫星通信系统的零售企业，该系统使得公司能够得以实现搜集和分析门店的销售数据。不久，沃尔玛的各个业务流程，从信用卡授权到存货管理再到自动分销都实现了与卫星通信系统的连接，实现了企业的标准化管理。

在 20 世纪 90 年代，任天堂占据了 TV 游戏领域 60% 的市场份额，但随着新技术的开发和高端游戏主机的流行，任天堂的市场份额暴跌了 2/3，被竞争者挤出了市场领导地位。故此，2005 年，任天堂开始了对企业的变革。企业投入了 2.2 亿美元的研发经费，并对企业的经营策略进行了修订。最近几年，任天堂的投入催生了 Wii 主机上的成功。

在现今的社会经济运行中，各个企业、各个行业，甚至每一个人都与互联网有着紧密的联系，享受着网络带来的各种便利。互联网毋庸置疑改变了传统的产业模式，促进了

实业(工业、农业、服务业等)与互联网的联合,因此,企业变革既要适应互联网信息时代的新变化、新要求,也要契合传统产业的运营和发展规律。

3. 竞争加剧

科学技术的发展、全球化的推进以及创新的加速,都极大地改变了竞争的格局。技术和全球化使得电子产业、汽车产业和计算机产业在内的许多行业竞争加剧。

从全球视角来看,美国的汽车制造业在竞争中经历了剧烈的转变。当美国、欧洲以及其他传统汽车市场停滞不前时,中国汽车市场不断繁荣。2016 年,中国汽车产量和销量双双超过 2800 万辆,连续多年位居全球首位。2015—2017 年,中国汽车出口量从 75.5 万辆提高到 106.4 万辆。印度等国家近年来也同样发展迅速。

4. 经济政策的变化

国家政策的变化是组织实施变革的重要外部因素之一。政府重大政策的出台、宏观调控措施的实施、经济结构的调整、通货膨胀的波动、法律法规的颁布等方面都会以不同的方式对企业造成影响。因此,企业需要对上述经济政策的变化保持敏锐的洞察力,做出相应的变革。

(二)内部环境推动的变革

全球化、科学技术的发展等外部环境动因可以明确而显著地改变竞争格局,这让内部环境动因常常被管理者所忽略。但论起对组织变革的影响,内部环境的动因与外部环境的动因其实应该同样受到管理者的足够重视。

组织与其战略之间的不匹配会引发变革。同样地,持续低迷的业绩表现也是组织变革的主要动力,特别是在战略已经符合外部环境条件时。其他内部环境动因还包括内部政治格局的不稳定、强大的组织内部藩篱等。所有这些外部环境因素和内部环境因素都会对组织的高效运转产生重大的负面影响,并使得企业市场占有率下降和削弱已有的竞争优势。当组织内部流程开始紊乱,或者内部流程不再适应竞争压力时,进行相应的组织变革就尤为必要。组织内部变革包括加强培训项目以提高员工的技能储备,或者为强化某项特定技能而匹配资源等。

在过去一段时间内,谷歌正逐渐取代微软在计算机和网络领域的领导地位。组织变革为谷歌很好地应对互联网技术的更新提供了保障,是谷歌实现高速发展的关键所在。企业对外部环境的控制能力有限,却能对自己的内部环境施加重大影响,例如,谷歌的成功很大部分来自组织内部创新能力的不断培育,以及不断进行企业组织业务流程构建,从而提高了组织内部适应能力。

三、组织变革过程

学者通常使用两种截然不同的比喻来说明组织变革的过程。"风平浪静"观("calm waters" metaphor)认为组织是在平静的水面上行驶的船,由于多次行驶在相同航线,所以船长和船员都清楚地知道他们的目的地,只有遭遇风暴时才会发生改变。"风起浪涌"观("whitewater rapids" metaphor)认为组织是在湍急河流上行驶的木筏,船上的员工从未一起出过海,也不熟悉河道,更不确定目的地,有时还需要摸黑行驶。

"风平浪静"观认为,变革是在常规中偶然发生的事件,当其发生时可以对之进行计划和管理。直到今天,该观点仍在管理者和管理学研究者的思想中占据主导地位。库尔特·卢因将变革过程描述为三个步骤:解冻—变革—再冻结。

库尔特·卢因认为成功的组织变革首先要打破现有稳定的现状,而后形成新的状态,之后再次对这种新状态进行破坏,最终保持破坏后的状态。现状可以看作是一种平衡方式,打破平衡一般可以通过以下三种途径:

(1)增加使行为脱离常态的驱动力;

(2)减少阻碍脱离常态的制约力;

(3)结合使用以上两种方法。

一旦破坏完成就可以进行变革了。新形成的状态也需要再次进行破坏后才能保持长久,如果不能进行这一步,组织的变革将不会长久持续下去,员工势必会返回到原来的平衡状态中,达不到组织变革的要求。因此,再次对现状破坏的目的就是对驱动力和制约力进行有效的平衡,使得两种力量在新的状态下更加稳定,以便组织实施变革。

"风起浪涌"观认为不存在稳定的内外部环境,变革是正在进行且不可预见的,组织需要对持续不断的变化进行管理并做出有效的应对。

四、组织变革的类型

管理者通常面临着三种主要的变革类型:技术变革、结构变革以及人员/文化变革。值得一提的是,组织的变革很少单纯集中在一种类型,通常不同类型要相互搭配。

(一)技术变革

技术变革是指引进新设备、新工具或者新作业方法,来提高企业效能。绝大多数早期的管理研究都是在考察技术变革,例如,科学管理方法就包括实施那些能够提高生产效率的技术变革。一个行业的竞争或者新的发明创造往往要求管理者引进新的设备、工具或者操作方法。例如:山西的煤矿企业更新了采煤方法,安装了更有效率的采煤设备,并且改变了工作方式;中国快递服务公司等许多组织使用快递自动分拣设备,汽车装配流水线上广泛采用程控机器人取代人工。

较为突出的技术变革来自计算机化。例如:超市和其他零售商都使用能够提供即时库存信息的条形码;京东建立起覆盖全国的物流管理信息系统等。此外,绝大多数办公室都是计算机化办公。以英国石油公司为例,由于实施了一个覆盖整个企业的信息系统,员工在个人办公电脑上的任何操作都会影响公司内部局域网上其他的电脑系统,因此,员工必须学会处理由此导致的个人问题曝光以及可能的问责。

(二)结构变革

结构变革指的是通过正式工作结构及职权关系的改变,以改善企业绩效的管理行为。通常情况下,组织战略和外部环境的剧烈变化会引起组织结构的变革,凡是组织结构所涉的六大要素(分工与协调、部门化、指挥链、控制幅度、集权与分权、正式化)变

动,均可称为结构变革。

因为外部环境的变动,就需要对组织结构加以修正,正如通用电气(GE)为了协调各事业部的活动,在最高领导和事业部之间增设"超事业部"。常见的结构变革方法包括:

(1)以部门划分为基础;

(2)控制幅度以便改变管理层次;

(3)权力程度的改变;

(4)职务和职能范围的重新划分。

企业在创业初期,公司组织结构的划分较为模糊,职能和职务分配较为简单。经理都是直接对董事报告,掌握相当大的自主权及决策权。而当公司发展到相当大的规模时,组织会发展出比较具体的组织章程、政策、程序等,来厘清给部门的权责,建立更多的规章制度以增加组织标准化程度;经理的权责会有比较明确的规范,自主性因而下降。

(三)人员/文化变革

人员变革是指改变员工的态度、期望、认知、行为、技能以及知识水平。该变革通常与人力资源管理相结合,包括对组织成员进行技能培训,提供新的职业发展,提升员工在知识、态度与技能等方面的能力,以提升员工的生产力。

文化变革则是指改变组织的共享价值、规范、态度、信念等。由于组织是由人所构成的,改变了组织的结构、引进了新的技术后,通常也需要改变人的心态,否则也会出现政令不通的问题。

人员/文化变革皆是针对人员内在层面的无形变革,但不同之处在于,人员变革的范围是在部分员工中进行,而文化变革则是针对企业的全体员工。

五、组织变革的阻力

组织实施变革时,组织成员的内心必然会有对未来的担忧和对变革的抵触。因为在组织变革的过程中,往往会给组织成员的职业前景带来不确定性,使成员遭受焦虑、紧张等心理压力。倘若组织成员这种内心的抵触和压力没有得到妥善的解决,成员就可能会阻碍和破坏变革活动的推行,最终组织变革可能会因遭受到强力的抗拒而流于失败。因此,为确保变革的成功,必须了解组织成员为什么会抵制变革,以及如何处理这些员工的抵制态度。

(一)抵制变革的原因

变革看起来是对组织有好处或者是不得不为之,那为何人们要抵制变革呢?归纳来看,主要有以下几个方面。

(1)害怕失去既有的利益。组织成员担忧组织实施变革之后会失去现有利益,例如,失去职位、职权、钱财、便利性或者其他一些相关利益。组织变革还会影响一些现有利益者,并且可能改变对现有权力和资源的分配状态,人们在现有体系中投资越多,就越会抵制变革。这也解释了为何组织中资历深、年龄大的员工相较于资历浅、年龄小的员工更倾向于保守,更倾向于抵制和阻碍组织实施变革。

（2）变革的不确定性。组织变革会造成过去所熟悉的状态加速转变，而对未来的发展造成不确定性。组织成员往往对于现状都已经发展出一套完善的策略，形成一些既存的习惯和惰性。组织变革可能会造成现有策略的失败，取而代之的是组织变革所带来的不确定性。而面对这种不确定性，大部分组织成员都会感受到焦虑等负面情绪。

（3）成员的认知和目标不同。当成员对于组织变革所可能产生的潜在利益看法不同时，对组织变革的承诺以及认同便会不同。成员认为变革对组织没有带来利益，或者认为变革与组织的目标或利益不符合时，对组织的变革抗拒也会较为激烈。

（4）社会关系的重建。组织变革往往会改变组织中人与人之间的社会关系，例如新的工作伙伴、新的工作场所、新的互动模式与新的非正式群体，而这种社会关系的重组往往带给组织成员很大的不安与焦虑。

（二）减少抵制变革的方法

当成员对组织变革产生抵制时，管理者的工作就是消弭这些不利的抗拒行为，通过适当的方法和策略，将抵制力量降至最低，甚至化阻力为助力，使得组织成员愿意配合，主动进行变革。降低甚至消除组织成员抵制变革力量，可以采取以下方法。

1. 教育与沟通

教育与沟通这一策略的前提是假设抵制是因为缺乏信息沟通，当成员了解事情原委之后，抵制的力量就会减少。因此，组织应该让参与变革的相关成员充分了解改革的目的、内容、执行方式与可能的结果，这可以消除不必要的误会，降低执行上的抵制力。在执行方式上，除了一对一的沟通外，也可通过书面资料、会议、正式的教育培训，将相关的信息传递给组织成员，寄期望于改变他们的想法。

2. 参与和卷入

参与和卷入是指在实施变革前，将变革过程中可能受到影响者或潜在反对者纳入组织变革的决策过程中，尊重他们提出的意见和建议，尽可能地考虑多方利益，减少组织变革所受到的阻力。如此，不仅能增加他们对变革内容的了解，同时透过其自身的参与和陈述，也能增强他们对变革策略规则执行上的认同感、归属感与支持，更能够提高变革的品质。参与的方式有很多种，例如征询意见、请他们制订方案、给予某些事项的直接决策权等。

3. 协助与支持

由于很多组织成员抵制变革是源自未来的不确定性，管理者可以有针对性地为员工生活和工作中的困难排忧解难以便减少员工的抵制力。组织可以制订方案去协助与支持员工减少这些不确定感。例如，在办公室的自动化变革策略之前，管理者安排员工参与计算机培训课程，举办技能训练赛，或者当员工对于变革感到焦虑不安时，及时提供心理咨询。

4. 协商与谈判

面对一些特定的对象或者群体在变革过程中的抵制，组织可以通过与他们进行交换或者补偿，以便降低其对变革的抵抗，这些交换通常是互惠的，通过一定的协商与谈判过程实现。很多企业在进行组织结构重组或组织精简时，必须跟工会或员工代表协商，让

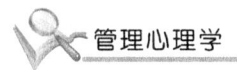

彼此都找到可以解决问题的方案。又或者,有些企业会在变革的策略阶段性目标如期进行时,为员工提供奖金或红利等物质奖励,鼓励组织成员接受并执行变革策略。

5. 强制

强制是使人心生畏惧、难以抗拒变革。例如,很多组织利用惩罚机制威胁相关人员要确保执行变革策略,否则的话会采取降职、减薪,甚至使之丢掉工作,促使成员执行变革策略。然而,此类高压的做法,反而可能会使个人产生厌恶、敌意等负面情绪。即使强行推行变革策略,也会使得效果不尽如人意,达不到组织变革所要形成的积极效果。

一般而言,组织变革不会因为成员的抵制而失败,变革失败的原因通常是组织中的管理者没有处理好组织成员的抵制力。企业管理者应当灵活运用上述五种方法,找到真正适合组织自身的好方法。

六、组织变革的实施

关于组织变革如何实施,勒温的变革三部曲是较具有影响力的架构,他的组织变革经典模型被许多组织变革学家继承和发展,而延续勒温的主张并发扬光大的代表人物便是科特,他提出了组织变革八大步骤。

(一)变革三部曲

勒温创立了变革立场理论。他将组织视为一个开放系统,有"变革抗拒力"和"变革驱动力"存在于变革过程中。组织变革发生与否,经常是变革抗拒力与变革驱动力相互抗衡的结果。当这些力量趋于平衡时,组织就存在于一个惯性的状态下难以实施变革。倘若此类组织想要进行变革,管理者就需要采取强有力的措施去增强变革驱动力,或者降低变革抗拒力的干扰,抑或是两者同时进行。为了解和指导如何发动、管理和稳定上述变革过程,勒温提出了组织变革的三阶段。

1. 解冻

首先,组织管理者要对现在稳定的组织环境进行解冻,该步骤的主要目标就在于创造组织变革的契机。要让组织成员了解"期望状况"和"现在状况"之间的落差,以及目前的状态为什么需要改变。为了实现这一目标,组织管理者要对现状提出质疑和加以否定,让员工意识到组织已经到了发展的瓶颈,要想实现组织的进一步发展,组织变革势在必行。组织管理者可以向成员阐述组织所面临的各种困境,例如,业绩下滑严重、研发陷入困境、财务状况堪忧等等,将上述信息传递给员工,使得员工意识到必须寻求改变,解冻现有的状态和行为。例如,1993 年,路·葛斯纳带领 IBM 变革时,他上任之初便站在全球各地的 IBM 员工面前发表一番演说:"三年来亏损了 160 亿美元,客户很不满意,怒气冲冲,成长不如竞争对手,企业已经到了非常危险的地步。"通过阐述企业现在所面临的困境,葛斯纳迫使员工重新思考自己的工作行为和工作方式,让 IBM 的员工感知到危机,从而降低变革的抗拒力。

2. 变革

组织变革在实施的过程中需要对员工进行培训,传授新的技能,提供新的信息,促进员工在变革后更好地适应新的工作方式。此外,为了降低组织成员的疑虑和担忧,减少组织成员对变革的抗拒,需要对组织成员进行心理疏导,安抚情绪和给予适当的支持。在这一步骤中,组织管理者应当塑造榜样和先进典型,制定激励措施,鼓励员工采取新的工作方式和方法。可以采取角色示范、专家演说、群体培训等多种途径,让组织成员接受变革的新观念,产生新的行为模式,并将新的行为模式"内在化",以新的观念与行为模式去解决面对的问题与困难。

3. 冻结

一旦变革完成后,必须进行再冻结,以便固化新的均衡状态,否则变革的新面貌将只是暂时的状态而已,成员会想办法恢复变革前的面貌。组织管理者应订立新的目标规划以使成员养成新的工作习惯,促使群体彼此检视其他人是否接受和肯定新的状态,以组织制度强化成员新的状态和行为。

(二)变革八大步骤

哈佛大学教授科特多年来投入变革领域的研究,曾以十年时间观察了近百家为提升组织竞争力、尝试自我改造的企业。这些企业采取各式各样的变革方法,包括全面质量管理(total quality management,TQM)、组织再造、结构重整、规模最优化、文化变革,然而不幸的是绝大部分的组织变革均以失败收场。他观察到转型过程中,企业常常犯下八种错误,包括组织管理者自满程度太高、变革团队构成不够权威、没有发挥愿景的作用、愿景沟通不足、放任各种障碍阻挠变革、忽略短期绩效的效果、过早宣布变革成功、尚未将变革理念深深烙印在组织文化中等。因此,科特改良勒温的变革三部曲,提出变革八个步骤,借此克服上述阻力,而且能同时实现企业转型的愿望。

1. 建立危机意识

通过建立危机意识,彰显组织需要进行变革的原因,并使组织成员产生对变革的急迫感,并通过检视目前的状态,找出组织的潜在危机或主要发展机遇。在一个组织中发动变革的人通常是高级主管,但如果对组织变革的急迫感只存在于高级主管身上时,组织变革的工作也很难落实下去。因此,实施组织变革的第一步就是让员工感知到变革的急迫性,消除员工安于现状的心态,降低员工对变革抗拒的心理,使他们不得不投身到变革之中。

2. 成立领导团队

组织内的任何改变都会影响权力和资源的再次分配,因此需要组成强有力的领导团队支持变革,能确保有足够的力量推动变革,以减少抵抗、促使团队合作。

组织变革领导团队至少应该包括中层管理者。如果遇到中层管理者成为抵制变革者时,变革领导者必须寻找可以信任、支持变革工作的成员作为团队的一部分。

3. 提出愿景

愿景的提出要有足够的吸引力且能够让员工看到希望,组织要制定具体的战略目标和实施步骤,作为引导组织变革的重要依据。提出正确且具有可操作性的愿景不仅可以鼓舞人心,还能够激发组织成员的变革热情。值得注意的是,愿景不是一句空洞的口号,而是一种明确、可操作性的策略方针,能够让组织成员在短期内看到效益。描述愿景越清晰,目标能清楚衡量,也就越能得到组织成员共同认可这项愿景,并促使组织成员有明确的努力方向。

4. 传播愿景

当愿景被提出来之后,接着就要把握住最佳的时机,设计以及实施传播策略,运用各种可能的途径和方式,持续传播新愿景及相关策略,保证员工对组织变革的认同,使得员工能够明确组织愿景,达成共识。不断澄清员工的疑虑,以确保组织愿景能够得到充分传播;挂在墙上的标语、公司内部刊物或媒体、宣传标语等,不断地为成员提醒和解释新愿景的具体内容。在愿景的传播过程中,成员在组织变革的过程中会监督领导者行为是否与愿景相一致,组织领导者要起到模范带头作用,引导组织成员达成共识,实现组织变革。

5. 授权员工参与

组织变革需要更多的组织成员共同参与,管理者授权员工参与是组织变革取得成功的关键因素之一。授权是领导者与下属共享信息,并下放权限让下属在一定范围中采取变革行动。真正的授权并不是推卸责任,而是让下属能够充分为变革工作效力。如果组织变革的执行者没有相应的权力,就会在工作场所中缺乏必要的权威。没有得到管理者授权,员工在参与变革工作中会显得困难重重,容易受到各方阻力而不能够有效处理,进而阻碍变革的推进。因此,组织应当逐步修改可能破坏愿景的体制或组织结构,鼓励员工提出具有冒险和创新的想法,以促使其他人可以朝愿景努力。

6. 达成短期目标

组织变革目标按规模区分,可以分为短、中、长期的阶段性目标,变革实施的过程很漫长。为了能够激励员工并让组织变革充满希望,在组织变革的具体实施中应该制定短期目标。如果目标达成,就要对在变革过程中表现突出且有重大贡献的员工给予奖励,刺激组织成员向新的愿景移动。

7. 巩固成果推动改革

组织变革在阶段性目标的实施过程中有可能会出现停滞现象,因此组织管理者有必要巩固阶段性成果,激励组织成员推动组织变革。组织在取得初步的战果时,应该借用上升的公信力,改变所有不能匹配和不符合转型愿景的系统、结构和制度,并在新的方案上做必要的调整,以推进和创造更多的变革。

8. 将变革融入组织文化

为保证变革成效,组织应当不断展示变革后的新态势与组织绩效之间的关系,以便再次强化变革。制定可以明确评估变革成效的方法,奖励转型行为表现良好的员工。对于固执的不愿进行改变的员工要及时进行心理疏导,必要时采取处罚措施。要坚定组织变革的决心和意志,使变革成为组织文化的组成部分。

第二节　组织发展

一、组织发展的内涵

组织发展(organizational development, OD)是根据组织内外环境的变化, 为了达到组织的目标, 改进组织效能, 运用管理科学和行为科学的知识, 有计划地改善和更新组织的过程。

组织发展的显著特点是关注知识和技能的转移, 以便组织在未来更有能力管理变更。变更管理并不一定需要这些技能的转移。简而言之, 所有的组织发展都包含变更管理, 但是变更管理可能不包含组织发展。类似地, 组织变更是一个比组织发展更广泛的概念。组织发展主要关注的是如何管理变更, 从而将知识和技能转移到组织中, 以构建实现目标和解决问题的能力。它的目的是使本组织朝着一个特定的方向改变, 以改进问题的解决、反应能力和效力。相比之下, 组织变革的关注范围更广。可以应用于任何类型的变革, 包括技术和管理创新、组织衰落或系统随时间的演进。

二、组织发展控制理论

(一)行动研究理论

这一理论是组织发展实践的基石, 它认为没有研究就没有行动, 没有行动就没有研究。该理论为组织发展循环中组织发展诊断阶段的目的提供了核心。它为构建组织问题的原因和动态知识、组织变更的理解以及 OD 实践者和经历变更的组织参与者之间协作查询的需求提供了基础。最终, 该理论提供了组织变革的理论基础和实际应用。

(二)复杂性理论

在复杂性理论中, 正如 Amagoh 在工作中发现的那样, 未来是不可知的, 因此学习的能力对于持续的组织效率绝对是至关重要的, 它在稳定的愿望与灵活、适应和变化的需求之间游走。太多的稳定性会使组织停滞不前, 阻碍主动的适应性变化, 太少的稳定性则会使组织变得无法管理。因此, 复杂性理论提出了组织是复杂的自适应系统的观点, 它需要通过保持在混沌的边缘来响应外部和内部环境。

(三)社会建构主义理论

在组织发展领域, 社会建构主义的目的是揭示组织内的员工、团队和部门之间的互动方式, 并参与他们自己创建的群体, 以发展他们自己对组织的现实感知。现实并不是在起作用, 而是构成组织的具体现实的表象、认知、想法、语言和信念。

我们从组织内的行动和经验中获得的意义是通过与社会情境中的其他人互动和吸收思想而发展起来的。这一理论对组织发展实践者的意义在于,组织的真理性和现实性实际上是一种社会建构的观念,其基础是与过去、可能的未来、自我、他人和组织相关的经验和态度。这一理论起源于社会学,但非常适用于组织,组织通过虚拟的拥有人而成为社会结构。

三、组织未来发展趋势

(一)高速企业

随着网络经济和信息技术的不断发展,"速度经济"已经逐渐取代"规模经济",现今的企业谁能够更好地适应日益剧烈的环境,谁就能够率先脱颖而出,掌握发展的主动权。高速企业(hi-speed company)是指能够从顾客日益增长的需求和动荡的市场环境中及时地进行调整、快速出击、果断决策,从而赢得竞争优势的企业,主要特点是对市场变化、技术更新、人才储备建立快速的反应机制。

(二)组织扁平化

组织扁平化是指减少组织管理层级和扩大管理幅度,组织结构由传统的金字塔型向椭圆形或扁平形转变。随着信息技术在组织的日常工作中应用,企业信息收集、传递和整理得到高效的处理,金字塔型的组织结构逐渐向层级少、幅度大和扁平化转变。例如,一些跨国公司,以往从基层到最高层有十几个层级,在采用先进的管理手段后,层次可以精简为5~6个,这就大大提高了管理效率,降低了管理费用。

(三)组织柔性化

在知识经济时代,任何企业都会面临外部环境的激烈竞争,一项技术的变革、一个新产品的问世都有可能会对处于市场领导地位的企业造成威胁。为了更好地适应动荡的市场环境,企业不断地进行自我调整,尝试建立新型的组织结构和优化企业管理过程。其中组织柔性化是组织发展的趋势之一,即促使那些适应于处理重复业务和日常工作活动完整而严谨的组织设计,朝着适应新颖、创新和变革的柔性而可塑的组织形式转变。

柔性概念最初起源于柔性制造系统,指的是制造过程的可变性、可调整性,描述的是生产系统对环境的适应能力。后来,柔性这一概念被应用于企业的组织结构之中,主要指企业的组织结构的可塑性和对市场环境变化的应变能力。在知识经济时代,外部环境的变化比以往的任何时代都来得剧烈。企业若想获得持续的竞争优势、保持行业的领先地位,企业的组织结构和战略就必须随之进行变化。因此,组织结构的运行就带有了柔性的特征。

(四)组织网络化

随着信息技术的飞速发展、市场环境的剧烈动荡,越来越多的企业意识到庞杂的组织结构不适应市场需求,不利于提高企业竞争力。例如,在2015年,传统科技公司面临激烈的市场竞争,IBM、联想、HTC等企业宣布裁员,仅IBM就裁员11.8万人,大约为总员工数的 26％。许多大型企业施行裁员和简化机构的措施,对企业的组织结构重新进行调整,与传统的层级制组织结构不同,企业致力于组建由小型、自主和创新的经营单元构成的网络制组织。

网络制的组织结构,有两个基本的特征。

(1)用一种特殊的市场机制来联结各个独立的经营单位及其与总部之间的关系,而这种市场机制与一般的市场机制不同。一般的市场机制,交易双方是一种不稳定的且表现单一的买卖关系。而在网络制组织之中,交易双方之间的关系是一种以资本投放为基础的包含产权转移、人员流动和较为稳定的商品买卖关系在内的全方位的市场关系。

(2)依靠信息化技术,网络制组织形成强大的虚拟功能。处于网络制组织结构中的每一个独立的经营实体都能以各种方式借用外部的资源,如购买、兼并、联合、委托和向外发包等,整合外部资源优势,增强企业竞争力。

(五)组织人本化

随着知识经济、经济全球化的发展,企业间的竞争,除了市场、产品、服务、技术等条件,还增加了人力资源的竞争,以人为本已经成为企业成败的关键要素。在组织的生产运营之中,企业管理者要牢固树立以人为本的观念,尊重组织成员的意见,重视组织成员的态度和需求,引导组织成员的价值目标以及谋求组织成员的全面发展。提高组织效率,充分发挥组织成员在生产运营的作用,就要给予成员更多的权力,充分发挥组织成员积极的主动性、创造性和能动性。

1.组织变革的主要原因是什么?

2.请简述组织变革的过程包括哪些环节。

3.组织变革会有哪些阻力?

4.如何才能顺利地推进组织的变革?

5.选择一家具有十年以上历史的企业进行研究:该企业自成立起,发生了哪些改变?这些变化为该企业留下了哪些重要遗产?

6.选择一项你认为具有重大影响力的技术革新进行思考:该项技术将如何影响企业竞争格局? 哪些企业将成为受益者? 哪些企业将因此受损?

波士顿的贝斯以色列女执事医疗中心急诊内科医生约翰·哈拉姆卡正在值夜班,就在这个时候,一位值班护士大声喊道:"约翰,来了一名新病人!"哈拉姆卡抬头,看到一位身材魁梧的中年男子正躺在担架上被抬过来。这位病人名叫乔,声称自己现在呼吸困难,偶尔还会头晕。但他觉得自己并无大碍,他妻子强烈要求他来检查一下。"好的! 现在给我看一下他的病历档案。"哈拉姆卡说。一名实习医生将一个放有笔记本电脑的手推车推给哈拉姆卡,哈拉姆卡登录医院的网站后发现乔去年就曾在这个医院做过 EKG(心电图)。

哈拉姆卡点开乔以前做过的心电图档案页面,一个对乔心率的跟踪调查记录显示在屏幕上。哈拉姆卡同其他医生凑近观看后发现,调查记录包括乔从去年到现在做过的所有心电图的结果。哈拉姆卡紧锁眉头并命令道:"现在让我们把他带入 CCL 室!"尽管乔抗议说自己身体没问题,但不幸的是,检查结果显示他已患有心脏病。CCL 是一种心导管检查室,医生会全力诊断患者的心脏功能是否健全。

乔现在陷入了大麻烦,但从某种意义上说,他却是一个幸运的人。因为他在贝斯以色列女执事医疗中心就诊并接受治疗,现在大多数的医院还没有这种计算机系统,该系统可以快速检索出患者的病历档案,给医生诊断节约大量宝贵的时间。商业刊物 $Health$ $Affair$ 的一份报道称,80% 的医院及 95% 的医生现在仍在使用 50 年前医生们使用的方法来储存及获取病人信息。他们将成摞的病例文件及医学胶片存放在铁质橱柜中,如果一位医生想看某位病人曾拍过的心电图,或其他病人的相关病例数据,他必须向数据库提出申请,之后相关人员可能花费几个小时或一整天的时间才能找到它们。

即使是联邦政府的工作人员也受苦于这种无效率的体制。健康和福利部下属的健康研究和质量机构(Agency for Health Research and Quality)负责人卡罗林·克兰西曾说过:"这是一种十分愚蠢的做事方法。"《70 优秀》电视节目报道了一名医生,该医生在他的诊断书上写的字过于潦草以致没有人能够看懂。

卫生医疗花费也陷入了一个失控的旋涡之中。2001 年,卫生医疗领域的通胀率达到惊人的 20%,远远高于其他经济领域。没有人会认为技术更新的停滞是导致这一现象的唯一因素,但医疗领域缺乏信息技术的支持确实是重要因素之一。因效率低下,医疗部门需要雇用大量人员,这为保健行业增加了数百亿美元的开销。但即使如此,每年的医疗事故率依然没有得到有效的改善。据统计,一些本可以通过安装一些基础 IT 设施来避免的医疗事故平均每年杀死 98000 多人。

任何旨在改善这种可悲的 IT 医疗状况的尝试都遇到了难以克服的障碍。在像 Health South 及 Tenel Healthcare 这类利润率非常小且立场明确的无助医疗机构中,资金短缺十分普遍。医疗领域在信息技术方面的投资基金只占总收益的 3.9%,与其他产业相比,存在巨大的差距。例如,电信在 IT 方面的投资平均占总收益的 7.9%。此外,医生及管理者之间普遍存在的根深蒂固的技术恐惧也使任何变革性的尝试变得十分复杂。例如,2002 年年末,洛杉矶西斯达·西奈医院在使用了数年的 Perot 系统后,安装了微软系统,但是这个系统 6 个月后就被清除了,因为医生们拒绝使用它。此外,政治正确在美国无处不在。一个信息主管曾收到一张死亡恐吓信,因为他提出了一个在所有印第安纳波利斯的医院中共享病史档案的计划。

在这样的大背景下,贝斯以色列女执事医疗中心以一种医疗怪胎的形象吸引了众人的目光。这个医院不仅安装有十分先进的高科技医疗设备,还用复杂的方法管理病人信息,它的被称为 CareWeb 的网上数据库包含了 900 万名病人的病史记录。在这个系统中,一个计算机化系统自动地发出开药、化验及打点滴的指令,它会根据病人信息对医生提的请求进行核查,以确保不会发生药物反应或过敏等现象,然后自动将请求送到药房或检验室。

字迹模糊的药方——任何地方的药剂师们种下的祸根——已经是过去的事情了,同样还有一些与药物相关的人为失误。自 2002 年该机构安装这种系统起,人为失误率降低了 35%。系统设计师哈拉姆卡称:"系统的安装是为了预防医护人员主观臆断可能造成的不安全工作。"除了是急诊室的一名内科医生外,哈拉姆卡还是拥有贝斯以色列女执事医疗中心及其他 4 家医院的控制权的 Care Group 公司的首席信息官(CIO)。

略显孩子气的 41 岁的哈拉姆卡是正在发展的精通高科技的员工保健组织中的一员,他们尽力去改变整个呆板麻木的保健产业。现在越来越多的医院希望能够找到像贝斯以色列女执事医疗中心那样的典范来学习如何既能为病人提供更好的照料,又能节俭开支。Gartner 信息技术咨询机构预计在未来的 4 年中,IT 技术的应用将会促使整个医疗产业成为经济增长较快的行业之一。

但是,变革成功不会那么容易,从医疗行业的现状来看,还没有解决问题的灵药。的确,我们可以从西斯达·西奈医院应用 IT 技术失败的这类悲剧中看出,医院系统似乎对花费巨大的、一箭多雕的高科技系统尤为排斥。哈拉姆卡的经历给我们展示了一个"治疗"这种问题的很好的"治疗过程"(如果不是太费力的话):将医保产业拉入现代信息时代中,一个医生接着一个医生,一个医院接着一个医院,到那时,整个信息技术时代就会一触即发了。

(资料来源:Excerpted from Melanie Warner,"Under the Knife",Business 2.0,5 (January February 2004):84-89. @ 2004 Time Inc. All rights reserved. For additional background information, see Carol Marie Cropper,"Between You, the Doctor, and the PC",Business Week(January 31, 2005):90-91; and Timothy J. Mullaney and Arlene Weintraub,"The Digital Hospital",Business Week(March28, 2005):76-84.)

问题:

1.为什么哈拉姆卡有资格成为医保产业的变革代理人?

2.为什么一些医生会如此的抵制变革呢?以相关知识为指导,阐明你在解决这个问题上的建议。

3.如果你是哈拉姆卡的话,你将会如何"解冻"(组织发展专业术语)这些医生及医院以使他们为接受现代信息技术做好准备呢?

4.哈拉姆卡应不应该进一步完善他的冲突管理技巧及协商技巧呢?

美国电话电报公司

美国电话电报公司(American Telephone & Telegraph Company,简称 AT&T)是通信服务领域的领导者和垄断者。由于通信行业市场门槛过高,AT&T 依靠贝尔实验室的科技成果,在通信领域长期处于世界顶尖水准,并不受激烈的市场竞争影响,它可以不计成本地投入时间和金钱来开发最完善的产品。它的管理工作也相对容易,因为厚厚的工作手册清楚地描述了所有可能事件的操作程序。直至 1984 年,美国司法部依据《反托拉斯法》对美国电话电报公司进行拆分,重新成立 1 家 AT&T 和 7 家本土电话公司,美国通信服务行业从此进入了竞争时代。AT&T 面临着同行业的激烈竞争,想要在残酷的市场环境保持行业的领先地位和竞争力,AT&T 就必须做出改变,进行组织变革。新的 AT&T 公司董事长兼 CEO 罗伯特·艾伦决定对原来的电话电报公司进行重整。

罗伯特·艾伦精简机构,裁撤公司数万个工作岗位,裁员 4 万名员工,并重组 20 多个独立经营的组织部门。此外,艾伦建立 6 个跨部门的研究团队,定期研究新的市场环境以及技术问题。艾伦还改变以往的职位选拔制度。过去的高层管理人员几乎都来源于电话电报公司内部,现在,艾伦从企业外部招聘新的管理人员,还建立了 6 个跨部门的工作团队,他们定期碰头研究新领域中的技术和市场问题。另外,老的美国电话电报公司中几乎所有关键职位的管理人员都是从公司内部提拔的。与此相反,艾伦从公司外部招聘经理人员,而这些管理人员具有专业的市场、营销和创业导向,锐意进取而不墨守成规。在担任 AT&T 董事长兼 CEO 的 8 年期间,罗伯特·艾伦成功带领企业成为世界十分成功的高科技公司,企业的工作效率大幅提高,产品的研发周期极大缩减,员工行动迅速且善于把握市场机遇。

然而,上述一系列的变革虽然取得了一些成效,但美国电话电报公司却仍然没有彻底扭转颓势,美国电话电报公司的组织变革任重道远。

(资料来源:https://wenku.baidu.com/view/f1ebdf04cc17552707220810.html。)

参考文献

[1] 郑晓明,倪丹.组织管理中正念研究述评[J].管理评论,2018,30(10):153-168.

[2] 周如意,龙立荣,张军伟.自我牺牲型领导与团队绩效:凝聚力、心理资本及心理权利的作用[J].科学学与科学技术管理,2018,39(8):145-160.

[3] 韩平,刘向田,陈雪.企业员工组织信任、心理安全和工作压力的关系研究[J].管理评论,2017,29(10):108-119.

[4] 潘莉,黄希庭.时序知觉影响因素与思考[J/OL].心理科学进展,2018(4):1-11.

[5] 梁腾飞,吴海燕,张引,龙芳芳,陈江涛,胡中华,刘强.知觉场景与工作记忆表征中的注意选择:一个统一的视角[J/OL].心理科学进展,2018(4):1-11.

[6] 刘广全.基于管理者能力视角的企业价值研究[D].杭州:浙江师范大学,2017.

[7] 佐斌,代涛涛,温芳芳,滕婷婷.热情与能力的关系及其影响因素[J].心理科学进展,2014,22(9):1467-1474.

[8] Brambilla M,Leach C W. On the importance of being moral:The Distinctive role of morality in social judgment[J]. Social Cognition,2014,32(4):397-408.

[9] 杨秀飞,舒敏,李伟强.道德评价在社会知觉过程中的主导作用[J].中小学心理健康教育,2016(9):4-7+10.

[10] (美)埃利特·阿伦森,提摩太 D.威尔逊,罗宾 M.埃克特.社会心理学[M].侯玉波,等,译.北京:世界图书出版公司,2012.

[11] 王凯,陶云,陈睿,马谐,王晓曦.社会认知内容两维度的双视角模型介评[J].心理研究,2016,9(1):31-38.

[12] 程亚华.社会知觉中特质与情境交互作用的研究[D].兰州:西北师范大学,2007.

[13] 萧子扬,孙健.社会知觉:从社会治理迈向社会自理的关键[J].山西大同大学学报(社会科学版),2017,31(5):16-20+24.

[14] Abele A E,Bruckmüller S. The bigger one of the"Big Two"? Preferential processing of communal information. Journal of Experimental Social Psychology,2011,47(5):935-948.

[15] Leising D,Bleidorn W. Which are the basic meaning dimensions of observable interpersonal behavior? Personality and Individual Differences, 2011, 51 (8): 986-990.

[16] Wojciszke B,Baryla W,Parzuchowski M,et al. Selfesteem is dominated by agentic over communal information European[J]. Journal of Social Psychology, 2011,

41(5):617-627.

[17] Abele A E,Wojciszke B. Communal and agentic content in social cognition:A dual perspective model[J]. Advances in Experimental Social Psychology，2014(50)：195-255.

[18] 魏屹东,王敬.论情境认知的本质特征[J].自然辩证法通讯,2018,40(2):39-44.

[19] 余明阳,张慧彬.危机管理战略[M].北京:清华大学出版社,2009.

[20] 中国大百科全书总编辑委员会.中国大百科全书心理学[M].北京:中国大百科全书出版社,2002.

[21] 朱永新.管理心理学[M].北京:高等教育出版社,2015.

[22] 魏屹东,等.认知、模型与表征:一种基于认知哲学的探讨[M].北京:科学出版社,2016.

[23] 夏永红,李建会.超越大脑界限的认知:情境认知及其对认知本质问题的回答[J].哲学动态,2015(12):89-98.

[24] Walter S. Situated Cognition:A Field Guide to Some Open Conceptual and Ontological Issues[J]. Review of Philosophy and Psychology,2014,5(2):241-263.

[25] 刘晓力,孟伟.认知科学前沿中的哲学问题:身体、认知和世界[M].北京:金城出版社,2014.

[26] 苏东水.管理心理学[M].上海:复旦大学出版社,2014.

[27] 刘永芳.管理心理学[M].北京:清华大学出版社,2016.

[28] 斯蒂芬·罗宾斯,蒂莫西·贾奇.组织行为学[M].北京:中国人民大学出版,2016.

[29] 周三多,贾良定.管理学:原理与方法(第五版)学习指导[M].上海:复旦大学出版社, 2010.

[30] 哈罗德·孔茨,海因茨·韦里克,HaroldKoontz,等. 管理学:国际化与领导力的视角[M]. 北京:中国人民大学出版社, 2014.

[31] Greenberg J S. Comprehensive stress management[M]. McGraw-Hill Education，2017.

[32] Lewis S,Passmore J,Cantore S. Appreciative inquiry for change management:Using AI to facilitate organizational development[M]. Kogan Page Publishers,2016.

[33] 张声雄.《第五项修炼》导读[M]. 上海:上海三联书店,2001.

[34] Cameron，Kim S，Quinn，Robert E,谢晓龙. 组织文化诊断与变革[M].北京:中国人民大学出版社, 2006.

[35] 冯俊,奚洁人,施祖留.组织文化案例[M].北京:人民出版社,2010.

[36] 徐尚昆.组织文化与员工行为[M].北京:中国社会科学出版社,2011.

[37] 李成彦.组织文化——基于组织效能的视角[M].北京:北京大学出版社,2013.